Klaus Huhn

Auch dem Papst half ich mal aus der Klemme

Episoden eines bewegten Lebens

edition ost

ISBN 978-3-360-01822-9

© 2011 edition ost im Verlag Das Neue Berlin, Berlin

Umschlaggestaltung: edition ost, Berlin,
unter Verwendung
eines Fotos von Robert Allertz
Illustrationen: Archiv des Autors
Druck und Bindung: GGP Media GmbH, Pößneck

Ein Verlagsverzeichnis schicken wir Ihnen gern:
Das Neue Berlin Verlagsgesellschaft mbH
Neue Grünstr. 18, 10179 Berlin
Tel. 01805/30 99 99
(0,14 Euro/Min., Mobil max. 0,42 Euro/Min.)

Die Bücher des Verlags Das Neue Berlin und der edition ost
erscheinen in der Eulenspiegel Verlagsgruppe.
www.edition-ost.de

Das Buch

65 Jahre war der Autor als Sportjournalist tätig. Er nahm sommers wie winters an Olympischen Spielen, WM und EM und anderen Wettbewerben als Beobachter teil. Vieles, was er dort erlebte, fand seinen Niederschlag in den hier vorliegenden Erinnerungen. Auch wenn mancher Leser aus Büchern des spotless-Verlages, seiner zweiten Leidenschaft, diese oder jene Geschichte bereits kennt, sind sie auch in ihrer Konzentration unterhaltsam und bildend. Huhn beweist sich stets als ein scharfsinniger Beobachter und politischer Analytiker.
Nicht grundlos hat er seine Erinnerungen mit »Episoden« untertitelt. Es sind keine klassischen Memoiren, wie man sie gemeinhin kennt. Huhn blickt auf einzelne Begebenheiten zurück, die ihm wichtig sind. Und sei es auch nur, um jemandem zum Schluss einmal zu sagen, was er von ihm hält.

Der Autor

Klaus Huhn, Jahrgang 1928, Berliner, seit 1945 publizistisch tätig. Er gehörte zur Gründergeneration der Tageszeitung Neues Deutschland *und war bis 1990 dort tätig, die meiste Zeit als deren Sportchef. Bis 1993 war er Vizepräsident des europäischen Sportjournalistenverbandes. Klaus Huhn gehörte zu den namhaftesten und umtriebigsten Sportjournalisten der DDR; so war er beispielsweise Mitorganisator und Begleiter der alljährlich im Mai stattfindenden Internationalen Friedensfahrt, des größten Amateurradrennens der Welt. Nach seinem Ausscheiden aus dem* ND *gründete Huhn den* spotless-Verlag *und den* spotless-Buchklub, *die sich beide seit nunmehr fast zwei Jahrzehnten erfolgreich am Markt behaupten. Inzwischen erschienen weit über 200 Bücher bei* spotless, *darunter nicht wenige von Huhn selbst.*

Als ich auf der allerletzten Buchseite den letzten Punkt setzte, hatte ich rund 30.000 Lebenstage hinter mir. Ich resümierte, dass es 30.000 ziemlich bewegte gewesen waren – darunter zwei rabenschwarze – und ein Leben skizzierten, das vom krassen Wandel der Epochen bestimmt war: geboren in der Weimarer Republik, als Halbwüchsiger von den Nazis in den Krieg getrieben, volljährig geworden in der Sowjetischen Besatzungszone Deutschlands, danach vierzig Jahre mit um den Aufstieg der Deutschen Demokratischen Republik bemüht und nach deren Untergang gegen deren Verteufelung Widerstand leistend.

Was auch bekundet: ein Lebenslauf, wie ihn viele hinter sich haben, höchstens durch meinen Beruf und meine verschiedenen Tätigkeiten eben bewegter.

Übrigens: *spotless*-Leser könnten reklamieren, das eine oder andere schon gelesen zu haben. In den rund 200 Taschenbüchern, die ich seit 1991 schrieb, wurde irgendwann manches Lebens-Erlebnis geschildert, aber ich setze darauf, dass das eine oder andere in Vergessenheit geraten sein könnte und/oder inzwischen auch in aktuelleren Zusammenhängen neuen Belang gewann.

Problematischer erschien mir die Anlage. Menschen kreuzten mehrmals meinen Lebensweg. Oft lagen Jahre dazwischen. Folgt man dem Gesetz der Chronik, müsste man den Leser zuweilen daran erinnern, dass auf irgendeiner zurückliegenden Seite von diesem oder vo jenem schon die Rede war. Peniblere Schreiber als ich würden Fußnoten einfügen. Am Ende schlug ich einen etwas eigenwilligen Pfad durch meinen Lebensdschungel und setze darauf, dass der Leser mir folgen kann. Als vielleicht hilfreiche Markierungen schlug ich Jahreszahlen an den Wegesrand.

1928
Meine roten Eltern

Die Frau, die mir das Leben schenkte, hatte neun Jahre vor mir ihren ersten Sohn zur Welt gebracht. Über die Situation rund um seine Geburt wurde auch noch nach meiner Geburt oft geredet. 1919 hatte meine Mutter – mit meinem Bruder in anderen Umständen – während der turbulenten Tage der Novemberrevolution Genossen, die in Gefahr geraten waren, warnen können, was ihr nur gelang, weil sie sich, auf ihren Zustand verweisend, durch Militärsperren gedrängelt hatte. Immer, wenn die Rede darauf kam, meinte sie lachend: »Es ging nun mal um mehr als ein Leben!« Meine Mutter war schön, klug, tapfer und konsequent.

Mein am 9. November 1919 zur Welt gekommener Bruder wurde unser Leben lang von vielen zum »Stiefbruder« degradiert, weil er einen anderen Vater hatte als ich, aber tatsächlich war zwischen uns nie ein Hauch von »Stief«. Sein Vater war Hugo Eberlein, und im Zimmer meines Bruders Witwe hängt noch heute das Bild Lenins mit der handschriftlicher Widmung: »Für den lieben Genossen Albert«, was sein illegaler Name war.

Genug davon, denn ich will mich nicht mit fremden Vätern schmücken.

Mein Vater war Willy Huhn.

Was beiden, Hugo und Willy, gemein war: Sie waren bis zum letzten Atemzug überzeugte Kommunisten. Der Vater meines Bruders wurde eines der vielen Opfer Stalins, erschossen irgendwo in russischen Weiten, mein Vater erfolgreicher erster Bankpräsident der DDR, aus heiterem Himmel des »Trotzkismus« bezichtigt und in eine Teerdestille verbannt. Kurzum: Ich wuchs in einer Familie auf, die den Kommunisten treu blieb bis zum Tod – in Hugo Eberleins Fall sogar bis zum Hinrichtungstod.

Mein 1901 geborener Vater gehörte 1919 zu den Mitbegründern der Kommunistischen Partei. Als die Partei 1923 verboten wurde, beorderte man ihn ins Zentralkomitee der Roten Hilfe und dort kümmerte er sich um die Opfer der Kommunistenverfolgung. 1933 feuerte ihn die Berliner Stadtbank wegen seiner politischen Haltung, aber die Deutsche Bank hatte sich über seine Qualitäten informiert und stellte ihn bald darauf ein.

Und schon bin ich bei einem meiner »Zeitsprünge« und der Frage angelangt, soll ich die betreffende Persönlichkeit weiter hinten wieder auftauchen lassen und dem Leser empfehlen, sich zu erinnern, oder fahre ich hier fort. Wie schon erwähnt, wählte ich letzteren Weg.

Mit sechs und Alf von der Marschlinger Höh, einem pensionierten Polizeihund, im Garten der Großeltern

In diesem Fall geht es um einen Mann mit dem bürgerlichen Namen Karl Halt, der für irgendeine militärische Heldentat im Ersten Weltkrieg mit dem bayerischen Militär-Max-Joseph-Orden ausgezeichnet worden war, was ihn berechtigte, fortan den Namen Ritter von Halt zu tragen. 1912 hatte er als Athlet an den Olympischen Spielen in Stockholm teilgenommen und im Zehnkampf den neunten Platz belegt, von dem er später auf den achten vorrückte, weil der Sieger Thorpe – ein US-amerikanischer Indianer – hinterher wegen seiner Herkunft unter Vorwänden disqualifiziert worden war.

Eigentlich müsste ich hier auch noch erwähnen, dass Thorpes Tochter Grace mir 1979 einen Brief geschrieben hatte, in dem sie mich bat, sie im Kampf um die Rehabilitierung ihres Vaters – die dann auch erreicht wurde – zu unterstützen, aber das würde neue Fragen aufwerfen. Zum Beispiel, was eine US-Amerikanerin bewogen haben mochte, mich, den DDR-Bürger, für einen potenten Verbündeten ihrer Bemühungen zu halten, aber das würde der Leser mit Sicherheit als unzulässige Abschweifung kritisieren.

Deshalb weiter mit Ritter von Halt, der in der Weimarer Republik von der Deutschen Bank engagiert wurde, 1929 durch die Wahl zum IOC-Mitglied ins höchste Weltsport-Gremium aufstieg, sich 1933 auf die Seite der Nazis schlug und denen auf dem Posten des Organisators der Olympischen Winterspiele in Garmisch-Partenkirchen seine Verlässlichkeit bewies und enorme Vielseitigkeit demonstrierte. Vor dem IOC schwor er, Juden würden bei den Spielen in Deutschland garantiert nicht benachteiligt, und an seinen im Innenministerium tätigen Freund Ritter von Lex schrieb er am 14. Mai 1935: »Mit wachsender Sorge beobachte ich in Garmisch-Partenkirchen und Umgebung eine planmäßig einsetzende antisemitische Propaganda. […] Am 1. Mai hat der Kreisleiter Hartmann in seiner Rede dazu aufgefordert, alles Jüdische aus Garmisch-Partenkirchen zu entfernen. Ich selbst sah, wie der Kreisleiter einen jüdischen Gast aus dem Postamt von Garmisch entfernte.

Seit letztem Sonnabend sind in G.-P. große Tafeln angebracht mit der Aufschrift ›Juden sind hier unerwünscht!‹ Der Leiter der Deutschen Arbeitsfront hat in einer Hotelierversammlung zum Ausdruck gebracht, dass jeder Gaststättenbesitzer aus der Partei ausgeschlossen würde, der einen Juden als Gast aufnehme. [...] Dabei scheint man zu vergessen, dass G.-P. 1936 der Schauplatz der Olympischen Winterspiele sein soll. Alle Nationen sind eingeladen, und alle haben zugesagt. Exzellenz Lewald und ich einerseits und der Reichssportführer andererseits haben unter ausdrücklicher Billigung des Reichsinnenministeriums dem Internationalen Olympischen Komitee und verschiedenen Führern nationaler ausländischer Verbände das Versprechen gegeben, dass alles vermieden wird, was zu einer Störung anlässlich einer eventuellen Teilnahme von jüdischen Sportlern anderer Nationen führen könnte. Wenn die Propaganda in dieser Form weitergeführt wird, dann wird die Bevölkerung von Garmisch-Partenkirchen bis 1936 so aufgeputscht sein, dass sie wahllos jeden jüdisch Aussehenden angreift und verletzt. [...]

Wenn in G.-P. die geringste Störung passiert, dann – darüber sind wir uns doch alle im klaren – können die Olympischen Spiele in Berlin nicht durchgeführt werden, da alle Nationen ihre Meldung zurückziehen werden. Diesen Standpunkt haben mir gestern die Nationen, die bei der internationalen Tagung in Brüssel anwesend waren, eindeutig zum Ausdruck gebracht. Für uns Deutsche wäre das ein ungeheurer Prestigeverlust, und der Führer würde die Verantwortlichen zur Rechenschaft ziehen und ihnen eine verdiente Strafe erteilen.«

Diesen Brief fand ich in geheimen Akten und veröffentlichte ihn 1968 in »Olympia und die Deutschen«.

Ritter von Lex hatte damals veranlasst, was Ritter von Halt empfohlen hatte, und nach dem Erfolg von Garmisch wurde Halt mit einem Sitz im Exekutivkomitee der Berliner Sommerspiele belohnt und avancierte zum Personal-Direktor der Deutschen Bank.

Damit schließt sich der Kreis zu meinem Vater: Zwei Jahre nach den Spielen 1936 tobte die »Kristallnacht« durch Deutschland. Der faschistische Juden-Pogrom kostete 91 Menschen das Leben, 26.000 wurden in KZ verschleppt, 177 Synagogen und über 7.500 jüdische Geschäfte gingen in Flammen auf. So auch das Juweliergeschäft Löwenstein an der Ecke Kanonierstraße, Französische Straße, direkt gegenüber dem damaligen Gebäude der Deutschen Bank. Mein Vater machte in der Menge vor dem mit antisemitischen Parolen beschmierten und ausgeraubten Laden kein Hehl aus seiner Meinung. Halt erfuhr davon – durch einen »IM« – und beorderte ihn in sein Büro. Er drohte ihm mit sofortiger fristloser Kündigung, wenn er noch ein einziges Mal politisch unangenehm auffallen sollte.

Halts Drohung hatte Gewicht. Er war immerhin Mitglied des »Freundeskreises Reichsführer SS Heinrich Himmler«, SA-Führer und wurde später letzter Nazi-Reichssportführer. Nach Kriegsende wurde er im sowjetischen Arbeitslager Buchenwald interniert, und wenn heute behauptet wird, dort seien nur Unschuldige gewesen, ließe sich auch am Beispiel Ritter von Halt leicht das Gegenteil nachweisen.

Bei einer der Verhandlungen zur Aufstellung der Olympiamannschaften 1956 gerieten Halt und ich beim Mittagessen an einen Tisch, und ich nutzte die Gelegenheit, ihm zu erzählen, in welcher Verfassung mein Vater an jenem Novemberabend nach Hause gekommen war und uns von der Entlassungsdrohung erzählt hatte. Ritter von Halt bat mich, durch meine Eröffnung sichtlich verunsichert, meinem Vater Grüße auszurichten und ihn zu bitten, seine Drohung von damals zu vergessen.

Ich antwortete, dass es dafür schon zu spät sei. Mein Vater war ein Jahr zuvor gestorben.

Ritter von Halt aber behandelte mich fortan – es gab noch zahlreiche Begegnungen – mit unverhohlener Vertrautheit, und als er bei einem späteren Besuch in Berlin erfuhr, dass die Redaktion des *Neuen Deutschland* in das Gebäude gezogen war, in dem er früher sein Büro hatte, bat er mich, in dem mannshohen Tresor im Hochparterre »mal nachzusehen«, ob da nicht noch seine persönlichen Akten lägen oder gar der Pokal stünde, den er 1912 erhalten hatte. Ich erzählte ihm, dass der Tresor gleich nach Kriegsende ausgeräumt worden war und inzwischen unserer außenpolitischen Redaktion als Archiv diene.

1941
Der Tag auf dem Wannsee

Hitler überfiel die Sowjetunion an einem Sonntag. Ich segelte
an jenem Tag an Bord einer stattlichen Jacht, die der Besitzer,
ein entfernter Verwandter meiner Mutter, über den Wannsee
steuerte. Die Sonne brannte, und ich dachte fast einen Tag lang
– dreizehnjährig! – an alles, aber nicht an den Krieg. Als wir an
den Steg zurückkehrten, überfielen uns alle mit der Botschaft
des neuen Krieges. Mein Vater, der mich abholte, sagte auf der
langen U-Bahn-Fahrt nach Britz kein Wort. Meine Mutter war
zu Hause geblieben, vermutlich, weil die Gedanken an meinen
inzwischen nach Moskau entkommenen Bruder Werner alles
andere in ihr verdrängt hatte.

Ich ging früh ins Bett. Unter der Decke versuchte ich mir
mein Bild der neuen Situation zu machen. Das Antlitz des Krieges hatte sich mir bis dahin in stundenlangen Warteschlangen
vor den Läden und Abenden im Luftschutz-Hauskeller, wo sich
jede Familie einen Verschlag halbwegs gemütlich eingerichtet
hatte, erschöpft. Heulten die Entwarnungssirenen, stürmten wir
Kinder auf die Straße und suchten nach den Splittern von Flak-
granaten. Wer einen fand, zeigte ihn tags darauf stolz in der
Schule.

Aber nun war plötzlich alles ganz anders. Der Bruder stand
auf der anderen Seite der Front. Meine Phantasie unter der Bettdecke eskalierte. Könnte es nicht sogar dazu kommen, dass wir
uns eines Tages gegenüberstünden? Würde er mich, würde ich
ihn erkennen? Was könnte geschehen, wenn wir beide eine
Maschinenpistole in den Händen hätten? Ich schlief lange nicht
ein.

1943
»Ladenschwengel« in Saalfeld

Am Rande vermerkt: Ich bin ein Berliner! Ein waschechter. Geboren wurde ich in Neukölln, die ersten Lebensjahre verbrachte ich in Zehlendorf, aufgewachsen bin ich in der Britzer Hufeisensiedlung, und mein Gymnasium war nicht weit entfernt von der Neuköllner Klinik, in der ich das Licht der Welt erblickt hatte. Als ich 14 war, bekam ich – von meinem Vater – meinen ersten »Parteiauftrag«: Man kaufte mir einen Hut, wohl damit ich erwachsener aussehen sollte, begleitete mich zum D-Zug nach München, den ich in Saalfeld verließ und mich vom Bahnhof zur Gerbergasse durchfragte.

Dort betrieben Hugo Eberleins Eltern seit Jahrzehnten einen Schuhladen und wurden darüber so alt, dass ihnen das Gewerbe – kompliziert geworden durch Bezugsscheinsysteme und anderlei Bürokratie – immer schwerer fiel. Nun sollte ich ihnen als Hilfs-»Ladenschwengel« zur Hand gehen. Die beiden Alten nahmen mich herzlich auf und ich machte mich auch schon bald nützlich. Als erstes brachte ich Ordnung in die Bezugsschein-Ablage und feierte dann einen spektakulären Erfolg, als ich das Schaufenster neu gestaltete. Ich demontierte das aus der Mode gekommene Messinggestänge und dekorierte das Fenster – aus meiner Sicht – modern und großzügig, was – so versicherten die alten Eberleins – sogar Kunden aus den nahen Bergdörfern bewog, einen Abstecher in die Gerbergasse zu machen. In der im Laufe meines Lebens ständig umfangreicher werdenden Liste an Tätigkeiten war dies eine der ersten nach der Schülerlaufbahn.

Übrigens: Unlängst fragte ich langjährige Saalfelder *spotless*-Anhänger, was aus dem Schuhladen geworden sei, und erfuhr, dass er nun ein Erotikshop sei. Als ich das schrieb, begegneten sie mir bei einer Kuba-Fiesta und teilten mit, dass der inzwischen pleite gegangen war.

Im Saalfelder Gymnasium saß ich inmitten der »Bourgeoisie«. Zwei Bänke vor mir die Tochter des Besitzers der Schokoladenfabrik Mauxion, der anderen Orts noch viele Unternehmen betrieb. Dann war da auch noch die Tochter des Direktors der Maxhütte Unterwellenborn und der Sohn des Besitzers der größten thüringischen Obstplantagen. Als ich für die Eintragung ins Klassenbuch nach der Religion befragt wurde und tapfer – wie von meinem Vater eingewiesen – »Dissident« antwortete, war mein Ruf als Außenseiter allerdings besiegelt. Dass ich nicht Mitglied der Hitler-Jugend war, bescherte mir neuen Ärger, den ich dadurch ausräumte, dass ich einen HJ-Ausweis fälschte und schwor, die Uniform hätte ich zu Hause gelassen, weil ich ihr entwachsen sei.

Um Irrtümern vorzubeugen: Der nachgemachte Ausweis war die erste und blieb die letzte Fälschung meines Lebens!

Es kam der Tag, da der Großvater starb und zu Grabe getragen wurde. Hugo Eberleins Bruder Fritz war als einer der ersten Häftlinge – Einlieferungsnummer »sieben« – ins KZ Dachau gesperrt worden, und aus unerfindlichen Gründen – vielleicht, weil er dort zu den »Veteranen gehörte« – ließ man ihn an der Seite eines SS-Mannes zu der Beisetzung anfahren. Er war der erste an eine Handschelle gekettete Mensch, den ich sah. Eine Minute ließ man ihm nach dem Grabgang, seine Mutter zu umarmen, dann wurde er wieder abtransportiert.

Schon ein Jahr nach dem Beginn meiner »Schuhhändler«-Karriere musste ich wieder meine Sachen packen und diesmal nach Jena reisen, wo uns ein Feldwebel namens Schlösser – mit Vorliebe stellte er sich als »Schlösser, wie Schlösser, die im Monde liegen« vor – in Empfang nahm und in einem Lastwagen auf den Jägerberg bei Jena-Rödigen karrte. Dort wurden wir nachmittags an in Russland erbeuteten und von 8,5 cm auf 8,8 cm aufgebohrten Flugabwehrkanonen ausgebildet, während vormittags in einer Baracke der Schulunterricht stattfand. Als wir uns eingelebt und die ersten Nächte an den Kanonen im Bombenhagel verbracht hatten, waren wir vormittags zu müde, um Mathe- oder Lateinklassenarbeiten zu schreiben, und gaben dem an der Alarmsirene Dienst tuenden Klassenkameraden die Uhrzeit an, zu der er auf den Knopf drücken sollte. Wir begaben uns in die Stellungen und die Lehrer mit den Prüfungsaufgaben in einen Schutzbunker.

Unsere Aufgabe war, die alliierten Luftangriffe auf die Zeiss-Werke im Saaletal möglichst zu verhindern. Da den Bomber-Staffeln oft Jagdbomber vorausgeschickt wurden, die die Flak-stellungen angriffen, waren wir über jede Nacht froh, die wir überlebten.

In jenen Nächten schwanden auch die sozialen Unterschiede, die im Saalfelder Gymnasium noch eine Rolle gespielt hatten. An den Flakgeschützen bangt jeder nur noch um sein blankes Leben!

Das ließ auch neue Gefühle für den Nebenmann entstehen, und die wuchsen bis hin zu den sowjetischen Kriegsgefangenen, die bei Alarm die am Talrand aufgestellten Salzsäurefässer öffnen mussten, um künstlichen Nebel entstehen zu lassen. Alle wussten, dass dieses Hähneöffnen eine mörderische Folter war, da die ausströmende Salzsäure die Lungen zerfrass. Erbarmen mit den Todeskandidaten kam selbst bei denen auf, die im Gymnasium akzeptiert hatten, dass Russen »Bolschewisten« waren und einer »niederen Rasse« angehörten. Auch sie beteiligten sich an unseren heimlichen Solidaritätsaktionen. Brot verschwand in der Kantine von den Tischen in den Taschen und wurde dann unauffällig durch den Zaun zu ihrem Lager geschoben. »Spieß« Schlösser kam dahinter und verhängte gegen die ermittelten »Täter« Rationskürzungen, was ich zum Beispiel eines Nachts mit dem Hinweis beantwortete, das mir die Kraft fehlte, das Drehrad, mit dem ich die Zünder der Geschosse programmierte, zu bedienen. Es war keine heldische »Widerstandsaktion«, ließ Schlösser aber wortlos kapitulieren und meine Rationen wieder normalisieren. Es entging niemandem, die Hilfsaktionen wurden fortgesetzt.

Unsere Einheit, die schwere Flakbatterie I/432 – so stempel-mäßig vermerkt auf meinem Abschlusszeugnis –, widerspiegelte die Symptome eines allerletzten Aufgebots. Kommandiert wurden wir von einem Trupp »Schlösser«-Typen, der für den Front-einsatz wegen Invalidität nicht mehr tauglich oder zu alt war. Das Gros stellten wir 15-jährigen Luftwaffenhelfer. Eines Tages rückten auch noch schnell umschwärmte Luftwaffenhelferinnen an, die die Funkgeräte bedienten und schon bald von der Alte-Herren-»Obrigkeit« eingeladen wurden. Als wir dahinterkamen, kippten wir eines Nachts vom Dach der Baracke, in dem der kommandierende Leutnant logierte, Berge von Schnee in den Schornstein, was im Innern zu einer Rauchfinsternis führte und ihn und seine Besucherin zwang, dürftig bekleidet in die Nachbarbaracke zu flüchten.

»Luftwaffenhelfer« mit 15

Schließlich waren da auch noch italienische Kriegsgefangene und der schon erwähnte Trupp sowjetischer Kriegsgefangener. Die Italiener, die die Granaten in die Stellungen schleppen mussten, hatten eines Tages ein erbeutetes italienisches Flugzeug auf dem Rollfeld des nahen Flughafens entdeckt und bereiteten unter der Leitung eines kundigen Piloten ihre Flucht vor. Als sie die Maschine nachts starteten, riss uns Alarm aus den Betten. Wir sollten die »Itaker« abschießen, noch ehe sie die nötige Flughöhe erreicht hatten. Dass sie entkamen, war das Resultat unserer Solidarität.

Fast sechs Jahrzehnte nachdem ich in Rödigen meinen Abschied genommen hatte, traf ich den Freund wieder, mit dem ich ein Doppelstockbett »geteilt« hatte. Gustl Kertscher hatte es an der Pädagogischen Hochschule Mühlhausen/Erfurt zum Professor gebracht, litt nun unter Sehschwäche und einigen gesundheitlichen Mängeln mehr. Unser Wiedersehen auf dem Bahnhof in Mühlhausen war ein unvergessliches Ereignis. Wir hockten danach die ganze Nacht zusammen und erinnerten uns weniger der Abenteuer an den Flakkanonen als unseres Weges, den wir danach zurückgelegt hatten, beide mit dem Ziel, eine solide DDR zu stärken.

Zurück nach Rödigen. Eines Tages wurde ich »entmilitarisiert«. Mein pfiffiger Vater hatte eine Lücke in den Gesetzen gefunden, mit der man die damals obligatorische Uniformreihenfolge »Luftwaffenhelfer – Arbeitsdienstler – Soldat« unterbrechen konnte: Wer nach Abschluss der zehnten Klasse eine Lehre begann, konnte eine »Uniform-Pause« einlegen. So gab ich 1944 eines Tages meine Uniform in der Kleiderkammer ab und zog, von allen anderen beneidet, als Zivilist die Chaussee talwärts zum Bahnhof Jena. Inzwischen hatte man meinen Vater als 43-jährigen zu den Waffen geholt. So lösten wir uns an den Fronten ab.

1944
Zigaretten von Gründgens

Ich begann in Berlin eine kaufmännische Lehre und genoss das Leben ohne Uniform. Vor allem auf den Zuschauerrängen der Berliner Theater. Leider ist mir der Brief abhanden gekommen, den mir der legendäre Intendant des Deutschen Theaters, Heinz Hilpert, im vorletzten Kriegsjahr geschrieben hatte. Ich hatte ihm brieflich meine Sympathie für seinen mutigen, weil Frieden preisende Klassiker bevorzugenden, Spielplan bekundet. Hilpert antwortete in einem leicht »verschlüsselten« Brief und bekundete mir 16-jährigem seine Achtung für meine Haltung.

Kurz darauf begegnete ich zwischen Trümmern und Löscheimern einem der Großen des damaligen Theaters, Gustav Gründgens, dem man nach Kriegsende oft Sympathie für die Nazis vorwarf, was aber wohl übertrieben war.

Eines Vormittags hatte mich das einen neuen Bombenangriff ankündigende Sirenengeheul in den als besonders sicher geltenden Luftschutzkeller der Reichsbank fliehen lassen. (Später beherbergte das Gebäude das ZK der SED und seit der Rückwende das Auswärtige Amt der Bundesrepublik.)

Als die Entwarnungssirenen mich wieder in die Stadt entließen, hörte ich als erstes, dass eine Bombe das Schauspielhaus am Gendarmenmarkt getroffen hatte. Der Weg dorthin war nicht weit, und als ich da anlangte, hatte ich ein bitteres Bild vor Augen. Über dem Dach des Theaters wallte eine riesige Wolke pechschwarzen Rauchs. Die breite Fronttreppe hinauf hatten kostümierte Schauspieler eine Kette formiert, mit ein paar Eimern einen aussichtslosen Kampf gegen das Feuer aufgenommen. An der einzigen verfügbaren Schwengelpumpe auf dem Platz wurden die Eimer gefüllt und von der durch den Luftangriff unterbrochenen Probe zu Schillers »Räubern« herbeigeeilten Schauspielern treppauf gereicht. Fassungslos sah ich den betagten Paul Wegener im Kostüm des alten Moor inmitten von Komparsen einen aussichtslosen Kampf um das Theater führen. Ich reihte mich in die Kette und entdeckte nicht weit entfernt Gustaf Gründgens im Gewand des Franz Moor. Da ich der einzig Kostümlose war, fiel ich auf, und als eine halbe Stunde später allen klar geworden war, dass die Eimerkette nichts gegen das Feuer ausrichten konnte, wollte ich mich wie die anderen auf den Heimweg machen. Da fasste mich Gründgens am Mantelkragen und fragte mit seiner unvergleichlichen Stimme: »Was trieb dich her?«

Ratlos starrte ich ihn an und stotterte: »Das Feuer!«

Da kramte er aus der Tasche des Moor-Mantels eine Schachtel »R-6« und drückte sie mir in die Hand: »Danke!« Ich rauchte zwar nicht (er auch nicht), aber er wollte mir wohl irgendwie Dank bekunden und hatte vermutlich nichts anderes bei der Hand und zudem waren Zigaretten damals das härteste Zahlungsmittel.

Das Theater brannte an jenem Tag aus. Zu DDR-Zeiten wurde das einst von Schinkel projektierte Gebäude gesichert und 1979 als Konzertsaal wieder aufgebaut. Als das Haus mit einem Staatsakt festlich wiedereröffnet wurde, beschaffte ich mir auf Umwegen eine Karte und gedachte der Begegnung mit Gründgens, der 1963 in Manila den Freitod gewählt hatte.

1945
Die Stunde der Entscheidung

Und wieder gilt es, das Rad der Zeitgeschichte zurückzudrehen, zurück bis in den April des Jahres 1945. Aus der durch einen Bombenangriff verwüsteten Britzer Wohnung waren meine Mutter und ich in die Dachstube einer Villa in Berlin-Buchholz geflohen. Dort schreckten uns eines Nachts Raketensalven auf. Der Kampf um die Seelower Höhen hatte begonnen! Der Krieg stand endgültig vor unserer Tür. Meine Mutter glaubte, dass wir bei den Eltern meines Vaters in Fehrbellin sicherer wären und entwarf den Plan unserer Flucht: Unauffälliger Treff auf dem Lehrter Bahnhof, von dort gemeinsame Fahrt mit dem Vorort-zug nach Nauen und dann weiter zu Fuß durchs Rhinluch.

Als ich mich aus dem Büro, in dem ich tätig war, gegen Mit-tag davongestohlen hatte und am Lehrter Bahnhof eintraf, erfuhr ich, dass der gesamte Zugverkehr in Richtung Hamburg bereits eingestellt worden war. Meine Mutter hielt sich, konse-quent wie sie war, an unsere Verabredung und war sicher, dass ich auch einen Ausweg in Richtung Fehrbellin finden würde. Also stieg sie in das Bremserhäuschen eines doch noch abgefer-tigten Güterzugs. Ich aber kehrte nach Buchholz zurück und hockte fortan allein zwischen den Zementmischern des Bau-unternehmers, dem das Haus, in dem wir wohnten, gehörte. Das Versteck hatte ich gewählt, um den Feldgendarmen zu ent-gehen, die alle männlichen Personen, die sie auftrieben für den Volkssturm rekrutierten. Dass sich jemand in einer Zement-mischertrommel verstecken könnte, hatten sie nicht bedacht. Das war meine Rettung.

Als auch die letzten Feldgendarmen in die Innenstadt geflo-hen waren, hoffte ich schon, den Krieg endgültig überstanden zu haben, doch schwand diese Zuversicht, als ich plötzlich in die Mündung einer Maschinenpistole blickte und in dem Gesicht des Sowjetsoldaten, der sie auf mich richtete, zu lesen glaubte, dass er nicht lange zaudern würde, abzudrücken. Er hatte die Herausgabe von Uhren gefordert, von mir und dem Besitzer des Hauses. Der hatte mit dem Bau von Abschussrampen in Peenemünde viel Geld verdient und betrachtete wohl das Ende des Krieges ganz anders als ich.

Ich jedenfalls hatte ohne Zaudern meine Armbanduhr herausgerückt, der Unternehmer aber behauptete, keine Uhr zu besitzen. Da ich überzeugt war, dass nun gleich alles vorüber sein würde, entschloss ich mich zu einer Verzweiflungstat, trat dem Rampenbauer mit aller Wucht zwischen die Beine und riss eine goldene Klappdeckeluhr aus seiner Westentasche.

Der Soldat steckte sie ein und zog wortlos davon. Der Hausherr brüllte, ich sei ein Verräter, ich scherte mich nicht darum und verschwand in einem Zementmischer.

Hier scheint ein weiterer Jahrzehnte-Sprung vonnöten, auch auf das Risiko hin, dass der Leser erneut in Probleme mit der Abfolge gerät.

Für jenen Augenblick in Buchholz bin ich mit Sicherheit der letzte lebende Zeuge, aber nun melden sich »Kronzeugen«, die zwar weder den Krieg noch sein Ende erlebt hatten, aber mir und – was viel ärger ist – denen, die heute heranwachsen, beschreiben wollen, »wie es wirklich war«.

Ein Beispiel: Hubertus Knabe-Bucha, 14 Jahre nach Kriegsende im Ruhrort Unna zur Welt gekommen, in Mühlheim aufgewachsen, in Bremen studiert, in Westberlin promoviert – Thema: »Umweltkonflikte im Sozialismus/Eine vergleichende Analyse der Umweltdiskussion in der DDR und in Ungarn«, danach in die Forschungsabteilung des »Bundesbeauftragten für die Stasiunterlagen« gewechselt und zum »wissenschaftlichen Direktor« der Gedenkstätte Berlin-Hohenschönhausen avanciert. Er schrieb 2005 ein Buch, und der renommierte Propyläen-Verlag gab es heraus: »Tag der Befreiung? Das Kriegsende in Ostdeutschland.«

Wortlaut: »Als die Rote Armee die östliche Reichsgrenze überschritt, hatte sie nicht im Sinn, den Deutschen die Freiheit zu bringen. [...] Nach mehr als 1300 Kampftagen rief man die kriegsmüden sowjetischen Soldaten zu gnadenloser Rache auf.«

Und ohne Hemmungen attackierte er den Bundespräsidenten von Weizäcker, der 1985 die Befreiung in einer Rede auch als »Befreiung« bezeichnet hatte, mahnend, »nicht im Ende sondern im Anfang des Krieges die Ursache für Flucht, Vertreibung und Unfreiheit zu sehen.«

Knabe: »In der Rückschau zeigt sich, dass der Bundespräsident 1985 ein ziemlich verschwommenes Bild der Geschichte zeichnete – so unklar, dass man manche Passagen mehrmals lesen muss, um zu verstehen, was gemeint ist. Mit blumigen Formulierungen überdeckte er vor allem, dass es östlich der Elbe eine wirkliche Befreiung nicht gegeben hat.«

Schon vor 2005 war ich mit Knabe aneinander geraten. Da hatte er in Hohenschönhausen die Untersuchungshaftanstalt des MfS in ein echtes Gruselkabinett verwandelt und ich ein die Wahrheit darüber verbreitendes Taschenbuch herausgegeben. Doch dazu später.

Zurück nach Buchholz ins Jahr 1945.

Der »Uhreneintreiber« hatte mich unbestreitbar befreit. Dass diese Befreiung nicht ohne Komplikationen verlief, war nicht nur dem Ursprung des Krieges zuzuschreiben, in dem Millionen Soldaten und Millionen Zivilisten nicht nur ihre Uhr, sondern ihr Leben verloren hatten. Wie hemmungslos die Schwachköpfe, die heute vorgeben, »Aufklärung« zu betreiben, vorgehen, lässt sich daran erkennen, dass Knabe der Sowjetunion in dem Buch allen Ernstes vorwarf, die »Haager Landkriegsordnung von 1907« ignoriert zu haben!

Am Tag meiner Befreiung war jener Uhreneintreiber kaum verschwunden, als ein Offizier, begleitet von zwei Soldaten, erschien. Der eine Soldat sprach solides Deutsch und übersetzte die Frage des Offiziers. Sie lautete: »Wir brauchen dringend einen großen Anhänger! Wo finden wir einen?«

Ich wusste es.

Nachdem wir vereint unter einem Gebüsch des Nachbargrundstücks tonnenschwere Zeitungspapierrollen des *Völkischen Beobachter* – deponiert für den »Endsieg« – abgeladen hatten und der Anhänger an einen Panzer gekoppelt worden war, sagte der Offizier: »Spassibo!« und gab mir die Hand. So lernte ich russisch!

Zwischen dem Augenblick, da ich in die MPi-Mündung gestiert hatte und diesem Händedruck lag maximal eine Viertelstunde.

Wenige Tage später diente ich bereits der Roten Armee. In Buchholz war die Einheit stationiert worden, die den Befehl hatte, die Maschinen der Siemenswerke zu demontieren, bevor die britische Besatzungsmacht ihren Sektor in Berlin übernahm. Es waren turbulente Tage, und fast jeden Morgen übertrug man mir neue Aufgaben. Die heikelste war, wutschnaubende Frauen zu »überprüfen«. Die Maschinen aus Siemensstadt wurden in Buchholz auf offene Eisenbahnwaggons verladen und mussten deshalb gründlich eingefettet werden. Das wurde Frauen übertragen, die man morgens auf der Straße nach Buch rekrutierte. Mit denen gab es täglich handfesten Ärger, weil viele von ihnen in die Bucher Kliniken zu ihren Kindern wollten, die sie seit Kriegsende nicht mehr gesehen hatten. Ihre lärmenden Proteste waren dem Kommandeur nicht entgangen, und ob sie begründet waren, sollte ich nun herausfinden, wobei er mich wissen ließ, dass das Verladen und Herrichten der Maschinen darunter keinesfalls leiden dürfe. Meine Aufgabe sprach sich schneller herum, als sich ein Lauffeuer ausbreitet, und fortan nannten alle Betroffenen irgendeine Klinik, in der sie schon erwartet würden. Meine Entscheidungen wurden obendrein von einer vollbusigen Feldwebelin kontrolliert und abgelehnt oder bestätigt, die mich durch einen Dolmetscher mit kalten Worten hatte wissen lassen, dass ihre Eltern und ihre beiden Kinder von den Faschisten grausam ermordet worden waren. Ihr ewig versteinertes Gesicht ließ daran keine Zweifel aufkommen.

Ich tat mein Bestes, nutzte meine noch dürftig entwickelte Menschenkenntnis und traf wohl vornehmlich korrekte Entscheidungen. Käme aber heute eine der damals aufgegriffenen Frauen und würde mich beschuldigen, ihr damals bitteres Unrecht zugefügt zu haben, könnte ich mich nur entschuldigen. Und diese Frau könnte aller Welt versichern, dass sie jenen Morgen nicht als Tag der Befreiung empfunden hatte.

Als die Briten in Westberlin anrückten, wurde die Siemens-Demontier-Einheit umgehend abgezogen. Am letzten Tag galt es noch eine übergroße Drehbank aus dem dritten Stock abzuseilen, und einer der Offiziere meinte, ich wüsste als Einheimischer sicher Rat. Als wir mit der Maschine stolz in Buchholz eintrafen, informierte mich der Leutnant, dass mir für meine Dienste eigentlich Sold zugestanden hätte, den der nur für eine Stunde anwesende Zahlmeister aber ohne meine Unterschrift nicht hatte aushändigen wollen. Ich bettelte den Leutnant, mir als Entschädigung einen Zettel zu schreiben und zu stempeln, auf dem bestätigt wurde, dass mein Fahrrad Eigentum der Roten Armee und deshalb unantastbar sei. Nach langem Zaudern tat er es, obwohl er den Befehl kannte, dass keine sowjetische Dienststelle Deutschen irgendein Papier ausstellen dürfe. Den Text hat mir nie jemand übersetzt, aber er muss harte Strafen für den Diebstahl meines Fahrrads angedroht haben, denn ich kam viele Monate durch alle Sperren, und selbst diebeswillige Soldaten ließen mich nach einem flüchtigen Blick auf den »Propusk« ungeschoren weiterfahren.

Und just das Thema »geraubte Fahrräder« spielte gut drei Jahre später eine Hauptrolle bei dem ersten Versuch, die Befreiung zu analysieren. Am 19. November 1948 war im *Neuen Deutschland* der Artikel Rudolf Herrnstadts »Über die Russen und über uns« erschienen. Er füllte mehr als eine Zeitungsseite, weshalb ich hier nur einige Sätze zitieren kann, Sätze, die Knabe natürlich mit keiner Silbe erwähnte, weil er vorgab, es besser zu wissen als damals Herrnstadt, der geschrieben hatte:

»Mitunter trifft man Genossen, die reden so: ›Ja wenn die Russen im Jahre 1945 anders aufgetreten wären. Damals hätten sie die ganze Bevölkerung für sich haben können. Aber z. B. die Sache mit meinem Schwager. Der stand friedlich am Straßenrand, bekommt eines über den Schädel, das Fahrrad wird ihm weggenommen – dabei hat er sein Lebtag für die Kommunistische Partei gestimmt.‹

Untersuchen wir dieses Beispiel, denn es enthält ein Bündel wichtiger Fragen und führt uns auf den Weg zur Lösung.

Also der Schwager stand am Straßenrand. Und obwohl er sich für einen fortschrittlichen Menschen hielt, hat ihm die Sowjetarmee das nicht angesehen. Aber woran sollte ihm die Sowjetarmee das ansehen? Am Schlips? Und selbst wenn sie es ihm angesehen hätte, was bedeutet es, was einer denkt –, wenn er nicht tut, was er denkt? Denn darum handelt es sich: Durch Taten – und nur durch sie – enthüllt sich ein Volk, enthüllt sich der einzelne, bestimmen sich die Fronten, ermöglicht sich das Weitere. Stellen wir nun den Einzelfall in den historischen Zusammenhang. Was ging damals vor sich?

Das imperialistische Hitlerregime ging unter. Jahrelang hat es einen mörderischen Klassenkampf gegen das werktätige deutsche Volk geführt, es arm gemacht und dezimiert, ohne dass das Volk den Krieg erwidert hätte. Nun ging das Hitlerregime unter, weil die Sowjetarmee kam, auf die es sich im gleichen Klassenkampf geworfen hatte. Und die Sowjetarmee kam als Siegerin, weil die sowjetische Arbeiterschaft zum Unterschied von der deutschen den Kampf aufgenommen hatte. Zwei Monate lang lag das Hitlerregime in der Agonie, von der überwältigenden Mehrheit der Deutschen inzwischen als Feind erkannt und verflucht. Was tat das deutsche Volk in dieser Lage? Was tat die deutsche Arbeiterklasse? Kürzte sie wenigstens jetzt durch ihr Eingreifen den Krieg ab? Sie kämpfte nicht. Sie kämpfte selbst in Berlin nicht, obwohl der überlegene Bundesgenosse schon in der Stadt stand. Sie überließ ihm – in ihrer eigensten Sache – das ganze Maß des Kampfes mit dem ganzen Maß der Opfer. Ungeschoren, ja unbehelligt konnte das Hitlerregime fliehen, noch die Koffer wurden ihm in den Wagen gereicht.

Wie musste die Sowjetarmee dieses Verhalten der deutschen Bevölkerung einschätzen? Sie musste es so einschätzen, wie es objektiv war: es gab – von heroischen Einzelfällen abgesehen – nur zwei Arten von Deutschen, die Faschisten, welche sprengten, hängten, aus jedem Fenster schossen, und die anderen, die den Kampf der Faschisten deckten, indem sie ›friedlich am Straßenrand standen‹. Eine aktiv handelnde Arbeiterklasse gab es nicht […]

So wurde ihr Gesichtskreis eng, ihre Vorstellungen wurden schief und unaufrichtig. Kehren wir zurück zum Schwager am Straßenrand, der diesen Prozess verdeutlicht. Wie sah die Welt in seinem Kopf aus und wie war sie wirklich?

Sich selbst hielt er für einen fortschrittlichen Menschen, obwohl er keiner war. Die Vorgänge, die er sah, hielt er für eine Niederlage. Obwohl es sich in Wahrheit um einen welthistorischen Sieg der Arbeiterklasse handelte – auch der deutschen, wenn sie nur verstand, ihn zu nutzen. Und die Armee, die da kam? Sie war ihm unheimlich, denn der Instinkt sagte ihm, dass sie mit ihm nicht befreundet sein konnte, weil er nicht gekämpft hatte. Sah er, woher sie kam? ›Aus Frankfurt an der Oder‹ hätte er vermutlich geantwortet. Nein, sie kam von dort her, woher er nicht kam, nämlich aus dem Klassenkampf in seiner erbittertsten, wildesten Form, aus dem Freiheitskampf eines überfallenen Volkes, gegen das vier Jahre lang Krieg auf Leben und Tod geführt worden war. Sie kam daher nicht in den abgetragenen, aber sauberen Schuhen, die er selbst an hatte, auch nicht in den geputzten Schühchen aus der kürzlich verlassenen Friedenskaserne in Boston oder Manchester, in denen später einige andere kamen. Sie kam in klobigen Stiefeln, an denen der Dreck der Historie klebte, entschlossen, entzündet, gewarnt, geweitet, in weiten Teilen auch verroht – jawohl, in Teilen auch verroht, denn der Krieg verroht die Menschen, wer hat ein Recht sich darüber zu erregen? […] Er sah nur eins: dass ihm das Fahrrad abhanden gekommen war. Und das empfand er als ungerecht. Weil er doch der Sowjetarmee nichts getan hätte und im Grunde gegen Hitler sei.«

Bevor diese Einfügung endet, will ich noch versichern, dass ich Herrnstadt für den brillantesten Journalisten der Nachkriegsjahre halte, und reduziere dieses Urteil um kein Jota, weil er sich als Chefredakteur im *ND* mir gegenüber charakterlos verhalten hatte, als er dahinterkam, dass wir mit der gleichen Frau schliefen. Er missbrauchte seine Macht und »verbannte« mich nach Dresden.

Ich flechte das hier ein, obwohl der Leser noch gar nicht weiß, wie ich überhaupt zum Journalismus gekommen war.

1945
Mein Über-Nacht-Beginn

Meine einsamen und harten Nachkriegstage hatten eines Morgens ein unerwartet freudiges Ende gefunden: Meine Mutter stand vor der Tür! Von einem Augenblick zum anderen hatte die Welt wieder ein schattenloses Gesicht.

Meine schöne Mutter Anna hatte ihre Habe in einen mit winzigen Eisenrädern mobil gemachten Wäschekorb geladen und den die 60 Kilometer von Fehrbellin nach Berlin gezerrt. Eine Leistung, vor der ich heute noch fassungslos den Hut ziehe. Und weil dieses Thema zum Thema gehört: Sie war auf dieser Tour unbehelligt geblieben.

Wir feierten das Wiedersehen gebührend und damit vor allem die Tatsache, dass der Kern der Familie wieder existierte. Schon am nächsten Morgen begann sie mit der Suche nach dem »Rest«, wobei Bruder Werner ganz oben auf der Liste stand.

Als erstes machte sie sich – wegen der überlebenswichtigen Lebensmittelkarte – auf den Weg zum Buchholzer Rathaus, wo sie eine Frau als Bürgermeisterin traf, die sie seit den zwanziger Jahren aus der Kommunistischen Partei kannte.

Dann marschierte sie in die Stadt, um eben aus der Sowjetunion zurückgekehrte Genossen zu fragen, wie sie wohl eine Spur zu Werner finden könnte. Eines Tages im Juni kehrte sie von einem dieser Fahndungsmärsche zurück und bat mich, am nächsten Tag in die Zimmerstraße zu radeln und dort den Genossen Paul Wandel aufzusuchen. Den hatte sie aus der Zeit vor 1933 gekannt, und als sie erfuhr, dass er Chefredakteur der am 13. Juni zum ersten Mal erschienenen kommunistischen *Deutschen Volkszeitung* sei, die Redaktion aufgesucht. Wandel gestand ihr offenherzig, nicht viel für sie tun zu können – der Name Eberlein stünde im stalinschen Moskau noch auf der Liste der Verfemten –, riet ihr aber, sich an Wilhelm Pieck zu wenden, der sicher den Mut aufbringen würde, dennoch in Moskau nachzufragen. Als sie schon an Wandels Zimmertür war, erkundigte der sich, ob Werner ihr einziger Sohn sei. Sie verwies auf mich, den 17jährigen, und sogleich wollte Wandel von ihr wissen, wie gut ich schreiben könne. Sie erinnerte sich, dass meine Schulaufsätze meist gute Noten bekommen hätten. Dann wollte Wandel noch wissen, ob ich mich in Berlin auskennen würde, und sie verwies darauf, dass ich derzeit mit meinem Fahrrad viel unterwegs sei. Der Hinweis auf das Fahrrad elektrisierte Wandel, der sie nun inständig bat, mich unbedingt am nächsten Morgen vorbeizuschicken. Wieder zu Hause, beschwor sie mich, schon in Werners Interesse so früh wie möglich in die Zimmerstraße zu fahren.

Natürlich tat ich ihr den Gefallen und schob am nächsten Morgen mein Fahrrad über die Schwelle eines ziemlich zerbombten Hauses. Ein sowjetischer Posten musterte mich skeptisch. Vorsichtshalber wies ich den Fahrrad-»Propusk« vor. Er las ihn und sagte daraufhin etwas, das wie »Herzlich Willkommen!« klang. Einem von Schüssen durchlöcherten Schild in einer Flurecke entnahm ich, dass irgendwann hier mal die Redaktion des *Völkischen Beobachter* gewesen sein musste. Im zweiten Stock betrat ich das »Sekretariat« der *Deutschen Volkszeitung* einen riesigen Raum, dessen Fenster mit Rollglas zugenagelt waren. Man wartete anscheinend schon auf mich. Paul Wandel war am 10. Juni 1945 nach Berlin gekommen und hatte drei Tage später die erste Ausgabe der *Deutschen Volkszeitung* herausgebracht.

Die Redaktion bestand aus Georg Hansen, dem Theaterwissenschaftler Fritz Erpenbeck, dem Grafiker Max Keilson und dem später als »Sowjetologe« hinlänglich bekannt gewordenen Wolfgang Leonhard. Alle fünf hatten das gleiche Problem: Keiner fand sich in dem verwüsteten Berlin zurecht. Als »Dienstwagen« existierte ein ramponierter Opel P 4, dessen Chauffeur früher Taxis gefahren war und sich auskannte, aber meist mit Paul Wandel zu Sitzungen nach Friedrichsfelde unterwegs war.

Ob ich schreiben könne, fragte Wandel als Erstes, und dann, ob ich mit einer Probezeit von zwei Wochen einverstanden wäre? Ich war. Aber dann tauchte ein unerwartetes Problem auf: Wir hatten inzwischen die Buchholzer Villa verlassen und waren wieder in unsere ramponierte Wohnung nach Britz gezogen. Dieser Neuköllner Ortsteil aber gehörte zum US-Sektor der Stadt.

Wandel öffnete das Fenster und zeigte auf die gegenüberliegende Kneipe. »Da drüben haben die Amis ihren Grenzposten, der sowjetische ist in unserem Hausflur stationiert.«

Mehr musste er nicht sagen. Er telefonierte, redete dabei auch russisch und schlug mir dann vor, dass ich unter einem Pseudonym schreiben sollte, wenn ich die Probe bestehen würde. Ich radelte nach Hause und schrieb meinen ersten Artikel über eine vorfristige Sonnenwendfeier in der Hufeisensiedlung. Ich gab ihn am nächsten Morgen ab und Paul Wandel eröffnete mir mittags, dass meine Probezeit beendet sei.

Der erste Prozess im Nachkriegs-Berlin

Tags darauf schickte er mich nach Friedenau, wo ein Prozess gegen einen Nazi stattgefunden haben sollte, worüber aber niemand Genaueres wusste. Nach mühsamer Suche fand ich den Amtsgerichtsrat Ahrens, der, 1933 in den »Ruhestand« geschickt, 1945 reaktiviert und aufgefordert worden war, den Prozess gegen einen Oberpostinspektor Kieling zu führen. Der hatte am 24. April 1945 den Antifaschisten Werner auf offener Straße niedergeschossen, weil er gesagt haben sollte, Nazideutschland habe den Krieg verloren. Der Amtsgerichtsrat hatte Kieling wegen Mordes zum Tode verurteilt und erklärte mir, warum kein anderes Urteil möglich gewesen war. Er schien besorgt, dass man ihn deswegen attackieren könnte, und legte großen Wert darauf, dass ich seine Urteils-Begründung ausführlich wiedergäbe. Anzumerken noch: Der Prozess fand im amerikanischen Sektor statt. Ich gab mir damals viel Mühe bei meinem ersten Gerichtsbericht eine Woche nach dem Beginn meiner Journalistenlaufbahn. Er erschien in der *DVZ* als Aufmacher der Titelseite, und fortan betrachtete man mich als den Gerichtsberichterstatter der Zeitung. Das war also das nächste »Tätigkeitsmerkmal« meiner Laufbahn.

Von nun an radelte ich täglich durch Nachkriegs-Berlin und brauchte keinen sonderlichen Spürsinn, um festzustellen, dass die Stadt nicht nur durch die hölzernen Schilder an den Sektorengrenzen gespalten wurde, sondern durch den lautlosen Aufmarsch der zivilen Armeen des Kalten Krieges und den längst nicht mehr nur friedvollen der Medien. Schon am 21. November 1945 hatte das Berliner US-Hauptquartier befohlen, einen Sender zu installieren, der am 17. Dezember als *Drahtfunk im amerikanischen Sektor* (DIAS) in Betrieb ging. Als die ersten Sendemasten im amerikanischen Sektor montiert waren, musste man nicht mehr die Telefonleitungen nutzen, am 5. September 1946 wurde der Wechsel von *DIAS* zum *RIAS* vollzogen.

In jener Zeit war die Schar der Berliner Journalisten noch überschaubar, und da die Nachrichtenagenturen ihre Informationen durch Radboten verteilen lassen mussten, wurden die wichtigsten Nachrichten unter den Kollegen ausgetauscht, auch wenn die für die »Konkurrenz« tätig waren. Die sich schon bald zuspitzende politische Situation führte dazu, dass mancher die Seiten wechselte. Klaus Bölling – später immerhin »Botschafter« der BRD in der DDR – war in jenen Nachkriegsjahren noch Kollege bei der *Jungen Welt* und wurde über Nacht, ungeachtet seiner höchst freiwilligen KPD-Mitgliedschaft, vom *Tagesspiegel* angeworben. Bald darauf machte er beim *RIAS* Karriere. Und das, obwohl er bei der FDJ kein »kleines Licht« gewesen sein kann, denn er rühmte sich gern, in den Nachkriegsmonaten eine Nacht mit Erich Honecker ein sächsisches Ehebett geteilt zu haben. Später feuerte ihn der *RIAS* wegen der KPD-Mitgliedschaft, aber der damalige Chef Ewing ließ ihn als freien Mitarbeiter »überleben«, und dann folgte sein ganz große Aufstieg. Zur Ehre des Kollegen von einst will ich noch erwähnen, dass er manchem Interviewpartner auch nach dem Untergang der DDR nie ein übles Honecker-Urteil geliefert hat.

Auch der spätere Bundesminister und Willy-Brandt-Berater Egon Bahr gehörte zu den Berlin-Reportern jener Jahre. In seinen Erinnerungen »Zu meiner Zeit« schrieb er darüber: »Die erste Zeitung hieß *Tägliche Rundschau* und wies sich als Organ der sowjetischen Streitkräfte aus, kam also nicht in Frage, [...] Die nächste nannte sich *Berliner Zeitung* und unabhängig. So machte ich mich mit einem Kanten Brot auf den stundenlangen Weg von Weißensee nach Neukölln. Am Hermannsplatz (*Bahr meint den Hermannplatz – K. H.*) hatte sich die Redaktion hinter dem zerstörten Karstadt-Gebäude etabliert. [...] da ich nichts vorzuweisen hatte, trottete ich müde nach Hause, immerhin mit der Aufforderung, aus Weißensee zu berichten,

Erste Schreibversuche

was interessant genug schiene. Das war der Anfang. […] Fritz Erpenbeck, in der Redaktion auch wegen seines interessanten Romans Die Gründer hoch angesehen, forderte mich auf, mit ihm zusammen bei der Vorbereitung einer neuen Zeitung zu helfen. Das war ehrenvoll und machte Spaß. Eines Abends, beim Gang durch die Setzerei, stellte ich fest, wobei ich half. Es war die *Deutsche Volkszeitung*, das Zentralorgan der KPD. Mir wurde mulmig, als der Chefredakteur Paul Wandel, später Kulturminister der DDR, mir den Schriftleiterposten für den Berliner Teil anbot. […] Erpenbeck war verständnisvoll und übermittelte mein Nein. Also zurück zur *Berliner Zeitung*.«

So erfuhr ich aus Bahrs Memoiren – wenn sie denn wahr sind –, dass ich als Lokalreporter faktisch sein Nachfolger wurde.

Die Frage nach der Wahrheit ist begründet, denn einige Zeilen weiter beschrieb er seine Erfahrungen mit Herrnstadt: »Ihm waren meine Arbeiten zu blass und sachlich. Er gab mir den Auftrag, eine Reporttage über den Aufbau, die Schwierigkeiten und Mühen der Werktätigen zu schreiben, und ließ mir dafür drei Tage Zeit. Ich war sauer, fuhr zum Alexanderplatz und sah mir eine Baugrube an, in der Arbeiter damit beschäftigt waren, die Folgen einer Sprengung zu beseitigen, durch die die SS die U-Bahn überflutet hatte. Zu Hause schrieb ich, tief in die Harfe greifend, über Lärm und Schweiß, dass es nur so dampfte. Zwei Tage genoss ich die Sonne. Als ich mein Elaborat Herrnstadt vorlegte, lobte er: ›Das ist echt. Das ist Leben.‹ Hier war nicht mein Platz.«

Eine Woche später begann er bei dem US-amerikanischen Armeeblatt *Allgemeine Zeitung*. Anzumerken aber wäre, dass am Alexanderplatz nie eine Sprengung stattgefunden hatte und dort auch nie Wasser floss, das den U-Bahntunnel hätte überfluten können. Schwamm drüber. Belassen wir es dabei, dass zwei spätere Bundesminister damals meine Kollegen waren.

Und erwähnen sollte ich auch noch, dass man auch mir ein lukratives West-Angebot gemacht hatte. Mein ehemaliger Schulklassenkamerad Eduard Grosse, der die Jugendzeitung *Horizont* herausgab, eine Anti-FDJ-Organisation in Westberlin gründete und zu den Mitbegründern der Freien Universität gehörte, bot mir einen *Horizont*-Job an, für den neben dem Gehalt monatlich vier Care-Pakete Honorar offeriert wurden.

Ich bin sicher, dass ich – hätte ich es angenommen – dennoch nie Bundesminister geworden wäre.

Im Tunnel und im Theater

Bald darauf hatte die Reichsbahn zu einer »Spähfahrt« in mit Fackeln ausgerüsteten Schlauchbooten durch jenen noch immer überschwemmten Nord-Süd-Tunnel der S-Bahn eingeladen. Am nächsten Tag erwartete man von mir ein Interview mit dem sowjetischen Offizier, der die erste Kantine für Berliner Eisenbahner eröffnet hatte.

Dann war ein Bericht über die Wiedereröffnung des Deutschen Theaters zu schreiben. Es war die Premiere von Lessings »Nathan der Weise« mit dem unvergleichlichen Paul Wegener in der Hauptrolle und dem großartigen Eduard von Winterstein als Klosterbruder. Der Abend wurde zu einem Kapitel Berliner Wiedergeburt. Zudem endeten solche Ereignisse mit Buffets, die die sowjetische Besatzungsmacht auffahren ließ und die begreiflicherweise ungezügelt gestürmt wurden. Nie werde ich vergessen, dass ich an jenem Abend einem berühmten Schauspieler, der sich einen marinierten Hering gegriffen und in die

Tasche seines ramponierten Smokings geschoben hatte, flüsternd riet, besser auch den Schwanz noch verschwinden zu lassen.

Ebenso unvergessen blieb der Abend, an dem der seit einer Bombennacht in der Moabiter Haftanstalt im Gesicht gelähmte Ernst Busch zum ersten Mal wieder auf der Bühne des Hebbel-Theaters mit endlosen Beifallsstürmen empfangen wurde. In dem Stück »Der Leuchtturm« hatte er eine kurze Sprechrolle übernommen, singen konnte er damals noch nicht wieder.

Ich war im Herbst Mitglied der KPD geworden und im anti-faschistischen Jugendausschuss tätig. Als sich herumsprach, dass Erich Weinert nach Berlin zurückgekehrt sei, organisierte ich seinen ersten Berliner Nachkriegs-Auftritt in Neukölln. Der hoffnungslos überfüllte Saal bereitete ihm einen beispiellosen Empfang.

An dem Abend, an dem das Steglitzer Schlosspark-Theater von Boleslaw Barlog eröffnet wurde, avancierte ich sogar zum Theater-Kritiker, weil jener Fritz Erpenbeck, dem Bahr einen Korb gegeben haben will, an einer wichtigen Parteikonferenz teilnehmen musste und versprochen hatte, mir bei der Abfassung der Rezension zu helfen. Als wir das Manuskript fertig hatten, fragte er: »War sonst noch was?«

Ich überlas meine Zettel und fand nur die Notiz, dass eine junge Schauspielerin den Prolog zur Eröffnung des Theaters gesprochen hatte.

»Hast du den Namen?« fragte mich Erpenbeck.

Ich hatte ihn zum Glück notiert: Hildegard Knef.

1946
Debüt mit Hans Albers

Meinen größten Triumph in der Berliner Kulturlandschaft feierte ich an dem Tag, an dem 1946 der Vereinigungsparteitag stattfand und die erste Ausgabe des neuen Zentralorgans *Neues Deutschland* vorbereitet wurde.

Auf den vorderen Seiten stand das »SED-Manifest an das deutsche Volk« und der Bericht vom Vereinigungsparteitag. Für die letzte Seite hatte der inzwischen als Lokalchef tätige frühere *Welt am Abend*-Redakteur Hans Gathmann von mir eine »Knallnummer« verlangt. »Wir müssen was haben, was die Gemüter bewegt!« Und leiser: »Dokumente und Reden sind kein Lesestoff!« Und während Bahr und Bölling gegen den Vereinigungsparteitag gifteten, machte ich mich auf die Suche nach einer »Knallnummer«.

Jemand hatte mir geflüstert, dass Hans Albers nach Berlin zurückgekehrt sei und auf der Probebühne des Schiller-Theaters Molnars »Liliom« probte. Der damals an Popularität kaum zu übertreffende Star würde mit dem berühmten »Komm-auf-die-Schaukel-Luise«-Song für volle Ränge sorgen.

Schon der Pförtner des Schiller-Theaters hatte jeglichen Optimismus gedämpft: »Drei Journalisten hat er mindestens schon rausgeschmissen. Er will keine Interviews geben.«

Ich stieg dennoch hinauf, immer im Sinn, was Gathmann von mir erwartete. Als die Probe für eine kurze Pause unterbrochen wurde, polterte Albers herein: »Wer wollte hier was von mir?«

Ich hob zögerlich die Hand. Er sah mich an und ehe ich eine Frage stellen konnte, stellte er mir eine: »Wie alt bist du?«

»Neunzehn!«

»Das Ende des Krieges in Berlin erlebt?«

Ich nickte. Da zerrte er mich auf den Balkon: »Erzähl, Junge, wie das alles war!«

Ich schilderte ihm die letzten Tage des Krieges. Zwischendurch versuchte der Regisseur Karl-Heinz Martin ihn immer mal wieder auf die Bühne zurückzuholen, aber das scherte ihn nicht.

Als ich meinen Bericht über die letzten Kriegstage beendet hatte, fragte er: »Und von welcher Zeitung bist du?«

Ich antwortete: »Einer, die morgen das erste Mal erscheint.« Behutsam beschrieb ich ihm die gerade stattfindende Vereinigung von Kommunisten und Sozialdemokraten. Er dachte einen Augenblick nach und sagte: »Da hört endlich der ewige Zwist auf!«

Ich hatte eine Erklärung getippt: »Allen Berlinern und besonders den Lesern des *Neuen Deutschland* herzliche Grüße. Ein neues freies Deutschland steht als Aufgabe vor uns allen, der wir uns jeder an seinem Platz mit aller Kraft widmen wollen.«

Er zauderte keine Sekunde: »Das unterschreibe ich!« – und tat es.

So kam es, dass jeder, der seitdem den Nachdruck der ersten *ND*-Ausgabe erwarb oder erwirbt, auch auf mein Albers-Interview und sein Autogramm stößt.

Gogol und Agitprop

In der Neuköllner FDJ-Gruppe hatte einer den Vorschlag unterbreitet, eine Theatergruppe zu gründen, die bei politischen Veranstaltungen für »kulturelle Umrahmung« sorgen sollte.

Der Winter 1946 war einer der kältesten des vorigen Jahrhunderts. Zu Not und Hunger gesellte sich klirrende Kälte und bald auch Kohlennot. Der Magistrat entschied, Holzfällertrupps in die umliegenden Wälder zu schicken und dort Heizmaterial schlagen zu lassen. Das musste allerdings mit äußerster Vorsicht geschehen, weil viele Wälder noch vermint waren. Eines Tages wurde unsere eben gegründete Gruppe zur »Betreuung« der Holzfäller eingesetzt. Wir grübelten, welch Stück wohl passend sein könnte, und einer, der vorgab, in solchen Fragen kundig zu sein, riet zu Gogols Komödie »Die Spieler«. Unser Ziel war Groß-Köris. Als wir dort nach mühsamer Fahrt mit unserem »Theaterkarren« anlangten, trafen wir rundum auf mürrische

Gesichter. Der sowjetische Kommandant hatte Bedenken geäußert, ob Deutsche imstande seien, einen so berühmten russischen Dichter wie Gogol gebührend auf die Bühne zu bringen. Zwar hatte er die Aufführung nicht verboten, aber befohlen, vor dem Auftritt einen von uns zu ihm zu schicken. Die Wahl fiel auf mich, und nicht allzu fröhlich machte ich mich auf den Weg. Der Offizier fragte ohne Bewegung in der Miene nach dem Stück.

»Die Spieler«, antwortete ich.

Darauf er: »Gogol ist ein großer russischer Dichter und ich dulde nicht, dass Deutsche hier unser Volk zu […]« Der Dolmetscher hatte offenbar Mühe das passende deutsche Wort zu finden und entschied sich dann für »verunglimpfen«. Da wusste ich, dass er die Komödie kannte, in der ein Gauner in einer Kleinstadt versucht, Gäste eines Hotels beim Kartenspiel auszunehmen, am Ende aber selbst der Verlierer ist. Zugegeben, das konnte den Verdacht nähren, Russen betätigten sich mit Vorliebe als Betrüger. Dass das den Kommandanten störte, leuchtete mir ein. Er hätte lieber ein Gegenwartsstück gesehen, und wenn ich zu denen gehören würde, die die »Russen« gern als schlimme Besatzungsmacht beschreiben, könnte ich das Gespräch gut und gerne als eine Begegnung mit einem finsteren »Zensor« beschreiben.

Ich versicherte dem Offizier wortreich, dass seine Befürchtungen unbegründet seien, da wir doch nur hart arbeitende Holzfäller unterhalten wollte und betonte, dass wir eine antifaschistische Agitpropgruppe seien. Hinterher gratulierte ich mir, dass mir damit das rettende Wort eingefallen war.

Agitprop? Der Kommandant hatte es ohne Dolmetscher verstanden. Er hatte keine weiteren Einwände, warnte mich aber zum Abschied: »Ich werde dort sein.«

Ich kehrte zu meinen Freunden zurück, die wohl schon befürchtet hatten, man hätte mich eingesperrt. (Auch diesen Satz schreibe ich, ohne Illusionen zu haben, welches Risiko damit verbunden ist. Allein die Vermutung, dass da Angst herrschte, ich sei eingesperrt worden, könnte Typen wie Knabe zitierenswert erscheinen.)

Wir machten uns abends auf den Weg zu dem Gasthaussaal, packten behutsam die Leih-Kostüme aus, denn es durfte keine

Schnalle verlorengehen. Es war schon ein Glanzstück gewesen, sie zu beschaffen. Ich hatte eine – heute würde man vielleicht sagen – »Aufschwung«-Reportage über den ersten wieder eröffneten Kostümverleih geschrieben. Als »Gegenleistung« für die Werbung lieh mir die Besitzerin die Kostüme für unseren Auftritt aus. Nur bei den Reitstiefeln – wir benötigten zwei Paar – schüttelte sie den Kopf. »Für jeden einzelnen Stiefel kann ich auf dem Schwarzen Markt ein Vermögen kassieren. Das Risiko ist mir bei zwei Paar zu groß.« Immerhin rückte sie wenigstens ein Paar heraus.

Der erste Presseausweis

Zwei Tage später rief sie mich wutschnaubend an: »Ihr Scheiß-Artikel lag heute früh auf meinem Tisch, säuberlich ausgeschnitten, und ebenso säuberlich hatten sie alle Regale geleert. Ich bin ruiniert!«

Mir fiel nichts Besseres ein, als sie mit dem Hinweis zu trösten, dass doch wenigstens die Reitstiefel und unsere Kostüme gerettet worden waren.

Der Abend begann. Ich spielte die Hauptrolle, also den Gauner, der in Leutnantsuniform den Coup anzettelt. Da noch einer aus der Runde – wir hatten kein anderes Kostüm – Uniform trug, wir uns aber nie auf der Bühne begegnen durften, hatten wir uns auf die Bühnenseite geeinigt, auf der wir die Stiefel deponierten und während der Aufführung wechseln wollten. Als die Vorstellung begann, betrat der Kommandant den Saal, begleitet von einer mindestens zehnköpfigen Eskorte, was viele als drohende Geste empfanden. Einige aus der Truppe waren dafür, den Saal schleunigst durch einen Hintereingang zu verlassen, bevor wir etwa wegen Diffamierung der Sowjetmacht auf eine Anklagebank gerieten. Ich überzeugte sie, zu bleiben. In der allgemeinen Aufregung ging mein Stiefelpartner nach dem ersten Auftritt zur falschen Seite ab und ich hatte keine Chance mehr, an unsere gemeinsamen Stiefel zu kommen.

Als mein Stichwort fiel, lief ich auf Strümpfen hinaus. Das entging allen im Saal, nur ein nach der Stimme vielleicht zwölfjähriges Mädchen kreischte vergnügt: »Mama, der geht ja in Strümpfen!«

Die Lachsalve ruinierte alle Spannung, die Gaunerkomödie verfiel zur Posse, und ich warf einen angstvollen Blick zum Kommandanten. Der aber amüsierte sich köstlich und als der letzte Vorhang gefallen war, kam er in unsere Garderobe, beglückwünschte uns und – lud uns zu einem üppigen Rühreiessen ein.

Am nächsten Morgen zogen wir durch den Schnee davon. Die meisten – bis auf ein attraktives Mädchen – hatten die Lust an der Schauspielerei verloren, und so ging meine Bühnenlaufbahn schnell wieder zu Ende. Dem Theater blieb ich treu – nun wieder als Zuschauer.

Dass ich im Herbst 1945 auch noch Sportredakteur der Zeitung wurde, war dem Umstand zuzuschreiben, dass der bis dahin den schmalen Sportteil verwaltende Dr. Rosen eines Freitagmorgens nicht erschien und auch am Montag nichts von sich hören ließ. Paul Wandel eröffnete mir, dass ich der einzige wäre, der als Nachfolger in Frage käme. Von Sport hatte in dem Ex-Emigranten-Quintett niemand einen Schimmer. So begann ich meine nächste Laufbahn.

Dr. Rosen blieb verschwunden. Man raunte, er sei von den Russen verhaftet worden. Ich hörte nichts mehr von ihm, bis ich zwei oder drei Jahre später einen Amateur-Box-Vergleich besuchte, bei dem die Humboldt-Universität gegen die Spitzenstaffel von Empor Brandenburger Tor antrat. Ich hielt es für eine Halluzination, als Rosen mit dem ersten Boxer der Humboldt-Universität erschien und den in seiner Ecke betreute. Immer noch unsicher, ging ich in die Ecke, und Rosen begrüßte mich wie einen lang vermissten Freund. Wir verabredeten, uns nach dem Boxvergleich zu treffen. Inzwischen erfuhr ich, dass Dr. Rosen tatsächlich Kurt Rosentritt hieß und diesen Namen auch wieder angenommen hatte. Er beschwor mich, kein Wort über die Affäre zu verlieren. Ich hielt mich daran und erfuhr aber auch nie, was sich 1945 tatsächlich zugetragen hatte. Kurt wurde später einer der berühmtesten Boxtrainer, war von der DDR nach Kuba delegiert worden und feierte dort mit seinen Schützlingen beispiellose Erfolge.

Als man ihn 76-jährig in Königs Wusterhausen 1994 zu Grabe trug, erwies ich meinem »Vorgänger« den letzten Gruß. Zuvor war ich bereits öfter seinem Sohn Michael begegnet, der Fußballredakteur beim *Tagesspiegel* geworden war, und irgendwann saßen wir beim Bier an einem Tisch. Inzwischen ist er ein angesehener Buchautor – »Kutte« würde stolz auf ihn sein.

So war ich also Sportredakteur der *Deutschen Volkszeitung* geworden und blieb diesem Beruf bis heute treu. Inzwischen sind immerhin 65 Jahre vergangen, seit ich meinen ersten Sportbericht geschrieben hatte.

Eines Tages im Sommer 1946 wurde mir ausgerichtet, ich möge mich bei Wilhelm Pieck einfinden. Er eröffnete mir, dass man in Berlin »was auf die Beine stellen« müsse, das für Stimmung sorgt. Etwas auch, das den noch immer von Hunger und Not geplagten Menschen ein Gefühl von »Aufstieg« vermitteln könnte. Sein Vorschlag: ein Radrennen. Ich wandte ein, dass in den meisten Straßen noch nicht einmal die Trümmer weggeräumt seien. Er antwortete: »Eben deshalb!« und sagte: »Versuch es doch wenigstens!« Zudem meinte er, dass *Neues Deutschland* als Veranstalter damit auch an Ansehen gewinnen könnte. Ich gab zu bedenken, dass der Amateurradsport von den Alliierten noch nicht wieder erlaubt sei und demzufolge nur Profis starten könnten, aber auch das störte ihn nicht. Statt hintenherum Geldpreise zu zahlen, würden wir den Siegern Pokale überreichen! Er hatte sich diese Idee in den Kopf gesetzt und ließ sich nicht davon abbringen.

Es folgten konkrete Fragen: Was könnte ein solches Rennen die Partei kosten? Ich wusste, dass Siegerpreise vornehmlich in Schnaps »gezahlt« wurden, den die Aktiven dann hinterher selbst zu Geld machten. Eine Flasche für den Sieger war der Mindestpreis. Die wurde auf dem Schwarzen Markt zwischen 500 und 800 Mark gehandelt. Eine Alternative wäre ein Kilo Butter gewesen, das etwa zum gleichen Preis zu haben war. In beiden Fällen musste man jedoch den Inhalt gewissenhaft prüfen, weil in den als Cognac oder Wodka etikettierten Flaschen oft billigster Fusel oder mit Wasser verdünnter Spiritus war und die Butterpackung gut drapiertes Sperrholz enthielt.

Wilhelm Pieck interessierte das alles herzlich wenig. Er beharrte auf seiner Idee mit den Pokalen. Ich behielt meine Skepsis für mich, konnte mir aber gut ausmalen, wie die Rennfahrer reagieren würden, wenn wir ihnen nur Pokale überreichten, denn wer sollte ihnen einen Pokal abkaufen? Sehr bald stellte sich heraus, dass es sogar zwei sein mussten, weil die Aktiven auf einem Zweiermannschaftsrennen bestanden – ein einzelner Rennfahrer hätte die Distanz nicht geschafft.

Wir suchten eine Strecke im Norden der Stadt aus, und dann begann ich mich um die Pokale zu kümmern. In Berlin gab es niemanden, der wusste, wo man Pokale produzierte. Dementsprechende Fragen stießen auf die Gegenfrage, wer denn in dieser Zeit Pokale benötige?

Jemand aus Thüringen riet mir zu geschliffenem Glas. Er hatte gehört, dass tschechische Umsiedler unweit Ilmenau gläserne Vasen anboten, die man als Pokale ausgeben konnte. Skeptisch machte ich mich auf den Weg nach Ilmenau, stieg unterwegs mindestens zwölfmal um, überquerte Flüsse zu Fuß auf hölzernen Notbrücken, fand aber schließlich die Glaskünstler. Sie machten mir einen akzeptablen Preis und lieferten über Nacht zwei pokalähnliche Vasen mit einer entsprechenden Inschrift. Das nächste Problem war die Rückfahrt nach Berlin. Die Züge waren mit Sack und Pack schleppenden Hamsterern überfüllt. Jeden, den ich um Rücksicht auf meinen Pokalkoffer bat, hielt mich für nicht ganz normal, denn niemand transportierte damals Pokale in proppenvollen Zügen.

Mit Rudi Kirchhoff am Lenker später bei der Friedensfahrt

Ich brachte die Vasen mit einigem Glück unversehrt nach Berlin und hatte sie an dem Tag, als Wilhelm Pieck die Startflagge in der Sonnenburger Straße senkt auf einen Stapel abgeputzter Steine gestellt. Hinter dem Ziegelhaufen waren die Schnapsflaschen versteckt.

Was Wilhelm Pieck erhofft hatte, erfüllte sich: Eine riesige begeisterte Menge säumte die Straßen im Berliner Norden. Neben Wilhelm Pieck stand Fredy Budzinski, der Nestor des Berliner Radsports, der durch sein Erscheinen bekundete, dass er das Rennen als die Nachkriegs-Wiedergeburt des Berliner Radsports wertete.

Um das Umfeld des Tages zu illustrieren, zwei am Morgen erschienene Nachrichten: »Auf Abschnitt 81 des Berliner Bezugsausweises werden pro Person drei Tütchen Süßstoff ausgeben, die Straßenbahnlinie 86 verkehrt ab heute wieder zwischen Köpenick und Grünau.«

»Wüste« Hoffmann war der umjubelte Star des Rennens. Er fuhr mit seinem Partner »Fritze« Jährling ein großes Rennen. Fünfunddreißig Sekunden Vorsprung hatten sie herausgefahren, als »Wüste« ein Reifenschaden zurückwarf. Er und sein Partner kämpften sich wieder nach vorn, und »Wüste« entschied den letzten Spurt für sich. Wilhelm Pieck überreichte die beiden Pokale. Hinterher erhielten sie von mir den Schnaps.

Beflügelt von dem Erfolg, organisierten wir im Jahr darauf die erste deutsche Straßenmeisterschaft. Fast 100.000 Menschen säumten die Strecke rund um den »Pfefferberg«, jener alten Brauerei, in die »Neues Deutschland« inzwischen gezogen war. Als ich die drei besten westdeutschen Fahrer – Schwarzer, Mirke und Preiskeit – für die Teilnahme an der Meisterschaft nach Berlin einlud, forderten sie Startgeld: Für jeden ein Pfund Butter. Ich bat Wilhelm Pieck um Hilfe, und der mobilisierte Neubauern, die uns die Butter beschafften. Die so Voraushonorierten sahen im Rennen keinen Stich. Deutscher Meister wurde der Nürnberger Bahnfahrer Voggenreiter. Ich, der 18-jährige *ND*-Sportredakteur, war damit auch noch in den Kreis der »Veranstalter« aufgestiegen, und da ich dabei auch als Sprecher fungierte, holten mich einige Veranstalter von Rennen in anderen Sektoren sogar als Ansager.

1946
Abschied von
Gerhart Hauptmann

Vor allem aber war ich *ND*-Sonderberichterstatter, und da hatte ich nicht selten schwierige Aufgaben zu lösen. Zum Beispiel als man mich zur Beisetzung Gerhart Hauptmanns schickte. Der war am 6. Juni 1946 in dem inzwischen zu Polen gehörenden Agnetendorf gestorben, doch hatten die Polen seine Beisetzung auf polnischem Boden untersagt. So stand der Zinksarg in dem Haus, in dem er gelebt hatte, bis die sowjetische Regierung intervenierte und Maßnahmen traf, um die sterbliche Hülle nach Deutschland zu überführen, zumal sein letzter Wunsch war, auf Hiddensee beerdigt zu werden. Der Sarg wurde in einen Sonderzug verladen, der über Forst nach Berlin fuhr und am nächsten Morgen nach Stralsund. Dort fand eine Trauerfeier statt, und danach trat Hauptmann seine letzte Fahrt auf einem Schiff nach Hiddensee an.

Das war Ende Juli 1946, und für die Redaktion, die mich beauftragt hatte, den Bericht zu schreiben, galt es als erstes zu klären, wie ich nach Stralsund kommen könnte, denn in dem Sonderzug war kein Platz für Journalisten. Man erinnerte sich eines Genossen, der zuweilen mit seinem Beiwagen-Motorrad für das *ND* Fahrten erledigte. Der erklärte sich auch bereit. Wir brachen rechtzeitig in Berlin auf, kamen gut voran, hatten auch genügend Benzingutscheine in der Tasche, und alles schien planmäßig zu verlaufen, als sich urplötzlich der Schraubverschluss des Benzintanks lockerte, absprang und in den Straßengraben rollte.

Wir waren sicher, ihn mühelos wiederzufinden, stellten aber bald fest, dass der Graben voller verrotteten Laubs und der Verschluss darin spurlos verschwunden war. Wir krochen durch den Straßengraben, gerieten immer tiefer in die Laubschichten und entschlossen uns nach Stunden, die Suche zu beenden. Ein Baumast wurde mühsam zurechtgebrochen, mit einem Halstuch umwickelt und in die Öffnung gepresst.

Als wir in Stralsund anlangten, war die Trauerfeier vorüber und das Schiff, das den Sarg nach Hiddensee überführte, hatte gerade abgelegt. Die Entfernung zwischen seinem Heck und dem Kai maß nur Meter, war aber unüberwindbar!

Ich wagte nicht, in Berlin anzurufen, was uns ohnehin sicher zwei weitere Stunden für die Vermittlung des Ferngesprächs gekostet hätte, und mitzuteilen, dass ich den Dampfer verpasst hätte. Nach einem Blick auf die Karte schlug ich meinem inzwischen entnervten Partner vor, über den Rügendamm nach Schaprode zu fahren, um dort zu versuchen, jemanden zu der Fährfahrt nach Hiddensee zu überreden. Das erste Hindernis war der sowjetische Posten am Zugang zum Rügendamm, der einen »Propusk« für Rügen verlangte. Nach langen Verhandlungen, in denen der Hinweis auf einen großen deutschen Dichter schließlich den Ausschlag gab, durften wir passieren.

In Schaprode schüttelten die Fischer, die ich um Hilfe bat, den Kopf. Ihr Dieselkontingent sei zu dürftig, um eine solche Fahrt unternehmen zu können. Man empfahl mir, den Bürgermeister von Neuendorf um Hilfe zu bitten. Ich erreichte nur dessen Frau, und die teilte mir mit, dass ihr Mann eben unterwegs sei, die Trauergesellschaft auf Hiddensee zu empfangen. Es dämmerte schon, als ich den tollkühnen Entschluss fasste, die rund 5000 Meter zwischen Schaprode und Neuendorf schwimmend zu überwinden. Zunächst überredete ich den inzwischen restlos entnervten Besitzer des Motorrads, die Räder zu demontieren, die Schläuche aus den Reifen zu holen, aufzupumpen und an meine Arme zu binden. Sie sollten mich vor den Folgen eines möglichen Schwächeanfalls bewahren.

Wer beim Lesen hier beginnen sollte, an meinem Verstand zu zweifeln, sollte berücksichtigen, dass ich 18 Jahre alt und nicht bereit war, nach Berlin zurückzukehren und mitzuteilen, dass wir den Dampfer verpasst hatten. Ich schwamm los, wusste nach einem guten halben Kilometer, dass ich schwimmend nie Hiddensee erreichen würde und kehrte um. Mir blieb noch eine halbe Nacht, denn Hauptmanns letzter Wunsch war, vor Sonnenaufgang beigesetzt zu werden.

Der Motorradbesitzer war überglücklich, als er seine Reifen wieder in Händen hielt. Ich hing mich ans Telefon und erreichte noch einmal die Bürgermeisterin von Neuendorf. Die imponierendste Leistung des turbulenten Tages dürfte meine beschwörende Rede am Telefon gewesen sein. Ich brachte die Bürgermeisterin dazu, mich mit irgendeinem Motorboot abzuholen. Aufatmend betrat ich Hiddensee und verbrachte den Rest der Nacht an Bord des Schiffes, auf dem der Sarg transportiert worden war. Man servierte mir sogar noch eine Mahlzeit, zubereitet aus den Resten des Trauerbuffets. Rechtzeitig vor Sonnenaufgang stand ich inmitten vieler Hiddenseer an den Stufen von Hauptmanns Haus »Seedorn« und schloss mich dem Zug zur kleinen Kirche in Kloster und dem Friedhof an.

Der Bericht, den ich danach mit Hilfe des Schiffsfunkers kabelte, traf pünktlich in Berlin ein. Man war zufrieden mit mir, und niemand ahnte, was ich alles erlebt hatte.

Jahre danach suchte ich an einem Friedensfahrt-Ruhetag in Polen nach dem »Haus Wiesenstein«, in dem Hauptmann die längste Zeit seines Lebens verbracht hatte. Seit seinem Tod waren fast zwanzig Jahre vergangen, aber selbst bei meinen polnischen Freunden, mit denen ich alljährlich die Friedensfahrt organisierte, die einiges zur Versöhnung beider Völker beitrug, stieß mein Anliegen auf Zurückhaltung. Es begann damit, dass sie versicherten, nicht zu wissen, wie das einstige Agnetendorf jetzt hieß. Da man mich gut genug kannte, um zu wissen, dass ich von meinen Plänen nur mühsam abzubringen war, hing sich mein Freund Tadeusz Lesinski ans Telefon, ermittelte, wo das »Wiesenstein« stand, und so betrat ich als erster Deutscher nach dem Krieg doch noch Hauptmanns Haus. Es war fast ein Schloss zu nennen. Schon beim Betreten sah ich viele Kinder in den Fluren – es war in ein Waisenhaus umgewandelt worden. An Hauptmanns Zeit erinnerte wohl nur noch die malerische Pracht der Decke des Treppenhauses.

Ich war 14, als ich Gerhart Hauptmann das einzige Mal im Leben »begegnet« war. Und zwar am 15. November 1942, als er in der Berliner Volksbühne bei der Aufführung des »Florian Geyer« zu Ehren seines 80. Geburtstages in der Loge Platz genommen hatte und mit stürmischem Beifall begrüßt worden war. An den Abend musste ich unwillkürlich denken, als ich zwischen Kinderbetten durch das Haus ging, in dem er viele Jahre gelebt hatte.

Damit endeten meine »Begegnungen« mit Gerhart Hauptmann nicht, denn vier Jahrzehnte danach heftete ich mich noch einmal auf seine Spuren. Am 20. Oktober 2004 hatte im Dresdner Schauspielhaus die Volker-Lösch-Inszenierung der »Weber« Premiere, aber schon am 28. November 2004 untersagte das Landgericht Berlin weitere Aufführungen. Die Richterin Christel Hengst, die dieses Urteil verhängt hatte, erinnerte in ihrer Urteilsbegründng an ein Verbot des Berliner Polizeipräsidenten vom 3. März 1892, mit dem die damalige Premiere des Dramas untersagt worden war. In Dresden fand man einen Aus-Umweg: Am 14. Februar 2005 fand die Premiere der »Dresdner Weber« statt, die als »Hommage an Gerhart Hauptmann von Volker Lösch und Stefan Schnabel« angekündigt worden war. Ich schrieb eines meiner vielen Taschenbücher darüber, worüber ich – auch um die ständigen Zeitsprünge zu minimieren – in einem späteren Kapitel Auskunft geben werde.

1947
Der Sachsenhausen-Prozess

Am 23. Oktober wurde in dem zu einem Gerichtssaal umgestalteten Pankower Ratskeller der Prozess gegen 16 Mitglieder der Bewachungsmannschaft des Konzentrationslagers Sachsenhausen eröffnet. Zwölf der Angeklagten hatten britische Militärbehörden verhaftet und an die Sowjetunion ausgeliefert. Dazu umfangreiches Beweis- und Ermittlungsmaterial. Da die Sowjetunion im Mai 1947 die Todesstrafe abgeschafft hatte, konnten die Angeklagten sicher sein, nicht – wie vor den Militärgerichten der westlichen Besatzungsmächte – mit der Todesstrafe rechnen zu müssen. Die Anklage lautete auf Kriegsverbrechen und Verbrechen gegen die Menschlichkeit. Im Mittelpunkt stand der Mord an 18.000 sowjetischen Kriegsgefangenen im Herbst 1941. Während des Verfahrens, das am 1. Oktober 1947 mit der Urteilsverkündung endete – ich berichtete von allen Prozesstagen –, wurden 27 Zeugen gehört. Die Angeklagten legten umfassende Geständnisse ab und beriefen sich auf sogenannten Befehlsnotstand.

Der Lagerkommandant, SS-Standartenführer Anton Kaindl, der KZ-Arzt Heinz Baumkötter und 12 weitere Angeklagte wurden zu lebenslänglicher Haft und Zwangsarbeit verurteilt, zwei Angeklagte zu 15 Jahren. Als Adenauer 1955 die Sowjetunion besuchte, erreichte er, dass die Verurteilten zur weiteren Strafverbüssung in die BRD ausgeliefert wurden, wo sie nicht inhaftiert, sondern freigelassen wurden. Einige wurden später erneut angeklagt und verurteilt.

Ich hätte die Woche im Pankower Ratskeller möglicherweise gar nicht erwähnt, wenn mir nicht 2010 ein Lokalblatt in die Hände gefallen wäre, in dem der Pankower Stadtrat für Kultur, Wirtschaft und Stadtentwicklung mit den Worten zitiert wurde, der Prozess sei »den Normen von Strafprozessen nicht gerecht geworden«.

Ich traute meinen Augen nicht. Der Stadtrat war der Sohn einer guten Bekannten aus den ersten Nachkriegsjahren und damals eine Sowjetbürgerin. Sie kannte meinen Bruder gut aus Moskau. Ich setzte mich also hin und schrieb dem Stadtrat einen derben Brief. »Ihr Zitat lautete: ›Dieser Prozess sei laut N. den Normen von Strafprozessen nicht gerecht geworden. So seien zum Beispiel die Aussagen der Angeklagten einstudiert worden, und sie hatten keine Chance, etwas zu ihrer Verteidigung vorzubringen. Dass ihre Verbrechen zu ahnden waren, stehe außer Frage, so N. Nur wie das geschah, sei zu hinterfragen.‹ Das ist eine mehr als gewagte Behauptung. Ich war damals als *ND*-Berichterstatter bei diesem Prozess.«

Der Stadtrat darauf: »Hintergrund der Anbringung einer neuen Gedenktafel für den so genannten ›Sachsenhausen-Prozess‹ im Rathaus Pankow war, dass eine Tafel, die im Herbst 1989 angebracht war, im Jahre 2007 gestohlen wurde. Es gibt eine Übereinkunft in Pankow, wie man mit der Ersetzung von verschwundenen Gedenktafeln aus der DDR-Zeit umgeht. Dabei wird die alte Tafel im Original abgebildet und durch weitere Informationen und neue Ergebnisse kommentiert. So ist es auch in diesem Fall geschehen. Im Mittelpunkt der Diskussion um den Kommentartext stand die Tatsache, dass Historiker, die sich mit der Geschichte des Prozesses befasst haben, diesen als ›Schauprozess‹ bezeichnen, weil er rechtsstaatlichen Ansprüchen nicht gerecht und von einer Medienkampagne begleitet worden sei. Der Prozess war zweifellos inszeniert, die Geständnisse waren einstudiert und filmisch in Szene gesetzt worden.«

Das alles wusste der Stadtrat von »Historikern«, die sich mit dem Prozess befasst hatten. Und er wusste auch von einer »Medienkampagne«. An der müsste ich demzufolge mitschuldig gewesen sein, denn ich war einer der beiden deutschen Journalisten, die darüber berichteten.

Wenn ich noch einer Lehrstunde in Sachen »Aufarbeitung« bedurft hätte – der Pankower Stadtrat lieferte sie mir. Ich hatte manchmal, wenn ich seine Eltern besuchte, an seinem Kinderbett gestanden, woran er sich allerdings nicht mehr erinnern konnte. Musste er auch nicht. Er hatte doch die »Historiker«.

Wieder eine MPi

Ich kehre also zurück ins Jahr 1947, und zwar zu dem Augenblick, an dem ich zum zweiten Mal in die Mündung einer
sowjetischen Maschinenpistole starrte, diesmal allerdings unbe-
sorgt und sicher, dass meinem Leben keine Gefahr drohte.
Immerhin: MPi ist MPi!

Es war an einem Sonntagvormittag. Der alte Friedrichstadt-
Palast – in dem durch einen Bombentreffer bühnenlosen Rund-
bau betrieb die attraktive Marion Spadoni ein ständig gut
besuchtes Varieté – war proppenvoll. Gustav Eder, der erfolgreichste Profiboxer jener Jahre, sollte gegen Herbert Nürnberg
um die Meisterschaft boxen, aber Nürnberg hatte es angesichts
seiner nicht ganz nazifreien Vergangenheit für klüger gehalten,
nicht in die »Zone« zu reisen, wo – das hatte sich bis Hamburg
herumgesprochen – Nazis konsequent verfolgt wurden. In letzter Sekunde überredete der Veranstalter einen Ersatzmann, der
allerdings trotz der guten Gage die harten Eder-Prügel fürchtete
und sich in der dritten Runde auszählen ließ. Das Publikum
tobte und schrie »Schiebung!« Der nominelle Hauschef Nicola
Lupo – von der Spadoni wegen seiner Russischkenntnisse als
Mann für die Problemsituationen engagiert – mühte sich, die
Massen zu beruhigen, scheiterte aber, und plötzlich marschierten
bewaffnete Sowjetgardisten auf, die alle Personen, die auf der
Notbühne rund um den Ring saßen, unter dem Jubel der
Menge hinaustrieben, und zwar bis in die Chausseestraße, wo
ein Kommandanturoffizier sein Büro hatte.

Der hatte den Boxtrubel trotz des alliierten Befehls 23 vom
17. Dezember 1945 (»Die körperliche Ertüchtigung wird auf
Grundlagen der Gesundheitshygiene und des Ausgleichssports
erfolgen, unter Ausschluss solcher Übungen, die militärischen
Charakter haben.«) zugelassen, weil man ihm versichert hatte,
nach deutschen Gewohnheiten handele es sich bei den Profi-
kämpfen nicht um den in dem Befehl erwähnten »Kampfsport«
sondern eher um Varieté.

Dagegen hatte die Besatzungsmacht keine Einwände, und so
verdienten die Manager Unsummen und die Spadoni kassierte
stattliche Miete. Der an jenem Tag als »Promoter« agierende Veranstalter Joachim Göttert redete auf den diensthabenden Offi-

zier wie ein Wasserfall ein, behauptete, alles sei korrekt zugegangen und man könne ihn nicht dafür verantwortlich machen, dass das Publikum einen anderen Kampf erwartet hatte. Der Offizier entschied bündig: »Sie haben Artistik und Unterhaltung versprochen. Geliefert haben sie einen Skandal. Also: 30.000 Mark für die Aktion ›Rettet das Kind‹ hier auf den Tisch! Dann können sie wieder Unterhaltung machen.« (Die Aktion »Rettet das Kind« war eine vom Berliner Sozialstadtrat Ottomar Geschke initiierte Solidaritätsaktion für durch den Krieg elternlos gewordene Kinder.)

Göttert begriff, dass er hier niemanden überreden konnte, holte Geld aus einem Koffer, den er mitgebracht hatte, und stapelte es auf den Schreibtisch des Offiziers. Der ließ es nachzählen, nannte den Fehlbetrag, und Göttert schwor, den Rest in den nächsten Stunden beizubringen. Die Gardisten schulterten die Maschinenpistole und zogen ab. Ich war der einzige Journalist in der Runde gewesen. *Neues Deutschland* berichtete exklusiv! Übrigens: Ob das ganz »rechtsstaatlich« war, könnte fraglich sein. Aber richtig war es!

1948
Mit Wilhelm Pieck am Ring

Auch Wilhelm Pieck interessierte sich für die damals enorme Zuschauerscharen anlockenden Box-Spektakel, allerdings nicht, weil er ein Boxfan war, sondern weil ihn interessierte, was die Menschen begeisterte. Dass er mich eines Tages anrufen ließ und wieder mal um meinen Besuch bat, überraschte mich nicht. Inzwischen hatte er ein fast väterliches Verhältnis zu mir. Ein Beispiel dafür: 1947 hatte ich in der Parteischule Liebenwalde den ersten Journalistenlehrgang der SED besucht.

Der damals gemeinsam mit Otto Grotewohl die »Doppelspitze« der Partei bildende Wilhelm Pieck war gekommen, um die Abschlussdokumente zu überreichen. Beim gemeinsamen Abendessen fragte er mich: »Wie kommst du nach Berlin? Soll ich dich mitnehmen?«

Ich nahm das Angebot erfreut an, auch weil der Zugverkehr in die nördlichen Richtungen gerade erst wieder in Betrieb genommen worden war und die Züge noch nicht nach verlässlichen Fahrplänen verkehrten. Während des bescheidenen Abschlussabends war auch getanzt worden. Wilhelm saß am Präsidiumstisch und winkte mir plötzlich zu. Ich ging zu ihm, und er fragte mich flüsternd: »Ist die Kleine da was Ernstes?«

»Ernstes?« fragte ich verdutzt zurück.

»Ich meine die, mit der du tanzt! Wenn es was Ernstes wäre, würde ich nämlich bald aufbrechen. Man hat schließlich Verständnis.«

Ich schwor, dass es nichts Ernstes sei, und so rollten wir bald darauf los. Und plauderten bis Berlin.

Nur wenige wussten, dass er auch während seiner Exiljahre in der Sowjetunion meist mit zwei Koffern gereist war, von denen einer durch sein extremes Gewicht auffiel. Fritz Erpenbeck, der in jener Zeit oft mit ihm unterwegs gewesen war, verriet mir das »Geheimnis« dieses Koffers: Er enthielt mehrere Hanteln, die Wilhelm für seinen täglichen Frühsport nutzte.

Als ich nach jenem Anruf in sein Büro kam, das übrigens seine Tochter Elli Winter umsichtig leitete, überraschte er mich mit der Aufforderung, ihm zu demonstrieren, was im Boxen einen Rechtsausleger vom Linksausleger unterscheidet. Nachdem ich ihm das vorgeführt hatte, verriet er mir, dass ihn ein Kampf des damals durch seine k.o.-Siege viele Gemüter bewegenden Rechtsauslegers Dieter Hucks auf diese Frage gebracht habe. Und er fragte mich rundheraus, ob es mir wohl möglich sei, ohne großes Aufsehen für uns zwei Karten am Ring zu beschaffen. Ich machte ihm gegenüber kein Hehl daraus, dass sein Auftritt dort Aufsehen erregen würde. Es störte ihn nicht, sondern schien ihn zu amüsieren. Wieder war Göttert der Veranstalter, und also rief ich den von Piecks Telefon aus an. Er hatte mir mal am Biertisch verraten, dass er in drei Parteien Mitglied war. Bereitete er einen seiner »Großkampftage« vor, besuchte er die Redaktionen der Berliner Zeitungen, bat sie um eine werbende Vorschau und zückte – wie nebenbei – die Mitgliedskarte der Partei, der die betreffende Zeitung nahestand.

Ich erklärte ihm unumwunden mein Anliegen: Einen Platz am Ring für Wilhelm Pieck und einen für mich als seinen Begleiter, und zwar möglichst weit entfernt vom Westberliner Polizeipräsidenten Stumm. Göttert schien nicht sonderlich überrascht und versicherte, dass er alles zu unserer Zufriedenheit arrangieren würde.

So fuhr ich mit Wilhelm Pieck zur Waldbühne. Es gab das erste Aufsehen, als wir die steilen Treppen hinunterstiegen, aber als wir am Ring von dem herbeieilenden Göttert herzlich empfangen wurden, legte sich die Aufregung. Wir drehten fast eine ganze Runde um den Ring, wodurch die von den Fotografen so sehnsüchtig erwartete Begegnung zwischen Pieck und Stumm vermieden wurde. Bald darauf wurden von *RIAS*-Angestellten Sonnenblenden mit Werbelogos des Senders an alle Ringplatzzuschauer verteilt. Wieder witterten die Fotografen eine Gelegenheit, an ein ungewöhnliches Pieck-Bild zu kommen, aber Wilhelm ließ sich nicht im geringsten aus der Ruhe bringen, verzichtete freundlich auf den Blendenschirm und faltete sich aus einem *Neuen Deutschland*, das er eingesteckt hatte, bedächtig einen Sonnenhut, wie man ihn Kindern aufsetzt, und damit war auch diese Klippe umschifft.

Nach dem Kampf entstand vor den engen Treppen wie immer ein ziemlich großes Gedränge. Wir warteten eine Weile in der endlosen Schlange, bis Wilhelm mir plötzlich vorschlug, auf die Treppen zu verzichten und von Sitzbank zu Sitzbank nach oben zu springen. Ich war für einen Augenblick sprachlos und gab dann zu bedenken, ob es ein gutes Bild abgäbe, wenn er unterwegs in Schwierigkeiten geraten würde. Er winkte lachend ab und machte sich auf den Weg.

Offen gestanden, hatte ich meine liebe Mühe, in seiner Nähe zu bleiben. Natürlich wurde er schon nach wenigen Bank-sprüngen erkannt und erntete viel Beifall. Oben angelangt, sagte er ein wenig außer Atem, aber stolz: »Na siehste!«

In München in der Ringecke

1948 hatte ich in München die Liste meiner Funktionen um eine weitere verlängert: Boxtrainer. Zur Vorgeschichte: Einer der profiliertesten Profi-Trainer jener Jahre war der Hamburger Wal-ter Cunow, mit dem ich bald Freundschaft schloss, weil er ein überzeugter Kommunist war. Heute würde man ihn wohl zu den »Linksextremisten« zählen, denn seine Methoden im Kampf gegen den Kapitalismus waren zuweilen bedenklich. Neben sei-ner Tätigkeit in der Boxschule betrieb er ein fast kriminelles Gewerbe. Und zwar unter dem Motto: Man muss den Kapita-lismus schädigen, wo man kann!

Er besaß eines der damals noch weit verbreiteten Framo-Motor-Dreiräder und agierte offiziell als Schrotthändler. Der Handel mit Buntmetall blühte damals schon, und er praktizierte ein fragwürdiges »System«: Nachts räumte er – den Framo in einer Seitenstraße parkend – Messing-Rohrreiniger (oder waren sie aus Kupfer?) von dem Platz, auf dem die britische Armee sie tagsüber stapelte, um sie dann als Reparationsgut auf Schiffen zu verladen. Am nächsten Morgen rollte er im Framo zum Ein-gang des Sammelplatzes und verkaufte den Briten die nachts geklauten Reiniger. Meine Bedenken beantwortete er ungerührt mit dem Hinweis auf nötige Aktionen gegen künftige Kriege.

Er trainierte den damals die Schwergewichtsszene beherrschenden Richard Grupe und einige Leichtgewichte. In Grupes Wohnung lernte ich damals auch dessen Sohn Norbert kennen, der später als »Prinz von Homburg« eine der viel verdienenden Skandalnudeln des Boxprofi-Gewerbes wurde und es bis in die Hollywood-Ateliers schaffte, bevor er 2004 in einem mexikanischen Dorf auf tragische Weise ums Leben kam.

Kurzum: Cunow und ich wurden gute Freunde, und selbst wenn mancher Leser die Stirn in Falten legen sollte: Er war einer derjenigen, die mir dazu verhalfen, die »Marktwirtschaft« früher zu durchschauen, als sie mir jemand im Parteilehrjahr erklären konnte, und über die Praktiken des Profisports musste mich schon vor Jahrzehnten niemand mehr aufklären.

Eines Tages hatte mich Cunow gebeten, den in Hannover lebenden Weltergewichtler Rolf Dieckmann bei einem Kampf in München zu betreuen.

Meine Bedenken räumte er mit wenigen Worten aus dem Weg: »Rolf weiß, wie er zu boxen hat. Ein bisschen Wasser in der Pause und mit dem Handtuch wedeln. Mehr ist nicht zu tun. Vor allem darauf achten, dass euch der Veranstalter nicht bescheißt. Rolf braucht jeden Pfennig, denn er will seine zerbombte Wohnung instand setzen.«

Ich nahm für ein Wochenende Urlaub in der *ND*-Redaktion und reiste nach München. Dieckmanns Gegner war der Kasseler Ludwig Petri, ein Mann, dessen Eleganz im Ring sprichwörtlich war.

Kaum in München angekommen, musste Rolf auf die Waage. Die wies 800 Gramm Übergewicht aus, und der Veranstalter, ein Mann in feinstem Zwirn, zeigte mir grinsend die Klausel im Vertrag, wonach für jeweils 100 Gramm Übergewicht 1.000 Reichsmark Konventionalstrafe zu zahlen waren. Die Börse für den Kampf betrug 9.000 Reichsmark, wovon ihm nach dieser Regelung nur 1.000 geblieben wären. Ich kannte die Regel, nach der man zum Wiegen nach einer halben Stunde noch einmal erscheinen durfte und versicherte dem Veranstalter gelassen: »In einer halben Stunde kommen wir zum zweiten Wiegen.«

Der im feinen Zwirn antwortete amüsiert: »800 Gramm in einer halben Stunde abschwitzen? Das möchte ich sehen.«

Darauf ich: »Sie werden staunen. Als Erstes geht's zum Friseur, 'ne Glatze scheren.«

Wir hatten die Tür noch nicht erreicht, als er mich an den Schultern packte. »'ne Glatze? Soll das Publikum etwa glauben, der ist gestern aus russischer Gefangenschaft entlassen worden? Ein Kahlgeschorener kommt mir nicht in den Ring!«

Da waren wir uns schon einig, und Rolf meinte: »Ein Segen, dass du mitgekommen bist. Ich wäre hier untergegangen.«

In der fünften Runde lief Dieckmann in einen Konter Petris. Der Gong rettete ihn vor dem »Aus«. Ich schleppte ihn in die Ecke, versuchte seine verwirrten Augen wieder ins Lot und den Körper auf die Füße zu bringen. Nichts half. Da langte ich nach dem Eimer, in den er die ersten vier Runden sein Mundwasser gespuckt hatte, und schüttete ihn ihm samt aller Ingredienzen über den Kopf. Die Dusche half. Er kam zu sich und schwor, weiterboxen zu können. Und er hatte einen triftigen Grund: »Ich brauche die Kohle, sonst bringt mich meine Frau um.«

Ich begann schon, seine Sachen zusammenzuräumen, weil ich ihm nicht mehr als eine Minute bis zur k.o.-Niederlage gab, als urplötzlich der Feinzwirn-Mann neben mir auftauchte und mich wie jemanden umarmte, der ihm eben eine stattliche Summe über den Tisch geschoben hatte. »Die Nummer mit dem Eimer hat noch keiner hier gebracht. Ich lasse ihnen einen Eimer frischen Wassers holen. Und dann führen sie das Ding noch mal vor.«

»Wenn der Kampf dann nicht längst zu Ende ist«, gab ich zu bedenken.

»Kann nicht«, beteuerte er, »ich war drüben in der anderen Ecke. Der würde Ärger und nur die Hälfte seiner Gage kriegen, wenn er jetzt ernsthaft zuschlägt.«

Das war für mich eine der ersten Lektionen, die mich lehrten, wie Berufssport funktioniert.

Ich begriff das sogar blitzschnell, denn ehe er noch den Eimer holen ließ, fragte ich ihn kühl: »Und wieviel legen sie drauf für die Darbietung?«

Er bewilligte ohne Feilschen 1.000 Mark.

Rolf kehrte nach dem nächsten Gong in die Ecke zurück, konnte sich die Zurückhaltung seines Gegners nicht erklären und lallte: »Noch ne Minute, und er hätte mich gestreichelt!«

Ohne darauf zu antworten, verabreichte ich ihm, bejohlt vom Publikum, die Eimer-Dusche, und in der ersten halben Minute der siebenten Runde ging er k.o. Als ich ihm hinterher in einer Kneipe die um 1.000 Mark erhöhte Summe zuschob und mitteilte, dass ich obendrein auf meine zehn Prozent Sekundantenanteil verzichte, spendierte er eine Flasche Schnaps. Die war auch in München für 800 Mark zu haben.

Wir tranken sie aus, und als wir auf dem Münchner Hauptbahnhof nachts auf den Zug warteten, befiel uns beide plötzlich Angst, wir hätten eventuell Methylalkohol getrunken. Wie wir darauf kamen? Es war auf dem Bahnhof so stockfinster, dass wir fürchteten, wir seien erblindet.

Als der Zug endlich einrollte, freuten wir uns wie Kinder, dass wir uns geirrt hatten.

Mit Helmut Schön am Tisch der Gründer

In der 2002 erschienenen »Geschichte des DDR-Sports« kann man nachlesen, welche Hürden der Amateursport in der sowjetischen Besatzungszone zu überwinden hatte, ehe die erste Organisation gegründet werden konnte.

Am 1. Oktober 1948 verkündeten der damalige Gewerkschaftsvorsitzende Hans Jendretzky und der Vorsitzende der FDJ, Erich Honecker, in Berlin die Gründung des Deutschen Sportausschusses. Viele bewährte Funktionäre des ehemaligen Arbeitersports, früherer bürgerlicher Sportvereine, Aktive, Schiedsrichter und Trainer waren unter den Frauen und Männern der ersten Stunde. Mich hatte man nicht nur als Journalisten eingeladen, sondern berief mich zum ersten Pressechef.

So saß ich zwischen der Weltrekordschwimmerin Gisela Graß und dem Fußballnationalspieler Helmut Schön, der damals zu den populärsten deutschen Fußballspielern zählte und in der Elf von Dresden-Friedrichstadt spielte.

Der »Apparat« des DS zog in der Neustädtischen Kirchstraße – keinen Steinwurf vom Bahnhof Friedrichstraße entfernt – in kahle und dürftig möblierte Büros. Nebenan saßen der Schwimmer Jule Feicht – heute hoch in den 80ern, Autor einer viel beachteten Nachkriegs-Geschichte des Schwimmsports und zudem abwechselnd deutscher oder Weltmeister in seiner Altersklasse – und Helmut Behrendt, von den Nazis verfolgter Arbeitersportler, der 1945 aus dem KZ Mauthausen nach Berlin gekommen und vom Magistrat ins Hauptsportamt geholt worden war. Er wurde später der erste DDR-Bürger, dem ein IOC-Präsident den Olympischen Orden verlieh.

Die Gründung des Deutschen Sportausschusses war nicht überall auf Begeisterung gestoßen. Über Nacht war eine völlig neue Instanz entstanden, die den Anspruch erhob, von nun an alle Entscheidungen des Sports in der sowjetischen Besatzungszone zu fällen. Die bis dahin von niemandem kontrollierten und Unsummen kassierenden Veranstalter der Profimeetings liefen Sturm. Die die Freistilringkämpfe arrangierenden Manager mobilisierten sogar ihre Aktiven und ließen sie in die Neustädtische Kirchstraße einmarschieren. Erst als uns ein Kugelstoßriese zu Hilfe kam, trollten sie sich.

Bald kam »Verstärkung« aus der »Provinz«. Aus Greifswald hatte man einen FDJ-Funktionär geschickt, der allerdings einen Fehlstart erlebte. Diebe stahlen ihm am Ausgang des Bahnhofs Friedrichstraße mit flinkem Griff die Schlafdecke vom Rucksack. Ich fuhr nach Hause, holte eine Bettdecke, und so verbrachte er die ersten Nächte in einer Gartenlaube unter der geliehenen Decke. Der Mann sollte später eine große Karriere im DDR-Sport machen – Manfred Ewald.

Helmut Schön spielte weiter in Dresden Fußball und ließ mich eines Nachts in der Sportschule Grünau (wo ich bei einer Freundin nächtigte) durch den Pförtner aus dem Bett holen: »Die Victoria ist gestohlen worden! Du musst sofort herkommen!«

Die »Victoria« war der Pokal, der bis 1944 jährlich dem deutschen Fußballmeister überreicht worden war. Bei der Pariser Weltausstellung 1900 hatte eine Gießerei mehrere Kopien der von dem berühmten Bildhauer Christian Daniel Rauch geschaffenen Figur ausgestellt, und weil sich in der Kasse der Mannschaft, die Deutschland bei den II. Olympischen Spielen vertreten hatte, ein Überschuss ergab, kaufte das erste deutsche IOC-Mitglied Willibald Gebhardt zwei »Victorias« und machte den Vorschlag, künftig eine als Trophäe an den Fußballmeister zu vergeben. Das geschah zum ersten Mal 1903, und zwar als der VfB Leipzig Meister wurde. Am 18. Juni 1944 gewann der Dresdner SC die letzte Meisterschaft, nahm die Victoria mit nach Hause und soll sie einem Gärtner anvertraut haben, der sie irgendwo unterstellte.

Nachdem alle Versuche des Deutschen Sportausschusses, eine echte gesamtdeutsche Nachkriegsmeisterschaft auszutragen, gescheitert waren, spielten der VfR Mannheim und Borussia Dortmund um die westdeutsche Fußballmeisterschaft 1949.

Einige Dortmunder Fans hatten die Idee, die Victoria aus der »Zone« zu entführen und mit einer spektakulären Zeremonie am Ende des in Stuttgart ausgetragenen Finales dem neuen Meister zu überreichen. Schön erzählte mir am Telefon, dass ein Unbekannter die Victoria unter dem Vorwand, sie fotografieren zu wollen, vor das Vereinslokal getragen hätte und dann mit der Figur spurlos verschwunden wäre.

Die Wahrheit erfuhr ich Jahrzehnte später aus Schöns Memoiren: »Damals versuchte man, die ›Viktoria‹-Statue […] in den Westen zu bringen, damit sie dort wieder den neuen Meistern überreicht werden konnte. Unsere Aktion ging schief.«

Das Wörtchen »unsere« reicht als Geständnis dafür, dass er an dem Coup beteiligt war.

In jener Nacht aber spielte er den Ahnungslosen und hatte mich alarmiert, wohl auch um seine Unschuld nachweisen zu können. Ein Fuhrpark des Sportausschusses existierte noch nicht, und wieder fand ich nur einen Motorradfahrer, der mich auf dem Beifahrersitz durch die Nacht nach Dresden kutschierte. Am verabredeten Treffpunkt traf ich Helmut Schön und fragte ihn als erstes, wo wir die Trophäe denn suchen könnten.

Ich war verblüfft, wie schnell seine Antwort kam: »Vielleicht in der Bahnhofs-Gepäckaufbewahrung!« Ich selbst wäre nie auf die Idee gekommen, dort mit der Fahndung zu beginnen. Also machten wir uns, gemeinsam mit inzwischen alarmierten Polizisten auf den Weg zu den beiden Dresdener Bahnhöfen, und in Dresden-Neustadt fanden wir denn auch auf Anhieb die in Sackleinwand eingenähte Guss-Stahlfigur.

Die Polizei übernahm den Fall und wartete im Hintergrund auf den Abholer, der auch bald erschien. Es war der Fahrer eines Lieferwagens, der sie nach Stuttgart transportieren sollte. Er wurde festgenommen. Die Strafe traf ihn hart: Er musste bis zum Sonntagabend einsitzen und versäumte so das Spiel seiner Borussia, die in der Verlängerung 2:3 unterlag.

Schön in seinen Memoiren: »Ich bekam einen harten Rüffel aus Ostberlin. Der Sportausschuss-Vorsitzende und damalige FDJ-Chef, ein gewisser Erich Honecker, drohte mir mit Konsequenzen.« Eine der Versionen, die heutzutage bei der Beschreibung des »Unrechtsstaats« gern zitiert werden. Honecker muss mindestens mit von der Partie gewesen sein, und dann wurden natürlich »Rüffel« verteilt. Im Fall Schön sogar ein »harter«. Sicher dürfte sein, dass weder Honecker noch sonst wer damals erfahren hatte, dass Schön an der Aktion beteiligt gewesen war. Dafür zeugt der in seinen Memoiren erwähnte Antrag, mit dem er kurz danach darum gebeten hatte, bei Sepp Herberger an der Kölner Sporthochschule seine Trainerlizenz zu erwerben. Nach den Memoiren gab Honecker dafür »grünes Licht«.

Und dann bekannte Schön: »Im Winter 1949/50 war ich in Köln, endlich wieder im vertrauten Kreis unter Herbergers Fittichen. Hier fühlte ich mich wohl, hier gehörte ich hin.«

Damit begründete er auch, warum er später die DDR verließ, zunächst Trainer des Saarlandes wurde und dann die BRD-Elf übernahm.

1974, also ein Vierteljahrhundert nachdem wir als Gründungsmitglieder des Deutschen Sportausschusses an einem Tisch gemeinsam für diese Organisation votiert hatten, führte uns ein Zufall wieder zusammen, und seine Freude darüber verblüffte mich. Nach der Fußballweltmeisterschaft in der BRD war die von Schön trainierte bundesdeutsche Weltmeistermannschaft von der internationalen Sportjournalistenföderation AIPS mit dem Preis für die beste Mannschaft ausgezeichnet worden. Ich war zu dieser Zeit Generalsekretär des europäischen Verbandes (UEPS) und natürlich dabei, als der Pokal beim jährlichen AIPS-Kongress überreicht wurde. Der Kongress fand in Dublin statt, und die Iren hatten das Bankett, dessen Höhepunkt die Preisverleihung war, im Nationalmuseum arrangiert.

Dort trafen wir uns wieder, und nach der Pokalüberreichung begrüßte mich Schön wie einen uralten Freund. Dann fragte er mich, im Flüsterton, ob westdeutsche Journalisten in der Nähe wären. Als ich ihm versicherte, dass die schon gegangen waren, um ihre Berichte von der Ehrung an ihre Redaktionen zu telefonieren, schlug er mir vor, uns hinter einer Vitrine gemeinsam an einen Tisch zu setzen. Fast begeistert erinnerte er sich mit mir an die »Gründerjahre«, und wir plauderten vergnügt über die gemeinsame Zeit und gemeinsame Bekannten aus jener Zeit. Mich aber interessierte vor allem das Geschehen um das legendäre Hamburger Spiel, das die DDR-Auswahl 1:0 gegen die BRD gewonnen hatte.

Ich fragte ihn, wie es nach seiner Meinung dazu hatte kommen können. Er schilderte mir jedes Detail. So auch, dass er seine Spieler – Berti Vogts, Paul Breitner, Franz Beckenbauer, Gerd Müller, Günter Netzer und andere – vor dem Spiel immer wieder ermahnt hatte, die Partie ernst zu nehmen, da die DDR-Elf ihr Ziel, unter die letzten acht zu kommen, schon vor dem Anpfiff erreicht hatte.

Nicht ganz die Regeln respektierend, hatte man die beiden anderen Mannschaften der Vorrundengruppe bereits am Nachmittag im Berliner Olympiastadion gegeneinander spielen lassen, während das Hamburger Spiel erst am Abend angepfiffen wurde. Und nachdem sich Chile und Australien 0:0 getrennt hatten, hatte die DDR einen Platz unter den letzten acht sicher. Sie würde also locker spielen können, zumal auch niemand eine Niederlage als Sensation empfunden hätte.

Schön: »Wir waren haushoher Favorit und keiner nahm meine Mahnungen ernst. Einer murmelte sogar: ›Wir wissen doch, woher sie kommen!‹ Was dann geschah, bestätigte meine Prognose in jeder Hinsicht. Die DDR zeigte keinerlei Respekt. In der Halbzeitpause kam Beckenbauer zu mir und entschuldigte sich: ›Die spielen ja wie die Irren. Nicht mal vor mir haben die Respekt. Das wird noch schwer werden.‹ Als die Mannschaft in der zweiten Halbzeit kaum besser wurde, wechselte ich Günter Netzer ein, aber ein paar Minuten später fiel das entscheidende Tor – gegen uns! Von diesem Abend an wurde mir wenigstens jedes Wort geglaubt. Dass wir am Ende Weltmeister wurden, war nicht zuletzt dem Umstand zuzuschreiben, dass die DDR uns geweckt hatte.«

Wir schieden an jenem Abend wie alte Freunde. Es war das letzte Mal, dass wir uns begegneten. Bis zu seinem Tod 1996 litt er lange unter einer schweren Krankheit.

Einmal mehr: Kehrtwende in der Chronik! Diesmal in meiner Familie. Mein Vater war am 20. April 1945 im Harz in Gefangenschaft geraten und am 20. September entlassen worden, so dass wir Weihnachten wieder in Familie feiern konnten. Zu diesem Zeitpunkt war er bereits vom Magistrat zum Leiter des Banken-Aufsichtsamtes Berlin berufen worden. Die Liquidierung der Großbanken, die Hitler unterstützt hatten, gehörte zu den Viermächte-Vereinbarungen. Es dauerte allerdings bis 1947, ehe die Bankenkommission der vier Mächte gebildet wurde. Die Stadtkommandantur nominierte meinen Vater als Vertreter der Sowjetunion für diese Kommission, in der schon bald klar wurde, dass die Westmächte wenig Interesse zeigten, diesen Viermächtebeschluss durchzusetzen. Vorbereitet wurde hinter den Kulissen eine Währungsreform, die Deutschland endgültig spalten sollte.

Irgendwann war dann der Tag gekommen, an dem uns die Mutter jenes schon erwähnten Berliner Stadtrats angerufen und mitgeteilt hatte, dass Werner am nächsten Tag in Schönefeld landen würde. Was sich nach seiner Ankunft tat, reduziere ich auf wenige Sätze, weil er in seinen Erinnerungen »Geboren am 9. November« sein bewegtes Leben ausgiebig beschrieben hat. Unvergessen bleibt für mich: Als wir ihn vom sowjetischen Militärflugplatz abholten, heulten alle vor Freude. Nach 14 Jahren war die Familie nun fast wieder beisammen – nur eine nach Kanada emigrierte Tante fehlte noch.

Meine Mutter flüsterte mir schon auf der Heimfahrt zu, als erstes mit Werner einen Zahnarzt aufzusuchen. Die harten sibirischen Jahre hatten unübersehbare Spuren hinterlassen.

Werner genoss den Wechsel von der Tundra in das Schritt um Schritt wieder Konturen gewinnende Berlin, und vereint war uns kein Abenteuer zu gewagt.

Schon der erste gemeinsame Sonntag endete allerdings mit einem Fiasko. Ich hatte vom Deutschen Sportausschuss den Auftrag erhalten, ein Profiradrennen im damaligen Stadion Mitte – später Stadion der Weltjugend und nun dem Bundesnachrichtendienst zuliebe abgerissen – zu besuchen und dort im Auftrag des Deutschen Sportausschusses auf Ordnung zu achten. Ich

sollte auch kontrollieren, ob der Veranstalter – der selbst Radrennen bestreitende Fabrikant des Wurzelpeter-Likörs – die
erlassenen Vorschriften für Profiveranstaltungen berücksichtigt
hatte. Werner machte sich mit mir begeistert auf den Weg, denn
er wollte endlich wieder Berliner Luft schnuppern, nachdem er
die Stadt vor fast eineinhalb Jahrzehnten verlassen hatte.

Die Stadionränge waren überfüllt. Allerdings gestand mir
Veranstalter Pöschke als erstes, dass er keine Lautsprecheranlage
hatte auftreiben können. Es gab in Berlin nur einen einzigen
Verleiher solcher Geräte, und der betrieb sein Unternehmen in
Westberlin. Irgendjemand hatte ihn vor den Sowjets gewarnt,
die angeblich Mikrofone und Lautsprecher beschlagnahmen
würden. Vor rund 20.000 Zuschauern ein »stummes« Radrennen austragen zu wollen war undenkbar, und so suchten der
Likörfabrikant und ich verzweifelt nach einem Ausweg. Ein ver-
zweifelter Anruf bei dem Lautsprecher-Besitzer erwies sich als
erfolglos. Dann erinnerte sich jemand, dass eine Anlage im
Reichsbahnausbesserungswerk Warschauer Straße vorhanden
sei. Der Likörfabrikant übernahm es, das Publikum zu beruhigen und den Start um eine halbe Stunde zu verschieben. Auf
einem Polizeilaster machte ich mich auf den Weg in die Warschauer Straße. Werner, noch geballte sibirische Energie, taten-
durstig an meinem Hinterrad.

Die Anlage war tatsächlich vorhanden, aber die Lautsprecher
hingen, gut verschraubt, an den Wänden. Werner fand auf
Anhieb die passenden Schraubenschlüssel, und wir kamen mit
der Demontage gut voran. Als wir stolz mit der Anlage ins Stadion zurückkehrten und dort mit einem freundlichen Empfang
rechneten, rollten wir mitten hinein in einen unbeschreiblichen
Tumult. Ich spürte, dass die Veranstaltung nicht mehr zu retten
sein würde, aber mein an Optimismus nicht zu übertreffender
großer Bruder sah die Sache anders und war felsenfest überzeugt,
die aufgebrachte Menge mit dem Hinweis auf die nun eingetroffenen Lautsprecher beruhigen zu können. Er kletterte auf
das Fahrerhaus des Polizeilasters und versicherte mit dröhnen-
der Stimme, dass in einer Viertelstunde alles montiert wäre.
Tatsächlich schien er die Stimmung in den Griff zu bekommen,
als urplötzlich jemand, der ihm gar nicht zugehört hatte, versuchte, ihn von dem Lastwagen zu zerren, die Polizisten be-

schimpfte und den Tumult wieder entfachte. Der Schreihals forderte, den Lastwagen umzustürzen, was den zu Recht verängstigten Fahrer bewog, Vollgas zu geben und aus dem Stadion zu rasen. Dann schrie einer: »Wir holen uns unser Eintrittsgeld von Pöschke zurück«, und die Massen strömten über die Chausseestraße zu der Wurzelpeter-Likörfabrik. Eine Katastrophe schien unabwendbar, zumal sich die in Pöschkes Büro sitzenden ahnungslosen Kassierer nicht bewegen lassen wollten, das Geld zu verstecken, statt es weiter zu zählen. Ein Machtwort von mir ließ alle in Deckung gehen, die Geldscheine waren unter den Schreibtischen verschwunden.

So konnte der Sturm auf die Likörfirma abgewendet werden. Als jemand dazu aufrief, zur Kneipe des Mitveranstalters Nickel in der Frankfurter Allee zu marschieren, weil dort mit Sicherheit genügend Geld zu finden sei, formierte sich sogleich ein Marschblock. Werner war wieder aufgetaucht und sicher, dass die meisten den langen Marsch unterwegs aufgeben würden. Er behielt Recht, marschierte mit mir an der Spitze, wiederholte pausenlos die Parole »Auf zu Nickel!«, und als wir den Alexanderplatz erreicht hatten, waren die meisten schon in Kneipen verschwunden. Als wir schließlich bei dem vorgewarnten Nickel eintrafen, hatte der bereits volle Biergläser auf den Tischen platziert und spendierte Freibier. Der Tumult war erloschen, alle hatten nur noch Durst.

Werner war tief beeindruckt. So hatte er sich die sowjetische Besatzungszone und Berlin nicht vorgestellt. Ich schlug ihm vor, als »Ausgleich« auch noch die »Sündenmeile« rings um den Alex zu inspizieren. Wir gerieten in eine Horde Strichmädchen und wurden, weil an den Angeboten desinteressiert, von deren Freiern davongejagt. Kurz vor Mitternacht waren wir wieder zu Hause.

Unsere besorgte Mutter sparte nicht mit Vorwürfen, und ich musste mich am nächsten Tag im Haus des Deutschen Sportausschusses kritisieren lassen, dass ich meine Aufsichtspflichten ignoriert hätte. Obendrein warf man mir vor, meinen Bruder nicht daran gehindert zu haben, die Parole »Auf zu Nickel« auszugeben. Ich sagte kein Wort, auch zu Werner nicht.

Er wollte nur wissen: »Ist das jeden Sonntag so?«

Inzwischen hatte die Währungsreform Deutschlands Spaltung besiegelt. Ende Mai 1948 waren 23.000 Holzkisten mit neuen deutschen Banknoten, aus den USA kommend, unbemerkt in Bremerhaven umgeladen und im Keller der ehemaligen Reichsbank in Frankfurt am Main versteckt worden. 25 Experten hatte man in eine Kaserne in Rothwesten bei Kassel gesperrt, wo sie die Details der Umtauschaktion konzipierten. Am 18. Juni 1948, einem Freitag, erfuhren die Bürger per Radio und öffentlichen Aushängen, dass am Wochenende das Geld umgetauscht würde – in den Westzonen.

Die bis dahin vom Bodensee bis Rügen als einziges Zahlungsmittel geltende Reichsmark war übers Wochenende zwischen Bodensee und Hamburg wertlos geworden. Als erstes erhielt jeder ein Kopfgeld von 40 DM, später wurden in der Regel 100 Reichsmark in 6,50 Deutsche Mark umgewechselt. An jenem Wochenende gab es nur eine Möglichkeit, die Reichsmark zu »retten«, indem man in die von der Aktion überraschte Ostzone hastete und das Geld dort unterzubringen versuchte. Der drohte durch die auf diese Weise angeschwemmten Millionen der Bankrott.

Mein Vater und seine Mitarbeiter mussten über Nacht auf diesen Coup antworten, standen aber vor dem Problem, neue Geldscheine nicht in einer Nacht drucken zu können. Dann kam die Nachricht: Ab Mittwoch, dem 23. Juni, gilt die Reichsmark auch in der Sowjetischen Besatzungszone nicht mehr. Die Ausweg-Lösung: Über Nacht waren Aufkleber in halber Briefmarkengröße gedruckt worden, und in den nächsten vier Wochen wurden nur »Klebemark« in Zahlung genommen. Dann konnten in Tag-und-Nacht-Schichten gedruckte neue Geldnoten in Umlauf gebracht werden.

Damit aber war das Problem des Warenangebots in der sowjetischen Besatzungszone nicht gelöst. Lebensmittel, Kleidung, Schuhe und vieles mehr blieben rationiert und wurden nur gegen Karten oder Bezugsscheine verkauft. Da die Westmark inzwischen mit den vom Dollar abhängigen Westwährungen konvertierbar war, blühte die Marktwirtschaft in den Westzonen in vollen Regalen.

Die sowjetische Besatzungszone aber hatte weiter gegen den Schwarzmarkt zu kämpfen und schien vielen dem wirtschaftlichen Untergang geweiht.

Und dann präsentierte mein Vater eine Idee, mit der er dem Schwarzen Markt den Kampf ansagen wollte. Dass diese Idee von der Obrigkeit nicht allzu begeistert begrüßt wurde, lag daran, dass sie in der Sowjetunion nie praktiziert worden war. Der Kern des Plans: Es wurde ein staatlicher »Schwarzer Markt« eingerichtet!

Ich ziehe noch heute den Hut vor dieser Idee. Die bis dahin gegen den Schwarzen Markt praktizierten Methoden waren Razzien und massive Polizeieinsätze. Die waren jedoch in der Viersektorenstadt Berlin schon deshalb aussichtslos, weil die Schwarzhändler vornehmlich dort ihre Märkte platzierten, wo man mit wenigen Schritten in einen anderen Sektor gelangen konnte und in Sicherheit war, denn jede Besatzungsmacht unterhielt ihre eigene Polizei, auch wenn die von Pankow bis Wannsee die gleiche Uniform trug. Der nominelle Polizeipräsident residierte im sowjetischen Sektor, und wo der endete, endeten auch seine Befugnisse. So wurde der Platz vor dem Reichstag zum idealen Gelände für Schwarzhändler. Dort stießen die Sektoren Mitte (sowjetisch), Tiergarten (britisch) und Kreuzberg (US-amerikanisch) faktisch aneinander. Jeder Polizeieinsatz führte dazu, dass die Händler augenblicklich in einem der anderen Sektoren verschwanden.

Um diesem aussichtslosen Kampf ein Ende zu bereiten, hatte mein Vater vorgeschlagen, den Schwarzmarkt durch einen »zweiten« Markt »trockenzulegen«, einen, der staatlich legalisiert war, solide Ware anbot, und zwar zu Preisen, die unter denen des Schwarzmarkts lagen, aber über denen, die für die Waren bezahlt werden mussten, die man gegen die Rationierungskarten erwerben konnte. Das Vorhaben erschien allen logisch, stieß aber auf die Skepsis sowjetischer Offiziere, denen vorauseilend Gehorsame sogleich beipflichteten.

Meines Vaters Projekt: Läden einer zu gründenden »Handelsorganisation« einrichten.

Es war das einzige Mal im Leben, dass er mich bat, ihm einen Gefallen zu erweisen, der durchaus als »Machtmissbrauch« ausgelegt werden könnte: Ich sollte im *ND* den Bericht von der

Eröffnung »wohlwollend« formulieren. Hier einige Zitate aus meinem Report vom 16. November 1948:»Als es so weit war, hatten sich vor dem Hause Frankfurter Allee 304 Tausende von Menschen eingefunden, so dass ein verstärktes Polizeiaufgebot angefordert werden mußte. ›Möönsch‹, sagte ein Dämchen angesichts des Gedränges hochnäsig, ›dann kaufe ich lieber meine Schuhe in der Schulstraße!‹ (*wo sich damals ein Schwarzmarkt befand – K. H.*) Aber da kam sie schön an: ›Ja, jeh'n Se man uff'n schwarzen Marcht, lass'n sich schnapp'n – und über's Ohr hau'n!‹

Einer glaubte feststellen zu müssen, dass ›hier doch nur Schieber und Bonzen einkaufen können‹.

›Na, hör'n Se mal‹, sagte ein alter Arbeiter, ›seh ick wie'n Bonze aus? Und ick koofe mir auch ein Paar Schuhe.‹

Mitten in der Diskussion wurde das Schutzgitter aufgezogen. Und dann […] ja, was dann geschah, läßt sich kaum beschreiben. Es sah jedenfalls so aus, als wollten sich die Tausende Frauen, Mädchen und Männer alle auf einmal durch die große Schwingtür pressen. Für Minuten lachte und kreischte alles durcheinander. Dann war der erste Schub glücklich drin, und die Wachtmeister rückten die Tschakos gerade und ließen die Eisenjalousien herunter. Aber wer drin war, vergaß das kleine ›Fegefeuer‹ rasch. In dem strahlend erleuchteten Innenraum standen die Ankömmlinge einen Augenblick erstaunt still. Wo sollte man sich zuerst hinwenden? Zu den riesigen Ballen mit Mantelstoffen? In jene Ecke, wo Schuhe aller Größen aufgestapelt waren? Zu den hohen Regalen, in denen Damenwäsche, Pullover und – o Wonne, unzählige Kästen mit Strümpfen lagerten? Sehr schnell hatten sich die Punkte des ›brennendsten‹ Bedarfs herauskristallisiert: Schuhe, Strümpfe, Stopfgarn […]

›Bitte, meine Damen, Schuhe in drei Sorten für 160, 190 und 230 DM. Für die Herren 240, Arbeitsstiefel 180 und 210 DM!‹ Schon saßen vier, fünf Frauen auf den kleinen Schemeln und probierten an. Auffallend war, wie wenig nach dem Preis gefragt wurde, denn gerade Schuhe sind noch verhältnismäßig teuer und liegen nur wenig unter dem Schwarzmarkt-Niveau. ›Damit sich die Schieber dadurch nicht sanieren können!‹ sagte der Geschäftsführer, Herr Behlow.

Er ist der am meisten gefragte Mann heute. ›Der hohe Geldüberschuss der HO-Läden kommt der Steigerung der Produktion zugute und gibt der gesamten Wirtschaft einen neuen Auftrieb‹, erklärt er gerade einem Neugierigen. Die Kasse schnurrt wie rasend. ›Hoffentlich läuft sie sich nicht heiß‹, meint ein Spaßvogel.

Die Verkäufer greifen in volle Regale: ›Damenpullover 98 und 110 DM.‹

›Nachthemden mit Spitzeneinsatz 45 DM, Schlüpfer 15 und 20 DM, Garnituren 50 DM.‹

Auch den Männern werden von zarter Hand Garnituren und Unterhosen für 50 und 25 DM vorgelegt. ›Bitte, zwei von jeder Sorte!‹

Eine Frau sieht erstaunt auf den schäbig angezogenen Mann. Der lacht. ›Da staunen Sie, Frollein, wat? Ja, Jeld habe ick jenuch verdient und gespart. Aber es jab ja nischt zu koofen. Jetzt soll'n Se mal sehen, wie schnieke Pappi wird!‹

Nach zwei Stunden hat der Andrang noch immer nicht nachgelassen. Die Herauskommenden beruhigen die Wartenden: ›Kinder, das Lager ist unerschöpflich!‹ Herr Behlow erklärt, dass der Nachschub gesichert sei. ›Jedenfalls‹, so meint er, ›sind alle die Pessimisten, die sich gegen die freien Läden ausgesprochen haben, widerlegt worden.‹«

Dass die Schar der Pessimisten und Meckerer schnell abnahm, lag an den nächsten spektakulären Schritten der HO: Im Mai, Juli und September 1949 und im März 1950 erfolgten Preissenkungen. So fiel der Kilo-Preis des Weizenmehls von 20 Mark auf drei Mark, der der Butter von 130 Mark auf 60 Mark, der der Margarine von 110 Mark auf 36 Mark, der des Zuckers von 33 Mark auf zwölf Mark und der des Schweinefleischs von 100 Mark auf 40 Mark.

Um auch noch die Differenz zwischen den Karten-Rationen und den HO-Preisen zu illustrieren: Ein Kilo-Mischbrot auf Lebensmittel-Karte kostete Anfang 1950 dreiunddreißig Pfennige, in der HO 2,50 Mark.

Und plötzlich geriet Westberlin in Schwierigkeiten, was vor allem dem Versuch zuzuschreiben war, durch manipulierte Wechselkurse die DDR auszuhungern. Steigende Kurse aber ließen die HO-Preise für Westberliner fallen, und so konstatierte der *Spiegel* vom 4. Mai 1950: »Den schwersten Stein auf dem Wege zur wirtschaftlichen Wiedergesundung des Berliner Westens haben die Westalliierten selbst gelegt. Ihre Währungsreform […] verwandelte sich in der Doppelwährungsstadt in einen Bumerang. […] Die weiche Ostmark erweist sich in dem Kleinkrieg um Berlin entschieden härter als die standhaftesten Ansprachen. Der Osten weiß das.

›Sehen Sie, wir müssen die Leute von drüben ja noch miternähren. Sie tauschen ihr Geld um und kaufen in unseren (HO-)Läden, was sie für den Lebensunterhalt brauchen. Aber wir haben keine Angst, ausgekauft zu werden. Schließlich fühlen wir uns für ganz Berlin verantwortlich‹, versicherte der Präsident der ostdeutschen Notenbank Willy Huhn dem *Spie-*

Zum 20. Geburtstag, von Erwin Kutz skizziert

gel. [...] Ein Haargarnteppich kostet 290, ein moderner Arm-
lehnsessel mit Polster und Rohrgeflecht 481. Jeweils durch den
Tageskurs – April-Durchschnitt 1: 7,50 – geteilt, ergibt das den
DM-Westpreis von 38,70 für den Teppich, 65,50 für den Sessel. [...] Am 27. April zählte das HO-Kaufhaus am Alex rund
17.000 Besucher. Schätzungsweise 60 Prozent davon waren
Westkäufer. [...] Ähnlich geht es den Theatern. Ein Arbeitslo-
ser kann sich keinen Achtmarkplatz in einer Westvorstellung
leisten. Und die Aufführungen vom östlichen Deutschen Theater, den Kammerspielen und der Komischen Oper sind nicht
schlechter als im Westen.« (Und kosteten dank des künstlich
angeheizten Kurses 1,20 Westmark.)

Hier muss ich einfügen: Mein Vater bat mich noch ein zweites Mal um Hilfe. Ende Februar 1949 hatte die *Welt* das Gerücht verbreitet, in der Sowjetischen Besatzungszone stünde eine
weitere Währungsreform bevor. In den Westberliner Wechselstuben fiel der Kurs der DDR-Mark rapide und erreichte am
Freitag, dem 18. Februar, den Kurs von 10 Ostmark für eine
Westmark. Die Folge war: Westberliner liefen in Scharen in die
Wechselstuben und tauschten ihr gesamtes Ostmarkvermögen
ein – um an dem folgenden Wochenende zu erfahren, dass sie
das Opfer einer üblen Spekulationsaffäre geworden waren, einer
Aktion, die man im reduzierten Maßstab durchaus mit dem
Bankenskandal von 2009 vergleichen könnte. Auch 1949 war
es zu zahllosen Tragödien gekommen. Arbeiter, die in Westberlin wohnten und im Osten arbeiteten, hatten ihren am Freitag
empfangenen Ostmark-Wochenlohn noch am Nachmittag in
die Wechselstuben gebracht und dort zehn Ostmark für eine
Westmark bezahlen müssen. 48 Stunden später erhielten sie am
gleichen Schalter für eine Westmark gerade mal drei Ostmark
und hatten also übers Wochenende siebzig Prozent ihres Lohns
eingebüsst.

Am 24. Februar fand im alten Friedrichstadt-Palast eine
überfüllte Protestkundgebung statt. Mein Vater war Veranstalter
und auch einer der Redner. Er bat mich, die Kundgebung zu
moderieren, und so sagte ich an diesem Tag meine Geburtstags-
party ab und agierte – zum ersten Mal in meinem Leben – als
Moderator. Mein Vater war ein Freund guter Literatur – noch
heute stehen viele seiner wertvollen, in den zwanziger Jahren

erworbenen Erstausgaben in meinen Regalen – und zitierte in seiner Rede Heinrich Heine: »Selten habt ihr mich verstanden, selten auch verstand ich euch, nur wenn wir im Dreck uns fanden, verstanden wir uns gleich.« Der Gesamtschaden, der den Wechselstubenspekulanten entstanden war, soll sich auf 100 Millionen Ostmark beziffert haben.

Sehr lange blieb mein Vater allerdings nicht mehr Notenbankpräsident. Diejenigen, die gegen seinen Plan, die HO zu gründen, opponiert hatten und dann deren Siegeszug miterleben mussten, entdeckten plötzlich, dass er ein »Trotzkist« sei. Absurde Vorwürfe wurden gegen ihn erhoben, bald darauf riet man ihm, seinen Rücktritt einzureichen. Das Dankschreiben des Ministerpräsidenten Otto Grotewohl habe ich noch heute in meiner Schublade. Man versetzte meinen Vater in die älteste Teerdestille Berlins in Erkner, wo er kaufmännischer Direktor wurde. Auch dort bewahrte er sich seine Haltung, wofür sein Verhalten am 17. Juni 1953 Zeugnis ablegte.

Wenn ich heutzutage alljährlich die Reden über den »Volksaufstand« höre, fällt mir sein Auftritt in Erkner als erstes ein. Unbekannte waren vor dem Werk vorgefahren und hatten die Arbeiter zum Streik aufgerufen. Als mein beleibter Vater davon abriet, beschimpften ihn die Streikaufrufer als »Bonzen«. Er blieb gelassen und fragte die hinter ihm die Straße säumenden Arbeiter, ob es nicht in der Regel die Gewerkschaften waren, die zum Streik aufgerufen hatten, und nicht Wildfremde. Das überzeugte vor allem die älteren Arbeiter, die die Mehrheit stellten. Sie fragten die Streikaufrufer nach ihren Gewerkschaftsbüchern, und da die keine hatten wurde in der Teerchemie an diesem Tag nicht gestreikt. Also in Erkner war kein Volksaufstand!

1955 kostete meinen Vater die Schlamperei eines Chirurgen das Leben.

Er war nur 54 Jahre alt geworden.

1949
Doch Zimmer frei für zwei Mark in Oberhof

Schwer fällt auch, einem Leser der Gegenwart erklären zu wollen, in welches Abenteuer sich die gerade gegründete Sportbewegung gestürzt hatte, als sie sich entschloss, im Februar 1949 die ersten Ostzonenmeisterschaften im Wintersport zu veranstalten. Heutzutage würde irgendeine renommierte Agentur diese Aufgabe übernehmen und sich niemand dafür interessieren, wie die das anstellt.

Wenn ich mir das Abenteuer von damals in die Erinnerung zurückrufen will, suche ich als erstes in meinem Archiv nach einer dünnen Broschüre, auf deren erster Innenseite das Bild zweier Männer zu sehen ist, das den Eindruck entstehen lassen könnte, die beiden hätten die Meisterschaft mit souveräner Hand allein organisiert. Die Unterschrift: »Der Vorsitzende des Deutschen Sportausschusses Waldemar Borde und Pressechef Klaus Huhn.« Tatsächlich waren wir nur zwei aus einer halben Hundertschaft, die endlose turbulente Stunden hinter sich bringen musste, um dieses Abenteuer zu bestehen. Wieso man damals nur uns beide zeigte, ist mir noch heute ein Rätsel, und noch heute gestehe ich: Das hatten wir nicht verdient! Zumal: Borde wurde bald darauf abgelöst, wechselte ins Direktionbüro einer Berliner Druckerei, und erst als man sich in den siebziger Jahren der »Männer der ersten Stunde« zu erinnern begann, trafen wir uns auf der Ehrentribüne des Leipziger Turn- und Sportfestes und feierten abends unser Wiedersehen.

Als das Sekretariat des DS beschlossen hatte, diese ersten Ostzonen-Meisterschaften austragen zu lassen, hatte niemand in diesem Sekretariat auch nur die geringste Ahnung, wie man das anpacken sollte. Als erster reiste der schwergewichtige Sekretär für Orgfragen, Gerhard Sprafke, nach Oberhof, sicher, dass er die Hoteliers mühelos überzeugen würde, ihre Zimmer für zwei Mark pro Bett zu vermieten. Da sich inzwischen bis in den Thüringer Wald herumgesprochen hatte, in Berlin hätten »Neue« die Absicht, in Oberhof Meisterschaften auszutragen, stieß er auf eine Front von Hoteliers, die gelernt hatten, wie man mit dem Zimmervermieten Gewinn erzielt, und sich ein solides Geschäft von dem Ereignis versprachen. Als sie den Zwei-Mark-Vorschlag hörten, lachten sie herzlich. Sprafke hatte keinen Zentimeter »Verhandlungsspielraum«. Die im Hinblick auf die Veranstaltung von Sport-Meisterschaften unkundige, aber für die Finanzierung zuständige Deutsche Wirtschaftskommission – vor der Gründung der DDR faktisch die Regierung – hatte eine Summe bereitgestellt, und niemand wäre bereit gewesen, die auch nur um eine Mark zu erhöhen. Sprafke beschwor die Oberhofer Gemeindeversammlung, der neuen Sportbewegung zu helfen, aber niemand war dazu bereit.

Geladen mit Wut, die er sich aber nicht anmerken ließ, entschloss er sich zu einem Schritt, von dem ich Jahre später erfuhr, dass er in den USA durchaus üblich war: Er redete und redete, anfangs über die Meisterschaften, dann über das Wetter, wieder über die Meisterschaften und zur Abwechslung auch mal wieder über das schöne Oberhof und danach über die schönen Meisterschaften. Die Geduld derer, die im Saal saßen war enorm, Sprafkes Entschlossenheit, dieses Duell nicht zu verlieren, größer. Es vergingen Stunden, aber kurz vor Mitternacht kapitulierten die Hoteliers. In den Zeitungen rühmte man hinterher die Sympathie der Gastgeber für das Meisterschafts-Anliegen der jungen Sportbewegung, und wer das heute als Beweis dafür anführen will, dass schon in den Ostzonen-Zeitungen nicht die Wahrheit stand, soll es getrost tun. Reporter hatten Sprafke gefragt, der hatte die Hoteliers über den grünen Klee gelobt, und die hatten nicht widersprochen.

Das nächste Problem war, Männer zu finden, die wussten, wie man eine Langlaufstrecke markiert und Schnee auf eine Schanze bringt, was man »präparieren« nennt, und vor allem solche, die bereit waren, das für die »Neuen« zu tun und ohne als erstes die Hand aufzuhalten.

Diese Suche begann bei Null. Der Mann, der sich als erster bereiterklärte zu helfen, hieß Erich Keller, damals eine Skisportlegende im Thüringer Wald. Der ebenso knorrige wie verträgliche Waldarbeiter, der sich nebenbei als Trainer betätigte, überredete einige, mitzumachen.

Wo immer wir auftauchten, erkannten uns die Einheimischen auf den ersten Blick an den Halbschuhen, in denen wir uns durch den Schnee kämpften. Weder der Deutsche Sportausschuss noch die Deutsche Wirtschaftskommission hatten Skistiefel für uns heranschaffen können. Als wir genug Lehrgeld bezahlt und Keller und seine Gefährten die meisten Hindernisse aus dem Weg geräumt hatten, kam schon die Nachricht, dass die ersten Lastwagen – meist mit Holzgas angetrieben – mit Teilnehmern in ihren Heimatorten losgefahren waren.

Wir schmiedeten Pläne für eine feierliche Eröffnung, als es urplötzlich in Strömen zu regnen begann. Die Einheimischen streckten ihre Nase in den Wind und verzogen die Gesichter: Vorläufig kein Schnee mehr!

Die Meisterschaft verschieben? Alle wieder nach Hause schicken und noch einmal mit den Hoteliers über Zwei-Mark-Betten verhandeln? Alles schien verloren, denn die Wirtschaftskommission würde keine müde Mark für einen zweiten Anlauf herausrücken. Schadenfreude war hier und da unüberhörbar.

Es gab in diesen kritischen Stunden größere Helden als mich, aber ich erwarb mir über Nacht den Ruf des größten Helden. Wie? Ich hatte darauf bestanden, einen wirklich Wetterkundigen zu befragen. Und über den einen, den ich kannte, hatte ich mal eine Reportage geschrieben, als ich den *ND*-Lesern mitteilte, wo das »Wetter gemacht« wurde – in Potsdam.

Wie den aber schnell erreichen, da es in der Regel schon Stunden dauerte, ehe sich das Fernamt meldete? Ich hatte Glück und flirtete so intensiv mit einer Dame vom Fernamt, dass sie die Verbindung zur allgemeinen Überraschung aller, die mich umringten, sofort herstellte.

Und dann hörte ich am anderen Ende ziemlich leise die Stimme des Chefs der Potsdamer Wetterwarte, Runge. Ich fragte ihn nach den Aussichten, und er versicherte mir, dass der Regen schon bald von kräftigem Schneetreiben abgelöst würde. Ich glaubte mich verhört zu haben, aber die leise Stimme klang überzeugend. Triumphierend kehrte ich in das Hotel zurück, in dem das Sekretariat des Sportausschusses tagte. Doch meine

Botschaft stieß auf Skepsis. Es regnete noch immer, und die Mehrheit plädierte für eine Absage in letzter Stunde.

Ich machte mich wieder auf den Weg, erwischte wieder die Dame im Fernamt, die mich einmal mehr direkt »durchstellte«, und als ich Runge am anderen Ende hörte, hielt ich den Hörer aus dem Fenster, damit er hören konnte, wie der Regen gegen die Scheiben schlug.

Er blieb gelassen: »Kann alles sein, aber ich habe vor mir die Wetterkarte. Mein Wort: In drei Stunden schneit es.« Amüsiert fügte er hinzu: »Das ist die Stunde, in der man Wetten abschließt und reich wird!«

Ich stapfte durch die Pfützen zurück, und meine Mitteilung wandelte die Mehrheit in eine Minderheit. Es blieb dabei: Die Meisterschaften würden stattfinden.

Dann kehrte ich zurück ins Golfhotel – der Name verrät, dass dort schon früher Golf gespielt worden war –, verzichtete dummerweise darauf, Wetten abzuschließen und bat den Pförtner, mich zu wecken und einen Wacholderschnaps zu bringen, wenn das Quecksilber unter Null fallen sollte. Er sah mich mitleidig an und wünschte mir eine angenehme Nacht. Ich ging in mein Zimmer und fiel in tiefen Schlaf. Geweckt wurde ich durch hämmerndes Klopfen an der Tür. Ich schoss hoch, riss die Tür auf. Der Pförtner streckte mir das Tablett mit einem doppelten Wacholder entgegen.

Er mochte nicht in Verdacht geraten, mich etwa übers Ohr hauen zu wollen, und sagte: »Es sind schon minus vier Grad, ein Temperatursturz, wie ich ihn noch nie erlebt habe.« Ich goss den Wacholder hinter, zog mich wieder an und ging hinunter in den großen Saal, in dem noch eifrig getanzt wurde. Die Gesellschaft war schwer zu beschreiben. Es handelte sich um Stammgäste, einige Neureiche und auch Kollegen von mir. Keiner von ihnen hatte den Temperatursturz wahrgenommen.

Als ich den verkünden wollte, steuerte plötzlich eine attraktive schwarzhaarige Frau quer durch den Saal auf mich zu: »Erinnern Sie sich nicht mehr an mich? Ich jedenfalls habe Sie nicht vergessen.«

Man las in den Gesichtern rundum, wie alle ihrer Phantasie freien Lauf ließen. Ich aber war sicher, das Opfer einer Verwechslung zu sein.

*Als Sprecher an der Oberhofer Schanze, daneben Ministerpräsi-
dent Otto Grotewohl*

Plötzlich nannte sie ein eindeutiges Stichwort: *Neues Deutschland.*

Ich nickte sprachlos.

»Der Vauwee?« fuhr sie fort.

VW? Ich hatte zwei Jahre zuvor einen Volkswagen für *Neues
Deutschland* kaufen sollen, weil der schon erwähnte alte Opel
P 4, den uns die Sowjets zur Verfügung gestellt hatten, während

einer Nachtfahrt überfallen und gestohlen worden war. Ein neues Auto musste her. Man hatte uns eine Adresse gegeben und versichert, der Mann handele mit Autos, die garantiert nicht gestohlen waren.

Ich traf ihn, und er bummelte mit mir in Charlottenburg durch Nebenstraßen und dann auf einen Hof. An einer Garagentür lehnte eine Panzerfaust, von der man vermuten konnte, dass sie noch scharf war.

Der Typ räumte sie beiseite und fuhr einen Volkswagen aus der Garage. Dem sah man auf den ersten Blick an, dass er gerade umgespritzt worden war, und da ich an einem Fensterholm die alte Farbe durchschimmern sah, wusste ich auch sofort, dass er zuvor der britischen Besatzungsmacht gehört haben musste. Einen bei den Briten geklauten Wagen beim *ND* benutzen? Der »Autohändler« schwor mir, dass die Briten ihn aussortiert und verkauft hatten, holte schließlich sogar ein in englisch verfasstes Dokument hervor. Ich wollte mich ans Steuer setzen, um als erstes den britischen Sektor zu verlassen und den »Kaufvertrag« überprüfen lassen, aber der Autohändler schüttelte den Kopf, als er die Geldscheinbündel in meinem Koffer sah. Es waren Stapel von Ein- und Fünfmarkscheinen, eingenommen an Zeitungskiosken.

Er schob den Wagen wieder in die Garage, lehnte vorsichtig die Panzerfaust an die Tür, fuhr mich zu seiner Wohnung, und dort gab er seiner Frau Order, die Scheine zu zählen. Die bildhübsche Frau fluchte verblüffend ordinär, meldete aber nach einer guten Stunde, dass die Summe stimme. Man gab mir die Autoschlüssel.

Die Frau zischte mir nach: »Ich werde Sie so schnell nicht vergessen!«

Nun hatte sie mich wiedererkannt. Ich wollte ihr vom Temperatursturz erzählen, aber der interessierte sie nicht. Sie wollte mit mir tanzen. Ich habe nie auch nur einen Tanzschritt gelernt. Sie verschwand im Gewühl und ist mir nie mehr begegnet.

Am nächsten Vormittag war ich dann der »Held«. Einer von denen, die die Meisterschaft hatten absagen wollen und mich als Phantasten beschimpft hatten, meldete dem gerade eingetroffenen Walter Ulbricht, dass ich die Absage verhindert hätte.

Also wurden die ersten Meisterschaften bei strahlendem Winterwetter ausgetragen, und die Stimmung war großartig.

Am Ende lud Walter Ulbricht alle Meisterschaftssieger zu einem Essen. Ein Ereignis, mit dem niemand gerechnet hatte: Eine von der Obrigkeit spendierte Fleischmahlzeit!

Zunächst wurde intensiv gegessen, dann aber auch intensiv geredet. Man ließ Ulbricht wissen, was alles noch fehlte, um den Sport voranzubringen. Ein Eishockeyspieler aus Frankenhausen meinte, es sei dringend nötig, wenigstens eine Halle mit einer Kunsteisbahn zu errichten. Das war der kühnste Vorschlag, aber der wurde realisiert. 1950 wurde in Berlin die Werner-Seelenbinder-Halle eröffnet. Man hatte zwei im Krieg demolierte Hallen, deren Kühlanlagen noch funktionierten, »zusammengeschoben«, und dort absolvierte die Sowjetunion ihr erstes Eishockey-Länderspiel gegen die DDR. Dort stand auch Jahrzehnte hindurch die einzige Amateurradrennbahn der Welt.

Dass Walter Ulbricht den Berliner Baustadtrat hatte ablösen lassen, weil der sich weigern wollte, die Halle zu bauen, findet man mit Sicherheit in den vielen »Enthüllungs«-Biographien, die heute im Umlauf sind.

Wichtiger wäre aber eine persönliche Mitteilung: 1949 war in Oberhof während der Meisterschaften der Grundstein der Freundschaft zwischen Harry Thürk und mir gelegt worden. Der damals als Volontär in der Erfurter Redaktion Tätige, war nach Oberhof geschickt worden, um die Meisterschaften zu fotografieren, denn nicht nur die Feder, sondern auch die Kamera beherrschte er.

1949
Den Bruder gerettet

Da die Berliner S-Bahn nun schon seit Jahren von einer Misere in die nächste rollt, drängte man in den Medien die turbulenten Ost-West-Konflikte der 40er und 50er Jahre in die Vergessenheit. Da fuhr die S-Bahn nämlich noch als Ost-Bahn, und zwar pünktlich. Nur der sogenannte »S-Bahn-Streik« wird hin und wieder mal aus der Vergangenheit gezerrt, weil man ihn gern als eine Art »Vorspiel« für den 17. Juni ausgibt.

Von dem Tag an, an dem in Westberlin der Fahrpreis in Westmark erhoben werden musste, weil die Westalliierten die Westmark eingeführt hatten, zahlte die Reichsbahn den in Westberlin wohnenden Mitarbeitern sechzig Prozent des Lohns in Westmark und vierzig Prozent in Ostmark. Die inzwischen in Westberlin ins Leben gerufene sogenannte Unabhängige Gewerkschafts-Opposition (UGO) sah das als Chance, auf den Westberliner Strecken einen Streik anzuzetteln und hundertprozentige Entlohnung in Westmark zu fordern. Der Streik wurde nur mäßig befolgt, viele S-Bahn-Züge verkehrten weiter pünktlich.

Als die UGO fürchtete, ihr Vorhaben würde scheitern, schickte sie Zwielichter ins Rennen, die für Randale auf den Bahnhöfen sorgten.

Die Partei mobilisierte Freiwillige, die der Zerstörungswut Einhalt gebieten sollten. Also stiegen eines Morgens auch mein Bruder und ich in Baumschulenweg in die S-Bahn und fuhren Richtung Westberlin. Wir kamen bis zum Bahnhof Hermannstraße im Stadtbezirk Neukölln. Dort warnte man uns vor der Weiterfahrt zum Bahnhof Tempelhof. Der Bahnsteig sei von Randalierern und Polizei besetzt.

Wir stiegen aus und gingen die Schienen entlang nach Tempelhof. Man hatte nicht übertrieben. Stumm-Polizisten hatten ihre Pistolen gezückt, die Schlägertrupps erwarteten uns johlend. In der Hoffnung, den ersten die Waffe zückenden Polizisten überzeugen zu können, dass man nicht auf »Brüder« schießt, riss sich mein Bruder sein Hemd auf und schrie: »Schieß doch, wenn du einen Bruder erschießen willst!«

Keine Ahnung, wie er auf diese Mahnung gekommen war, aber ich hielt den Polizisten für nicht ganz nüchtern und sprang ihm vorsichtshalber ins Genick. Die Aktion muss dem Kommandierenden des Polizei-Trupps zu denken gegeben haben. Er pfiff und rückte mit seinen Leuten ab. Die Randalierer flohen.

Die Nachricht gelangte durch den Bahnhofsvorsteher zur Hermannstraße, und wenig später rollte unser Zug in Tempelhof ein. Ich hatte den Mann am Fahrkartenschalter überzeugt, dass er sein Fenster wieder öffnen und Fahrkarten verkaufen könne. Wir fuhren einmal rund um den Ring und hielten uns für die Sieger, aber im Laufe des Tages wandelte sich das Bild. Pflastersteine wurden von Brücken auf Gleise geworfen, abgestellte Züge demoliert, Bremsschläuche zerschnitten, schließlich sogar die Anlagen der Umspannwerke zerstört.

Debüt als Halbmarathon-Läufer

Ich verbrachte den nächsten Tag des S-Bahn-Krawalls im Stellwerk des Bahnhofs Zoo und machte mich dort schnell mit der Technik des Bahn-Telefon-Systems BASA vertraut. Es gestattete, fremde Bahnhöfe anzurufen, ohne dass der Angerufene herausfand, woher der Anruf kam. Ich meldete mich als Wannsee und fragte Charlottenburg nach den nächsten Operationen. Die Antwort lautete, dass ein von Schlägern besetzter Zug in Kürze zum Zoo losrollen würde. Wir ahnten, was uns erwartete, und demontierten eine Schiene am Eingang zum Bahnhof Zoo. Als das geschehen war, fiel plötzlich ein Schuss, und bis heute wird die Mär verbreitet, der von der Kugel tödlich getroffene Westberliner sei von Ostberlinern erschossen worden.

Am Abend wurde entschieden, den Bahnhof Zoo zu räumen. Schließlich verhandelten sogar die Außenminister der Alliierten in Paris über den S-Bahn-Krawall. Erst Ende Juni nahm die S-Bahn den Betrieb wieder auf.

Auf Werner und mich wartete ein paar Tage später ein neues Abenteuer. Im August 1949 sollten in Budapest die II. Weltfestspiele der Jugend und Studenten stattfinden, und der Deutsche Sportausschuss war eingeladen worden, teilzunehmen, obwohl seine Sportverbände noch nicht Mitglieder der internationalen Föderationen waren. Alle träumten von den ersten Vergleichen mit den Athleten der Weltelite.

Das schon erwähnte Abenteuer ließ uns eines Sonntags völlig unerwartet zu Halbmarathonläufern werden.

Ein an den olympischen Fackellauf erinnerndes Festivalfeuer wurde mit mehreren Stafetten aus allen Himmelsrichtungen nach Budapest getragen. Eine der Staffeln startete in Oslo und führte über Dänemark in die Sowjetische Besatzungszone, durchquerte Westberlin und führte danach in die Tschechoslowakei. Rechtzeitig war die Route durch Westberlin bei den westlichen Stadtkommandanten und der Polizei angemeldet und auch genehmigt worden. Am 6. August 1949 hatte ein skandi-

Mit Fackel beim Halbmarathon durch Westberlin

navisches Fährschiff mit dem Feuer in Warnemünde festgemacht. Von dort lief die Stafette nach Berlin, dessen Stadtgrenze sie am Sonntag, dem 7. August, erreichte.

Weil vorauszuahnen war, dass es ungeachtet aller Genehmigungen Querelen geben würde, wurde das Fackelfeuer per Auto um Westberlin herumgefahren, während die Läufer eine nachgebildete Fackel trugen, in der ein Zettel mit der Aufschrift »Denkste!« steckte.

Ich sollte den Bericht für das *ND* schreiben, und Werner entschied sich einmal mehr, mich zu begleiten. Es war ein strahlender Sommersonntag, und alles schien reibungslos zu verlaufen, wenn ich auch misstrauisch wurde, als ich in einem der Polizei-Begleitfahrzeuge den Polizeichef Stumm entdeckte. Der hatte sich eine Aktion einfallen lassen, deren Auswirkungen er mit eigenen Augen verfolgen wollte. Vor der Staffel rollte mit einigem Abstand ein Möbelwagen, aus dem jeweils der nächste Läufer ausstieg und den Stab übernahm. Hinter der Staffel folgte ein Wagen, der die Aktiven wieder aufnahm.

Als der Kurfürstendamm erreicht worden war, rollte der Möbelwagen auf der geplanten Strecke, aber ein Verkehrspolizist stoppte den Läufer, teilte ihm mit, dass die Laufstrecke »aus technischen Gründen« kurzfristig geändert worden sei, und wies ihn in die neue Richtung. Den Wagen mit den abgelösten Läufern stoppte er. So bog der letzte Läufer in die ihm zugewiesene Nebenstraße, aber Ablösungen erwarteten ihn dort nicht mehr.

Polizeichef Stumm fuhr dem ratlosen letzten Läufer hinterher und amüsierte sich königlich. Die einzigen, die neben ihm dahinrollten waren wir, konkret: Werner Eberlein, Klaus Huhn, ein *ND*-Fotograf und der Fahrer des *ND*-Wagens.

Der Weg nach Dreilinden, wo man wieder die Ostzone erreichte und damit die nächsten Läufer erwarten konnte, entsprach etwa der Distanz eines Halbmarathons, also rund 20 km. Es blieb keine Wahl: Da der »Schlussläufer« allein nie bis Dreilinden kommen konnte, mussten wir als Läufer einspringen.

Nur war da ein persönliches Problem. Werner und ich trugen beide Schuhe der Größe 46, die damals kaum produziert wurden. So quälte ich mich mit zu kleinen Schuhen, während Werner von dem in München lebenden Bruder seines Vaters ein paar passgerechte »Übergrößen«-Schuhe geschenkt bekommen hatte. Die mussten wir nun als Läufer beide benutzen, was dazu zwang, dass zwischen uns – um den Schuhwechsel zu überbrücken –, jedes Mal der letzte Läufer, den wir in unserem Wagen aufgenommen hatten, wenigstens einige Meter laufen musste. Das war schnell arrangiert, und so kamen wir langsam in Trab. Als wir am amerikanischen Hauptquartier in der heutigen Clay-Allee vorüberkamen, lief der »Letzte« vorsichtshalber neben mir, und von diesem Streckenabschnitt stammt auch das Foto des einzigen Langstreckenlaufs meines Lebens.

Inzwischen hatten sich am Straßenrand viele Schaulustige versammelt, die von der massiven Polizeieskorte angelockt wurden und uns schon recht erschöpft wirkende Läufer begeistert anfeuerten. Dabei wusste niemand, wer wir waren und wohin wir warum liefen. Was uns wiederum motivierte, war die wutverzerrte Visage des Polizeipräsidenten Johann Stumm.

Wir schafften die Strecke bis nach Dreilinden, wo die Potsdamer Läufer uns mit Beifall empfingen, da inzwischen bekannt geworden war, was sich unterwegs zugetragen hatte.

Als ich drei Wochen später inmitten der Ostzonen-Mannschaft im Innenraum des Budapester Ujpest-Stadions stand und den letzten Läufer der Stafette durch das Stadiontor kommen sah, erzählte ich mit einigem Stolz, dass auch ich dieses Feuer einen halben Halbmarathon weit getragen hatte.

Unsere Reise nach Budapest war übrigens nicht sonderlich bequem gewesen, wenn man heutige Maßstäbe anlegt. Damals glich die Begeisterung alle Unvollkommenheiten aus. Man hatte einen im Krieg ausgebrannten Zug wieder zusammengeschweißt, die Innenausstattung rekonstruiert und dann frisch lackiert. Als technische Raffinesse war eine Lautsprecheranlage installiert worden. Dem Moderator und »Diskjockey« drohte ein Herzschlag, als seine Schallplatten beim Passieren der ersten Weiche hinter dem Berliner Ostbahnhof zur Seite stürzten und am Boden zerschellten. Übrig blieb nur die Platte, die er gerade aufgelegt hatte und die er nun rund um die Uhr abspielte. Heute noch höre ich sie zuweilen in meinen Träumen, vor allem die schmetternden Auftaktworte Ernst Buschs: »Matrosen von Kronstadt«. Ich schilderte diese Episode Jahre später im *ND*, was mir einen unwilligen Leserbrief eintrug:

»Klaus Ullrich konnte nicht wissen, wie viel Arbeit in der Renovierung des Festivalzuges steckte, sonst hätte er sicher nicht die Panne mit den Platten in den Vordergrund gerückt. Um unseren Freunden die Fahrt zu den Weltfestspielen im ersten Jugendzug der Deutschen Reichsbahn zu ermöglichen, riefen Partei und FDJ der Reichsbahndirektion Berlin die Jungeisenbahner auf, diesen Zug zu bauen. Hunderte Berliner Mädchen und Jungen arbeiteten freiwillig abends und nachts im RAW Schöneweide an der Generalreparatur der alten Waggons. Die Latten der Holzbänke wurden mit Fensterglasscheiben abgezogen. Die Arbeit mit Lötlampe, Pinsel, Farbe und Schraubenschlüssel war vielen ungewohnt, doch es herrschte eine großartige Stimmung. In wochenlanger Freizeitarbeit schafften die Jugendfreunde den Termin. Als Krönung des Ganzen gingen junge Fernmeldewerker der Post Berlin daran, die Waggons zu verkabeln und im Packwagen die zugegeben primitive Studioanlage mit Mikrophon und Plattenspieler zu installieren. Erfahrungen beim Bau solcher Anlagen in fahrenden Zügen besaß niemand. Immerhin entstand nicht nur der erste Jugendzug, sondern auch die erste Zugfunkanlage.

Als fachkundigen Begleiter delegierten die FDJler den besten Lehrling, Genossen Schulz vom Reichsbahn-Fernmeldebau Berlin. Er erzählte uns später von den schönen Erlebnissen in Budapest, aber auch davon, dass er an dem Plattenspieler im Packwagen fast verzweifelt war. Er verlor tatsächlich eine Menge der zerbrechlichen Schallplatten. Eine der wenigen Platten, die auf dem Teller liegenblieb und alles überstand, war tatsächlich die mit dem Lied ›Matrosen von Kronstadt‹.«

Ich schrieb einen gebührenden Entschuldigungsbrief.

An Schlaf war auf jener Reise kaum zu denken. Wo immer der Zug hielt, tobte Jubel, und in Budapest brauchten wir eine Stunde, um von dem überfüllten Bahnsteig in die Omnibusse zu kommen. Die rollten in die Bela-Bartok-Utca und hielten vor einer Schule, die für zwei Wochen unser Quartier war. So oft ich seitdem nach Budapest kam, nahm ich mir die Zeit nachzusehen, ob sie noch steht. Wir schliefen auf Feldbetten und stürzten uns jeden Morgen auf die frische Milch, die weißen Brötchen, den frischen Käse und die ungarische Salami – alles uns fremde Delikatessen.

Die Stimmung war ausgezeichnet, wenn auch unerwartete Probleme auf uns zukamen. Beim Marsch zur Eröffnungsfeier ins Stadion überraschte uns ein Regenschauer, der unserer guten Laune zwar keinen Abbruch tat, unsere weißen Leinenhosen aber arg verschmutzte. Auf dem Schulhof wuschen wir sie und stellten hinterher schockiert fest, dass sie danach eingelaufen waren. Viele holten sich in ihrer Not eine passende von der Leine, und als ich als einer der Letzten am Schauplatz anlangte, hingen da nur noch ein paar jämmerliche Kindergrößen. Ich erschien bis zur Heimkehr nirgendwo mehr in Festkleidung.

Dieser Ärger war jedoch minimal im Vergleich zu der uns einige Tage später erreichenden Mitteilung, dass unsere Athleten nicht an den internationalen Wettkämpfen teilnehmen durften. Englische und amerikanische Funktionäre der Weltstudentenorganisation hatten mit dem Hinweis, dass unsere Sportverbände nicht Mitglieder der internationalen Föderationen seien, gegen ihren Start protestiert und sich darauf berufen, dass Vergleiche mit Nichtmitgliedern von den Föderationen bestraft würden.

Die Ungarn mussten das Veto akzeptieren. Von nun an hockten unsere Aktiven schlecht gelaunt in der Bela-Bartok-Utca, und von dem mit viel Euphorie angekündigten Aufbruch in die internationalen Arenen redete niemand mehr.

Das wurde auch für uns Journalisten zum Problem: Wie sollten wir Lesern und Hörern zu Hause erklären, dass die Weltfestspiele ohne die Ostzone stattfindet? Die Gastgeber suchten verzweifelt, aber zunächst vergeblich nach einem Ausweg und empfahlen die Teilnahme am leichtathletischen Dreikampf aller Festivalteilnehmer. So zog Kugelstoßrekordhalter Ernst Schmidt mit seinen Mannschaftskameraden in einen Budapester Park und wuchtete dort die Kugel so weit, dass die Bandmaße der Kampfrichter nicht reichten und keine Tabelle die dafür zu vergebende Punktzahl im Dreikampf auswies. Mittags kehrten sie mit goldenen Plaketten zurück, aber ihre Laune hatte sich nicht sonderlich gebessert. Sie wollten echte Wettkämpfe bestreiten!

Und dann kam der Morgen, an dem eine Dolmetscherin jubelnd in das Klassenzimmer stürzte und erzählte, dass sie ein Plakat gesehen habe, auf dem ein Spiel unserer Fußballmannschaft gegen eine ungarische Auswahl angekündigt war. Alle blieben skeptisch.

Am Vormittag erschienen dann glückstrahlende ungarische Sportfunktionäre und berichteten, welchen Ausweg sie gefunden hatten: Da der FDGB Mitglied im Weltgewerkschaftsbund war, konnte niemand dagegen protestieren, dass Mannschaften der Sowjetischen Besatzungszone als »Gewerkschaftsauswahl« antraten, und die Ungarn verwandelten ihre Mannschaften ebenfalls flugs in »Gewerkschaftsmannschaften«.

Selbst die Engländer, die den Protest eingebracht hatten, waren fair genug, den Ungarn zu dieser Lösung zu gratulieren. Von nun an herrschte Hochstimmung in der Bela-Bartok-Utca. Und in den Stadien waren die Ränge voll. 20.000 Zuschauer – angesichts der vielen Höhepunkte, die Budapest in diesen Tagen

Ruhetag bei der Friedensfahrt – und Ausfahrt nach Meißen mit Klaus Ampler (r.) und dem Belgier Remy (M.)

erlebte, eine sensationelle Zuschauerkulisse – erlebten die am Ende dramatische ungarisch-deutsche Fußballbegegnung. Die Gastgeber, die mit sechs Nationalspielern antraten, waren 3:0 in Führung gegangen, doch dann fand sich unsere Elf, kam auf 2:3 heran und war am Ende dem Ausgleich nahe. Noch am gleichen Abend lud man die Mannschaft, in der auch der Vater von Hans-Jürgen Kreische spielte, zu einer Tournee durch Ungarn ein, bei der sie in Debrecen eine starke ungarische Auswahl 4:3 bezwang.

Die »Gewerkschaftsidee« war der Schlüssel, der alle Stadien öffnete. Die Boxer kletterten im Innenraum der überfüllten Millinaris-Radrennbahn in den Ring, die Wasserballer trafen auf die weltberühmten Gastgeber und die Leichtathleten starteten auf dem Postsportplatz. Wer sich die Mühe macht, heute in der Liste der DDR-Leichtathletikrekorde zu blättern, findet die 1,92 m im Hochsprung, die der Rostocker Karl-Heinz Langhoff am 26. August 1949 dort erzielt hatte, und auch die 13,35 m, die Ernst Schmidt im Kugelstoßen erreichte, waren in Budapest gemessen worden.

Und damit hatte die neue Sportbewegung ihre ersten Hürden überwunden. Niedrige Hürden, wenn man bedenkt, dass der Hochsprung-Weltrekord bei 2,11 m lag und der im Kugelstoßen kurz vor Budapest auf 17,19 m geschraubt worden war – aber es waren jedenfalls Rekorde!

Als ich 1966 zu den Leichtathletik-Europameisterschaften wieder nach Budapest kam, erzählte ich unseren Titelanwärtern von jenem mühsamen Beginn 17 Jahre zuvor. Sie schüttelten nur die Köpfe über die aus ihrer Sicht mageren Leistungen von damals.

Aber ein Kronzeuge war dabei: Ernst Schmidt. 1966 der erfolgreichste Trainer der EM. Seine drei DDR-Diskuswerfer holten alle Medaillen und verwiesen den haushohen tschechischen Favoriten Danek auf Rang vier.

Allein suchte ich eines Vormittags nach dem kleinen Café an der Donau, in dem ich 1949 einer 15-jährigen Schwimmerin ein Eis spendiert hatte. Fünf Jahre später staunte die Welt über sie, auch weil sie aus dem Wasser stieg, und noch pitschnass, mich als ersten umarmte. Das war Jutta Langenau. Doch das war ein anderes Kapitel meines Lebens.

1950
Die FIS drahtete: »Mit allen Starts einverstanden«

Zurück mal wieder in den Winter. Die 1. Meisterschaften nach Gründung der DDR fanden 1950 in Schierke statt. Lange wartete man dort auf den Winter. Kein Chef einer Wetterstation kündigte Schnee an. Der so gründlich gerüstete Austragungsort musste die Titelkämpfe von einer Woche auf die nächste verschieben. Während der Wartezeit war eine DDR-Mini-Mannschaft als Zuschauer zu den Tatraspielen in die CSR eingeladen worden, wo genug Schnee lag.

Und dann traf ein Telegramm aus Tatranska Lomnica in Berlin ein, das für Schlagzeilen sorgte. Die Gastgeber hatten sich an den Internationalen Skiverband (FIS) gewandt und nachgefragt, ob die FIS den DDR-Sportlern einen Start gestatten würde.

Die Antwort aus dem FIS-Büro: »Mit allen Starts einverstanden.« So konnten die Skispringer Joachim Loos und Siegmund Leonhardt in letzter Minute für den Sprunglauf gemeldet werden, und der »kleine Siegmund« – damals 17-jährig – imponierte mit seinen kühnen Sprüngen in einem Maße, dass man ihm bei der Siegerehrung einen Silberpokal überreichte, obwohl er gar nicht unter die ersten drei gekommen war. Das Interview mit ihm nach seiner Rückkehr lieferte mir den Stoff für meine erste »Tatsachenserie«. Die Zeit, nur über Sportveranstaltungen im eigenen Land berichten zu können, schien endgültig vorüber.

Viele Jahre später fiel mir durch einen Zufall ein vom 17. April 1950 datiertes Rundschreiben (Nr. 8) des westdeutschen NOK in die Hände. Unter »Verschiedenes« las ich da: »Es wurde die Behauptung aufgestellt, dass der Sportausschuss der Ostzone sich um Aufnahme in die FIS bemühe, ja sogar schon aufgenommen sei. Nähere Erkundigungen haben ergeben, dass dies nicht den Tatsachen entspricht.« Man hörte förmlich das Aufatmen.

Einladung nach Warschau

Im April 1950 ging im Büro des Deutschen Sportausschusses ein Brief ein, der ähnliche Aufregung auslöste wie die Einladung der Skispringer: Eine Mannschaft sollte am Etappen-Radrennen Warschau-Prag – von dem man in Berlin so gut wie nichts wusste – teilnehmen. Etappenrennen kamen damals in Mode, und auch in der Ostzone hatte im Herbst zuvor bereits eins stattgefunden. Die Vorgeschichte: Der schon erwähnte radsportbegeisterte Likörfabrikant hatte die Genehmigung für eine Etappenfahrt beantragt, mit der er auch für seinen Kräuterlikör »Wurzelpeter« werben wollte. Ich saß mit am Tisch, als über den Antrag beraten wurde, und gehörte zu denen, die gegen eine für Schnaps werbende Etappenfahrt votierten. Der Gegenvorschlag lautete: Der Sportausschuss veranstaltet die Rundfahrt selbst. Die Zahl der Skeptiker war groß. Seit Jahrzehnten war in Deutschland keine Amateuretappenfahrt ausgetragen worden, und die letzte, die in den zwanziger Jahren stattgefunden hatte, zog sich über ein Vierteljahr hin, weil Amateure nur sonntags ihrem Sport frönen konnten.

Die Skeptiker wurden niedergestimmt und das Rennen ein Riesenereignis. Hunderttausende säumten die Straßen. Einzige Panne: In Wittenberge drohte das Abendessen wegen einer nicht eingetroffenen Fleischlieferung ausfallen zu müssen, aber plötzlich wurden Riesenportionen dampfenden Gulaschs aufgetragen. Erst am nächsten Tag sprach sich herum, dass es sich um in letzter Minute beschafften Pferdegulasch gehandelt hatte. Wenn in den nächsten Tagen die Mahlzeiten manchem zu dürftig erschienen, wurde lautstark »Wittenberger Gulasch« gefordert.

Ein paar Monate später war dann jene Einladung aus Warschau gekommen. Cheftrainer Werner Schiffner trommelte die sechs besten Amateurstraßenfahrer zusammen und stieg mit ihnen in den Zug nach Warschau. Beim *ND* war auch eine Einladung eingegangen, aber im polnischen Konsulat teilte man mir mit, dass kein Visum erteilt worden sei. Als die Mannschaft schon losgefahren war, klingelte ein Kraftfahrer Sturm an unserer Wohnungstür: »Das Visum ist da!« Ich warf Hemd, Handtuch, Seife in einen Koffer und jagte nach Karlshorst. Dort sagte mir ein sehr freundlicher Offizier: »Das Visum war lange da. Ein Missverständnis. Entschuldigen Sie.« Ich erreichte gerade noch den Nachtzug. Morgens, als ich auf einem Bahnhof mitten in der Trümmerwüste der polnischen Hauptstadt ausstieg, empfing mich ein Pole, der perfekt englisch sprach und sich als Wlodek Golebiewski vorstellte. Der ehemalige Offizier der in England stationierten Anders-Armee war bald nach Kriegsende ins kommunistische Polen zurückgekehrt, Sportredakteur des Zentralorgans *Glos Ludu* geworden und hatte viele warnende Stimmen ignoriert, als er sich entschied, eine Mannschaft aus der DDR, also Deutsche, zu dem von Polen und Tschechoslowaken veranstalteten Etappenrennen zwischen Warschau und Prag einzuladen. Er brachte mich ins Hotel, gab zu verstehen, dass möglicherweise nicht alles reibungslos verlaufen würde, und teilte mir beim Frühstück noch mit, dass alle Journalisten gemeinsam in einem Bus sitzen würden.

Als das Rennen gestartet wurde, stieg ich in den Bus und wurde empfangen, als wäre ich Luft. Niemand nahm Notiz von mir. Als ich mich aufraffte, einen Kollegen auf der Bank vor mir um Auskunft zu bitten, ob die Trümmer zur linken Seite die des Warschauer Schlosses seien, sah der Befragte demonstrativ rechts aus dem Fenster. Spätestens diese Geste ließ mich begreifen: Ein Deutscher war hier noch unerwünscht. Das blieb nicht die einzige Enttäuschung dieses Tages. Am Abend kam der Mechaniker der Mannschaft – ein immer gut gelauntes Leipziger Original mit dem Spitznamen »Schlingschlang« – und forderte, dass man ihm augenblicklich eine Rückfahrkarte nach Berlin beschaffe. Der polnische Mechaniker, der sich mit ihm den Material-Lastwagen teilte, hätte weniger nach seinen Fahrern und ihren Defekten Ausschau gehalten als nach Ruinen und bei jeder laut gerufen: »Das waren Faschisten! Du Faschist!«

Man alarmierte mich, weil ich helfen sollte, »Schlingschlang« von seiner Forderung nach einer Rückfahrkarte abzubringen. Ich bin nicht sicher, ob meine Argumente den Ausschlag gaben. Ich erinnere mich nur, dass er blieb.

Hier habe ich eine hochpolitische Feststellung zu treffen: Zwanzig Jahre vor Willy Brandts eindrucksvollem Kniefall in Warschau, der oft als die »Geburtsstunde« deutsch-polnischer Versöhnung deklariert wird, hatte der aus dem Exil in die DDR zurückgekehrte Schriftsteller Friedrich Wolf bereits als Botschafter der DDR in Warschau sein Amt angetreten, und die von mir begleiteten DDR-Radrennfahrer waren die ersten, die auf »unterster Ebene«, nämlich auf Polens Straßen die ersten Bande knüpften!

Von Warschau bis Prag kam es zu zahllosen Begegnungen, erfreulichen und auch – für die Deutschen – weniger erfreulichen. Dennoch gilt: Diese Mannschaft legte auf Hunderten von Kilometern den Grundstein für eine neue polnisch-deutsche Verständigung!

Ich habe noch sehr gut einen Abend im Gedächtnis, an dem die Korrespondentin der polnischen Jugendzeitung, eine ebenso zierliche – zumindest im Vergleich zu meinen 1,89 m – wie attraktive Person, die, ihre im Bus schweigenden Landsleute ignorierend, die Schweigemauer zu mir brach und sich allen Vorwürfen gegenüber darauf berief, dass ZMP und FDJ befreundete Jugendverbände seien. In Katowice lud sie mich ein, mit ihr zu einem Friedensfahrtball zu gehen. Der Saal war überfüllt, Musik dröhnte, und plötzlich standen alle auf, weil eine bildschöne Frau den Saal betrat und auch noch an unserem Tisch Platz nahm. Die Kleine raunte mir zu, es sei eine berühmte Schauspielerin, die Auschwitz überlebt habe. Bald darauf raunte sie mir erregt ins Ohr, ich solle augenblicklich verschwinden. Die Schauspielerin habe von jemandem in der Runde erfahren, dass ich ein Deutscher sei und alle wissen lassen, dass sie in Auschwitz geschworen habe, nie mehr mit einem Deutschen am gleichen Tisch zu sitzen. Schweigend machte ich mich durch eine Hintertür davon.

Natürlich erinnere ich mich auch noch gut an die sechs Rennfahrer, die damals die Deutsche Demokratische Republik vertraten. Also an den bulligen, gutmütigen, aber auch schnell schon mal aufgebrachten Otto Busse, mit dem ich ein Leben lang befreundet war, denn später steuerte er über Jahre das Motorrad, von dessen Beisitz ich das Rennen verfolgte. Dann der spröde, wieselflinke Lothar Meister, dem man später eine römische »1« hinter seinen Namen setzte, weil aus Gera ein zweiter Rennfahrer gleichen Namens gekommen war. An Werner Gräbner, den beinharten Zeitungsfahrer aus Berlin, den ich leider nie wiedersah. An Horst Gaede, einen Magdeburger Dachdecker, der in den polnischen und tschechischen Stadien verblüffend überlegte Reden über die nun wieder keimende Freundschaft unserer Völker hielt und dafür viel Beifall erntete. Später verließ er übrigens die DDR. Kurt Plitt redete wenig, fuhr tapfer, schied aber bald aus. Karl-Heinz Hey war mit dem Ruf eines »Bergkönigs« angetreten, doch waren es wohl nicht seine Berge, die da zu meistern waren. Kurzum: Das Sextett riss zwar bei dem Rennen keine Bäume aus, kam nur auf den achten Rang, aber es fuhr »die Deutschen« über die Schwelle, die zur internationalen Sportlerfamilie führte, und schlug erste, wenn zuweilen vielleicht auch noch wacklige Stege zwischen Deutschen, Polen und Tschechen.

Lothar Meister wurde 14. in der Gesamteinzelwertung, im Jahr darauf sensationell Zweiter.

Noch einmal: Es waren die ersten im Sport geknüpften Bande, und zwar vor einer Hunderttausende zählenden Zuschauerkulisse. Solche Feststellungen passen natürlich nicht in die heutige politische Landschaft, ins Bild einer »Diktatur« und des »verordneten Antifaschismus«. Deshalb musste nach 1990 auch die Geschichte der Friedensfahrt »bereinigt« werden.

Wer sich je ernsthaft mit ihrem Aufstieg zur größten Amateuretappenfahrt der Welt befasste, weiß, dass der damalige Chefredakteur der kommunistischen Zeitung *Glos Ludu* bei der Suche nach einem das Verhältnis zwischen Polen und Tschechoslowaken bessernden Ereignis auf den Pfad zum Sport gelangte. Zunächst hatte er an einen Boxkampf gedacht, den man ihm aber schnell ausredete, weil allgemein bezweifelt wurde, dass Fausthiebe die Freundschaft befördern. Dann dachte er an ein Motorradrennen zwischen Weichsel und Moldau, aber es fehlte an allem, was man dazu benötigt hätte. So kam er auf das Radrennen, für das es wiederum an intakten Rennrädern fehlte. Doch die Tschechoslowaken waren von der Idee auch angetan und bewilligten aus der Kasse der harten Devisen eine Summe, die zureichte, um aus der Schweiz Räder zu importieren. Am Ziel sollten die allerdings wieder abgegeben werden, aber die Jugoslawen verschwanden mit den Rädern und das verstimmte die Gastgeber beträchtlich.

Dann war da noch die Verpflegung der Teilnehmer zu sichern. Ärzte hatten angesichts der ungewöhnlichen Distanz vor körperlichen Risiken gewarnt. Dieses Problem lösten die Polen, indem sie hinreichend Eier, Butter, Schmalz, Kartoffeln, Speck und Schokolade aus ihren Depots lieferten.

Wen die Details interessieren: Die erste überlieferte Mitteilung stammte vom 25. August 1947 und erschien in der Prager »Rude Pravo«. Sie beschränkte sich auf wenige Zeilen: »Eine Neuigkeit: Von unserem Radsport wurden Verhandlungen mit dem polnischen Verband zur Verwirklichung einer Vier-Etappenfahrt Prag-Warschau über 1.000 km angeknüpft. Die Fahrt soll ein Jahr in der Richtung Prag-Warschau und im nächsten Jahr in der Richtung Warschau-Prag gefahren werden. Der Start wurde für den 1. Mai angekündigt.«

Nach 1990 galt es vor allem, die veranstaltenden sozialistischen Zeitungen gebührend in den Hintergrund zu drängen. Ein gewisser Manfred Hönel, der die Fahrt im Auftrag der *Jungen Welt* zigmal begleitet hatte und deren Geschichte gut genug kannte, erwarb sich da besondere Verdienste. Seine Darstellung nach der Rückwende erinnerte mich an Brechts Worte: »Wer die Wahrheit nicht weiß, der ist bloß ein Dummkopf. Aber wer sie weiß und sie eine Lüge nennt, der ist ein Verbrecher.«

»Manne« Hönel, mit dem ich nicht nur zahllose Friedensfahrten erlebt, sondern auch stimmungsvolle Feste beim traditionsreichen Klingenthaler Damenskirennen gefeiert hatte und der – so der *Spiegel* – nebenbei nicht nur seine Zeitung, sondern auch eine gewisse DDR-Instanz mit Informationen beliefert hatte, war 1990 ohne »Umschulung« geradenwegs vom FDJ-Organ zum Springer-Organ gewechselt und lieferte dem neuen Arbeitgeber die Legende, die Fahrt wäre aus der Sehnsucht entstanden, die Tour de France im Osten zu kopieren. In dem 1995 in Berlin erschienenen Hönel-»Geschichtsbuch« las sich das in dürftigem Deutsch so: »Zygmunt Weiss, Sportjournalist der polnischen Zeitung *Trybuna Ludu*, schaut an diesem Herbsttag des Jahres 1947 mit starrem Blick aus dem Fenster. Angestrengt denkt er nach: Was kann ich tun, um diese bedrückend graue Erbschaft eines fürchterlichen

Krieges aufzuhellen. Vor seinen Augen rollt das bunte Fahrer-feld der Tour de France vorbei.«

Als ich das las, fiel mir als erstes der fluchende polnische Mechaniker ein.

Mein Vorteil als Zeuge ist, dass ich ungeachtet jener zugegeben ungewöhnlichen Busfahrt 1950 in den folgenden fünf Jahrzehnten die Entstehung zahlloser Freundschaften bei diesem Rennen erlebte. Ich stand dabei, als Belgiens legendärer Sechstagemasseur Leon Sonnet ein Dreirad aus dem Materialwagen lud, das er für Täves Sohn mitgebracht hatte. In Frankreich und England waren Vereine der Friedensfahrt-Teilnehmer entstanden. Zu einer ihrer Partys hatten mich die Briten eingeladen. Es war eine Nacht, die erst am Morgen endete, und Stan Brittain, Zweiter des Jahres 1957, raste mich in letzter Minute zum Flugplatz.

Nochmal zur Politik: Am 30. April 1950 waren die DDR-Rennfahrer in Warschau gestartet, am 6. Juli 1950 wurde zwischen Polen und der DDR in Zgorzelec der Vertrag unterzeichnet, der die Grenze von deutscher Seite als unwiderruflich anerkannte und, das noch bekräftigend, als »Friedensgrenze« deklarierte. Der andere deutsche Staat attackierte diesen Vertrag heftig, beschimpfte ihn als »Verrat« und die Deutschen, die ihn unterschrieben hatten, als »Verräter«.

Die Friedensfahrt stieg zur größten Amateur-Etappenfahrt der Radsportgeschichte auf. Es wurde zur Gewohnheit, dass der Präsident des Internationalen Radsportverbandes (UCI) zwei Termine gewissenhaft wahrnahm: Die Weltmeisterschaft und den Start der Friedensfahrt.

Zuvor hatte Golebiewski 1952 seine nächste Idee durchgesetzt, nämlich die DDR in den Kreis der Veranstalterländer aufzunehmen. Die Organisation des Rennens setzte Maßstäbe, die nach 1990 nie wieder erreicht wurden.

Und unterschlagen werden darf auch nicht, dass die BRD die Einladungen zur Friedensfahrt auf allerhöchste Weisungen ignorierte – was bislang kein Sporthistoriker der BRD »aufgearbeitet« oder wenigstens mitgeteilt hat. 1956 hatte der BRD-Verband zum ersten Mal eine Einladung angenommen. Als er die Zusage schon nach Warschau geschickt hatte, intervenierte DSB-Präsident Willi Daume beim Bund Deutscher Radfahrer gegen diese Entscheidung und verwies in einem Brief – wörtlich – auf »Abmachungen mit der Bundesregierung«. Sich darauf berufend, forderte er die augenblickliche Annullierung der Meldung. Erbost trat der Vorstand des BDR (Bund Deutscher Radfahrer) zusammen und beschloss einstimmig, bei der Zusage zu bleiben. Der so brüskierte Daume war klug genug, auf eine offene Kontroverse zu verzichten, und ließ, möglicherweise zur »Beruhigung« der Bundesregierung, die Mitteilung verbreiten: »Es werden noch Sondervereinbarungen zwischen dem westdeutschen Verband und der UCI (Weltradsportverband) getroffen.«

Es gab nie »Vereinbarungen«, aber damit hatte sich der Bonner Widerstand gegen die Teilnahme der BRD an der Friedensfahrt keineswegs erschöpft: Dem besten bundesdeutschen Straßenfahrer jener Zeit, dem Nürnberger Loy, drohte der bayerische Verband mit einer Sperre, wenn er an den Start gehen würde. In letzter Minute musste auch noch der Mannschaftsleiter ausgewechselt werden. Dem Straßenfachwart Ewert, der ursprünglich nominiert worden war, wurde bedeutet, dass er seine Stelle in einem Regierungsbüro verlöre, wenn er nach Warschau fahren sollte. So wurden damals »Ostkontakte« im Sport behandelt! Dies an die Adresse derjenigen, die täglich die »Opfer« von »Westkontakten« der DDR beklagen!

Übrigens hatte sich Ewert nicht davon abbringen lassen, einige Jahre später als Mannschaftsleiter zu dem Rennen zu kommen, und ich erinnere mich vieler angenehmer abendlicher Unterhaltungen mit ihm.

An ihrer Aversion gegenüber dem Rennen – vor allem wegen seines Namens! – änderte sich in der BRD durch all die Jahrzehnte nichts. Um das zu illustrieren: Als 1967 die 20. Friedensfahrt gestartet wurde, erschien die DDR zum 18. Mal in den Startlisten, während die Bundesrepublik Deutschland erst drei Mal (1956, 1958 und 1967) teilgenommen hatte. Noch eine andere aufschlussreiche Vergleichszahl: Frankreich war in diesem Zeitraum zwanzig Mal an den Start gegangen.

Der spätere BRD-Bundestrainer Peter Weibel – er hatte als Aktiver 1975 in Hradec Kralove die erste Friedensfahrtetappe für die BRD gewonnen – erkannte schon bald, dass die Friedensfahrt die härteste Schule für die Aktiven war, und bestand zu seiner Zeit mit Erfolg auf einer regelmäßigen Teilnahme. Als er 1987 seine Mannschaft bei der 40. Fahrt betreute, erklärte er die magere Resonanz in der bundesdeutschen Öffentlichkeit in einem Zeitungsinterview so: »Daran sind unsere Medien schuld. Wir sind doch auf den ersten Etappen wirklich gut gefahren. Aber das wurde so gut wie totgeschwiegen.« Und konstatierte zudem: »Jedes Land versucht, die erste Garnitur zu bringen. Auch wir motivieren unsere jungen Leute für diese Fahrt. Sie dient ungeheuer der Willensbildung. Vom organisatorischen Ablauf stimmt alles. Den Betreuern wird jede Hilfe gewährt. Nichts dergleichen gibt es auf der Welt. Und dann hat sich diese Fahrt dem Friedensgedanken verschrieben. Alle Verbände, die kommen, tragen diesem Geist der Fahrt Rechnung.«

1999 traf ich Peter Weibel bei einer Mehretappenfahrt unweit der Schweizer Grenze wieder, und er stellte mich seinen Schützlingen als einen der Männer vor, die das »größte und perfekteste Rennen in der Welt« organisiert hätten. Damals betreute er die U-23-Nationalmannschaft, also Rennfahrer, die jünger als 23 Jahre waren. Keiner von ihnen hatte je von der Friedensfahrt gehört.

Im bundesdeutschen Medienfeldzug gegen die Friedensfahrt hatte schon 1959 die Bonner Regierung in einer Sonderbeilage »Sport hinter dem Eisernen Vorhang« in ihrer Zeitschrift *Das Parlament* den Ton angegeben: »Das Geheimnis der zehn Millionen Zuschauer erklärt sich nicht aus der Faszination des Rennens oder dem Wunsch, für den Frieden zu demonstrieren. Da ist der Druck auf die Bevölkerung, der Veranstaltung beizuwohnen und den ausländischen Teilnehmern Friedensbotschaften auszuhändigen.«

Kein Wunder, dass die Friedensfahrt 1990 ganz oben auf der Liste der umgehend abzuwickelnden Ereignisse stand. Gustav-Adolf Schur, der die Fahrt zweimal gewonnen hatte, führte einen hartnäckigen und nicht erfolglosen Kampf um die Erhaltung des Rennens. So rettete er die Fahrt zwar ins neue Jahrtausend, aber als Ex-Verteidigungsminister Scharping auf den Posten des BRD-Radsportpräsidenten abgeschoben worden war und keinerlei Interesse zeigte, konzentrierte sich Schur auf die Bewahrung vieler Erinnerungsstücke in einem Museum in Kleinmühlingen vor den Toren Magdeburgs.

Dort kann man zum Beispiel nachlesen, was 1966 der Präsident der Internationalen Radsportföderation (UCI), der Italiener Adriano Rodoni im überfüllten Stadion von Prag gesagt hatte: »Nicht nur die sportliche und technische Seite dieses internationalen Wettbewerbs hat hohes Niveau. Das Hauptziel der Fahrt, das schon im Namen ›Internationale Friedensfahrt‹ zum Ausdruck kommt, kennzeichnet ihren hohen moralischen Wert.

Mit den Bestrebungen, zahlreiche Mannschaften junger Sportler im friedlichen Wettkampf auf den Straßen des Sports zu vereinigen, dient die Friedensfahrt der Vertiefung der Freundschaft und Zusammenarbeit der Völker und der Festigung der internationalen Solidarität der Sportler.

Damit finden bei dieser Fahrt die Bemühungen, Missverständnisse zwischen den Völkern aus dem Wege zu räumen und nicht wiedergutzumachende Konflikte zu vermeiden, ihren glücklichsten und wirkungsvollsten Ausdruck.«

1951
Paul Greifzus Triumph

Vor Jahrzehnten starb Paul Greifzu, und wann immer ich seitdem auf der Autobahn an Dessau vorüberkam, warf ich unwillkürlich einen schnellen Blick auf den von Hecken umwachsenen
Gedenkstein. An manchen Tagen leuchteten frische Blumen
zwischen den Sträuchern, und sie bewiesen mir, dass er bis heute
nicht vergessen ist, nachdem er am 10. Mai 1952 hier ums
Leben gekommen war. Jenem, dem der Name kein Begriff mehr
ist, erzähle ich gern, wer er war und wie es dazu kam, dass er mal
einen halben Tag lang plaudernd auf dem ramponierten Sofa in
der *ND*-Sportredaktion saß.

Das war am Montag, dem 2. Juli 1951. Am Vortag hatte
Westberlins Regierender Bürgermeister Ernst Reuter auf der
Avus ein Autorennen veranstaltet und zuvor die Losung verkündet: »Die Zone soll auf Westberlin blicken!« Es war das erste
Autorennen der Nachkriegszeit auf der legendären Rennstrecke,
und es sollte Massen aus der »Zone« nach Westberlin locken und
sie dort schnelle Westautos bewundern lassen.

Man hatte beim Startgeld nicht gespart. Erschienen waren
die Piloten der schnellsten Rennwagen Europas. Ein einziger war
mit seinem Wagen aus der DDR gekommen: Paul Greifzu, auch
Vizepräsident der Sektion Motorrennsport der DDR. Er hatte
einen »AWE« (Abkürzung für »Autombilwerk Eisenach«) in seiner Suhler Werkstatt zusammengeschraubt, und die Eisenacher
Automobilbauer hatten ihn mit allen Kräften unterstützt.

Neben ihm standen am Start die damals die Szene dominierenden Veritas, AFM und Ferraris. Hunderttausende säumten
die Strecke, als das dröhnende Rudel davonjagte. Nicht dass der
Sprecher ins Stottern geriet, aber ein wenig unsicher klang seine
Stimme schon, als er den Zuschauern nach der ersten Runde
mitteilte, dass Paul Greifzu aus Suhl den Wagen mit der Startnummer 118 steuere und als erster in die zweite Runde jagen

würde. Sein Vorsprung gegenüber dem Favoriten, dem westdeutschen Meister Toni Ulmen, betrug etwa 60 Meter, 150 Meter waren es nach der dritten Runde. Auf der Ehrentribüne hoffte man auf die letzte Runde. Ulmen musste wegen eines Reifenschadens an die Boxen. Nach nur 19 Sekunden raste er weiter. Im Ziel maß Greifzus Vorsprung 44 Sekunden.

Mit starrer Miene stieg Ernst Reuter von der Tribüne herab und überreichte dem Sieger aus der »Zone« den Siegerkranz. Das Rennen, das am Sonntagmorgen noch die Titelseiten der Westberliner Zeitungen beherrscht hatte, verschwand auf den Sportseiten, und der *Kurier* erklärte seinen Lesern den Sieg mit den Worten: »Als Ulmens Reifen streikten, fuhr Greifzu zum Sieg.« (2. Juli 1951)

Ich stürmte damals zu den Boxen, gratulierte Greifzu und lud ihn ein, die Sportredaktion des *ND* zu besuchen. Er freute sich, dass sich jemand freute, sagte zu und kam auch am nächsten Vormittag. Wir erfuhren viel aus seinem Leben, auch, wie er sich während des Krieges um ausländische Kriegsgefangene gekümmert hatte.

Sein »Zonen«-Triumph auf der Avus trug ihm Medienhass bis ans Grab ein. Als er 1952 auf der Dessauer Rennstrecke tödlich verunglückte, widmete ihm der *Tagesspiegel* folgenden »Nachruf«: »Ums Leben kam Greifzu bei der Vorbereitung auf ein Dessauer Rennen, an dem er – von den sowjetdeutschen Dienststellen gezwungen – als einer der wenigen in der ›DDR‹ verbliebenen prominenten Fahrer teilnehmen sollte, obgleich er sich dagegen gewehrt hatte. Sein Tod ist auf das Propagandabedürfnis der Machthaber, das in der ›DDR‹ wichtiger ist als ein Menschenleben, zurückzuführen.«

Noch heute aber erinnern Stadien in Stralsund und Dessau an ihn, trägt eine Schule in Suhl und eine Straße in Cottbus seinen Namen.

1954
Mit Grünefeld »um die Welt«

1954 fanden die Skiweltmeisterschhaften im schwedischen Falun statt. Das *ND* hatte nicht genügend Devisen auf seinen Konten, um die Reise eines Berichterstatters finanzieren zu können, weshalb ich beschloss, nach Sassnitz zu fahren, dort die heimkehrende Mannschaft zu empfangen und sie auf ihrer Fahrt zu den Meisterschaften nach Oberhof zu interviewen. Als ich diesen Entschluss fasste, hatten wir ein wenig davon geträumt, dass die Athleten bei der Weltmeisterschaft umjubelte Erfolge feiern könnten. Als dann die Nachrichten aus Falun kamen, die wissen ließen, dass nicht nur keine Siege gefeiert werden konnten, sondern die DDR-Aktiven nur hinterste Plätze belegten, änderte ich meine Pläne nicht. Am Tag, an dem ich auf dem Sassnitzer Bahnhof ausstieg, herrschte klirrende Kälte, und nachdem man mir auch noch mitgeteilt hatte, dass die Fähre wegen des hohen Eisgangs mit unbestimmter Verspätung erwartet würde, machte ich mich auf die Suche nach dem Schlafwagen, der die Mannschaft abholen sollte. Den hätte man auf einem Gleis des Fischkombinats abgestellt, informierte mich ein Eisenbahner. Dort fand ich ihn denn auch, und der Schaffner schien froh, dass er nicht länger allein warten musste. Der Mann war ein Original seiner Gilde, hieß Grünefeld und erzählte mir stundenlang, wen er in seinem Leben schon alles in seinem Schlafwagen betreut hatte, darunter die berühmtesten deutschen Schauspieler. Früher, versicherte er, wäre der Spruch gängig gewesen: »Fährste um die ganze Welt, fährste nur mit Grünefeld.«

Aber dann eröffnete er mir besorgt, dass seine Kohlevorräte bedenklich zusammengeschmolzen seien, und fragte mich, ob ich mich vielleicht auf den Weg machen würde, um im Fischkombinat einige Eimer Briketts zu erbetteln. Ich zog los, aber als ich dort meinen Wunsch vortrug, schüttelte man den Kopf.

Kohlen seien zu knapp, als das man sie verschenken könne. Nach einer längeren Rede, bei der ich ins Feld führte, dass die sicher todmüde von der Fährfahrt an Land gehenden Aktiven auf der Fahrt nach Oberhof doch nicht noch frieren sollten, wurden mir fünf Eimer bewilligt. Die schleppten wir zum Schlafwagen, und bunkerten sie. Der Abend zog bereits herauf, als das schwedische Fährschiff am Horizont auftauchte und sich mit dem Heck voran in den vereisten Hafen rammte. Die DDR-Mannschaft ging von Bord, stieg in den warmen Schlafwagen und dann warteten wir auf den nächsten Zug nach Berlin, der uns vom Abstellgleis ziehen würde. Die Aktiven schliefen bald, Trainer, Funktionäre und ich zwängten uns in ein Abteil, wo die Heimkehrer die Falun-Tage schilderten und sich vor allem ihren Kummer von der Seele redeten.

Die Fakten für meine WM-Bilanz hatte ich bald beisammen. Meine Gesprächspartner stritten, wie man ein ähnliches Debakel bei den nächsten Weltmeisterschaften vermeiden könnte. Diese erste Begegnung mit der Weltelite hatte viele Hoffnungen begraben. Eine große schwedische Zeitung hatte unser Abschneiden mit einer hämischen Karikatur illustriert: Mürrische Kampfrichter, die sich in dunkler Nacht an einem brennenden Holzstoß wärmten und auf die Frage des vorüberkommenden sprichwörtlichen Wanderers, was sie denn nächtens hier treiben, antworteten: »Wir warten auf die ostdeutsche Frauenstaffel!«

Neben mir hockte in jener Nacht Hans Renner. Der, früher selbst ein erfolgreicher Springer und eigentlich in allen Situationen sein sonniges Gemüt bewahrend, konstatierte nüchtern: »Wir müssen Schnee erfinden, dann können wir das halbe Jahr trainieren!« Alle belächelten seine fixe Idee, und niemand ahnte, mit welchem Eifer er sie von nun an verfolgte. Eines Tages hatte er sich Plastiktafeln beschafft, die aus PVC produziert worden waren. Deren Gleitfähigkeit erwies sich jedoch als zu gering, und er warf sie enttäuscht in seinen Garten. In der darauffolgenden Nacht regnete es. Als Renner am nächsten Morgen die Tafeln in die Hand nahm, war deren Gleitfähigkeit nahezu ideal. Damit hatte er den Schlüssel gefunden! Er ließ die Platten in schmale Streifen zerschneiden und verschweißte sie wie Besen zu Matten. Die wurden vom Elastonwerk in Friedrichroda produziert

Interview mit dem 17-jährigen Gewinner des Tatra-Pokals, dem Skispringer Siegmund Leonhardt (r.)

und heimlich auf einer Kleinschanze in einer Waldschneise bei Zella-Mehlis im Boden verankert. Der Test gelang, und nachdem die zuständigen Instanzen die Patentrechte gesichert hatten – sie führten zu einer devisenträchtigen Einnahmequelle für den DDR-Außenhandel –, fand am 21. November 1954 in Oberhof der erste Mattensprunglauf statt. 15.000 Zuschauer strömten zur Jugendschanze, unter ihnen auch die bundesdeutsche Springerlegende Sepp Weiler. Die neun Aktiven, die auf der Startliste standen, wurden wie die Piloten eines abenteuerlichen Versuchsfluges bewundert. Bis der erste in die Tiefe gelassen wurde, hatte Renner die ehrenamtlichen Helfer am Hang immer wieder aufgefordert, mit ihren Gartenschläuchen genügend Wasser auf die Matten zu sprühen. Statt des üblichen Skiwachses hatte er nach zahlreichen Versuchen die Skier mit einer Art Bohnerwachs beschichten lassen.

Unter den Zuschauern waren auch Skeptiker, die voraussagten, dass die Springer schon im Anlauf vornüber hinschlagen oder spätestens bei der Landung stürzen würden. Das liest sich heute wie die antiquierte Beschreibung eines frühen Flugversuchs, der mit einem filmreifen Triumph endete.

Der Triumph stellte sich ein, der Jubel kannte kaum Grenzen: Der Brotteröder Werner Lesser (1932-2005) hatte mit 42 Metern die größte Weite erzielt, die je ein Springer auf einer schneelosen Schanze in der Welt erreicht hatte. Von den 27 Sprüngen der drei Durchgänge wurden fünfzehn mit Weiten über 30 m vermessen und neun über 40 m. Zwei Springer stürzten im zweiten Durchgang, waren aber im dritten wieder dabei. Hans Renner war überglücklich, und an diesem Abend tranken wir einige Glas Bier. Er war nicht der Typ, der sich als Alleinheld feiern ließ, und schilderte in der großen Runde, wie er nach seiner Entdeckung in einen Plastebetrieb gefahren war und dort lange mit den Technikern konferiert hatte. Sie waren es, die ihm die entscheidenden Ratschläge gegeben hatten, von ihnen war die Idee mit den Matten gekommen. Die DDR-Regierung hatte für das Projekt 40.000 Mark zur Verfügung gestellt.

Schnell wurden Mattenschanzen zu einem DDR-Exportschlager, die in Schweden ebenso gefragt waren wie in der Sowjetunion.

Mit Hans Renner verband mich eine lebenslange Freundschaft, eine Freundschaft, die auch so manche Probe zu bestehen hatte. Ein Erlebnis, das ich hier zum Besten geben will, soll nicht etwa als üble Indiskretion verstanden werden, sondern nur bestätigen: Auch DDR-Trainer waren Menschen wie du und ich, und die pausenlos wiederholte Legende von den Aufpassern und den IMs und KMs und vielleicht auch XMs ist vor allem eine Legende, die dazu beitragen soll, den »Unrechtsstaat« zu illustrieren.

Die Affäre trug sich Jahre nach jener Nacht im Schlafwagen ausgerechnet auch in Falun zu. Dort fanden alljährlich die Schwedischen Skispiele statt, und während eines traditionellen Abschlussbanketts irgendwann in den 60er Jahren gab mir Hans ein verstecktes Zeichen.

Ich schlängelte mich zu seinem Tisch, und er fragte mich flüsternd: »Siehst du die Schwarze da drüben?«

Ich sah sie. Eine attraktive Frau mit einer Brigitte-Bardot-Figur.

»Und?« forschte ich.

»Mit der verschwinde ich jetzt. Sei ein Kumpel und bring' die Mannschaft morgen früh zum Bahnhof. Da treffen wir uns. Und zu niemandem ein Wort. Ich verlasse mich drauf.«

Ich schloss in jener Nacht kaum ein Auge, weil ich fürchtete, als interimistischer Mannschaftsleiter die Zeit zu verschlafen und den Zug zu verpassen, war aber rechtzeitig auf den Beinen und weckte alle, die noch schliefen. Ich sah im Frühstücksraum nach dem Rechten, half den Aktiven, die Skier auf einen Lastschlitten zu laden, entdeckte entsetzt, dass doch einer verschlafen haben musste, rüttelte ihn aus dem Bett, und als wir endlich aufbrachen, hatte ich noch keinen Happen zu mir genommen.

Die Hotelwirtin tröstete mich mit einem ansehnlichen Proviantpaket: »Lassen Sie es sich unterwegs in Ruhe schmecken.«

Als wir im Zug Platz genommen hatten, fehlte einer – Hans Renner. Entnervt stand ich auf dem Bahnsteig Als die Schaffner schon die Türen zuschlugen, hastete er heran, strahlend, lachend, kurzum – wie immer.

Leutselig schilderte er mir Einzelheiten der turbulenten Nacht, entdeckte meine Frühstückstüte und jubelte: »Du bist wirklich ein Freund, hast sogar an Verpflegung für mich gedacht, ich habe sie bitter nötig.«

Ehe ich noch ein Wort sagen konnte, hatte er schon die erste Schinkensemmel verspeist. Vor der dritten muss ihm mein schockiertes Gesicht zu denken gegeben haben, denn er versprach: »Ich spendiere dir gleich nach der Ankunft in Stockholm eine große Portion Eier mit Schinken.« Der Zug hatte kaum gehalten, als er mich schon in die Bahnhofsgaststätte schleppte und mir ein ordentliches Frühstück servieren ließ.

Ich habe nie wieder im Leben einen Menschen getroffen, der so herzlich lachen konnte wie Renner.

Auch als Trainer war er eher ein Außenseiter. Wenn wissenschaftliche Konferenzen stattfanden, bat er mich oft nach der ersten Viertelstunde um einen Zettel, auf den er hastig einige Stichworte kritzelte. Dann hielt er seine Rede, und viele waren überzeugt, sie sei das Resultat tagelanger Analysen. Natürlich kam man ihm auf die Schliche, aber Ärger mit DTSB-Oberen störte ihn kaum. Er wusste zudem, dass sie nicht ohne ihn auskamen. Und es gab kein Problem für ihn, das er für nicht lösbar hielt. Einer, der ein großes Kapitel DDR-Sportgeschichte geschrieben hat.

Er wurde nur fünfzig Jahre alt, nachdem er sich 1970 bei einem freundschaftlichen Kräftevergleich im Gewichtheben mit Kollegen übernommen hatte.

1954
Juttas Turiner Umarmung

Alle waren sich hinterher einig: Dem Beamten im italienischen Konsulat in Westberlin war ein Fehler unterlaufen. Er hatte das Visum in meinen Pass gestempelt und mir sogar eine gute Reise nach Turin gewünscht. Ich dankte höflich und ging. Draußen, im Warteraum saß die Schwimmnationalmannschaft der DDR und hatte soeben erfahren, dass ihre Visa noch nicht vorlägen. Sie glaubten sich schon auf dem Weg zu den Schwimmeuropameisterschaften in Turin, den ersten, an denen die DDR teilnehmen sollte, nachdem der Internationale Schwimmverband den DDR-Verband anerkannt hatte. Alle waren sicher, dass die leidigen Probleme, die ständig durch bundesdeutsche Interventionen ausgelöst wurden, diesmal aus dem Weg geräumt seien, nachdem das sogenannte Alliied Travel Office die Spezialpässe, die DDR-Bürger bei Reisen in NATO-Staaten vorweisen mussten, ausgehändigt hatten. Dies zu erwähnen, soll nicht versäumt werden, da so oft von der der DDR fehlenden Reisefreiheit die Rede ist. Also erinnert werden soll daran: Wer damals westwärts reisen wollte, musste zuvor im Büro der drei Westalliierten in Westberlin einen solchen Pass beantragen.

Bei den Schwimm-Europameisterschaften erwies sich jedoch, dass selbst dieser Pass wertlos sein konnte, wenn die Bundesregierung einer verbündeten Regierung den Wink gab, DDR-Bürgern keine Visa zu erteilen. Genau das war in diesem Fall geschehen, und so verweigerte Italien der DDR-Mannschaft die Visa. Und das hätte funktioniert, wäre dem Konsularbeamten nicht der Fehler unterlaufen, Klaus Huhn das Visum einzustempeln.

Der im Deutschen Sportausschuss zuständige Manfred Ewald berief augenblicklich eine Krisensitzung ein und bat mich, mit der nächsten erreichbaren Maschine nach Turin zu fliegen und bei dem jeweils vor Kontinental-Meisterschaften stattfindenden Kongress der Schwimmföderation gegen die Visaverweigerung zu protestieren. Dazu händigte er mir ein Schreiben aus, wonach ich der offizielle Kongress-Delegierte des DDR-Schwimmverbandes sei, womit sich die Liste meiner Funktionen um eine weitere verlängerte!

Ich hetzte nach Hause, dann nach Schönefeld, flog mit der nächsten Maschine nach Prag und von dort weiter gen Süden.

Sonntagmittag erreichte ich Turin, also 48 Stunden vor der Eröffnung der Europameisterschaften. Als erstes suchte ich das Hotel, in dem die Offiziellen der FINA wohnten, und erfuhr, dass der FINA-Kongress am Montagmittag beginnen sollte. Dienstagmorgen standen die ersten Vorläufe auf dem Programm. Sie waren schon ausgelost und wiesen auch den Namen Jutta Langenau aus, jener inzwischen dem Mädchenalter entwachsenen Schwimmerin, die ich fünf Jahre zuvor bei den Budapester Weltfestspielen zum Eis eingeladen hatte.

Nach endloser Suche trieb ich den schwedischen FINA-Generalsekretär Sällfors auf. Der versprach, mein Anliegen zu unterstützen, machte mir aber wenig Hoffnungen, dass die Visa noch rechtzeitig nach Berlin gelangen würden. Einer der Gründe für seinen Pessimismus war, dass mir die Kongress-Tagesordnung kaum Gelegenheit bot, meinen Protest vorzutragen. Es bliebe nur der Punkt »Verschiedenes«, und der würde frühestens Montagabend zu erwarten sein.

Ich bat die Delegierten des sowjetischen und des ungarischen Verbandes um Hilfe. Sie versprachen, alles zu tun, was in ihren Kräften stand.

Als ich dann den Kongresssaal betrat, war ich einer der ersten. Sekretär Sällfors machte mich darauf aufmerksam, dass Reden nur in Englisch oder Französisch gehalten werden dürften. Ich notierte mir in aller Eile eine Liste englischer Vokabeln, doch meinte Sällfors, die »anderen« Deutschen hätten einen perfekten Dolmetscher dabei und Deutsche würden doch Deutschen mit Sicherheit helfen. Er irrte.

Als ich einen bundesdeutschen Kollegen traf, schilderte ich ihm die Situation. Der flüsterte ein paar Worte mit dem offiziellen BRD-Delegierten und sagte mir dann kühl: »Tut mir leid, aber es könnte der Eindruck entstehen, wir solidarisieren uns mit Ihrer Forderung.«

Halten wir fest: Die »einen« Deutschen waren nicht bereit, den »anderen« Deutschen zu helfen. Das kam mir in den Sinn, als Angela Merkel 2010 dem früheren DDR-Trainingscamp Kienbaum den Orden »Gelebte Einheit« verlieh. Die gilt offensichtlich erst seit 1990!

Der Kongress wurde eröffnet, und als ich noch einmal die Tagesordnung überflog, entdeckte ich, dass ich schon sehr bald das Wort ergreifen könnte. Sällfors rief die Delegierten jener vier Länder auf, die sich um die Europameisterschaft des Jahres 1958 beworben hatten: Jugoslawien, Spanien, Ungarn und – die DDR. Davon hatte mir in Berlin in der allgemeinen Hektik niemand ein Wort gesagt und demzufolge auch nicht, dass sich der ungarische und der DDR-Schwimmverband geeinigt hatten, Budapest den Vortritt zu lassen und unseren Antrag zurückzuziehen. Die Ungarn drängten mich, den Verzicht noch vor Beginn der Aussprache kundzutun, aber ich schwor, dass ich zwar unsere Zusage halten, aber erst einmal das Wort nehmen würde.

Man rief mich also auf und fragte, wie es um die Vorbereitungen in Leipzig stünde. Ich versicherte, dass bereits unendlich viel unternommen worden sei und fuhr dann zur allgemeinen Verblüffung fort: »Sie werden aber sicher verstehen, dass uns im Augenblick die morgen beginnenden Titelkämpfe weit mehr am Herzen liegen als die in vier Jahren. Und für die haben unsere Schwimmer bislang noch keine Visa erhalten!«

Der italienische Delegierte sprang auf und protestierte. Ich hätte mich an die Tagesordnung zu halten. Überraschend fiel ihm der britische Delegierte ins Wort und verlangte eine Erklärung des italienischen Verbandes, warum die Visa nicht erteilt worden seien. Auf Fair play und die Einhaltung der Statuten hätten alle Verbände ein Recht. Und dann tat er, was unsere deutschen Brüder eine knappe Stunde zuvor abgelehnt hatten: Er solidarisierte sich mit meiner Forderung!

Die Mehrheit des Kongresses stimmte ihm zu, Sällfors unterbrach für fünfzehn Minuten und forderte die Italiener auf, bis dahin eine begründete Erklärung des römischen Außenministeriums für die Visaverweigerung vorzulegen. Die Pause war schon nach fünf Minuten vorüber und die Erklärung der Italiener schockierend: »Es tut uns leid, Rom sieht keine Möglichkeit, die Visa noch zu erteilen.«

Das ließ den Engländer in Rage geraten und erklären: »Wenn diese Visa aus – wie ich inzwischen erfahren habe – politischen Gründen nicht erteilt werden, fordere ich den Kongress auf, die Europameisterschaften abzusagen!«

Tumult und eine neue Pause. Diesmal dauerte sie länger als eine halbe Stunde. Dann verlas der Delegierte Italiens eine Mitteilung aus Rom: Das Außenministerium versichere dem FINA-Kongress, dass die Visa innerhalb der nächsten zwei Stunden ausgehändigt würden. Ob die Zeit dann allerdings noch ausreicht, die ostdeutschen Schwimmer rechtzeitig nach Turin gelangen zu lassen, könne nicht garantiert werden.

Zehn Sekunden später hatte ich nach einem kurzen Dank an alle, die mich unterstützt hatten, und der Mitteilung, dass die DDR auf die Europameisterschaften in Leipzig zugunsten Budapests verzichte, den Saal verlassen und stürmte zur nächsten Post. Dort erwartete mich wieder eine Hiobsbotschaft: Anrufe nach Ostdeutschland könnten nicht vermittelt, nur Anrufe aus Ostdeutschland entgegengenommen werden.

Ich kramte in meiner Brieftasche und fand auf einem Zettel die Telefonnummer des italienischen Konsulats in Westberlin. Ich war sicher, dass ein Vertreter unseres Schwimmverbandes dort noch immer auf die Visa wartete. Die Verbindung kam augenblicklich zustande, und der Mann am anderen Ende war niemand anderes als der Beamte, der mir zu meinem Visum noch gute Reise gewünscht hatte. Schon seine ersten Worte verrieten mir, dass er einigen Ärger hinter sich hatte.

Ich bat ihn, einen Blick ins Wartezimmer zu werfen, ob dort nicht einer meiner Freunde säße. Er antwortete mit einem Fluch, machte sich aber auf den Weg. Dann war Gerhard Michael am Hörer, ein früherer Handballspieler aus Weißenfels, der inzwischen eine leitende Funktion im Deutschen Sportausschuss bekleidete. Ich beschrieb ihm mit wenigen Worten die Situation und erfuhr, dass man vorsorglich eine holländische Maschine gechartert hatte, die die Mannschaft von Frankfurt am Main nach Turin fliegen würde. Nach Berlin konnte sie auf Grund der damals noch geltenden alliierten Bestimmungen nicht kommen. Die Holländer hätten allerdings bezweifelt, ob sie nachts auf dem relativ kleinen Flughafen in Turin landen könnten.

Ich beschwor Gerhard Michael, das Konsulat nicht zu verlassen, da die Mitteilung über die Bewilligung der Visa in Kürze eintreffen müsse, und versprach ihm, die Frage einer nächtlichen Landegenehmigung in Turin mit den zuständigen Instanzen zu erörtern.

Die Frage war, mit wem ich das Thema Nacht-Landeerlaubnis klären könnte. Mein erster Weg führte zu den Genossen in der Turiner Redaktion der kommunistischen Zeitung *L'Unita*. Dort wusste man verblüffend schnell Rat: Der Flughafenchef sei ein hoch dekorierter Partisan der italienischen Widerstandsbewegung. Mit dem würde garantiert zu reden sein. Jemand stellte die Verbindung zu ihm her, und der schien sogar stolz zu sein, uns helfen zu können, und versicherte: »Was ich tun kann, wird getan. Als Erstes setze ich Frankfurt am Main von der Landeerlaubnis in Kenntnis. Wo kann ich Dich nachher erreichen?«

Ich nannte ihm das Restaurant, in dem ich mich mit den Genossen der *L'Unita* verabredet hatte.

Mein nächstes Ziel war das FINA-Hotel, denn die Mannschaft musste nachts vom Flugplatz abgeholt werden, und dazu wurde ein Bus benötigt. Man teilte mir freundlich mit, dass das kein Problem sei, wenn ich die Bus-Kosten im Voraus entrichten würde. Ich leerte alle Taschen, die nötige Summe Bargeld kam nicht mehr zusammen. Also hetzte ich zurück ins Hotel, um dort einen meiner Reiseschecks einzulösen. Die Notenbank der DDR war jedoch am Bankschalter des Hotels kein Begriff, man riet mir, am nächsten Morgen eine Bank aufzusuchen. Also kehrte ich ziemlich ratlos ins FINA-Hotel zurück.

Dort tippte mir einer der Herren des Hotel-Empfangs auf die Schulter: »Keine Sorge, Genosse, wir helfen Ihnen. Nehmen Sie erst mal Platz!«

Ich konnte mir nicht vorstellen, wie er mir helfen wollte, und auch nicht erklären, woher er überhaupt wusste, dass ich Hilfe benötigte. Zwanzig Minuten später stand ein Busfahrer vor mir, hob die rechte Faust und sagte: »Rot Front!« Er erzählte mir, dass er zwei Omnibusse besitze und stolz darauf sei, deutschen Genossen helfen zu können. Ich gab zu verstehen, dass ich kaum eine Lira mehr in der Tasche hatte, aber er winkte lächelnd ab: »Wir können uns doch aufeinander verlassen.«

Ich eilte in das Restaurant, in dem ich mich mit den »Unita«-Genossen verabredet hatte. Keine zwei Stunden später wurde ich dort am Telefon verlangt und der Flughafen-Chef teilte mir mit: »Alles o.k. Hatte eben mit der Maschine Funkkontakt. Schwimmer schlafen.«

Zwei Stunden nach Mitternacht landete die Maschine auf dem Turiner Flugplatz. Der Partisan hatte alle Zollbeamten nach Hause geschickt, so dass der Bus aufs Rollfeld fahren konnte und die Aktiven von der Gangway direkt in den Omnibus stiegen. Dann erhielt jeder einen von mir vorbereiteten Zettel mit seiner Zimmernummer, und eine Stunde später lagen alle in tiefem Schlaf.

Die Trainer drängten sich in meinem Zimmer, die Notizblöcke voller Fragen.

»Wie tief ist das Becken?«

»Wie hoch ist die Wassertemperatur?«

»Wann exakt ist der erste Start?«

»Wie kommt man auf dem kürzesten Weg ins Stadion?«

Die letzte Frage war die wichtigste. Der erste Start war um 10.00 Uhr, und auf der Startliste stand Jutta Langenau.

Ich stülpte meine Brieftasche um. Das Geld musste noch für die Taxifahrt ins Stadion reichen.

Jutta wurde als Erste geweckt, rieb sich den Schlaf aus den Augen und stand hinter ihrem Startblock, als die Teilnehmer aufgerufen wurden. Als sie eine gute Minute später wieder aus dem Wasser stieg, jubelte der Stadionsprecher: »Der erste Weltrekord!« Klatschnass wie sie war, fiel sie mir um den Hals und küsste mich so leidenschaftlich, als wären wir seit langem ein Liebespaar. Generalsekretär Sällfors grinste: »Jetzt verstehe ich Ihren Eifer. Für eine so tolle Frau hätte ich auch Europa herausgefordert. Hut ab, das haben Sie fabelhaft gemacht!«

Jutta sagte: »Weltrekord? Kein Wunder, ich hatte den Bauch voll Zorn!«

Als sie dann Europameisterin geworden war und zur Siegerehrung geholt wurde, bat sie mich noch einmal verzweifelt um Hilfe: »Die wollen das Deutschlandlied spielen!« Ich schoss in die Kabine des Tontechnikers, dem ich eine Schallplatte mit unserer Hymne in die Hand gedrückt hatte. Er konnte sich jedoch nicht erklären, wieso für eine Deutsche nicht »Deutschland, Deutschland über alles« gespielt werden sollte. Immerhin begann er die Platte zu suchen, die ich ihm gegeben hatte. In der Aufregung legte er am Ende die falsche Seite auf und so hörten die Zuschauer die Hymne mit Gesang.

Tags darauf konnte man in fast allen Zeitungen Erklärungen lesen, warum zu Ehren dieses deutschen Mädchens nicht das Deutschlandlied gespielt worden war. »Sie kommt aus einem anderen Deutschland«, teilte eine große Turiner Zeitung ihren Lesern mit.

Jutta Langenau war noch nicht 50, als sie von einer tückischen Krankheit befallen wurde. Eines Tages ließ sie wissen, dass sie mich noch einmal treffen möchte, und wir verabredeten uns zum traditionellen Erfurter Sportjournalistenball. Dort saßen wir zusammen und plauderten die ganze Nacht über unsere »Vergangenheit«.

Im Juni 1982 starb sie im Alter von nur 48 Jahren.

1956
Nach Cortina via Mon Repos

Als ich zu den ersten Olympischen Winterspielen, an denen die DDR teilnahm, nach Cortina reiste, wählte ich die Route über Lausanne. Das mag verblüffend klingen, aber ich hatte einen triftigen persönlichen Grund – ich wollte vor meinen ersten Spielen die Wirkungsstätte Coubertins besuchen, des Mannes, der die modernen Olympischen Spiele nicht nur »erfunden«, sondern auch gegen viel Widerstand zum Erfolg geführt hatte. In Lausanne suchte ich die Villa Mon Repos und traf dort die betagte Frau Zangghi, eine Frau, die schon Coubertins Post erledigt hatte. Möglicherweise waren selten Besucher ins IOC gekommen, die mit ihr geplaudert hatten, aber von ihr erfuhr ich an diesem Nachmittag viel über die Persönlichkeit Coubertins und über die Herren im IOC. (Frauen waren zu jener Zeit noch nicht Mitglieder.)

Nach einer Stunde bei duftendem Kaffee stieg sie mit mir auf den Boden, wo die Restbestände von Coubertins Flugschriften und Broschüren in verstaubten Regalen lagen. Sie schenkte mir einige, und die erwiesen sich als so selten, dass mich Kollegen später auf Knien baten, sie ihnen wenigstens für einen Tag auszuleihen. Die meisten sah ich nie wieder!

Aber in meiner Bibliothek steht seit damals ein vollgeschriebener Stenoblock, Zitate aus Büchern, von denen Frau Zangghi nur noch eins gefunden hatte. Auch ein Zitat über die von ihm empfohlenen Arbeiter-Olympiaden, das wiedergegeben werden soll, auch wenn es heute maßlos antiquiert klingt: »Wie dem auch sei, die Verbreitung des Sports unter Handarbeitern bedeutet für den olympischen Gedanken ein unleugbares Pfand für sein Überleben … Sport ist kein Luxusgegenstand, auch keine Tätigkeit für Müßiggänger.«

Ich bedankte mich gebührend bei Frau Zangghi und reiste weiter nach Cortina, wo am 25. Januar 1956 die Spiele festlich eröffnet wurden. Der erste DDR-Athlet, der in die olympische Arena gerufen wurde, war der Harzer Skilangläufer Werner Moring, der am Morgen des 27. Januar mit der Startnummer 11 den 30-km-Langlauf, in Angriff nahm. Er ging um 9:05:30 h ins Rennen und kam mit einer Zeit ins Ziel, die nur für den 40. Platz reichte. Der 50-km-Lauf wurde bei 18 Grad minus gestartet. Moring ging als fünfzehnter ins Rennen und hatte maßloses Pech: Schon vor der Abfahrt ins Stadion nach der ersten Schleife streifte er einen Baum. Sein Ski brach. »Man kann sich nicht vorstellen, was das Laufen mit dem kaputten Ski für eine Schinderei war«, stöhnte er nach dem Rennen. Dass er nicht hatte aufgeben müssen, war einem als Ordner eingesetzten italienischen Soldaten zu verdanken, der blitzschnell seine Bindungen gelöst und Moring seine Skier gegeben hatte. Die aber waren viel zu glatt gewachst. Erst als es wieder ins Stadion ging, konnte er erneut wechseln. Dass seine Zeit dennoch für den 20. Rang reichte, sprach für seinen Kampfgeist, auch wenn sie eine halbe Stunde schlechter war, als die des schwedischen Siegers Sixten Jernberg.

Der mit Abstand erfolgreichste DDR-Sportler war der Skispringer Harry Glaß, der alle Favoriten schockierte, als er nach dem ersten Durchgang in Führung lag. Gemeinsam mit dem Finnen Kallakorpi hatte er mit 83,5 m die größte Weite erzielt und nach den damals geltenden Tabellen die Höchstzahl von 60 Weitenpunkten erhalten. Die Zeit bis zum zweiten Durchgang kostete ihn viel Nerven. Er verpasste den Absprung um den Bruchteil einer Sekunde, landete bei 80,5 m und bekam eine um zwei Punkte niedrigere Haltungsnote als im ersten Durchgang. Der mit 84 m Bestweite springende Finne Antti Hyvärinen holte Gold und dank seiner besseren Haltungsnote gewann Kallakorpi Silber vor Glaß. Nicht nur in seinem Heimatort Aschberg-Mühlleiten kannte der Jubel keine Grenzen, die ganze Republik feierte ihn. Und niemand ahnte, welche politische Ranküne sich in der Stunde des Kampfes um die Medaillen hinter hinter den Kulissen abgespielt hatte.

Da die Bundesrepublik nie eine Gauck-Behörde eingerichtet hat, die jedermann die Chance bot, sich zu informieren, mit welchen Intrigen die BRD – auch im Sport – vierzig Jahre lang gegen die DDR operiert hatte, blieben viele Attacken bis heute im Dunkel. Ich wartete dreißig Jahre, bis die »Geheimhaltungs-frist« für Alt-BRD-Akten abgelaufen war, und stöberte mich dann durch die Dokumente im Archiv des Auswärtigen Amtes in Bonn.

Und fand im Fall Cortina heraus: Bonn hatte die Entschei-dung des Internationalen Olympischen Komitees, eine gemein-same Mannschaft beider deutscher Staaten nach Cortina zu ent-senden, schon deshalb nicht akzeptieren wollen, weil die auch vorsah, dass für die Sieger die Hymne des jeweiligen Landes gespielt werden sollte. Das sollte um jeden Preis verhindert wer-den, und wie Bonn dabei vorging, verrieten mir die Akten. Als erstes hatte man einen »Sonderbotschafter«, namens Müller-Horn nach Cortina entsandt, der den Auftrag hatte, das IOC zu bewegen, die Entscheidung rückgängig zu machen. Sein Auftrag: Das IOC auf Vordermann bringen! Das misslang allerdings, und schon am 25. Januar schickte Müller-Horn die Telefonbotschaft: »Die Vorsitzenden des Exekutivrates und der Plenarversamm-lung« – Müller-Horn hatte offensichtlich die Struktur des IOC noch immer nicht erfaßt, denn bekanntlich agiert für Komitee und Exekutivkomitee nur ein Präsident in Personalunion – »waren ziemlich unzugänglich und vor allem wohl dann nicht aktiv, wenn Dr. von Halt nicht drängt. Er wollte es verständli-cherweise nicht zur Abstimmung kommen lassen, da Verhältnis ungünstig sei.« Hier muss vermutet werden, dass von Halt dem unbedarften Müller-Horn einen Bären aufgebunden und das »ungünstige Verhältnis« erfunden hatte, um eine Ausrede zu haben, warum er die Revision der 1955 in Paris getroffenen IOC-Entscheidungen nicht energischer forcierte. Des rheini-schen Geheimkuriers Müller-Horn größte Sorge aber war, dass in Cortina die DDR-Hymne gespielt werden könnte.

Um Bonn in dieser Hinsicht zu beruhigen, schickte er eine verschlüsselte Botschaft folgenden Wortlauts: »Sohn hat von Kegelbahn ausreichend Vollmachten erhalten für Verhandlungen mit Bärenführern wegen Känguruh-Springen im Regen Wün-sche von Nummer eins am Fenster durchzusetzen. Eisbecher-problem für Cortina kaum mehr akut, da Bäreneinzelsieg wahr-scheinlich nicht mehr zu erwarten.«

Ich fühlte mich ein wenig wie James Bond und versuchte – vergeblich – den Code zu knacken. Wofür mochte »Bärenein-

zelsieg« stehen und wofür »Känguruh-Springen«? Schließlich
fand ich in einer Akte auch Müller-Horns Botschaft »entschlüs-
selt«, und da las ich: »Dr. von Halt hat von der Plenarversamm-
lung IOC ausreichende Vollmachten erhalten, um für Verhandlungen mit Ost-NOK wegen gesamtdeutscher Mannschaft für
Melbourne die Wünsche des Herrn Staatssekretärs durchzusetzen. Die Hymnenfrage ist für Cortina kaum mehr akut, da ein
Einzelsieg eines Vertreters der ostzonalen Seite wahrscheinlich
nicht mehr zu erwarten.«

Ich fühlte mich wie jemand, der ein Kreuzworträtsel gelöst
hat, indem er von der hintersten Seite des Rätselhefts die Auflösung abschrieb. Das also waren die »Schlüsselworte«: »Sohn«
stand für Ritter von Halt, »Kegelbahn« für das IOC. Die DDR-
Athleten waren die »Bären«, Hallstein die »Nummer eins am
Fenster« und das »Eisbecherproblem« markierte das Risiko, dass
bei einem DDR-Sieg im Skispringen – im Text: »Känguruh-
Springen« – die von Hanns Eisler komponierte und von Johannes R. Becher getextete DDR-Hymne gespielt werden würde.

Als sich Erheiterung und mein Erstaunen über diese diplomatische Räuber-und-Gendarm-Posse gelegt hatten, schwanden
auch die letzten Zweifel: Wir in den Sonntagsreden als »Brüder
und Schwestern« Gepriesenen waren im Bonner Diplomatencode die »Bären«!

Und dann stellte ich mir vor, wie jener Müller-Horn
während des Sprunglaufs am letzten Tag der Spiele irgendwo in
der Menge – vielleicht sogar direkt neben mir, nur getarnt durch
einen hochgeschlagenen Mantelkragen – gestanden hatte und
nach dem ersten Durchgang, als Harry Glaß auf dem Goldme-
daillenrang lag, einem Herzinfarkt nahe gewesen sein konnte,
weil die Gefahr eines »Bäreneinzelsiegs« doch noch drohte und
damit auch die »Eisbecher«-Hymne!

Und mich daran erinnernd, kam mir noch ein anderer
Augenblick in den Sinn: Eine nächtliche Fahrt nach Innsbruck
– im Auftrag Erich Honeckers! Das war vier Jahre später. Wieder standen Olympische Winterspiele vor der Tür, und wieder
fanden gnadenlose Ausscheidungen für die »gesamtdeutsche«
Mannschaft statt. Harry Glaß war bei einer dieser Ausscheidungen in Innsbruck schwer gestürzt und musste mit Blaulicht
ins Krankenhaus gefahren werden.

Am Abend jenes Tages, es war der 3. Januar 1960, rief mich Erich Honecker zu Hause an und bat mich, sofort in sein Büro zu kommen.

Ich fuhr hin, er erzählte mir, dass die DDR-Mannschaft zum nächsten Ausscheidungsspringen hatte weiterreisen müssen, und bat mich, augenblicklich nach Innsbruck zu fahren und mich im Krankenhaus um Glaß zu kümmern: »Er soll spüren, dass er uns am Herzen liegt, auch wenn er keine Chance mehr für Olympia hat.« Ich fuhr und stand am Morgen an seinem Bett. Glaß litt unter großen Schmerzen und bat mich flüsternd, ihm ein paar Flaschen gutes Bier zu beschaffen, damit er endlich schlafen könne. Ich konferierte mit dem Arzt. Er akzeptierte die Bier-Therapie. Ich holte mindestens fünf Flaschen, aber Glaß maulte: »Die dünne Plärre? Starkbier meinte ich!« Ich zog wieder los und verbrachte dann noch drei Tage – nicht nur als Bierholer – an seinem Bett.

Als ich heimkehrte und Honecker informierte, strahlte der: »Das meinte ich!«

Der Attaché des Attachés

Die Sommerspiele 1956 fanden in Melbourne statt und waren – woran sich heute auch kaum mehr jemand erinnert – lange gefährdet. Die USA und ihre Verbündeten – die BRD natürlich in der ersten Reihe – hatten »mit allem Nachdruck« vom Internationalen Olympischen Komitee den Ausschluss der Sowjetunion gefordert. Und zwar wegen ihrer massiven Reaktion auf den antikommunistischen Putsch in Ungarn.

Ein zweiter Krisenherd hatte die Boykottdrohung der Afrikaner heraufbeschworen: Am 26. Juli 1956 hatte Ägypten den Suezkanal verstaatlicht. Als Antwort auf die Enteignung hatten britische Bomber die Kanalzone bombardiert und Truppen verschifft, die Suez und Port Said besetzen sollten. Die UNO fürchtete eine Intervention der Sowjetunion und zwang Briten und die inzwischen auch aktiv gewordenen Franzosen zum Rückzug. Kurz vor der Eröffnung der Spiele am 22. November besetzten UNO-Truppen die Kanalzone, und daraufhin verzichteten die Afrikaner auf ihr Boykott-Ultimatum. Das Internationale

Olympische Komitee mit dem cleveren und keineswegs immer den Direktiven des Weißen Hauses folgenden US-Amerikaner Avery Brundage an der Spitze hatte bis dahin zu allen Drohungen und Forderungen geschwiegen und so getan, als wären sie versehentlich an eine falsche Adresse geschickt worden.

Die Australier hatten ihren Optimismus gepflegt, den Umbau des Olympia-Stadions vollendet, weiter an der provisorischen Radrennbahn gezimmert und eine alte Halle abbrennen lassen, um mit der Versicherungssumme das West Melbourne Stadium zu errichten, und sich kaum davon beeindrucken lassen, dass die Spiele noch an politischen Klippen zerschellen könnten. Zur Gewohnheit wurde in der Olympiastadt allerdings, dass jede vorolympische Vereinbarung nur bei sofortiger Zahlung gültig wurde.

Warum ich schon Wochen vor den Spielen nach Melbourne flog, muss erklärt werden. Die damaligen olympischen Regeln schrieben vor, dass die Attachés, die im Vorfeld der Spiele die Vorbereitungen für den Aufenthalt ihrer Mannschaften treffen und während der Spiele als Gesprächspartner des Orgkomitees fungieren, Bürger des die Spiele ausrichtenden Landes sein müssen, in diesem Fall also Australier. So machte sich die DDR auf die Suche nach einem verlässlichen Australier, der zudem bereit war, als Attaché des DDR-Mannschaftsteils der gesamtdeutschen Mannschaft zu agieren. Ergo: Es musste ein halbwegs »roter« Australier mit Sympathien für die DDR sein, der obendrein imstande war, sich gegen die bundesdeutschen Alleinvertreter zu behaupten.

Es begann eine »Großfahndung« nach einem Australier, wobei die Hoffnungen lange minimal erschienen.

Eines Tages erinnerte sich jemand, dass im Jahr zuvor Walter Kaufmann, ein australischer Schriftsteller, direkt von den Weltfestspielen 1955 in Warschau, wo er einen Literaturpreis gewonnen hatte, in die DDR übergesiedelt war. Er war gebürtiger Deutscher, der als 14-jähriger von den Nazis verfolgter Jude über die Niederlande nach England geflohen und später nach Australien gelangt war. Dort war er als Obstpflücker, Soldat und Seemann tätig, begann eines Tages zu schreiben und hatte inzwischen die australische Staatsbürgerschaft erworben. Er hat sein Leben in exzellenten Romanen und Reportagen so brillant beschrieben, dass jeder Versuch, hier seine Biographie wiederzugeben, Stümperei bliebe. Demzufolge: Wen Details der Persönlichkeit interessieren, sollte sie bei Kaufmann nachzulesen.

Der also wurde 1956 gewonnen, für seine neue Wahlheimat als erstes eine völlig unliterarische Aufgabe zu übernehmen und mit seiner damaligen Frau – einer Australierin, geboren auf der Insel Tasmanien und während des Zweiten Weltkriegs einer der ersten weiblichen Offiziere Australiens –, den Job als DDR-Olympia-Attaché zu übernehmen. Er war bereit, gab jedoch zu bedenken, dass seine Kenntnisse von Olympia und den Spielen unterhalb Null lagen. Daraufhin suchte man einen »Berater« – faktisch einen Attaché für den Attaché – und irgendwer empfahl mich, möglicherweise weil ich als Journalist gute Kontakte zum damaligen IOC-Kanzler, dem Schweizer Juwelier Otto Mayer geknüpft hatte und inzwischen dessen Vertrauen genoss.

So flogen wir zu dritt nach Australien, was damals übrigens viel länger dauerte als heute, weil die von Propellern getriebenen Flugzeuge viel Sprit verbrauchten und demzufolge zahlreiche Tankstops einlegen mussten. Nach einigen verpassten Anschlüssen – einer führte zu einem Zwangsaufenthalt in Singapur, wo die Passkontrolleure noch nie einen DDR-Pass gesehen hatten und nach endlosen Telefonaten mit allerhöchsten Instanzen entschieden, mir einen Spezialpass auszustellen, der, nach der Aufschrift zu urteilen, heute noch gültig sein müsste. (Ich habe ihn für alle Fälle noch bei meinen privaten Akten)

In Melbourne stellten wir uns als erstes bei den Olympia-Offiziellen vor, die uns grinsend wissen ließen, dass ihnen aus Bonn bereits eine »Warnbotschaft« zugegangen sei. Möglicherweise hatte man in Bonn übersehen, dass die Australier wenig Lust verspürten, sich vorschreiben zu lassen, wie man mit uns umzugehen habe.

Zu erwähnen wäre noch: Walter Kaufmann, seine Frau und ich waren schon über den Wolken und während unserer Zwangsaufenthalte in Karatschi und Singapur zu einer stabilen »Mannschaft« herangereift. Er beherrschte die Sprache – Australier hören genau, ob jemand nur englisch redet oder Einheimischer ist –, erspürte die Mentalität, seine Frau schlichtete unsere Streitereien, und ich kannte olympische Gewohnheiten und vor allem die Ziele der Bonner Sportpolitik. Wir nahmen die Mitteilung der Australier mit gut gespielter Gelassenheit zur Kenntnis und spürten schnell, wie sehr die Herren im Olympiabüro die »Order« aus Bonn vergnatzt hatte. Den Satz, den einer von ihnen fallen ließ – »Vielleicht sollten wir sie mal an die ›Emden‹ erinnern!« –, konnten wir uns zwar nicht gleich erklären, doch blieb er mir in Erinnerung.

Dann erbaten sie Auskunft, wie wir die deutsche Situation beurteilen. Wir trugen unseren Standpunkt vor: Auf dem Boden des früheren Deutschland existierten derzeit zwei Staaten, deren Mannschaften zwar im gleichen Trikot starten würden, aber wenig miteinander zu tun hatten, zumal sie erst nach oft beinharten Ausscheidungen zustandegekommen waren. Das glaubten uns die Gastgeber aufs Wort, schon weil der »andere« deutsche Attaché solide Vorarbeit geleistet hatte, indem er auf um jeden Preis getrennten Quartieren bestanden hatte. Wir fühlten: Als wir das Orgbüro verließen, waren wir nicht nur akkreditiert, sondern auch akzeptiert.

Eine meiner ersten Aufgaben bestand darin, Quartiere für die DDR-Journalisten anzumieten, denn an ein olympisches »Pressedorf« war damals noch nicht zu denken. Irgendjemand im Olympiabüro hatte mir den Tip gegeben: »Gehen Sie doch mal zu Sara Wollins!« (Vielleicht hatte er aber auch Collins gesagt.) »Die sucht emsig nach solide zahlenden Gästen.«

Ich machte mich auf den Weg. Ihr nüchternes Haus stand in einer der damals noch flachen Straßen nicht weit vom Ufer des Yarra und damit nicht allzu weit weg vom Stadion. Die Wirtin machte schon an der Tür ein akzeptables Angebot, forderte aber unerbittlich Vorkasse. Zumal ich die von ihr geforderte Summe nicht in der Brieftasche bei mir hatte, fand ich Gefallen daran, ein wenig mit ihr zu pokern, indem ich sie vermuten ließ, ich würde mich zunächst noch anderswo nach einem günstigeren Angebot umhören.

Sie erhöhte die Zahlungsfrist auf fünf Tage und offerierte: »Sie können heute noch einziehen und das Frühstück morgen geht auf meine Rechnung!«

Ich versprach, wiederzukommen, beriet mich mit Walter, händigte ihr am übernächsten Tag den Vorschuss aus und zog ein. Bald trafen auch die ersten bundesdeutschen Journalisten ein, und eines Tages forderte mich der in seiner Heimat längst in Vergessenheit geratene Werner Schneider, Chefreporter einer bundesdeutschen Sportnachrichtenagentur, auf, doch auch an einem Treffen »aller Deutschen« im Tivoli-Klub teilzunehmen. Ich ging hin. Die zahlreich Erschienenen – vornehmlich Einwanderer – wurden vom Vorsitzenden eines deutschen Klubs begrüßt, der als erstes allen stolz eine an die Wand gehangene Panzerplatte der »Emden« zeigte. Die »Emden«, erfuhren wir, hatte als deutsches Kriegsschiff im Ersten Weltkrieg im Indischen Ozean 23 Handelsschiffe vernichtet und war dann von einem australischen Kreuzer versenkt worden. In jenem Klub galt die Platte als »Trophäe«. Danach wurden die Erschienenen von einer anonym bleibenden Dame danach gefragt, ob jemand imstande und bereit wäre, »Dossiers« über »Ostzonen«-Athleten und ihre Betreuer zu liefern. Es ginge um Angaben in jeder Hinsicht, angefangen von Eigenschaften wie Raucher/Nichtraucher, über Neigungen zum Alkoholkonsum bis hin zu sexuellen Gewohnheiten.

Ich meldete mich und erklärte, willens zu sein, solche Auskünfte zu liefern. Bewusste Dame war hocherfreut, bat mich sogleich in einen Nebenraum, bekannte dort, diese Auskünfte im Auftrag des bundesdeutschen Geheimdienstes einzuholen und stellte ein gutes Honorar in Aussicht. Als ich ihr auf die Frage, wo ich tätig sei, wahrheitsgemäß antwortete: »In der Redaktion von *Neues Deutschland*«, stammelte sie eine Entschuldigung und verschwand. Ich habe sie in Melbourne bis zum Ende der Spiele nicht wieder gesehen. Immerhin fand ich in dem schon erwähnten Archiv des Auswärtigen Amtes eine Akte, in der über ein von einem Mitarbeiter der Botschaft in Melbourne mit mir geführtes Gespräch berichtet worden war. Der Mann, der sich als sportinteressierter Diplomat vorgestellt hatte, war also nebenbei auch »IM« – so nennt man doch Informanten heutzutage.

Dann kam der Tag, an dem die DDR-Mannschaft landete. Walter und ich hatten – so versicherten alle – gute Vorarbeit geleistet, bis hin zu einer einbruchsicheren Kammer, in der die Rennräder untergebracht wurden.

Aber es wartete noch manch ungewöhnliche Aufgabe auf uns. Da die australische Kirche durchgesetzt hatte, dass die

Mit Christa Stubnick am Eingang zum Olympischen Frauen-
dorf in Melbourne, 1956

Sonntage »olympiafrei« blieben, entstand am Tag vor dem
100-m-Finale der Frauen, für das sich Christa Stubnick qualifiziert hatte, ein »Loch«, und Trainer Heinz Birkemeyer wollte
von mir wissen, wie er mit seinem Sprinterinnen-Trio den
freien Tag möglichst entspannt verbringen könnte. Ich lud ihn
ein, aus dem Olympischen Dorf in Heidelberg zu uns ins Jour-
nalistenquartier in der City zu kommen und dann einen Stadt-
bummel zu unternehmen. So standen meine Kollegen an den
Kochtöpfen und sorgten als erstes für einen großen Topf
Kakao. Dann kauften sie einen Stapel Kuchen und deckten im

Flur den Tisch. Schon die Umgebung sorgte für hinreichende Ablenkung, denn natürlich wollten die Frauen nachsehen, ob wir täglich die Betten machen würden und auch, wie es in unserer Küche aussah. Anschließend bummelten wir mit ihnen durch den in der Nähe unseres Hauses liegenden Botanischen Garten, und am Abend war Trainer Birkemeyer zufrieden mit dem Tag.

Das 100-m-Finale wurde am Montag um 16.23 Ortszeit entschieden. Christa Stubnick hatte einen schlechten Start und nach 30 Metern schon vier Läuferinnen vor sich. Nach 40 Metern fand sie ihren »Tritt« und wirbelte sich bis ins Ziel noch auf den zweiten Platz, der allerdings auch erst durchs Zielfoto bestätigt wurde. Die Favoritin Marlen Mathews wurde zeitgleich mit Christa (11,7 s) Dritte, Betty Cuthbert hieß die Siegerin. Vielleicht hätte dieses Leichtgewicht unter den Sprinterinnen eine bessere Zeit erzielt, wenn dies nicht der stürmischste Tag der Spiele gewesen wäre. Schockiert sah das überfüllte Stadion, wie der Orkan sogar die Olympiaflagge vom Mast riss und in Fetzen durchs Stadion trieb.

Die kleine DDR-Kolonie feierte die erste DDR-Medaille bei Olympischen Sommerspielen enthusiastisch. Unter den Gratulanten sah man auch viele australische Kommunisten, die meisten von ihnen Emigranten, die vor dem Faschismus auf den fünften Kontinent geflohen waren. Einer von denen hatte die Frauen der Mannschaft am Tag vor der Eröffnung von einer großen Sorge befreit. Zur Festkleidung gehörte ein weinroter Plisseerock, der natürlich aufgebügelt werden musste. Im Olympischen Dorf aber gab es keine Bügeleisen. Jener Genosse, der eine kleine Wäscherei betrieb, schloss augenblicklich seinen Laden und fuhr mit sämtlichen Bügeleisen, die er auftreiben konnte, ins Olympische Dorf.

Unbedingt aber muss ich meine damals entstandene Freundschaft mit Freddi Mills erwähnen. Freddi war Hafenarbeiter und hatte während der Spiele Urlaub genommen, um uns Journalisten in einem Mietwagen durch Melbourne zu chauffieren. Wir blieben ein Leben lang Freunde. Als 1985 der Leichtathletik-Weltcup in Canberra ausgetragen wurde, besuchte ich ihn in Melbourne, und er besuchte mich mindestens dreimal in Berlin, einmal auch nach der Rückwende, weil er nicht glauben wollte, dass »seine« DDR untergegangen war, denn in der Freundschaftsgesellschaft Australien-DDR hatte er eine maßgebliche Rolle gespielt. Ende der 90er Jahre erreichte mich die Nachricht, dass er bei einem freiwilligen Arbeitseinsatz bei irgendeinem Solidaritäts-Projekt in Japan gestorben war.

Und erwähnenswert war in Melbourne auch mein Auftritt als vorübergehender Vertreter des DDR-Fernsehens. 1956 gab es noch keine Direktübertragungen, und so sollte ich bei der Firma, die die Fernsehanstalten in aller Welt mit Filmen belieferte, einen möglichst günstigen Vertrag aushandeln. Die Vorgeschichte habe ich in meiner Erzählung »Leben in Fahrt« ausführlich beschrieben. Hier also nur Stichworte: Als die Austragung der Spiele aus den schon erwähnten Gründen fraglich geworden war, hatte der US-Konzern, der die Fernsehrechte erworben hatte, sie über Nacht wieder abgestoßen. Und zwar an einen Landsmann, der sich viel Gewinn davon versprach und an dem Tag, an dem klar war, dass die Spiele stattfinden würden, schockiert erfuhr, dass sich die Vertragsverkäufer heimlich alle Kamerateams vertraglich gesichert hatten.

Der Rechte-Käufer hatte nun zwar die Rechte, aber keine Kameras und demzufolge auch keine Kunden. Als ich ihn aufsuchte, weil mir ein Ahnungsloser im Orgbüro seine Adresse gegeben hatte, schob er eine Whiskyflasche zur Seite, ließ sich die Worte »Deutsche Demokratische Republik« übersetzen und bot mir an, dem DDR-Fernsehen für ein Spottgeld täglich per Flugzeug Filme nach Tempelhof zu senden, wenn ich mich von nun als Vertreter des »deutschen Fernsehens« ausgeben würde. Ich sah darin kein strafwürdiges Verhalten, und er ließ alle abgesprungenen Kunden wissen, dass das »deutsche Fernsehen« wieder zu ihm zurückgekehrt sei. Er gab Partys für mich, lud noch unsichere Partner ein, und ich spielte einfach nur den »Deutschen«. Mit Erfolg – für ihn. Die Kamerateams bettelten schon bald um Jobs, und alle Welt schloss neue Verträge mit ihm. Das war mein erster Job für das Fernsehen der DDR, und in Adlershof sagte man auch laut genug »Danke!«

1958
Wie Täve Weltmeister wurde und sich hinterher ärgerte

Mit Gustav-Adolf Schur verbindet mich eine fast lebenslange Freundschaft. Der zur Legende gewordene Rennfahrer hat zwei Tage vor mir Geburtstag, und auch sonst verbindet uns manche Gemeinsamkeit, vor allem in politischen Fragen. Ich war dabei, als er 1955 seine erste Weltmeisterschaft in Solingen bestritt und eine Sektfirma den Preis für den besten Deutschen einem West-deutschen überreichen wollte, der einige Minuten nach ihm ins Ziel gekommen war. Ich klärte den Sektdirektor auf, dass auch Bürger der DDR Deutsche seien, und so bekam er die Flasche.

1958 wurde die Weltmeisterschaft in Reims ausgetragen. Ein »Nachrichtendienst« an der Strecke war perfekt organisiert worden. Einer der »Melder« war der Bahnfahrer Siegfried Köhler. Als der Täves Hilferuf wegen eines Satteldefekts hörte, schwang er sich hinter das Steuer eines Wagens und jagte auf einer Umge-hungsstraße zum Ziel. Dort traf er vor Täve ein, informierte Mechaniker Erich Winkler, und als Täve auf die Zielgerade kam, standen die Trainer Werner Schiffner und Herbert Weisbrod schon winkend bereit. Täve rollte zur Seite, sprang vom Rad und schwang sich auf die Ersatzmaschine. Erich Winkler warf nur einen einzigen Blick auf den Sattel und wusste, dass daran nichts mehr zu reparieren war. Woher in diesem Augenblick einen anderen Sattel nehmen? Einen, der »eingesessen« war und keine Sitzbeschwerden bereiten konnte? Winklers hilfloser Blick fiel eher zufällig auf ein Rad, das ganz hinten in der Box lehnte; das Rad der kleinen Freibergerin Elly Vey, die als Zwölfte bei der am Vormittag ausgetragenen Frauen-Weltmeisterschaft ins Ziel gekommen war. Und, erinnerte sich Winkler in diesem Augen-blick, deren Sattel einst Täves gewesen war. Als der ihn »ausge-mustert« hatte, bekam ihn Elly.

Nun zerrte Winkler das Rad nach vorn, löste mit schnellen Griffen den Sattel, und als Täve die nächste Runde hinter sich hatte, stand sein Rad schon parat. Er wechselte, spürte sofort, dass es »sein« Sattel war, grübelte einen Augenblick, wie Erich den so schnell repariert haben mochte, und war alle Sorgen los. Die schnelle Reparatur vertrieb auch alle pessimistischen Gedanken.

Als die Italiener zum Sturm bliesen, eine Spitzengruppe bildeten, deren Vorsprung bedrohliches Format annahm, trat Täve an. Das Loch zu den Ausreißern wurde geschlossen. Hinterher sagte er: »In diesem Augenblick wusste ich, dass alles auf den Spurt ankommen würde, aber ich wollte ihn nicht als erster anziehen, ich musste warten!« Er wartete und als die Rivalen ihre Räder nach vorn rissen, mobilisierte er alle Reserven auf den letzten Metern.

Die Belgier warfen die Arme hoch, die Betreuer trugen sie auf den Schultern zur belgischen Box. Triumph für Belgien? Täve stieg vom Rad. Irgendwer gratulierte ihm, er winkte unwillig. In diesem Augenblick stürmte Egon Adler auf ihn zu. Der hatte genau an der Linie gestanden und schrie: »Täve, Täve du bist Weltmeister!«

Ich wusste, dass es sinnlos war, ihm inmitten des Trubels am Ziel Fragen zu stellen und jagte ins Hotel. Er kam nur Minuten später. Wir verriegelten seine Zimmertür von innen und er bekannte als erstes, dass er sich ärgere. Ich war fassungslos. Warum denn das?

Er nahm sich Zeit, die Szene vom Vorabend zu schildern. Der Präsident des Radsportverbandes, Werner Scharch, hatte im Hotelrestaurant den Journalisten großspurig angeboten: »Jede Wette, Schur gewinnt!«

»Und nun hat er auch noch seine Wetten gewonnen. Es kotzt mich an!«

1958
Besuch bei Birger Ruud

Mich reizte es, mit Birger Ruud zu reden. An den Schanzen von heute kennt kaum noch einer seinen Namen, aber wer eine Geschichte des Skispringens schreiben wollte, käme ohne ihn nicht aus.

Als ich mal durch Oslo kam, trieb ich seine Adresse im Handumdrehen auf und machte mich auf den Weg in den Vorort Lommedalen. Dort traf ich ihn hinter dem Schreibtisch einer Skifabrik, drei Telefone bedienend und die unverwechselbare blaue Springerwollmütze auf dem Kopf. Er war damals 47 Jahre alt und verriet mir: »Zuweilen steige ich noch mit den Brettern die Schanzen hinauf!«

Birger Ruud war gelungen, was vor und nach ihm keiner vollbrachte: Er gewann zweimal hintereinander – 1932 und 1936 – die olympische Goldmedaille – damals gab es nur eine für die Springer – und zwölf Jahre danach noch einmal Silber. In den 30er Jahren hatte der nur 1,63 m große Tischler zwei Jahre in Deutschland gelebt, eines davon im erzgebirgischen Johanngeorgenstadt und das andere in Garmisch-Partenkirchen.

Ich plauderte mit ihm lange über die Zukunft des Skisports. Seine Meinung: »Die Gefahr ist, dass die Schanzen immer größer werden, damit die Springer mehr Zuschauer anlocken, und so könnte das Skispringen als allgemeiner Sport ›aussterben‹ und zur reinen Attraktion werden.«

»Aussterben?« fragte ich ungläubig.

»Ja, weil das Publikum niemanden mehr nur 40 oder 50 m springen sehen will, aber sein Können demonstriert der Skispringer mit der Haltung und nicht mit der Weite!«

Birger Ruuds größte Weite waren 92 m gewesen, und die war er auf der damals noch »kleinen« Schanze in Planica (Jugoslawien) gesprungen. Ruud sollte Recht behalten, Sprungläufe auf kleinen Schanzen würden heute von keinem Fernsehsender mehr übertragen, weil damit keine Einschaltquoten zu erwarten waren.

Seine Meinung zu Hans Renners Sprungmatten: »Ein Meilenstein in der Geschichte des Skispringens. Das einzig Richtige, was man bei Ihnen im Lande tun konnte! Wenn man keinen Schnee hat, muss man sich eben behelfen, und wie sie wissen, kaufen wir Norweger inzwischen auch schon ihre Matten. «

Birger Ruud erklärte mir noch, wie er das Skispringen als eine Sportart für viele verstanden wissen wollte: »Meine Heimatstadt Kongsberg zählt 7.500 Einwohner, und wenn wir früher unsere Klubmeisterschaft austrugen waren mindestens 60 Springer dabei. Heute sind es vielleicht noch zehn. Ich möchte nicht wissen, wie es anderswo in der Welt aussieht.«

Dann kamen wir auf ein Thema, das ihm sehr am Herzen zu liegen schien: Die Abrechnung mit der Vergangenheit. »Ich hatte Jahre in Deutschland gelebt und glaube von mir sagen zu dürfen, dass ich ein Freund der Deutschen war. Nach dem Überfall auf unser Land aber war ich nur noch Norweger. 1940 holte man mich das erste Mal zur SS und forderte mich auf, an einem großen Springen teilzunehmen und den Skisport zu aktivieren. Ich lehnte ab und sagte: ›Solange ein deutscher Soldat in Norwegen ist, werde ich keinen einzigen Sprung tun!‹ Natürlich trafen wir uns heimlich in den Wäldern, auch auf unseren Schanzen, auch Publikum kam auf Skiern, aber offiziell war der Skisport tot.«

1941 bestellte man Ruud zum zweitenmal zur SS nach Oslo. »Ich kam damals aus Drammen, mein Zug hatte Verspätung, und als ich bei der SS eintraf, führte man gerade Lars Bergendahl, den berühmten Langläufer, aus dem Zimmer. ›Hallo, Lars‹, rief ich ihm zu, ›was hat man mit dir vor?‹. Doch er konnte mir nicht mehr antworten, sein Gesicht war zerschlagen. Ein SS-Mann brüllte mich an: ›Halt's Maul, du Schwein!‹ Dann wurde ich hineingeführt. Man las mir meine Disqualifikation auf Lebenszeit vor, ein Papier mit SS-Stempel. Ich bat um eine Kopie. Da stand der SS-Mann hinter dem Schreibtisch auf und brüllte: ›Raus!‹ Ich werde nie sein Gesicht vergessen, als ich ihn, schon an der Tür stehend, in fließendem Deutsch fragte: ›Und wo bekomme ich die Reisespesen, also die 5,30 Kronen Fahrgeld?‹ Ich dachte, er würde platzen!«

1943 wurde Birger Ruud verhaftet und in das Konzentrationslager Grini eingeliefert.

»Als erstes musste ich dort den elektrischen Zaun installieren, mit dem unsere Baracken umgeben waren.« Nach Kriegsende rühmten viele Häftlinge seine Solidarität: »Er war nicht nur ein großer Sportler, sondern auch ein verlässlicher Antifaschist!« Kurz vor der Befreiung Norwegens entließ man ihn, möglicherweise, um sich ein Alibi zu verschaffen. »Ich fuhr zu meinen Eltern nach Kongsberg und stieg auf die Schanze. Als ich die Bretter angeschnallt hatte und hinunterjagte ins Tal und plötzlich wieder durch die Luft flog, da wusste ich, dass ich tatsächlich frei und dass eine furchtbare Zeit vorüber war.«

Am Neujahrstag des Jahres 1946 versammelte sich die norwegische Skielite auf der Kongsberger Schanze zum ersten Sprunglauf nach der Befreiung. Der Sieger dieses denkwürdigen Wettkampfs hieß Birger Ruud!

1948 stand Birger Ruud bei den ersten Olympischen Spielen nach dem Krieg wieder auf der Schanze und verlor den Kampf ums olympische Gold gegen seinen 20 Jahre jüngeren Landsmann Hugsted nur mit 1,5 Punkten. Neben den drei olympischen Medaillen hatte er fünf Siege bei Weltmeisterschaften gefeiert und 1935 sogar in der Alpinen Kombination WM-Bronze erkämpft.

Als 1994 Norwegen in Lillehammer wieder olympischer Gastgeber war, sollte der 83-Jährige die norwegische Flagge hissen, eine Herzattacke hinderte ihn daran. Vier Jahre später starb er im heimatlichen Kongsberg.

Bevor ich mich vor fünfzig Jahren in Lommedalen von ihm verabschiedete, hatte er mir noch einige Fragen gestellt. Das Leben in der DDR interessierte ihn. Ich erzählte ihm auch von den vielen Versuchen, DDR-Skispringer zum Verlassen der DDR zu überreden. Seine Antwort: »Ich habe Recknagel springen sehen, ein wirklich großartiger Springer. aber nun nehme ich erst recht den Hut vor ihm ab, da ich weiß, dass er seiner Heimat treu geblieben ist.«

Was ich damals aus Lommedalen mitbrachte? Ein Birger-Ruud-Bild mit einer Widmung von ihm: »Den Wintersportlern der D. D. R. herzliche Weihnachts-Grüße Birger Ruud.«

1959
Ein schwarzer Tag
in meinem Leben

Man schrieb Mai, ich saß wie jedes Jahr auf dem Sozius des Motorrades, das die Friedensfahrt begleitete, hakte die Etappen und die Tage ab und rollte am 10. Mai ins Stadion von Gottwaldov. Noch ehe ich die letzten Schritte bis ins Ziel zurückgelegt hatte, kam ein Polizist auf mich zu. Ich sah sofort, dass es ein Offizier war, und mir fiel auch auf, dass sein Gesicht steinern war. Er fragte mich nach dem Namen und salutierte, als ich ihn genannt hatte

Als wollte er sich vergewissern, keinen Fehler zu begehen, fragte er noch: »Aus Berlin?« Ich nickte.

Da wurde er noch ernster: »Ich habe Befehl, sie an die Grenze zu fahren, dort erwartet sie ein Auto aus Berlin!«

Ich ahnte, dass irgend etwas Furchtbares geschehen sein musste und fragte: »Was ist passiert?«

Er hob die Schultern. »Ich weiß es nicht, aber ich habe den Befehl erhalten. Ziehen Sie sich um, ich warte vor dem Hotel auf sie.«

Alle Polizisten mussten im Bilde sein, denn niemand hielt uns auf, als wir aus dem Stadion rollten, den Rennfahrern entgegen.

Ich war nicht allein im Zimmer, zwei Kollegen kamen bald nach mir. Der eine sagte: »Deinem Jungen ist was Schlimmes passiert.«

Ich brüllte ihn an: »Du Blödmann, was ihm passiert ist, will ich wissen!«

Seine Antwort bestand aus einem Wort: »Ertrunken!«

Meine erste Frau und ich wohnten bei meinen Eltern in einem Haus am Müggelsee. Ich fragte weiter, der Kollege versicherte, nicht mehr zu wissen. Ich stürzte die Treppen hinunter,

stieg in das Polizeiauto und raste durch die Nacht. Am Grenz-
übergang Bad Schandau erwartete mich mitten in der Nacht
Willi Köhler, der die *ND*-Kulturredaktion leitete und mich
schon kannte, als ich noch in den Windeln steckte. Er erzählte
mir behutsam – ich kannte niemanden, der es behutsamer hätte
tun können –, wie es zu der Katastrophe gekommen war. Eine
Kollegin aus der Redaktion und ein Kollege von der KPD-Zei-
tung waren mit dem sechsjährigen Ulli in unserem Faltboot,
über dem sie ein Treibersegel aufgezogen hatten, auf dem Müggelsee gesegelt und beim ersten Windstoß gekentert. Bis heute
kenne ich die Einzelheiten nicht. Ich weiß nur, dass die beiden
schwimmend das Ufer erreichten und Ulli ertrank.

Ich bin den beiden nie wieder begegnet, wenn ich von einem
Vortrag in Leipzig absehe, bei dem jene Frau in der letzten Reihe
unter den Zuhörern gesessen haben kann. Meine Frau Gisela,
die ich in Halle kennengelernt hatte, als ich dort Landesredak-
teur war, verwand das Unglück so wenig wie ich. Eines Tages
trennten wir uns, sie wurde in der zweiten Ehe Mutter zweier
Töchter, und bis heute telefonieren wir miteinander oder begegnen uns bei Demonstrationen oder anderen politischen Ereig-
nissen.

1960 heiratete ich meine zweite Frau Erika, die zwei Kinder
mit in die Ehe brachte.

Erika und Klaus Huhn

1960
Ausgesperrt in Squaw Valley

Das Leben ging weiter. Die Olympischen Winterspiele in Squaw Valley standen bevor. Als die Organisatoren die Athleten zu Testwettkämpfen einluden, schaltete sich das US-Außenministerium ein und verweigerte Aktiven, Trainern und Funktionären aus der DDR die Einreise. Die DDR war für die USA Niemandsland, aber der US-Amerikaner Avery Brundage, ein steinreicher Bauunternehmer, der in Chicago die oberste Etage eines unter seiner Leitung errichteten Hotels bewohnte, ließ Washington wissen, dass Olympia keine Niemandsländer kennt. Washington reagierte, entschuldigte sich und ließ dem Vernehmen nach Bonn – von dort war die Bitte gekommen, DDR-Bürger nicht einreisen zu lassen – wissen, dass man keinen Wert auf Ärger mit dem Herrn in Chicago legte. Bonn präsentierte für die Spiele einen »Kompromiss«: Einreise der Athleten, aber keine Visa für Trainer und Journalisten. So musste ein Teil der Aktiven aus der DDR ohne Trainer reisen – ein Novum in der olympischen Geschichte, und diejenigen, die heute Geschichte »aufarbeiten«, offenbaren in dieser Frage enorme Bildungslücken, beklagen aber pausenlos fehlende Reisefreiheit in der DDR.

Eisschnelllaufwettbewerbe der Frauen standen zum ersten Mal auf dem Programm. Die Bewerberinnen für die 500-Meter-Strecke waren in elf Paaren ausgelost worden, und die Experten erwarteten, dass die Entscheidung im Duell zwischen Tamara Rylowa aus Moskau und Eevi Huttunen aus Helsinki fallen würde. Die Berliner Dynamo-Läuferin Helga Haase hatte die ihr unbekannte Japanerin Takamizawa als Partnerin erhalten und konsultierte am Telefon ihren Mann und Trainer, der auch kein Visum erhalten hatte. Der hatte trotz der Entfernung einen soliden Tip. Nachtfrost, prophezeite er, würde die Eisfläche härten. Das sollte Helga nutzen. Sie fand schnell ihren Rythmus. Die erste Kurve bot keine Gefahr, sie wechselte auf die Innenbahn. Ausgangs der Kurve wich sie um Zentimeter von der Schneemarkierungskante ab, konnte aber das Tempo halten und stürmte weit vornübergebeugt ins Ziel so weit vornüber, dass sie knapp zehn Meter hinter dem Ziel, stürzte und bäuchlings hinter den Zuschauern verschwand. Als Klubkamerad Helmut Kuhnert sie aufgehoben hatte, flammte die Zeit an der Anzeigetafel auf: 45,9 s! Neuer deutscher Rekord! Die russische Weltrekordlerin Rylowa lief 46,2 s. Als das letzte Paar durchs Ziel war, konnte Helga jubeln. Sie war die erste Frau, die für die DDR eine Goldmedaille erkämpft hatte.

Als man sie vor die Kamera des amerikanischen Fernsehens holte, dankte sie für die Glückwünsche: »Ich hatte mir für diesen Tag viel vorgenommen und hatte einen besonderen Grund dafür. Mein Mann, der auch mein Trainer ist, hat, wie Sie sicher wissen, kein Visum erhalten. Es ist nicht ideal, ohne Trainer in einen so schweren Wettkampf zu gehen. Aber denen, die das veranlasst hatten, wollte ich beweisen, dass es im Notfall auch mal so gehen kann.«

Ich saß, wie alle meine Kollegen, in Berlin, als die Spiele eröffnet wurden. Dass selbst die *New York Times* konstatiert hatte: »Das alles ist nicht sehr sinnvoll. Es erscheint schwierig, sich nicht dem indirekten Tadel des IOC gegen das State Department anzuschließen« half uns nicht weiter.

Auch nicht, dass der Sprecher des USA-Konsulats in der Westberliner Clay-Allee in aller Offenheit versichert hatte: »Wir würden Ihnen die Visa geben, aber westdeutsche Dienststellen haben interveniert. Wenn Sie mit diesen Dienststellen Übereinstimmung erzielen, würden sie augenblicklich die Visa erhalten.«

Und die Sekretärin der Konsularabteilung der amerikanischen Botschaft in Bad Godesberg erklärte: »Wir haben Ihre Einreisevisa in unserer Abteilung bearbeitet, und es ging alles in Ordnung. Die Visa wären von uns erteilt worden. Doch als es soweit war, hat das Auswärtige Amt der Bundesrepublik einen Notenwechsel mit unserer Botschaft gehabt, und daraufhin wurde die Bearbeitung der Visa unserer Abteilung weggenommen. Was dann daraus geworden ist, ist mir unbekannt.«

Heute wird mir täglich versichert, dass die DDR ein »Unrechtsstaat« war, und niemand hat je die Frage gestellt, mit welchem Recht die BRD damals die Visa verweigern ließ!

Damals zerbrach ich mir den Kopf, wie eine solide Berichterstattung von den Spielen dennoch zu sichern wäre? Ich erfuhr, dass die heute noch existierende Sportnachrichtenagentur *SID* in Düsseldorf eine eigene Fernschreibleitung nach Squaw Valley gemietet hatte und – um die Kosten aufzubringen – händeringend »Teilhaber« suchte. In der Verwaltung des *SID* saß mit Hans Sauer ein angesehener Radsportjournalist, der einige Jahre zuvor die DDR verlassen hatte und mit dem mich noch manches verband. Ich rief ihn an, und er schlug mir auf der Stelle einen Vertrag vor, der dem *ND* und der *Jungen Welt* die Mitbenutzung der Fernschreibleitung ermöglichte. Also reisten Egon Lemke, bis zu seinem viel zu frühen Tod 1980 einer der einfallsreichsten DDR-Sportjournalisten, und ich nach Düsseldorf, suchten uns dort ein preiswertes Hotel und bekamen im *SID*-Büro zwei Schreibtische zugewiesen. Der Preis, den das *ND* zu entrichten hatte, sollte 3.000 Westmark betragen, aber als ich Sauer das erste Mal begegnete, hielt ich es für ratsam, mich auf eine Anzahlung von 1.000 DM zu beschränken.

Das System funktionierte: *SID* bekam die Nachrichten aus Squaw Valley, wir lasen sie als Erste und ergänzten sie im Hinblick auf die Leistungen der DDR-Aktiven, indem wir unsere Freunde vor Ort per Fernschreiber konsultierten. Das erwies sich schon deshalb als unumgänglich, weil einmal mehr ein entnervender Streit um die Nominierung der Aktiven aus Ost und West vor den Wettkämpfen ausbrach. Was sich vor allem bei der Nominierung der Alpinen tat, eskalierte zum Panoptikum.

Als die Teilnehmer für den Abfahrtslauf der Männer gemeldet werden mussten, kam nach den Ergebnissen der Ausscheidungen nur Eberhard Riedel (DDR) als dritter Läufer in Frage, aber aufgrund einer plötzlich von westdeutscher Seite präsentierten »Wertung« sollte der bundesdeutsche Fritz Wagnerberger gemeldet werden. Nach stundenlangen Debatten wurde entschieden, dass der Chef de Mission Herbert Kunze (BRD) die Entscheidung treffen würde.

Der westdeutsche Rechtsanwalt, jeder Sympathie für die DDR unverdächtig, befand den Sachverhalt für eindeutig und meldete Eberhard Riedel.

Am nächsten Morgen veröffentlichte der Düsseldorfer *Mittag* – die Redaktion befand sich mit *SID* unter einem Dach –

ein Protesttelegramm, das üble Vorwürfe gegen Kunze enthielt und die Unterschrift »Deutsche Skimannschaft« trug. Wir fragten in Squaw Valley: »Wer war die ›Deutsche Skimannschaft‹?«

Niemand wusste eine Antwort, aber der erboste Kunze fand es heraus: Absender des Telegramms war der Pressereferent des westdeutschen Skiverbandes und *Mittag*-Mitarbeiter Bruno Moravetz gewesen. Kunze zauderte keine Sekunde und erteilte Moravetz Hausverbot für das Olympische Dorf. Nur damit niemand vermutet, das wären kleinliche Querelen gewesen, einen Satz aus dem am Morgen erschienenen Kommentar des *Mittag*: »Kaum etwas anderes ist für uns alle von so entscheidender Bedeutung wie die Bedrohung unserer Freiheit durch den Kommunismus.«

Bald eskalierte auch die Situation im Haus des *Mittag*. Sportredakteur Hans Körfer, nebenbei auch mächtiger Vorsitzender des Spielausschusses des westdeutschen Fußballbundes, gab sich empört, als er mich im *SID*-Büro am Fernschreiber arbeiten sah. Er stürmte zum *Mittag*-Chefredakteur und verlangte, dass ich augenblicklich des Hauses verwiesen würde.

»Republikflüchtling« Sauer wurde aus dem Bett getrommelt, ins Chefbüro beordert und angewiesen, mich aufzufordern, das Haus zu verlassen. Die Order war strikt: »Keine Kommunisten im Haus!« Als Sauer den Vertrag mit dem *ND* hervorholte, war allen klar, dass ich am längeren Hebelarm saß. Man grübelte lange und entschied: Ein *SID*-Zimmer wird umgehend ausgeräumt und fortan zum Mietbüro des *ND* und der *JW* deklariert. Was mich wiederum bewog, Sauer mitzuteilen, dass ich vorerst weitere Teilzahlungen einstellen würde.

Der war verständlicherweise völlig entnervt, zumal man ihm nun vorwarf, mit uns aus alter DDR-Verbundenheit zu konspirieren. Ich versprach ihm, die Situation nicht weiter zuzuspitzen, blieb aber gegenüber Körfer hart. Mussten Egon Lemke oder ich auf die Toilette, rief ich ihn an und bestand auf einem »Sicherheitsposten« vor der Klotür, um Begegnungen mit *SID*-Mitarbeitern zu vermeiden. Das wiederum brachte Körfer in Schwierigkeiten, deren Folgen wir amüsiert beobachteten. Seine eigenen Kollegen hatten seinen DDR-Feldzug langsam satt und weigerten sich, vor der Toilettentür

Posten zu stehen, so dass er es eines Tages selbst tun musste, es aber bald wieder einstellte.

Am letzten Tag der Spiele hatten wir Helmut Recknagel am anderen Ende der Leitung und gelangten so zum Exklusiv-Interview mit dem Olympiasieger, der als erster Nichtnordländer olympisches Schanzen-Gold errungen hatte.

Am nächsten Morgen händigte ich Sauer noch 500 DM aus, stellte die restliche Summe für erlittene Unbill in Rechnung und lud anschließend alle *SID*-Kollegen zum Mittagessen in ein nahes Restaurant, wo ich 300 DM beglich.

Als wir nach Hause kamen, freute sich unser Buchhalter über die 1200 DM, die ich ihm zurückzahlte.

1960
Mussolini, Nobile und Olympia

Lange vor den strahlenden Olympiatagen des Jahres 1960 am Tiber hatte es in Rom einen heftigen Streit um die Allee gegeben, die zum Olympiastadion führte. Die wurde von übermannshohen Reliefblöcken flankiert, auf denen Bildhauer zu Zeiten des faschistischen Diktators »Triumphe« der modernen römischen Legionen gegen überfallene Völker wie die Äthiopier verewigt hatten. Mosaike auf dem Boden der Allee waren zu Jubelparolen an den »Duce« gefügt worden. Schon weil afrikanische Staaten in größerer Zahl als je zuvor bei den Spielen erwartet wurden, forderte die Mehrheit der Römer: »Schleift die faschistischen Fresken!« Der Stadtrat steckte in einer »demokratischen« Klemme: Die regierenden Christdemokraten waren auf die Koalition mit den Neofaschisten angewiesen, und die verlangten, dass die steinernen Erinnerungen an den »Duce« unbehelligt blieben. Der Skandal eskalierte. Im Ausland begann man Protestaktionen zu planen, und daraufhin ließ der Oberbürgermeister Bauarbeiter anrücken, die einige Tage zur Beruhigung der Gemüter Spitzhacken schwangen. Niemand ahnte, dass es sich um einen Deal mit den Neofaschisten handelte: Man demolierte einige Mosaike, füllte die entstandenen Löcher mit Zement und ließ die anderen unberührt.

Als ich 1959 italienische Genossen bat, mir zu helfen, prominente Persönlichkeiten zu finden, die den Protest unterstützen würden, erfüllte man mir den Wunsch. Dabei kam mir auch die Idee, General Umberto Nobile zu befragen. Aus der Reihe der unvergessenen Universum-Buchreihe der 20er Jahre hatten wir zu Hause auch den Titel »Neun Männer im Eis« zu stehen. Der 1952 im Zusammenhang mit der unseligen Slansky-Affäre hingerichtete Otto Katz hatte es 1929 geschrieben, und ich hatte es als Kind mindestens zwanzig Mal gelesen. Es beschrieb die misslungene italienische Polar-Expedition, die mit dem Absturz des Luftschiffs »Italia« endete, und die 1928 weltweit politisches Aufsehen erregende Rettungsexpedition der UdSSR. Mussolini hatte Nobile durch einen schwedischen Piloten aus dem ewigen Eis fliegen lassen, damit er nicht vom sowjetischen Eisbrecher »Krassin« gerettet würde. Wenn Nobile auch in diesem Buch als Faschist keine guten Noten bekam, vergaß ich es nie und hoffte, ihn als Kronzeugen gegen die Mussolini-Losungen präsentieren zu können.

Die Genossen rieten mir ab. Er sei ein überzeugter Katholik und vielleicht noch immer ein Anhänger des Duce. Ich aber beharrte auf meiner Absicht, und als ich einige Tage später in seiner Tür stand, begrüßte er mich mit den Worten: »Sie haben Glück, dass Sie mich noch erreichen, morgen fliege ich nach Moskau.«

Der italienische Genosse, der mich begleitete, war sprachlos. Verdutzt fragte ich Nobile, was er denn in Moskau zu erledigen habe, und er erzählte mir, dass er viele Jahre einer der Direktoren der Fluggesellschaft Aeroflot gewesen sei und öfter mal von seinen Freunden aus dieser Zeit eingeladen würde.

In seinem Wohnzimmer stand eine riesige Vitrine, in der er alles aufbewahrte, was er von jener Expedition mit nach Hause gebracht hatte. So sah ich vieles, das ich schon aus dem Buch kannte, und erfuhr von Nobile auch, wie er überhaupt General geworden war. Als Professor für Luftfahrttechnik hatte er an der Universität von Neapel gelehrt. Mussolini beorderte ihn nach Rom, ernannte ihn über Nacht zum General und befahl ihm, den Nordpol für Italien zu »erobern«.

Ein Jahr zuvor war er gemeinsam mit dem Norweger Amundsen in einem Luftschiff zum Pol geflogen. Unterwegs war es zu heftigen Auseinandersetzungen zwischen dem Norweger und dem Italiener gekommen, und danach hatten sie sich getrennt. Nobile konstruierte das erste halbstarre Luftschiff, ließ sich seine Expedition von Mussolini finanzieren, überflog den Pol, warf eine italienische Flagge ab und wendete zum Rückflug. Eis, das sich auf dem »Dach« des Luftschiffs verhärtet hatte, sorgte dafür, dass es auf dem Rückflug abstürzte. Die Rettungsaktion beschäftigte die Welt, noch dazu, als die Sowjetunion mitteilte, dass sie sich an der Suche der Nobile-Mannschaft beteiligen würde.

Nobile versicherte mir im Sommer 1959, nie im Leben Faschist gewesen zu sein. Als ich ihn um einen Kommentar zu den Inschriften vor dem Stadion bat, äußerte er sich eindeutig: »Olympische und faschistische Symbole sind für mich unvereinbar!«

Ein Jahr später waren die Inschriften nicht verschwunden, aber sonst erinnerte nichts an das faschistische Italien. Von mir wäre zu vermelden, dass ich während der wieder einmal verbissenen Ausscheidungen für die »vereinte« deutsche Mannschaft einen Zahn verlor.

Die DDR-Vierermannschaft war für die Bahnrennen lange vor den Spielen nominiert worden, nachdem sie auf der Mailänder Vigorellibahn Weltrekord gefahren war. Bonn hielt das für einen freiwilligen Verzicht, der nicht in Frage kam. Über Nacht ließ man den Präsidenten des Radsportverbandes, der diese Entscheidung gebilligt hatte, abwählen und forderte neue Verhandlungen. Man bestand auf Ausscheidungsrennen und die sollten auf »neutralem« Boden ausgetragen werden. Man einigte sich auf Mailand. Die DDR-Mannschaft loste dort den ungünstigen ersten Start, der es dem Gegner gestattete, sich an der Zeit des Rivalen zu orientieren. Vor allem aber war einer der vier Aktiven, Rolf Nitzsche, zwar von einer Krankheit genesen, aber noch nicht wieder in Hochform, und musste seine Gefährten nach drei Runden ziehen lassen. Ich stand an der Bahn und hatte das Trio in der letzten Runde so euphorisch angefeuert, dass ich dabei einen Stiftzahn verlor. Die 4:35,6 min der drei waren keine Weltklassezeit. Nach dem Rennen maßlos enttäuscht und vor dem Start der Rivalen für jede Ablenkung dankbar, erklärten sich alle vier Rennfahrer bereit, meinen Zahn zwischen den Rennbahnlatten suchen zu helfen. Das brachte die bundesdeutschen Funktionäre dazu, den Italienern anzuzeigen, wir hätten die Bahn »manipuliert«. Die italienischen Bahnrichter prüften den Vorwurf, fanden aber keine Spuren krimineller Handlungen – allerdings auch nicht meinen Zahn.

Dann fuhr endlich die BRD-Mannschaft und war zwei Zehntelsekunden langsamer als das DDR-Quartett. Der Jubel war verständlich. In Rom gewann dann das DDR-Quartett Sil-

ber und schenkte mir hinterher ein Bild mit der nur Einge-
weihten verständliche Widmung: »Silber für Gold!« Ihre
Begründung: »Ohne den Schrei, der Dir den Goldzahn kostete,
wären wir nie die zwei Zehntelsekunden schneller gewesen!«

Ein Star der Spiele war die damals 17jährige Dresdnerin
Ingrid Krämer. Seitdem das Wasserspringen 1924 ins olympische Programm aufgenommen worden war, hatten nur US-
Amerikanerinnen gesiegt. Dem US-amerikanischen Trainer
Sammy Lee fiel Ingrid schon während des Trainings auf. Er
begann, sich Notizen für seine Schützlinge zu machen. Patricia
McCormick, die US-amerikanische Olympiasiegerin im Kunstspringen von 1952 und 1956, stand am Beckenrand. Sie, die
man das »amerikanische Springwunder« getauft hatte, versicherte: »Solch eine Springerin habe ich noch nie gesehen. Bisher
hielt ich es für unmöglich, dass man zehn Sprünge hintereinander mit derartiger Präzision ausführen kann.« Sie ließ sich mit
Ingrid fotografieren und prophezeite, dass dieses kleine blonde
Mädchen aus Germany-East das Kunstspringen gewinnen
würde.

Sie behielt nur zum Teil recht: Ingrid gewann auch noch das
Turmspringen!

Mit Gisela Birkemeyer, der »Hürdenkönigin« der 50er Jahre

Es kam der Tag, an dem die Nachricht vom Tode Wilhelm Piecks in Rom eintraf. Alle DDR-Sportler legten Trauerflor an und so war deutsche Mannschaft zum ersten Mal optisch in Ost und West unterscheidbar. Bei der Trauerfeier im Haus der italienischen Genossenschaften in der Via Guattani spielte das Kammerquartett des italienischen Rundfunks, Heinz Schöbel würdigte das Leben Wilhelm Piecks, ich trug eine Rezitation bei. Und dann erhob sich ein Mann im Saal, den niemand erwartet hatte: Rudolf Ismayr.

Der Olympiasieger im Gewichtheben 1932 und Silbermedaillengewinner 1936, inzwischen Jurist im bayrischen Staatsdienst, sagte: »Im Namen vieler Sportler der Bundesrepublik möchte ich euch zum Tode eures Staatspräsidenten unser tiefempfundenes Beileid übermitteln. Und nicht nur im Namen der Aktiven, sondern zugleich im Namen vieler Männer, Frauen und Jugendlicher, deren Vollmacht ich in dieser Stunde gewiss bin, bitte ich euch, dieses Beileid auch eurer Staatsführung zu übermitteln.«

Diese Worte trugen ihm viel Ärger ein, aber er dürfte damit gerechnet haben und nahm ihn gelassen hin.

Entdeckungen eines Altgedienten

In den Tagen vor dem Beginn der Spiele hatte ich eine rein zufällige Begegnung, die im Nachhinein beträchtlichen Staub aufwirbeln sollte. Als ich das erste Mal das attraktive Olympische Dorf betrat, steuerte ich auch das Büro des BRD-Mannschaftsteils an, wo der frühere Speerwerfer Gerhard Stöck nach Melbourne wieder als Chef de Mission amtierte. Wir waren nicht gerade Freunde, respektierten uns aber. Ich betrat sein Zimmer und spürte sofort, dass er wegen des Besuchers, der ihm gegenübersaß, verunsichert war und ihn so schnell wie möglich zur Tür begleiten wollte. Er kam jedoch nicht umhin, ihn mir kurz vorzustellen: »Herr Klingeberg von unserer Botschaft, der mal vorbeigekommen ist, um der Mannschaft behilflich zu sein, wenn Probleme auftauchen sollten.«

Ich vergaß die kurze Begegnung, aber der Name ging mir nicht mehr aus dem Kopf. Ich rief zu Hause an und bat meine

Frau, einen Blick in mein Archiv zu werfen. Ihre Antwort ließ nicht lange auf sich warten. Sie hatte meine »Akte Klingeberg« gefunden. Sie enthielt einen Brief, den Klingeberg am 13. August 1940 an das US-amerikanische IOC-Mitglied Avery Brundage geschrieben hatte: »Ihr Kollege von Reichenau ist zum Generalfeldmarschall befördert worden und war, wie ich hörte, sehr erfolgreich bei seinem Feldzug in Belgien, wo er auch einen anderen großen Sportler traf, den König der Belgier.« Diese Beschreibung des Überfalls Hitler-Deutschlands auf Belgien verlangte keinen Kommentar, und erst recht nicht ein Leitartikel vom Juli 1941 Klingebergs über das »Olympia der Zukunft«: »Ein großer Teil der Jugend, die, umjubelt von Hunderttausenden, sich 1936 im Stadion zu Berlin im friedlichen Wettkampf traf, steht heute in entgegengesetzten Lagern. Aber nur der, dem der Glaube an diese Jugend fehlt, wird bezweifeln, dass es die Pflicht zur Nation und der Wille zu einer freien und besseren Zukunft ist, die sie dort stehen lässt.«

1941 war Klingeberg nach dem Tod des belgischen IOC-Präsidenten Baillet-Latour im besetzten Belgien aufgetaucht und hatte versucht, die IOC-Unterlagen des Präsidenten in deutschen Besitz zu bringen. Das war der – misslungene – Versuch Hitler-Deutschland die Macht im IOC zu übernehmen.

Ich rief Stöck an und fragte wie nebenbei, ob es sich bei seinem Besucher um eben jenen Klingeberg gehandelt hatte, und er bestätigte meinen Verdacht und auch, dass er ihn schon seit den Spielen in Berlin 1936 kannte. Ich erwähnte in meinem Tagesbericht für *Neues Deutschland*, dass mit Klingeberg ein »Spezialist« bei der westdeutschen Mannschaft eingetroffen sei. Ein Spezialist aus Nazitagen!

Als ich am nächsten Tag wieder in Stöcks Büro kam und nach Klingeberg fragte, antwortete der: »Der ist wieder in seinem Büro in der Botschaft, weil er dort wohl die besseren Möglichkeiten hat.«

So blieb das Treffen in Stöcks Zimmer meine einzige persönliche Begegnung mit ihm. Immerhin war damit der Nachweis erbracht, dass einer der einflussreichsten Männer der nazideutschen Sportbewegung nun in Diensten Bonns tätig war.

In der nicht eben kurzen Liste der von den Historikern der Alt-BRD erwähnten oder auch zitierten Persönlichkeiten, denen angeblich große Verdienste um den Sport in Deutschland einzuräumen wären, vermisste man meist seinen Namen. Auch in der Schriftenreihe »Sportführer des 3. Reiches« war er im Namensregister kaum zu finden, und erst Jahrzehnte später stieß ich bei meinen Untersuchungen im Archiv des Bundesministeriums für Auswärtige Angelegenheiten auf einen verbindlichen Lebenslauf Klingebergs: »Geboren am 15. Juli 1910 in Hannover, 1929-1932 Deutsche Hochschule für Leibesübungen Berlin, 1932 Sekretär der Deutschen Olympia-Mannschaft in Los Angeles, 1932-1933 Austauschstudent an der University of California, 1934-1936 Studium an der Friedrich-Wilhelm-Universität Berlin, 1934-1937 Organisations-Komitee für die XI. Olympischen Spiele (Leiter der Sportabteilung), 1937-1939 Internationales Olympisches Komitee, Lausanne (Technischer Berater und Sekretär), 1940-1943 *Deutsches Nachrichtenbüro*, Berlin (Leiter der Auslandsvertretungen in Helsinki und Paris), 1943-1945 Militärdienst, 1946 Dolmetscher bei der amerikanischen und britischen Besatzungsmacht, 1946-1947 Druckerei und Verlagsanstalt, Itzehoe (Verlagsleiter), 1948-1950 Handweberei Hablik, Itzehoe (Kaufmännischer Leiter), 1950-1952 *United Press Association* Deutschland-Zentrale, Frankfurt/M. (Journalist), 10.10.1952 Einberufung in den Auswärtigen Dienst (mit Wirkung vom 1.11.1952), 10.10.1952 Kultur- und Pressereferent bei der Gesandtschaft Stockholm (Dienstantritt: 1.1.1953), 1.6.-20.6.56 Olympia-Attaché anlässlich der XVI. Olympischen Reiterspiele für die deutsche Mannschaft. 12.3.1958 Ernennung zum Beamten auf Lebenszeit, 20.6.1960 Abordnung für die Zeit vom 14.7.1960-20.9.1960 als Olympia-Referent an die Botschaft Rom (DA 20.7.1960) […] 1.7.1964 Abordnung an die Botschaft Tokyo zur Unterstützung während der Olympischen Spiele (vom 1.9.1964-5.11.1964, DA 2.9.1964) […] 5.8.1974 Versetzung in den Ruhestand.«

Klingeberg starb 1982.

Damit ließ sich mühelos belegen, dass der DDR-Sport – einschließlich seiner Olympiamannschaften – über lange Jahre mit der »Kernmannschaft« des deutschen Nazisports konfrontiert war: Ritter von Halt, letzter deutscher »Reichssportführer«, Carl Diem, Generalsekretär der Spiele 1936, und Werner Klingeberg, Mann hinter den Kulissen.

1961
»Gehen Sie in Deckung«

Es war der 13. November 1961, meine Uhr zeigte 10.22 Uhr, als die beiden Flugzeuge der US-amerikanischen Küstenwache Kurs auf die »Völkerfreundschaft« nahmen. Minuten vorher hatten die Passagiere vom Deck aus Miamis weiße Hochhauskulisse fotografiert, und dann schreckte sie das Kommando des Kapitäns auf: »Gehen sie in Deckung!«

1948 war das Schiff beim Stapellauf in Schweden auf den Namen »Stockholm« getauft worden; 1959 vor New York im Nebel mit dem italienischen Ozeanriesen »Andrea Doria« zusammengestoßen, der sogleich sank, während die »Stockholm« in den Hafen geschleppt und repariert werden konnte. Doch das Unglück hatte Folgen, die Passagierzahlen sanken. 1960 hatten die Schweden das Schiff unter der Bedingung an die DDR-Gewerkschaften verkauft, dass es nicht auf der Atlantikroute eingesetzt und somit zur Konkurrenz würde. Die DDR rüstete sie zum Einklassen-Urlauberschiff um, taufte sie zur »Völkerfreundschaft«, und 1961 nahm sie zum ersten Mal Kurs auf Kuba. Da hatten die USA schon verkündet, im Rahmen der Blockade des Landes auch Schiffen die Zufahrt zu verweigern. Nach internationalem Recht war die Blockade durch nichts gerechtfertigt, und so nahm man ohne Bedenken Kurs auf Havanna.

Der Kapitän steuerte vor Miami entlang der Dreimeilenzone. Die US-Amerikaner ließen zwei Jagdbomber aufsteigen, und deshalb hatte der Kapitän allen Passagieren geraten, Deckung zu nehmen. Als die Mündungen der Bordkanonen schon mit bloßem Auge zu erkennen waren, kam Angst auf bei den 431 Passagieren, aber dann stiegen die Flugzeuge im Steilflug himmelwärts.

Eine knappe Stunde lang begleiteten sie uns mit ähnlichen Scheinangriffen, dann kehrten sie nach Miami zurück.

Als die Nacht hereinbrach, machten Deckspaziergänger Lichter am Horizont aus. Etwa schon Havanna? Bald darauf rasselten die Ankerketten, hörbar bis ins überfüllte Kino, in dem ein Errol-Flynn-Streifen lief: Der Hollywood-Star weder schießend im Sattel noch schwitzend an einem Ganoven-Pokertisch, sondern an der Seite Fidels durch die Sierra Maestra marschierend. Der Film hatte ihm viele Vorwürfe wegen »unamerikanischen Verhaltens« eingetragen. Nun gehörte er zum »Kulturprogramm« unserer Reise. Als der Beifall verebbt war, strömten alle hinaus, um die Lichterketten über dem Wasserhorizont zu bestaunen. Ein Kofferradio – damals noch recht unhandlich – fing die Morgennachrichten auf und ein der spanischen Sprache Kundiger übersetzte zwei Informationen: Bei einem Anschlag auf eine Ölraffinerie waren ein Milizionär und ein Terrorist erschossen worden, und die Stadt bereite sich auf den Empfang des »El barco de amistad« vor, des »Schiffes der Freundschaft« mit den deutschen »Blockadebrechern« an Bord.

Im Morgengrauen setzte die »Völkerfreundschaft« ihre Schrauben in Gang. Ein »Schiffskorso« kam ihr in Kiellinie entgegen: Der ausrangierte USA-Minensucher F 302, eine Segelfregatte und der 3000-Tonnen-Frachter »Oriente«. Marinesoldaten salutierten von Bord, Mädchen und Jungen schwangen auf dem alten Segelschiff kreischend Tücher.

Ein Lotse stieg an Bord, und zwei Schlepper zerrten unseren 12.000-Tonner an Pier eins, wo mehr als fünftausend Kubaner uns jubelnd empfingen. Einer stieg die Gangway ein paar Stufen hinauf und begann eine Begrüßungsrede, die Arme merkwürdig auf dem Rücken verschränkt. Erst als er an Bord kam, sah man die händelosen Unterarme. Man klärte mich auf: »Ein Gewerkschafter, Zigarrendreher, Batista ließ ihn dreimal wegen Streiks einsperren, beim dritten Mal hackte man ihm beide Hände ab.«

Nach der Kundgebung kam eine junge attraktive Frau an Bord und schien in der Menge jemanden zu suchen. Sie fand ihre Eltern auf dem überfüllten Deck, fiel ihnen in die Arme und schämte sich nicht ihrer Tränen, die nicht ganz zu dem martialischen Colt im Halfter passten. Sie trug eine Miliziuniform, die sehr knapp geschnitten war: Tamara Bunke, der Name war im November 1961 noch niemandem geläufig.

Dreizehn Tage hatte die »Völkerfreundschaft« von Rostock bis nach Havanna gebraucht, für den Törn heimwärts sollte sie noch einmal soviel benötigen. Vier Tage blieben für Kuba, denn 30 Tage Urlaub waren in der DDR schon soviel, dass der Kaderleiter sie genehmigen musste. Vier Tage hetzten wir durch Havanna und seine Umgebung. Früh aus den Kojen, Frühstück fast im Stehen, am Kai warteten die Busse. Von einer Schule, in der Mädchen vom Lande lesen und nähen lernten, zu einer Farm, in der Schweine gezüchtet wurden, die besonders viel Schmalz geben sollten. Damals gehörte Schmalz noch zum kubanischen Alltag, es war früher billig aus den Schlachthäusern Chicagos geliefert worden. In einer Zigarettenfabrik jubelten die Frauen uns zu und verschenkten die von ihnen gestopften und geschnittenen pechschwarzen Glimmstengel mit vollen Händen. Dass einige mehr nahmen, als sie tragen konnten, trug ihnen massive Kritik ein, weil es unserem Ruf zu schaden drohte.

Der drohte allerdings am Abend noch ärger in Gefahr zu geraten, als uns die kubanischen Gewerkschaften ins »Hilton«-Hotel eingeladen hatten und jedem als Freundschaftsgeschenk eine Tüte Zucker und eine Flasche Rum überreichten. Es war peinlich zu beobachten, wie einige den Zucker in den nächsten Papierkorb warfen und sich ein zweites Mal anstellten, um eine weitere Flasche Rum zu ergattern. Den Kubanern entging das nicht, doch ließen sie es sich nicht anmerken. »Maßnahmen« wurden gegen die Rum-Sammler nicht unternommen, wenn man davon absieht, dass kurz vor dem Einlaufen in Rostock mitgeteilt wurde, dass eine Flasche Rum zollfrei eingeführt werden kann, während weitere zu verzollen wären. Die Besatzung meldete nächtliche Flaschenwürfe aus einigen Bullaugen ins Meer.

Schon an dem Tag, als wir in Havanna eingelaufen waren, war jemand an Bord gekommen und hatte gefragt, ob ein Sportler unter uns sei. Man beschied ihn, nur mit einem Sportjournalisten dienen zu können, der nebenbei auch Funktionär in der DDR-Sportbewegung sei. Das genügte dem Frager. Er ließ mich ausrufen und fragte, ob ich bereit sei, am nächsten Morgen auf dem Gründungskongress der kubanischen Sportbewegung INDER Grüße der DDR zu überbringen. Ich fuhr früh genug mit einer Taxe vom Hafen zu der Halle, in der der Gründungskongress stattfinden sollte. Als ich dort eintraf, waren alle Tore verriegelt. Eine falsche Adresse? Plötzlich stand ein Dunkelhäutiger vor mir, den ich schon mal gesehen hatte.

»Rom?«

Er nickte. Er war dort im 100-m-Finale Vierter geworden: Enrique Figureola. Er lachte: »Ich ahnte, dass Du pünktlich bist, in Kuba ist man es nicht.« Dann lud er mich ein, einen Kaffee zu trinken. Wir tranken mindestens sechs. Dann trafen wir in einem Salon der inzwischen geöffneten Sporthalle Che Guevara, der uns willkommen hieß. Vier Stunden nach der angekündigten Zeit begann der Kongress und umjubelt überbrachte der Star der Spiele von Helsinki, Emil Zatopek, die Grüße der Tschechoslowaken. Ihm folgte ich mit nicht minder herzlichen Worten und wurde ebenfalls stürmisch gefeiert.

Die vier Tage vergingen wie im Fluge. Am letzten Abend luden wir Kubaner aufs Schiff, und alle überboten sich an Gastfreundschaft. Der Souvenir- und Geschenkeladen im Unterdeck war leergefegt.

Das einzige, was den Abend störte, war die brütende Hitze im großen Schiffssalon. Die Fenster ließen sich nicht öffnen, entschuldigte sich der Chefsteward, die Automatik sei ausgefallen. Wir schimpften »Schlamperei!« und tobten erst richtig am nächsten Morgen, als wir ausgelaufen waren und ein Matrose die Fenster mühelos mit einer Kurbel herabdrehte.

Der Chefsteward nahm mich beiseite. »Ich konnte gestern Abend nichts machen. Auf dem Dach des Kaischuppens lagen 70 Scharfschützen. Die Kubaner befürchteten einen Anschlag auf das Schiff, und ein offenes Fenster wäre eine Einladung für einen Bombenwerfer gewesen.«

Mittags begannen wir so unauffällig wie möglich lange Unterhosen an Bord zu sammeln. Wir waren im November in Warnemünde ausgelaufen, und so hatten einige welche dabei. Als Gäste hatten wir verwundete Kubaner an Bord, die bei der US-amerikanischen Invasion in der Schweinebucht verletzt worden waren und in der DDR behandelt werden sollten. Wir fürchteten, dass sie spätestens in der Biskaya frieren würden und wollten dann vorbereitet sein.

1962
Als dem Marquess der Kragen platzte

Ja, auch David George Bronlow Cecil, 6. Marquess of Exeter bin ich begegnet und wir haben manches interessante Gespräch miteinander geführt. Die Umstände sorgten dafür, dass es meist um politische Probleme ging.

Exeter, der bis zum Tode seines Vaters den Namen Lord Burghley trug – er wollte sich als sechster Marquess in der Öffentlichkeit nicht vor den fünften drängen –, hatte als Hürdenläufer an den Olympischen Spielen 1924 teilgenommen, war aber schon im Vorlauf gescheitert. 1928 schied er zwar im Halbfinale aus, holte dann aber über 400 m Hürden Gold. Als er 1931 ins Unterhaus gewählt worden war, legte er das Mandat vorübergehend nieder, um an den Spielen 1932 teilnehmen zu können – als Abgeordneter hätte er das nicht gedurft –, wurde Fünfter im 110-Hürdenlauf, Vierter über 400 m, holte dann aber doch noch Silber in der 4-mal-400-m-Staffel. Die Tragik des dreifachen Olympiateilnehmers war, dass er in den frühen dreißiger Jahren von Arthritis befallen wurde und sich danach nur noch mit zwei Krücken mühsam bewegen konnte. Das schränkte jedoch seine Begeisterung für die Leichtathletik nicht ein. Dreißig Jahre lang war er danach Präsident des Welt-Leichtathletiverbandes (IAAF) und in dieser Zeit begegneten wir uns oft.

Von ihm stammt übrigens eine Formulierung, die heute noch von den bundesdeutschen »Geschichtsaufarbeitern« abwechselnd Walter Ulbricht, Erich Honecker oder dem gesamten SED-Politbüro zugeschrieben wird, nämlich, dass die DDR den Sport nur deshalb so intensiv förderte, um ihre Athleten als »Botschafter im Trainingsanzug« politisch zu missbrauchen. Geprägt hatte Exeter den Begriff in einem ganz anderen Zusammenhang. Er hatte sich maßlos geärgert, dass die britische Regierung, wieder einmal einer Intervention aus Bonn Rechnung tragend, dem DDR-Läufer Siegfried Herrmann das Einreisevisum zu einem Sportfest in London verweigert hatte, und durchgesetzt, dass er zum nächsten Sportfest ein Visum erhielt. Bei der Siegerehrung gratulierte er ihm als erfolgreichen »Botschafter im Trainingsanzug«. Die Bemerkung zielte eindeutig in Richtung Bonn, eignete sich aber so sehr dazu, den DDR-Sport zu politisieren, dass man sie DDR-Politikern zuschrieb – und das bis heute tut!

Dass ich meine Bekanntschaft mit Exeter gerade an dieser Stelle erwähne, hat auch einen ausschließlich politischen Grund. Als die DDR 1961 ihre Grenzen geschlossen hatte, entschied sich die Bundesregierung, ihre »Antwort« dem Sport aufzubürden. Nicht etwa der innerdeutsche Handel wurde abgebrochen, sondern der Sportverkehr!

Diese Entscheidung war, wie so viele, mit denen die Bundesregierung den Sport politisierte, in keiner Weise durchdacht. Sie zwang Bonn zum Beispiel, der bundesdeutschen Schwimm-Nationalmannschaft den Start bei den Europameisterschaften 1962 in Leipzig zu verbieten. Die Aktiven rebellierten, Athleten wie Gerhard Hetz wurden um ihre Chance gebracht, sichere Titel zu erringen, und er machte aus seinem Unmut keinen Hehl. Noch schwieriger wurde die Situation für den bundesdeutschen Leichtathletikverband, der auf Bonner Weisung darauf bestanden hatte, in einer »gesamtdeutschen« Mannschaft bei den Europameisterschaften 1962 in Zagreb zu starten. Ein solches Team konnte aber nur nach Ausscheidungen nominiert werden, die jedoch nach dem Beschluss von 1961 nicht in der DDR stattfinden konnten.

Der Marquess berief eine Sitzung nach Zürich ein, um die verfahrene Situation zu klären. Scharen von Journalisten – darunter auch ich – reisten in die Schweiz, um als erste zu erfahren, wie er das Problem lösen würde. Nach stundenlangen Debatten hinter verschlossenen Türen entschied er: Die Ausscheidungen finden entweder in Prag oder in Zürich statt. Die Tschechoslowaken erklärten sich bereit, als Gastgeber zu fungieren, die Schweizer wollten ein solides Geschäft daraus machen. Neuer Streit, denn Bonn war gegen Prag, die DDR gegen unnötige Kosten. Der langsam entnervte Marquess entschied: Prag und Malmö, basta. Die BRD lehnte ab und »begründete« das mit der Feststellung, Prag hätte der Errichtung der Mauer zugestimmt. Fünf Wochen nach dem Palaver in Zürich traf man sich am 27. Mai in Malmö. Aber Exeter war inzwischen der Kragen geplatzt.

Er erschien nicht, schickte den Niederländer Paulen und den Sekretär der IAAF, Pain, und ließ der versammelten Runde erklären: Wer nicht in Prag und Malmö startet, bleibt zu Hause! Bonn lenkte ein und ließ seine Mannschaft nach Prag reisen.

Zuvor allerdings – was man heute nirgendwo mehr nachlesen kann – hatte Bundespräsident Heinrich Lübke bei den BRD-Leichtathletikmeisterschaften in Hamburg eine wenig sportliche Rede gehalten und behauptet, DDR-Athleten seien keine Gegner, mit denen man sich fair messen sollte. Zwar hatten sich bundesdeutsche Funktionäre gleich nach ihrem Eintreffen in Prag in aller Form entschuldigt, doch die Atmosphäre war vergiftet, noch ehe die Wettkämpfe überhaupt begonnen hatten. Die heute kaum nachvollziehbare Situation war auch dadurch belastet, dass ein Teil der Athleten sowohl in Prag als auch 48 Stunden später in Malmö starten musste. Die DDR stellte eine Sondermaschine der Interflug zur Verfügung, die die Aktiven zusammen mit dem IAAF-Sekretär Pain und den zum Schiedsrichter für alle Streitfälle ernannten Tschechen Knenicky in die schwedische Hafenstadt flog. Dort waren nur rund 1500 Zuschauer erschienen, die den 200-m-Europarekord der Kölnerin Jutta Heine (23,3 s) und auch das faktische Ende der Laufbahn des zweifachen Silbermedaillengewinners von Rom, Hans Grodotzki, erlebten, der nach einer Kollision rund 200 m vor dem Ziel des 5.000-m-Laufes verletzt ausscheiden musste.

In Belgrad holte Manfred Matuschewski im 800-m-Lauf den ersten Titel für die DDR, Hans Grodotzki, der gut den zweiten hätte gewinnen können, saß mit vergipstem Bein zu Hause vor dem Fernsehschirm.

Ich hatte in den Jahren danach noch manche Begegnung mit dem Marquess of Exeter, der, von Hause aus konsequenter Antikommunist, die ewigen politischen Querelen gegen die DDR eines Tages nicht mehr zu akzeptieren bereit war. Das trug ihm Ärger ein, und ins Feuer der bundesdeutschen Medien geriet er endgültig 1969, als die Europameisterschaften in dem von der Militärjunta regierten Griechenland stattfanden. Der Erfurter Mittelstreckler Jürgen May, der die DDR verlassen hatte, war von der Bundesrepublik als Teilnehmer gemeldet worden, obwohl jeder wusste, dass die IAAF-Regeln das nicht zuließen. Es kam zum Eklat: Die BRD wollte die IAAF zwingen, ihre Alleinvertretungshaltung zu akzeptieren und den nach ihrer Version nur »innerhalb« Deutschlands den Wohnort wechselnden May starten zu lassen.

Am Abend, an dem Exeter die Entscheidung verkündete, dass May nicht starten durfte, weil er von einem Verband zum anderen gewechselt war, hatte ich eine Unterhaltung mit ihm.

Er wusste, dass man ihn in der BRD hart attackieren würde – der *Spiegel* verlieh ihm den Titel »Roter Lord« –, und er sagte: »Ihr habt es manchmal mit uns nicht leicht gehabt. Wir haben euch Bedingungen gestellt, von denen ich manchmal glaubte, dass ihr sie nicht erfüllen werdet, aber ihr habt sie erfüllt! Als wir von Euch verlangten, bei einer Europapokal-Vorrunde ins Leipziger Stadion hinter dem Schild ›Ostdeutschland‹ einzumarschieren, war ich sicher, dass ihr das nicht tun werdet. Ihr habt es getan. Und nun werden die anderen die Regeln erfüllen, und sie werden es tun müssen oder rausfliegen!«

Als die über die Hintergründe der May-Sperre nicht informierte BRD-Mannschaft dafür votierte, in Athen nunmehr gar nicht an den Start zu gehen, antworteten die Griechen, dass sie dann nicht gestatten würden, das olympische Feuer für die Spiele 1972 in München traditionsgemäß in Olympia zu entzünden. Die Drohung wirkte ohne Verzögerung. Bonn sah sich mit einem beträchtlichen Risiko konfrontiert und bewog die Mannschaft, die Absage in einen Kompromiss umzuwandeln: May startete in allen Staffelwettbewerben.

»Stupid!« war alles, was Exeter dazu sagte.

»Auch das ist Deutschland!«

Vier Wochen bevor ich nach Athen reiste, hatte ich mich zu den bundesdeutschen Leichtathletik-Meisterschaften in Düsseldorf akkreditieren lassen, doch galt mein Interesse dort vor allem einer Veranstaltung, die mit sportlichen Titelkämpfen herzlich wenig zu tun hatte und über die ich für das *ND* einen Bericht schrieb, aus dem ich hier einige Sätze zitiere: »Der Sprecher griff nach dem Meldebogen, den ihm ein hurtiges Mädchen gebracht hatte, und gab die Bahnverteilung bekannt: ›Bahn 2 Pommern I, Bahn 3 Ostpreußen und Bahn 4 Pommern II.‹

Es war Sonnabend, der 16. August des Jahres 1969, die Uhr zeigte eine Minute nach 13 Uhr, und das Mikrofon des Sprechers stand auf der Böschung des Düsseldorfer Waldstadions. Drei Stunden lang waren bereits ›Ostpreußen‹, ›Pommern‹, ›Schlesier‹ und ›Danziger‹ aufgerufen worden. Das alles war so unglaublich, dass man glauben konnte, man sei in einen bösen Traum verfallen. Vor dem ersten Startschuss hatte man – wie bei Sportfesten allgemein üblich – Startnummern ausgegeben. Aber mit der Startnummer erhielt jeder Teilnehmer noch sein ›Verbandsemblem‹: Die Königsberger den Adler mit dem sauber eingestickten ›Ostpreußen‹, die Danziger einen schwarzen Stern im Kreis. Und wohlgemerkt nicht nur die Alten, sondern auch die Jungen. ›Weibliche Jugend B‹ – das sind 15-jährige Mädchen, die diese Gebiete höchstens von den Landkarten her kennen.

Die *Deutsche Umschau*, das niedersächsische ›Vertriebenenblatt‹, hatte in ihrer Nummer 8 (August 1969) ausdrücklich darauf hingewiesen: ›Die Kämpfe sind offen für alle Sportlerinnen und Sportler, die vor dem 3. Dezember 1944 ihren Wohnsitz in einem ostdeutschen Ort oder im Sudetenland hatten oder dort einen Lebensabschnitt verbrachten. Startberechtigt sind auch jüngere Nachwuchssportler, deren Eltern bzw. Großeltern oder wenigsten: ein Elternteil aus diesen Gebieter stammen.‹

So war es durchaus kein Wunder, dass sich eine stattliche Schar von 160 Leichtathleten einfand, nicht nur begrüßt von den Leuten, die Startnummern und ostpreußische Adler ausgaben, sondern prominenten Vertretern des westdeutscher Staates. ›Schirmherr‹ des Treffens war der Arbeits- und Sozialminister von Nordrhein-Westfalen Werner Figgen, was schon aufschlussreich genug war, da sich die zur gleichen Zeit stattfindenden westdeutschen Leichtathletikmeisterschaften im Rheinstadion keines so hochgestellten Schirmherren rühmen konnten. ›Das römische *mens sana in corpore sano* (in einem gesunden Körper wohnt ein gesunder Geist) hat seine Gültigkeit als Leitsatz leider verloren. Um so begrüßenswerter ist es, dass nach der Katastrophe des Zweiten Weltkrieges sich im Jahre 1953 alte und junge Sportler aus 60 traditionsreichen Sportvereinen zu der Traditionsgemeinschaft der Leichtathleten aus den deutsches Ostgebieten zusammengefunden haben.‹ So der Minister in seinem Grußwort im offiziellen Programm. Man beachte den Gedanken: Der gesunde Geist gilt nicht mehr, aber die Traditionsgemeinschaft, die hat den gesunden Geist

Eine Seite weiter beeilte sich Dr. Max Danz, dem Minister nicht nachzustehen. Der Präsident des westdeutschen Leichtathletikverbandes – Arztpraxis in Kassel, geschäftsführender Präsident des westdeutschen NOK, Mitglied des Organisationskomitees der Olympischen Sommerspiele 1972 – versicherte: ›Die Leichtathleten und die alten treuen Mitarbeiter aus Ostpreußen, Westpreußen, Danzig, Pommern, Schlesien und Sudetenland haben die durch unseren Sport geknüpften Bindungen trotz des Verlustes der Heimat weiter gepflegt und immer wieder neu die Fäden der alten Freundschaft und Kameradschaft geknüpft.‹

Umschlagseite: Die ›Ostgebiete‹, versehen mit dem Mahnspruch: ›Immer daran denken! Auch das ist Deutschland!‹

Die Karte verdient auch in anderer Hinsicht Beachtung: Die Traditionsgemeinschaft hat die DDR kurzerhand in Westdeutschland eingegliedert. Revanchismus also nicht nur gegenüber Volkspolen, sondern auch gegenüber der DDR. Alleinvertretungsanmaßung bereits realisiert – die Karte verrät alle Ziele des westdeutschen Imperialismus!

Der polnische Leichtathletikverband hatte am Dienstag energischen Protest gegen dieses ›Fest‹ eingelegt. In einem Brief an Dr. Max Danz. ›Wir sehen einen Widerspruch zwischen den Erklärungen, mit denen die Sportführer der Bundesrepublik, darunter auch Sie selbst, auftreten, und ihren praktischen Handlungen‹, hieß es in dem Brief. Dr. Danz hatte ihn zunächst auf seine Weise ›beantworten‹ lassen. Der Sportwart des westdeutschen Leichtathletikverbandes, Fallak, hatte der *Frankfurter Rundschau* erklärt: ›Offiziell hat der DLV mit dieser Veranstaltung nichts zu tun. Das ist eine private Angelegenheit der Veranstalter. Einen Wanderpreis hat Dr. Danz nicht als DLV-Vorsitzender, sondern als Privatmann gestiftet.‹ Der Preis: ein aus Breslau ›geretteter‹ Staffelstab auf dem Relief der ›deutschen Ostgebiete‹.«

Warum ich das hier zitiere?

Fünf Wochen nach diesem »Auch-das-ist-Deutschland«-Fest war Danz nach Athen gereist und hatte mit dem Fall des von »Deutschland« nach »Deutschland« gewechselten Jürgen May Europa demonstrieren wollen, wie weit »Deutschland« reicht!

Er scheiterte am Mitglied des britischen Oberhauses, dem Marquess of Exeter!

Aufarbeiten!

1963
Ghostwriter für Brauchitsch

Der Mann war seit langem eine Legende. Das erste Mal hatte ich ihn als Knirps erlebt und bestaunt – ohne ihn auch nur gesehen zu haben. Mein Vater war eines Sonntags in den 30er Jahren mit mir von Zehlendorf zur Avus gewandert, wo Rennwagen irgendeinen großen Preis ausrasten. Und von einem, der an uns vorbeischoss, sagte mein Vater, es sei der berühmte Manfred von Brauchitsch. Nein, mein Vater bewunderte ihn nicht, weil er wusste, dass er Gespräche mit Hitler geführt hatte, um die Zukunft der deutschen Autoindustrie zu befördern – womit er in den Augen meines Vaters ein Nazi war.

Wir zogen durch den Grunewald wieder nach Hause, aber der Name blieb in meinem Gedächtnis. Fast zwei Jahrzehnte später begegneten wir uns 1951 in Oberhof. Er war zu einem gesamtdeutschen Gespräch gekommen und stand mit mir in der Schlange vor dem Quartierschalter. Als ihn die FDJlerin hinter dem Schalter mit »Du« anredete, fragte er sie ungnädig, wann sie denn das letzte Mal mit ihm Schweine gehütet hätte. Sie überhörte die Frage und drückte ihm einen Quartierschein für das Ferienheim »Stachanow« in die Hand, und als ihn am Ausgang jemand fragte, wo er denn untergekommen sei, warf er einen Blick auf den Zettel und antwortete: »Im Strouganoff«.

Tags darauf behauptete er während des Gesprächs der rund 200 Teilnehmer aus Ost und West, in Buchenwald seien noch hunderte DDR-Regimegegner eingesperrt. Ich bot ihm vor allen eine Wette an, dass das nicht stimmt. Das gefiel ihm. Als Einsatz bestimmte er zwanzig Flaschen Sekt. Am nächsten Morgen rollten wir in einem Kleinbus nach Buchenwald. Ein Lager fand er nicht, besichtigte aber die Gedenkstätte des KZ und war tief beeindruckt.

Gut zehn Jahre später wählte er mich zu seinem »Ghostwriter«. Er hatte in der Bundesrepublik das »Komitee für Einheit und Freiheit im deutschen Sport« gegründet, was man ihm nie verzieh. Man sperrte ihn in die Kriegsverbrecherhaftanstalt Stadelheim, ließ ihn aber wieder frei, weil man fürchtete, ein Prozess könnte seine Popularität noch steigern. Erinnert werden muss daran, weil damals Engagement für die deutsche Einheit noch unter Strafe stand!

Nach seiner Freilassung wechselte er in die DDR, lebte erst in Berlin, dann unweit Schleiz in Gräfenwarth, und als er seine Memoiren schreiben wollte, gab ihm jemand den Rat, sich mit mir zusammenzutun. Er lud meine Frau und mich für einige Wochen in sein Haus ein. Wir Männer arbeiteten gemeinsam an dem Buch, die Ehefrauen vertrieben sich die Zeit in der Umgebung, und wir wurden gute Freunde.

Dabei hatten wir manchen Streit bei der Arbeit an dem Buch. So hatte er sich für den Titel »Die große Kurve« entschieden und ich mich dann aber mit »Ohne Kampf kein Sieg« durchgesetzt. Das Buch schloss mit den Worten: »Der letzte Krieg forderte zwanzig Millionen Tote, und noch heute hängen in vielen deutschen Wohnzimmern die Fotos der Opfer. Diese Zeit darf nicht vergessen werden. Ich bin glücklich, in einem Staat zu leben, der Tag für Tag diesen Kampf um den Frieden führt, und ich werde nie ruhen, an diesem Kampf teilzunehmen.«

1960 hatte man Brauchitsch zum Präsidenten der Olympischen Gesellschaft der DDR gewählt. Mit seinem Namen und seinen Ideen brachte er Millionen in die Kassen, aus denen die DDR-Olympiamannschaften finanziert wurden.

2003 starb er 98-jährig in Gräfenwarth.

1964
Als ich die Olympia-Computer ausstach

Der siebente Tag der Winterspiele 1964 war der Jubeltag der DDR-Rennschlittenfrauen. Die Sportart hatte in Innsbruck ihr olympisches Debüt gefeiert. Zwei DDR-Mädchen hatten schon nach dem ersten Lauf die Spitze erkämpft: Ortrun Enderlein mit 51,13 s vor Ilse Geißler, die 0,15 s mehr benötigt hatte. Bei den Männern war die Situation nicht viel anders: Thomas Köhler hatte die 1.063,76 m in 51,27 s und 51,53 s zurückgelegt, für Klaus Bonsack waren 51,61 s und 51,33 s gestoppt worden.

Als die Zuschauer am 4. Februar in Innsbruck aufbrachen, hing noch kalter Dämmer über dem Inntal, so dass die Busfahrer die Scheinwerfer einschalten mussten. Als die Sonne aufstieg, waren Gold und Silber an DDR-Frauen vergeben. Klaus Hirche, der das Tor in der bei den Ausscheidungen knapp unterlegenen DDR-Eishockeymannschaft gehütet hatte und nun gemeinsam mit Kapitän Manfred Buder unter den Touristen war, schulterte Ortrun Enderlein und trug sie umjubelt zu Tal.

Am Tag des Skispringens aber stand ich für mindestens eine halbe Stunde im Mittelpunkt der Aufmerksamkeit. Zum ersten Mal wurden zwei Goldmedaillen vergeben, nämlich eine – so die offiziellen Bezeichnungen – auf der »kleinen« und eine auf der »großen« Schanze.

Um erzählen zu können, wie ich für eine halbe Stunde zum »Olympiastar« wurde, muss ich erklären, dass die Skisprungwertung jener Zeit eine diffizile Wissenschaft war. Jeder Teilnehmer absolvierte drei Sprünge, von denen die beiden besten gewertet wurden. Herauszufinden, welches die besten waren, war aber erst nach einer »Marathon«rechnung möglich. Denn: Nach jedem Durchgang wurde anhand der drei weitesten Sprünge ein »Weiten-Mittelwert« errechnet, für den 60 Punkte vergeben wurden. So konnten erst nach dem letzten Springer des Durchgangs die zu wertenden Weitenpunkte für alle Teilnehmer errechnet werden. Der »Mittelwert« war demzufolge meist in jedem der drei Durchgänge unterschiedlich, was auch am Tag des Sprunglaufs von der »kleinen Schanze« der Fall war. Im ersten und zweiten Durchgang wurden jene 60 Weitenpunkte für jeweils 79,5 m vergeben, während im dritten 79 m reichten. In Innsbruck wollte man dem Publikum, das sonst in der Regel eine knappe Viertelstunde warten musste, ehe die Rechner ihre Arbeit beendet hatten und den Sieger verkündeten, jede Wartezeit ersparen und zum ersten Mal Computer einsetzen. Ein renommierter Konzern stellte seine Geräte zur Verfügung, auch um ein wenig für seine Produkte zu werben. Die in die Olympiastadt geholten Programmierer machten sich an die Arbeit, versäumten aber, das Skisprungreglement genau zu lesen. So entging ihnen, dass auch halbe Meter gemessen und bewertet wurden. Sie hatten – wie in der Mathematik üblich – die Computer so programmiert, dass eine Halbmeterweite kurzerhand zum nächsten vollen Meter aufgerundet wurde.

So kam es, dass der Computer dem Publikum an der Schanze den Norweger Toralf Engan als Sieger meldete.

Ich galt bis dahin unter den Kollegen als der unumstrittene Kopfschnellrechner an den Schanzen und verkündete meist schon nach wenigen Minuten den Sieger. Getrieben, mich als Schnellrechner zu produzieren, hatte mich der frühe Redaktionsschluss des *ND*. Ich hätte oft nicht auf den Abschluss der Kampfrichterrechnerei warten können.

Auch an diesem Tag betätigte ich mein Kopfrechensystem und verkündete den Finnen Kankkonen als Sieger. Einige Kollegen belächelten mich: »Deine Zeit ist vorbei!« Wir stiegen in die Busse zum Pressezentrum, und dort empfingen uns alle mit der Mitteilung, dass das Computerunternehmen das Resultat korrigiert habe. Olympiasieger sei Veikko Kankkonen. Vor der Tür des Pressezentrums erwartete mich ein echauffierter Abgesandter des Computerunternmehmens und bat mich, augenblicklich mit ihm in die Zentrale zu fahren. Dort empfing mich ein sichtlich entnervter Chef und bat mich als erstes händeringend, mich niemandem gegenüber zu der Angelegenheit zu äußern. Als nächstes fragte er mich, welche Summe ich für angemessen hielte, wenn ich mich verpflichten würde, die Fehlrechnung weder im *ND* noch in irgendeinem anderen Medium zu erwähnen. Ich beruhigte den inzwischen im Zimmer des Direktors komplett versammelten Vorstand, dass niemand derlei zu befürchten habe. Misstrauisch versicherte man mir, dass ich die Zahlung nicht mal quittieren müsse. Als ich meinen Verzicht wiederholte, lud mich der Chef für den nächsten Tag zu einem Galaessen ein. Inzwischen sind die für »Geheimhaltung« international üblichen dreißig Jahre vergangen, und so schreibe ich das hier ohne eine Spur von schlechtem Gewissen, verschweige aber auch nicht, dass mir viele Kollegen damals versicherten, ich sei ein ausgewachsenes Rindvieh, ein solches Angebot auszuschlagen.

Mein Motiv? Ich war schon immer dafür, dass sich Linke nicht korrumpieren lassen.

1964
Daume mit schussbereiter Pistole

Viele Themen böten sich an, über die Spiele 1964 in Tokio zu berichten. Amüsante – wie ich zum Beispiel vergeblich nach Schuhen der Größe 47 in der Olympiastadt forschte – oder unglaubliche – wie ich zum Beispiel den bundesdeutschen NOK-Präsidenten Willi Daume befragte, warum er zu den Verhandlungen mit seinen DDR-»Partnern« mit untergeschnallter Pistole erschienen war – oder rein olympische – wie Ingrid Krämer zu ihren beiden Goldmedaillen im Wasserspringen die dritte dazugewann und die vierte nur um einen Wimpernschlag verpasste.

Ich beginne mit der Washington verärgernden Entscheidung der Gastgeber, Yonoshori Sakai als letzten Fackelläufer zu nominieren. Nie zuvor und nie danach gab es wegen des letzten Läufers derart internationalen Ärger. Tokio hatte die Spiele mit überzeugender Mehrheit zugesprochen bekommen, aber als die Japaner mitteilten, dass sie mit den Spielen auch an das Drama von Hiroshima erinnern wollten, hagelte es Proteste aus Washington. Das brachte die Veranstalter nicht davon ab, mit dem 19-jährigen Yonoshori Sakai einen der Überlebenden von Hiroshima das olympische Feuer entzünden zu lassen. Der Student der Waseda-Universität war in einer Entbindungsanstalt einige Kilometer vor den Toren der Stadt an dem Tag zur Welt gekommen, an dem die über Hiroshima gezündete Atombombe 92.000 Menschen in Sekunden ums Leben gebracht hatte, weitere 130.000 bis zum Jahresende sterben ließ und noch heute Opfer fordert. Als Sakais Mutter mit ihm heimkehren wollte, erfuhr sie, dass sein Vater in der tödlichen Glut verbrannt war.

Im Streit um diesen Fackelläufer wurden Diplomaten bemüht, aber die Japaner blieben bei ihrem Vorhaben. Um diesen

Streit nicht eskalieren zu lassen, erklärten sich die Japaner bereit, Sakai vor der Eröffnungszeremonie nicht in der Öffentlichkeit auftreten zu lassen. Das reizte mich um so mehr, ihn vor der Eröffnung der Spiele zu interviewen, und so machte ich mich auf die Suche. Allerdings erwies die sich als eine Sisyphus-Aufgabe. Mein erster Anlauf scheiterte an einer ungewöhnlichen japanischen Gewohnheit. Man hatte mir eine Straße und eine Hausnummer genannt, wo ich ihn treffen würde. Die Straße begann mit der Hausnummer 1, das nächste Haus trug die Nummer 212, das dritte die 3, das nächste die 41. Später erklärte man mir, dass es üblich sei, der ursprünglichen Hausnummer eine Zahl hinzufügen, wenn das Grundstück geteilt wurde. Das Haus mit der Nummer 2 war zweimal geteilt worden und so war es zu der Nummer 212 gekommen.

Ich nahm einen neuen Anlauf und versuchte es in der Universität. Dort traf ich einen jungen Mann, aber als ich ihn bat, mir seinen Namen in den Block zu schreiben, las ich »Mitsugasi Ochiai«. Auf meine Rückfrage erklärte er mir, dass er der Ersatzmann für Sakai sei. Als er meine Enttäuschung wahrnahm, tröstete er mich mit der Mitteilung, dass Sakai auch noch kommen würde. Ich wartete, er kam tatsächlich, eröffnete mir aber als erstes, dass er nur wenig Zeit habe, weil er täglich mehrmals auf der 163-Stufen-Treppe zur Flammenschale trainieren müsse. Dann nahm er sich aber doch eine Viertelstunde, erzählte mir seinen Lebenslauf und formulierte dann als seine persönliche Erklärung: »Ich finde es schön, dass Olympische Spiele in Tokio stattfinden. So kann Japan Gäste aus aller Welt begrüßen. Der Geist der Olympischen Spiele wird in meiner Heimat einen neuen Triumph feiern.«

Am 10. Oktober stieg Yonoshori Sakai die 163 Stufen hinauf, entzündete als Überlebender von Hiroshima das Feuer, und ich bin heute noch stolz darauf, einer der wenigen gewesen zu sein, die ihm persönlich begegnet waren.

Die sogenannte gemeinsame deutsche Mannschaft war einmal mehr nach endlosem Streit zustande gekommen. Zum ersten Mal war die Zahl der DDR-Athleten größer als die der BRD-Athleten. Nach dem vom IOC festgelegten Reglement benannte die DDR demzufolge den Chef de Mission der Mannschaft. Es war der DTSB-Präsident Manfred Ewald, der auch

Mitglied des Zentralkomitees der SED war. Dass die BRD-Athleten hinter einem ZK-Mitglied in die Olympia-Arena zogen, wurde in Bonn mit giftigen Kommentaren begleitet und führte letztlich auch dazu, dass der Wunsch nach einer »gemeinsamen« Mannschaft nachließ.

Während der Ausscheidungen waren die Beziehungen zwischen beiden deutschen Olympischen Komitees auf den Nullpunkt gesunken. Als im Olympischen Dorf die gemeinsam vereinbarte Flagge vor dem deutschen Quartier gehisst werden sollte, weigerte sich die westdeutsche Seite, an der Zeremonie teilzunehmen, wenn Ewald die Flagge zum Mast tragen würde. Nach stundenlangem ergebnislosem Disput übernahm das ein Japaner.

Als das olympische Segler-Nebendorf in Enoshima eröffnet wurde und dort alle Segelmannschaften aufmarschierten, weigerten sich die BRD-Segler, den in der DDR produzierten Olympia-Hut aufzusetzen. So erschienen die Ost-Segler mit und die West-Segler ohne Hut.

Der Tiefpunkt der Atmosphäre war erreicht, als in einer der zahllosen Konferenzen, in denen vergeblich versucht wurde, Kompromisse zu finden, der BRD-NOK-Präsident Willi Daume schwitzend seine Jacke öffnete und alle am Tisch sahen, dass er eine Pistole im Halfter trug.

Jahre nach Tokio hatte uns der Zufall bei einem Flug die Plätze nebeneinander beschert, und bei dieser Gelegenheit fragte ich ihn auch nach dem Motiv für diese Pistole. Er hob verlegen die Schultern: »Die Bodyguards, die man mitgeschickt hatte und die mich rund um die Uhr begleiteten, hatten mich gezwungen, sie – angeblich zu meinem persönlichen Schutz – in die Sitzung mitzunehmen.« Unvorstellbar, welches Aufsehen es erregt hätte, wenn man bei Ewald eine Pistole entdeckt hätte. Das würde man garantiert noch heute ständig ins Feld führen, auch um die Lüge vom »Unrechtsstaat« zu erhärten.

Um keine Missverständnisse aufkommen zu lassen: Ich hatte ein relativ gutes persönliches Verhältnis zu Daume, und einmal hat er mich sogar gebeten, für ihn als »Bodyguard« tätig zu sein. Das war am 11. Dezember 1983, als die nach dem von Bonn befohlenen Boykott der Olympischen Spiele 1980 gegründete Initiative »Sportler gegen Atomraketen – Sportler für den Frieden« in der Dortmunder Westfalenhalle vor überfüllten Rängen ein spektakuläres Sportfest veranstaltete, an dem sich zahlreiche bundesdeutsche Olympiasieger früherer Spiele und Weltmeister beteiligten. Zu diesem Ereignis war überraschend auch Daume erschienen, wollte aber den zahlreich erschienenen Reportern von *Bild* und *Welt* nicht noch vor der Eröffnung in die Arme laufen. Also suchte er sich einen Platz in einem Klubraum der Halle und versteckte sich hinter einer Zeitung. Als er mich sah, winkte er mich heran und bat mich: »Geben Sie mir ein Zeichen, wenn ich losgehen sollte, um zu meinem Platz in der Ehrenloge zu gelangen, wo mich kaum jemand behelligen wird. Ich bleibe so lange hier sitzen, bis Sie mir ein Signal geben.«

Ich tat es, und er erschien kurz nach der offiziellen Eröffnung stürmisch gefeiert in der Loge.

Bliebe noch die schon erwähnte Affäre um meine Schuhe. Da es bei allen Partys in Japan üblich ist, beim Betreten der Wohnung des Gastgebers die Schuhe auszuziehen, stellte auch ich meine Schuhe – damals Größe 47 – bei einer Party auf die Türmatte. Beim Aufbruch musste ich feststellen, dass vor mir jemand in meinen Schuhen aufgebrochen war und mir ein Paar der Größe 45 zurückgelassen hatte, die mir logischerweise nicht passten. Also musste ich in Strümpfen in die Taxe steigen und in einer schlaflosen Nacht versuchen, durch endlose Telefonate herauszufinden, wem die Schuhe der Größe 45 gehören könnten. Es fand sich niemand, und so ließ ich mich in Hausschuhen am nächsten Morgen in ein Schuhgeschäft chauffieren. Der Verkäufer trommelte die gesamte Belegschaft zusammen, aber nur um ihr meine Riesenfüße zu zeigen. Alle bezweifelten, dass ich irgendwo im Land Schuhe in meiner Größe auftreiben könnte. Ich fühlte mich wie ein Ausstellungsstück in einem Naturkundemuseum und kehrte entnervt in unser Quartier zurück. Dort empfing mich einer meiner Kollegen mit der Botschaft, er glaube sicher zu sein, dass nur einer unserer aus der DDR mitgekommenen Dolmetscher die Schuhe der Größe 45 zurückgelassen haben könnte. Den fand ich nach weiteren endlosen Telefonaten auf dem Kongress des Internationalen Judoverbandes. Er gestand amüsiert, sich seit dem frühen Morgen über seine übergroßen Schuhe gewundert, aber keine Erklärung dafür gefunden zu haben. Der Austausch wurde am Abend vorgenommen, und es gab kaum jemanden, der mich in den nächsten Tagen nicht darum bat, ihm doch mal meine Übergrößen-Schuhe zu zeigen.

Bliebe höchstens noch anzumerken, dass ich in Tokio auch mein Debüt als »Sekretär« eines Ministers gab. Das NOK der DDR hatte zwei Minister in die DDR-Mannschaft aufgenommen, die auf anderen Wegen nie ein japanisches Visum bekommen hätten. Der eine war Kulturminister Bentzien und der andere der stellvertretende Vorsitzende des Volkswirtschaftsrates der DDR, Erich Markowitsch, zuvor Chef des Eisenhütten-Kombinats Ost (EKO) und davor Häftling im KZ Buchenwald, wo er auch Mitglied der illegalen Lagerleitung gewesen war. Er hatte zahlreiche Anfragen von japanischer Seite bekommen, die ihn um Auskünfte wegen der in der DDR errichteten Nieder-schachtöfen gebeten hatten, konnte sie aber nie persönlich beantworten, weil japanische Konzernbeauftragte es wegen der zu erwartenden diplomatischen Interventionen Bonns nicht wagten, offiziell in die DDR zu reisen. So hatte man die Gelegenheit der Spiele genutzt und Minister Markowitsch eine Olympia-Identitätskarte ausstellen lassen. Die BRD-Botschaft alarmierte zwar Bonn, aber die Beschwerde in Tokio blieb unbeantwortet, weil sich die Japaner keinen olympischen Ärger wegen eines Visums einhandeln wollten.

Am Grab des Kundschafters Richard Sorge in Tokio, 1960

Dann kam eines Tages die erwartete Einladung für Markowitsch. Der Generaldirektor des größten japanischen Stahlkonzerns lud zu einem Gespräch. In der täglichen Sitzung der Mannschaftsleitung wurde die Vorbereitung besprochen. Dabei ging es darum, dass er mit einem angemessenen Wagen vorfahren sollte und natürlich von einem Sekretär begleitet werden musste. Die Wahl fiel auf mich. Warum weiß ich nicht. Ich übte abends, wie man die Aktentasche an der Seite eines Ministers trägt und wie den Schirm öffnete, für den Fall, dass es regnen sollte. Meine Kollegen gaben mir noch Ratschläge und zum Spaß bei der Probe auch Haltungsnoten.

Wir wurden an den Konzerntoren gebührend empfangen, in einen Konferenzraum geführt, in dem uns der steinalte Generaldirektor gegenübersaß. Es kam zum üblichen Austausch belangloser Höflichkeitsfloskeln, und unser Gegenüber verwies mit einigem Stolz darauf, dass er vor langer Zeit an einer der heute zur DDR gehörenden Universitäten studiert hatte, nämlich in Breslau. Ich signalisierte einem der Herren auf der anderen Tischseite flüsternd, dass Wroclaw mitten in Polen liege und schon lange nicht mehr Breslau hieße.

Der alte Herr unterdrückte sein Unbehagen wegen dieses Fauxpas, bedauerte den Irrtum und fügte hinzu, dass er auch in Hannover studiert habe, das doch wohl zur DDR gehöre. Wieder eine Flüsterkonferenz über den Tisch. Der Konzernboss verzichtete auf weitere geographische Hinweise und kam zur Sache. Man wisse, dass in Calbe ein Niederschachtofenwerk den Betrieb aufgenommen habe und dort gute Ergebnisse erzielt würden. (Niederschachtöfen sind Anlagen, in denen Braunkohle zu Koks verhüttet wird.) Ob er, Markowitsch, Details über die DDR-Erfahrungen preiszugeben bereit wäre? Japanische Versuche, Braunkohle zu verhütten, seien gescheitert. Markowitsch beantwortete die Frage ausführlich und verwies darauf, dass es sich um die Realisierung der Erfindung eines DDR-Wissenschaftlers handele. Man vereinbarte weiteren Gedankenaustausch zu diesem Thema und mögliche Vereinbarungen. Markowitsch war sehr zufrieden. Übrigens auch mit mir. Als wir ins Olympische Dorf zurückkehrten, gab ich Mappe und Schirm zurück. Meine Laufbahn als Ministersekretär war beendet.

1964
Flaggenheld in Indien

Die Hockeynationalmannschaft hatte in Tokio ein sensationelles 1:1 gegen Indien erreicht – verzweifelt liefen die Inder lange dem 0:1-Rückstand hinterher! – und war daraufhin über Nacht zu drei Spielen auf dem Subkontinent eingeladen worden. Ich wurde zum Pressechef der Reise ernannt, freute mich auf Indien und auch darüber, dass NOK-Präsident Heinz Schöbel der Chef der Reisegesellschaft war. Wir verstanden uns gut, und unsere Freundschaft ging weit über den Sport hinaus. Der Leipziger Verleger, der später als erster DDR-Bürger ins IOC gewählt wurde, verwaltete den renommierten List-Verlag, dessen Besitzer sich nach Kriegsende in München niedergelassen und Schöbel zu seinem »Statthalter« ernannt hatte. Der führte die »Dependance« in der Messestadt mit viel Erfolg, gewann so renommierte DDR-Schriftsteller wie Stefan Heym als Autoren und schrieb auch selber Bücher. Kurzum: Mit ihm unterwegs zu sein war ein Vergnügen! Er war ständig zu sanften Späßen aufgelegt und jederzeit Partner für eine fundierte Unterhaltung.

Während der olympischen Tage hatten wir DDR-Reporter übrigens noch für Aufsehen gesorgt, als wir im Pressezentrum darum baten, uns die Adresse des Friedhofs mitzuteilen, auf dem Dr. Richard Sorge beigesetzt worden war. Dieser deutsche Journalist gilt als der erfolgreichste Spion des Zweiten Weltkriegs. Der Kommunist war während seiner Korrespondentenzeit in Japan Mitglied der NSDAP geworden und hatte danach kriegsentscheidende Nachrichten an die Sowjetunion weitergeleitet. So auch das Datum des deutschen Überfalls auf die Sowjetunion, das Stalin jedoch für eine Falschinformation hielt und ignorierte. Als die Deutschen vor Moskau standen, konnte er verlässlich informieren, dass Japan im Fernen Osten keinen Angriff gegen die Sowjetunion plante, was die Verteidiger Moskaus bewog, Truppen aus Sibirien abzuziehen und im Kampf um die Hauptstadt einzusetzen. Noch heute erinnert unweit Moskau, ein Denkmal an ihn. Sorge war von den Japanern enttarnt, verurteilt und 1944 hingerichtet worden. Wir dürften die ersten Deutschen gewesen sein, die sein Grab besuchten. Und das auch erst nach längeren Verhandlungen mit den zuständigen japanischen Instanzen, die eine größere Einheit »unauffälliger« Zivilisten auf dem Friedhof postierten, bevor wir ihn betreten und unser Blumengebinde an seinem Grab niederlegen durften.

Bevor der Abflug nach Indien heranrückte, blieben noch zwei freie Tage, die ich nutzte, um nach Hiroshima zu reisen. Zwei Mitglieder der Freundschaftsgesellschaft Japan-DDR erwarteten mich dort. Beide waren durch den Atombombenangriff von einer schweren Strahlenkrankheit befallen und in die DDR eingeladen worden, wo Spezialisten sie behandelten. Für die Freundschaft und Sympathie, die man ihnen damals entgegengebracht hatte, schienen sie sich an diesem Tag bei mir revanchieren zu wollen.

Sie gingen mit mir zu dem einstigen Messepalast, über dessen Kuppel die Bombe ihre tödlichen Strahlen auslöste. Ich stand vor dem Mahnmal, das alljährlich am Tag des Abwurfs geöffnet wird, um die Liste mit den Namen der im letzten Jahr an den Folgen des mörderischen Überfalls Verstorbenen hinzuzufügen. Danach besuchte ich das Strahlenkrankenhaus, in dem noch immer alle Betten belegt waren. Der Chefarzt und die beiden Freunde führten mich durch die langen Korridore, begleiteten mich in Zimmer, in denen Männer und Frauen lagen, denen man ansah, dass sie wussten, wie nahe der Tod war. Zum Abschied schenkten mir die beiden von japanischen Kindern gefalteten Papierkraniche, die heute noch über meinem Schreibtisch hängen.

Wenige Tage später brachen wir nach Indien auf. In Bangkok mussten wir die skandinavische Maschine verlassen und mit einer Linie weiterfliegen, die keinen sonderlich guten Ruf genoss. Ihre Gründer hatten das erste Geld damit verdient, Waffen für Tschiang Kai-schek zu transportieren, und später die Gesellschaft an die CIA verkauft.

Mitten in der Nacht landeten wir in Kalkutta, wo niemand uns zu erwarten schien. Ratlos irrte ich auf und vor dem Flugplatz umher und fand dort schließlich den DDR-Handelsrat, der durch einen Defekt an seinem Wagen aufgehalten worden war und sonst auch längst wieder in der Stadt gewesen wäre. Er hatte ebenso wenig wie die gastgebenden Inder damit gerechnet, dass wir jene verrufene Fluggesellschaft benutzen würden.

Nach einigen Telefongesprächen bekam er alles in den Griff, und als wir im Bus zu unserem Hotel saßen, eröffnete er uns, dass das für Kalkutta geplante Spiel wohl ausfallen würde. Die offizielle Begründung, die man ihm mitgeteilt hatte, lautete, dass der Platz auf dem das Spiel stattfinden sollte, durch die sengende Sonne unbenutzbar geworden sei.

Der Konsul kannte aber auch den tatsächlichen Grund, der einmal mehr verriet, mit welch oft primitiven Methoden bundesdeutsche Diplomaten gegen die DDR operierten. Der bundesdeutsche Konsul hatte den für Sportplätze zuständigen städtischen Beamten mit einer angemessenen Summe bewegen können, den Platz sperren zu lassen. Sein Motiv: Wenige Tage nach uns wurden in Kalkutta westdeutsche Leichtathleten erwartet, und der Konsul hatte befürchtet, dass zu dem Hockeyspiel gegen die DDR zehnmal soviel Zuschauer kommen könnten wie zu dem Leichtathletiktreffen. Man empfahl uns, die Absage gelassen hinzunehmen, derlei Aktionen seien an der Tagesordnung.

Wir rechneten also mit drei müßigen Tagen, die es uns gestatten würden, ausgiebige Spaziergänge durch die interessante Millionenstadt zu unternehmen. Am Nachmittag trank ich an der Hotelbar einen Kaffee, als ein hoher indischer Offizier mit einer Eskorte von Adjutanten an der Rezeption nach Dr. Schöbel fragen ließ. Das Hotelpersonal verwies ihn aufgelöst an mich. Ich sei der im Augenblick einzig anwesende Ostdeutsche.

Der Offizier hielt sich nicht lange bei einer Vorrede auf. »Wir haben erfahren, dass das Spiel in Kalkutta gescheitert ist. Wird man ihnen gestatten, gegen eine Armeeauswahl anzutreten? Obendrein in einem Armeecamp?«

Ich bat ihn, einen Augenblick zu warten, Dr. Schöbel müsse in Kürze zurück sein. Der kam denn auch bald und hatte keine Bedenken, die Einladung anzunehmen. Am nächsten Nachmittag wurden wir abgeholt. Allerdings in einem Wagen, den die Armee in der Regel für den Transport von Häftlingen benutzte. Um uns nicht allzu sehr zu verschrecken, hatte man ihn mit frischem Birkengrün dekoriert. Die Spieler stiegen amüsiert in die »grüne Minna«, und Schöbel wurde in die Limousine eines Generals gebeten. In der Kaserne empfing man uns mit allen militärischen Ehren, und der kommandierende Brigadegeneral hielt eine herzliche Begrüßungsrede. Heinz Schöbel dankte. In beiden Ansprachen wurde die Freundschaft zwischen der DDR und Indien so intensiv beschworen, dass der BRD-Konsul einen Herzinfarkt erlitten hätte.

Anschließend erlebte ich das einzige Mal in meinem Leben, dass eine Rasenfläche von einem Besenkommando gefegt wurde. Mindestens eine halbe Kompanie war mit Reisigbesen über den Hockeyplatz gescheucht worden, damit kein lockerer Halm mehr herumlag. Die beiden Tore waren frisch lackiert worden, was der während des Spiels kaum beschäftigte DDR-Torwart allerdings erst zu spät wahrnahm. Am nächsten Tag hatte er seine liebe Not, den weißen Lack von seinem Trikot zu entfernen. Das Spiel endete 3:0, und danach wurden wir ins Offizierskasino eingeladen, wo der Abend standesgemäß ausklang. Am nächsten Morgen druckten mehrere Zeitungen Kalkuttas giftige Kommentare, dass »merkwürdige Umstände« die berühmte Hockeymannschaft aus der DDR gezwungen hätten, außerhalb von Kalkutta zu spielen.

Danach flogen wir nach Neu-Delhi. Dort begrüßten uns die Mitarbeiter der Handelsvertretung und servierten uns einen Linsen-Eintopf nach Hausfrauenart, was alle in Jubel ausbrechen ließ. Am nächsten Morgen saß ich ahnungslos im Hotel beim Frühstück, als einer der Spieler einen Inder an meinen Tisch geleitete. Der stellte sich als der Stadionchef vor und fragte mich, ob ich ihm eine DDR-Fahne beschaffen könne, da er doch am Nachmittag, den Gepflogenheiten folgend, neben der indischen Fahne auch die der Gäste hissen müsse. Er habe sich umgehört und erfahren, dass sie von der des anderen Deutschland abweiche. Mir fiel nur ein, ihn zu einem Whisky einzuladen und zu behaupten, ich würde die Flagge aus meinem Zimmer holen. Vor dem Hotel schwang ich mich in eine Taxe, jagte zur nahegelegenen DDR-Handelsvertretung und bat dort um eine Flagge. Niemand konnte ahnen, dass das indische Außenministerium just zu dieser Zeit den Handelsrat »einbestellt« hatte und ihm eröffnete, dass nach einer Intervention der BRD-Botschaft die DDR-Flagge nicht gehisst werden dürfe.

Just zur gleichen Zeit hatte der Chef des Materiallagers in der Handelsvertretung eine Flagge geholt, und ich war damit in der draußen wartenden Taxe ins Hotel zurückgerast. Ich trank noch einen zweiten Whisky mit dem Stadionchef und überreichte ihm dann das Flaggentuch, und der ließ es im Stadion hissen. Die überfüllten Ränge erlebten ein stimmungsvolles Spiel, das die Inder gewannen.

Noch am Abend erfuhr ich, dass es meinetwegen zu diplomatischen Interventionen gekommen war, weil sich die BRD-Botschaft bei den Indern beschwert hatte, dass sie ihren Wunsch, auf das Hissen der DDR Flagge zu verzichten, ignoriert hatten. Die Inder ließen die Umstände untersuchen und fanden heraus, dass der Stadionverwalter von niemandem informiert worden war. Der hatte zudem eine genaue Personenbeschreibung von mir zu Protokoll gegeben, und die wiederum entlastete alle Mitarbeiter der Handelsvertretung, denn es war keiner unter ihnen, den man als »baumlang« hätte bezeichnen können. Dieses Intermezzo wurde als Präzedenzfall ohne Präzedenzfolgen eingeordnet, denn es sollten Jahre vergehen, ehe die Flagge zum zweiten Mal aufgezogen wurde, und zwar ganz offiziell. So lange genoss ich den Ruhm, derjenige gewesen zu sein, der sie hatte hissen lassen, obwohl Bonn dagegen gewesen war.

Wir flogen zum dritten Spiel nach Bombay. Langsam ging das Jahr zur Neige und immer öfter stellten die Spieler die Frage, wann es denn nun exakt wieder nach Hause geht. Und das wiederum konnte nicht mal ich beantworten, der inzwischen vom Pressechef auch noch zum Reiseleiter aufgestiegen war und ermittelt hatte, dass die meisten Flüge nach Europa für die Zeit bis zu den Feiertagen ausgebucht waren. Und bei der Frage nach 25 Plätzen wurde an allen Schaltern nur höflich lachend abgewinkt. Langsam schien das Problem zu den unlösbaren zu gehören, bis mir ein rettender Gedanke kam. Noch stand das dritte Spiel aus. Also ging ich in das Büro der Air India, zählte die dort tätigen Damen und Herren und versprach den acht Damen und Herren für das am nächsten Abend stattfindende Spiel Plüschsessel-Plätze noch vor der Ehrentribüne. Angesichts der Bedeutung von Standesrängen in diesem Land konnte sich

niemand ausmalen, wie er vor die Ehrentribüne geraten könnte.
Die Buchungen wurden innerhalb von fünf Minuten erledigt,
indem man fest gebuchte Passagiere aus den Listen strich, und
anschließend ging ich zum Stadionchef und bestellte acht
Plüschsessel in der allerersten Reihe. Der gab zu bedenken, dass
derlei bislang in keinem indischen Stadion arrangiert worden
sei, und ich antwortete, dass unsere Mannschaft ohne die Sessel
wohl nicht antreten würde!

Am Tag zuvor hatte ich eine bittere »Niederlage« hinnehmen
müssen. Wir hatten das vor dem Hafen auf Reede liegende
DDR-Handelsschiff »Halberstadt« besucht und ich mich bereiterklärt, die jeden Morgen neu vergebene Funktion des »Spielers
vom Dienst« zu übernehmen. Wir fuhren an Bord einer Bar-
kasse zu dem Schiff und wurden von der Besatzung begeistert
empfangen. Hunderte Fragen nach den Olympischen Spielen
wurden gestellt, und ich hatte meine liebe Not, alle zusammen-
zutrommeln, als zum Aufbruch geblasen wurde. Als wir einige
hundert Meter von der »Halberstadt« entfernt waren, dröhnte
deren Sirene. Wir hielten es für einen Abschiedsgruß und wink-
ten freundlich. Erst als wir am Mittagstisch saßen, fiel auf, dass
einer fehlte. Viel Gejohle um den Versager als »Spieler vom
Dienst«, der verzweifelt darüber nachdachte, wie er noch einmal
zur »Halberstadt« gelangen sollte. Aber dann machte ein Boot
des Handelsschiffes unweit des Hotels fest und setzte den Ver-
lorengegangenen an Land.

Als wir uns nach all dem schon fast zu Hause wähnten,
prallte auf dem Flughafen in Belgrad eine Gangway gegen die
Tragfläche, und ehe die Kommission erschien, die zu prüfen
hatte, ob die Maschine noch flugtauglich war, verging viel Zeit,
und allen war klar, dass der Anschlussflug nach Schönefeld
längst in Berlin war. Dem war nicht so. Die Interflug hatte
geduldig gewartet und ein Sonderkommando mobilisiert, das
das Gepäck umlud. Kurzum: Weihnachten saßen alle unterm
heimischen Tannenbaum.

Da hier von Hockey die Rede war, soll noch ein Wort über
die Sportarten verloren werden, die bald darauf nicht mehr
intensiv gefördert wurden und noch heute pausenlos von den
bundesdeutschen Medien als »Beweis« für die »Unterdrückung«
»bürgerlicher« Sportarten ins Feld geführt werden.

2003
Kommentar zu »Sport II«

Von 1995 bis 2010 – dazu werde ich in einem späteren Abschnitt noch einiges zu schreiben haben – gab ich 30 Hefte des Magazins *Beiträge zur Sportgeschichte* heraus. In Heft 15 hatte ich ein Interview mit Siegfried Geilsdorf publiziert. Der war im DTSB für »Sport II« zuständig, eine Kategorie, deren Bezeichnung zwar treffend, aber psychologisch unglücklich gewählt war, weil eine Assoziation zu »zweiter Wahl« entstehen konnte. Geilsdorf »verwaltete« jene Sportarten, die die DDR nicht mehr bei Olympischen Spielen vertraten.

»*Frage:* Sie werden in den Publikationen der Aufarbeiter des DDR-Sports mit Vorliebe als derjenige benannt, der im Auftrag der Partei die Sportarten verwaltete, die nicht an Olympischen Spielen teilnehmen durften, weil sie keine Medaillen garantieren konnten. Wie lebt es sich mit solchem Ruf?

Siegfried Geilsdorf: Ich hatte schon deshalb keine schlaflosen Nächte, weil an dieser Behauptung so gut wie nichts stimmt. Ich bin nie in der Sportbewegung tätig gewesen, um Sport zu drosseln, sondern um ihn voranzubringen, und ich habe mein Möglichstes getan, diese Aufgabe zu lösen. Das war auch so, als ich Vizepräsident des DTSB und zuständig für Sport II war.

Frage: In einem dieser Bücher wird als eine Art dokumentarischer Beweis für die schon erwähnte These ein Brief des für Basketball zuständigen Generalsekretärs publiziert, in dem der beklagt, dass für die Spieler nicht genügend Schuhe, vor allem über die Größe 45 hinaus, zur Verfügung standen […]

S. G.: Solche Briefe gerieten nicht selten auch in mein Büro. Was könnten sie heute beweisen? Basketballschuhe wurden aus Bulgarien importiert, wenn ich mich recht erinnere, und es kam vor, dass die für die Wirtschaft der DDR Zuständigen andere Dinge für wichtiger hielten als Basketballschuhe. Es fiel ihnen vielleicht schwer, sich für deren Import zu entscheiden und

Transportgeräte, die in einem Betrieb dringend gebraucht wurden, von der Liste zu streichen. Beides wurde aus Bulgarien importiert.

Frage: Unbestritten ist, dass in der DDR die Sportarten in zwei Gruppen aufgeteilt waren. Die eine – bürokratisch knapp Sport I – wurde nach den vorhandenen Möglichkeiten intensiv gefördert, die andere – Sport II, die ihnen unterstand – nahm weder an Olympischen Spielen noch an internationalen Meisterschaften teil?

S. G.: So war es. Es fällt wohl auch schwer, sich vorzustellen, Basketballer zu Olympischen Spielen zu schicken und ihnen vorher sagen zu müssen, dass man ihnen leider keine passenden Schuhe mitgeben kann. Das ist nur ein Mini-Detail, denn zur Vorbereitung auf Olympia gehören bekanntlich nicht nur passende Schuhe. Die Realität war, dass die dem DDR-Sport zur Verfügung stehenden Devisen nicht für die intensive Förderung aller Sportarten reichten, und mit dieser Realität mussten wir leben. Diese Feststellung kann man beklagen und auch kritisieren, aus der Welt schaffen ließ sie sich nicht. Das wissen natürlich auch die Bücherschreiber, weil die Bundesrepublik unser damaliges System inzwischen perfektionierte und sogar vier Förderstufen für unterschiedliche Sportdisziplinen eingerichtet wurden. Um Vergleiche anstellen zu können, habe ich mir mal das Protokoll der Tagung des Bereichs Leistungssport im Deutschen Sportbund vom 10. Oktober 1996 besorgt.

Wörtlich las ich dort die Liste der Sportarten in vier Fördergruppen und danach die Details über die Reduzierung der zu vergebenden Mittel. Fördergruppe IV, las ich, muss mit einem Minus von 20 bis 30 Prozent der bisherigen Summen rechnen. Und in Sport 4 befanden sich damals zum Beispiel: Leichtathletik-Gehen, Leichtathletik-Mittelstrecken-Frauen, und Turnen-Einzelgeräte-Frauen, also alles Sportarten, die keine Medaillenchancen bei Olympia hatten. Ich gebe zu, dass sich die Struktur des Systems von unserem unterschied, aber das Resultat war das gleiche.

Frage: Die Aufarbeiter behaupten gern, es gab in der DDR Sportarten, die überhaupt nicht gefördert wurden […]

S. G.: Das ist und bleibt eine der vielen unbewiesenen Behauptungen. Zum Beispiel versucht man uns – und auch speziell mir – anzulasten, dass in der DDR Triathlon verboten war. Die liebsten Begründungen sind Unterstellungen wie die, wir seien gegen Triathlon gewesen, weil es besonders intensiv auf Hawai betrieben wurde, also – so die Redensarten – beim »Klassenfeind«. Würde ich Gegenfragen auf diesem Niveau stellen wollen, könnte ich zum Beispiel feststellen, dass es nie einen Bogenschützenverband in der BRD gab. Diese Sportart war immer das fünfte Rad am Wagen des Deutschen Schützenbundes. Wir hatten seit 1959 einen Bogenschützenverband mit fast 5.000 Mitgliedern. Soll man deshalb der BRD vorwerfen, sie hätte keinen Verband zugelassen, weil Bogenschießen seinen Ursprung im Fernen Osten hatte?

Frage: Forderte der Tennisverband, Aktive nach Wimbledon schicken zu dürfen?

S. G.: Nein, die Tennisfunktionäre waren Realisten. Es ging ihnen, wie auch den Basketballern, vor allem um das nötige Sportgerät. Im Tennis hatten wir übrigens nicht nur einen Verbandstrainer, sondern dazu noch Stützpunkttrainer, die in besonders aktiven Sektionen mit vielen Mitgliedern tätig waren und sich intensiv um den Kinder- und Jugendsport kümmerten.

Frage: Es ging ihnen vermutlich also um genügend Tennisbälle?

S. G.: Ja, das war ein Dauerthema. Auf dem Gebiet der DDR waren früher keine Tennisbälle produziert worden. Als man damit begann, testeten Spieler und Funktionäre die Produkte, und schließlich wurde die Produktion aufgenommen. Das waren keine Bälle, mit denen zum Beispiel in Wimbledon hätte gespielt werden können, aber schwerer wog, dass wir auch mit unserer Produktion den Bedarf nicht befriedigen konnten. Für wichtige Turniere mussten wir uns um China-Importe bemühen. Gleiches galt für Schläger, vor allem für die, die von der Elite benutzt wurden. Der Import hatte auch da seine Grenzen, und es kam nie der Tag, an dem wir in dieser Hinsicht keine Sorgen hatten. Man kann es drehen und wenden wie man will: Die wirtschaftlichen Grenzen der DDR konnte der Sport nicht ignorieren. Hinzu kam: In der Alt-BRD regelte bekanntlich schon damals das Geld den Spielbetrieb. Die Mitgliedsbeiträge – auch für Kinder – waren dementsprechend.«

1965
Wie ich Traktorenschlosser wurde

Irgendwann in den 60er Jahren war beschlossen worden, Partei-Funktionäre jährlich für einen Monat in die Produktion zu schicken, eine Entscheidung, an die heute niemand erinnert, weil sie den Ruf der so verschrieenen Partei aufbessern könnte, und daran ist heute kaum jemand interessiert, vielleicht nicht mal in der Partei, die sich *Die Linke* nennt. Ich gehöre nicht zu denen, die Entscheidungen der SED nachträglich »aufarbeiten«, sondern erinnere nur daran, dass es diesen Beschluss gab, dass er mein Leben vorübergehend veränderte und obendrein dafür sorgte, dass ich eine meiner Lebens-»Universitäten« absolvierte.

Auf meinem damaligen »Marschbefehl« stand »Schönebeck«, wo die Fahrrad-Produktion nach der Teilung Deutschlands eingestellt werden musste, weil die seit jeher aus dem Westen bezogenen Speichen und Rahmenrohre nicht mehr geliefert wurden. Zudem brauchte man auf DDR-Feldern Traktoren dringender als Fahrräder. Die wurden nun in Schönebeck projektiert und eines Tages auch hergestellt. Das geschah zu meiner Zeit in einer riesigen Halle, die nicht zu heizen war. Demzufolge hätte man die Produktion im Winter einstellen müssen, aber zu den Stärken der in der DDR Lebenden und Arbeitenden gehörte auch, dass sie oft auf den ersten Blick unlösbare Probleme in den Griff bekamen. So auch damals in Schönebeck: Man zerrte zwei von der Reichsbahn ausrangierte Lokomotiven vor die Halle und improvisierte mit ihnen eine ungewöhnliche, aber verblüffend gut funktionierende Dampfheizung. Dort ließ ich mir – anfangs rundum nur »Berliner Bonze« genannt – in einer »Brigade Friedensfahrt« zeigen, wie man den Vorderwagen des Traktors RS 09 montiert. Es dauerte nicht lange, bis ich die Handgriffe beherrschte, und da ich flinke Finger hatte, avancierte ich bald vom »Bonzen« zum »Klaus«. Es waren ebenso harte wie schöne Tage, die ich dort verbrachte, und die Bindungen zu den Mitgliedern meiner Brigade hielten lange. Noch in den achtziger Jahren – der Beschluss des »Pflichtmonats« war längst in Vergessenheit geraten – wurde ich mit meiner Frau regelmäßig zu allen Brigadefeten eingeladen und bei solchen Gelegenheiten den neuen, jüngeren Brigademitgliedern gebührend vorgestellt. Ich will nicht behaupten, dass alle Brigademitglieder mit mir politisch einer Meinung waren, aber unsere Treffen wurden von allen – auch von mir – dazu genutzt, unsere Standpunkte ausgiebig zu erörtern. Noch heute frage ich mich oft, wie jene Behauptung entstanden sein mag, dass die meisten DDR-Bürger in »Nischen« lebten und sich damit von ihrem Umfeld isolierten. Wer je in einer Brigade arbeitete, wird bestätigen, dass Genossen nicht deshalb zu Brigadiers gewählt wurden, weil sie Mitglied der Partei waren, sondern weil sie die Interessen der Brigade wirkungsvoll vertraten. Noch heute erinnere ich mich gern dieses »Lehrmonats«.

1990, als das Zeitalter der »blühenden Landschaften« begann, »privatisierte« die Treuhand auch diesen Betrieb, und die neuen Besitzer begannen als erstes, die 4.800 Arbeitsplätze drastisch zu reduzieren. Die Produktion der unverwüstlichen Traktoren, die in siebzig Länder der Welt exportiert worden waren – alles in allem mehr als 90.000 Stück – wurde gestoppt und auch in diesem Fall schlicht behauptet, sie lägen unterhalb des Weltstandards.

Ich hatte davon gehört, war nicht sonderlich überrascht, glaubte aber meinen Augen nicht zu trauen, als ich 1998 eines Morgens vom *spotless*-Büro zum Alexanderplatz eilte und mir ein komfortabler Wohnwagen vor dem Portal der Treuhand den Weg versperrte. Ein Schild »Traktorenwerk Schönebeck« machte mich mehr als neugierig. Drei Schönebecker protestierten rund um die Uhr mit Losungen gegen die »Abwicklung« des Traktorenwerks. Ich drängte mich auf die schmale Sitzbank im Innern des Wohnwagens, und als wir uns miteinander bekanntmachten, stellte sich heraus, dass ich dem Sohn eines »Friedensfahrt«-Kollegen aus der Lokheizungs-Zeit gegenübersaß. Fortan plauderten wir jedesmal miteinander, wenn mich der Weg dort vorüberführte. 200 Tage campierte das Trio auf dem Alex, am

Ende sagten die unteren Chargen der Treuhand schon mal »Guten Tag!« oder bestellten beim Pförtner eine Kanne Kaffee für die Protestierer. Aber mehr als Kaffee gab es nicht.

Noch Jahre später schickte mir der Sohn Grüße vom Vater und eines Tages auch einen Artikel aus der *Volksstimme* vom 16. Januar 2004: »Der langsame Tod der Traktor-Tradition ist Geschichte. Die Arbeitsplätze im Traktorenwerk auch. Am 23. Dezember erfuhren das die letzten 150 Mitarbeiter. Nun weht nur noch der kalte Januarwind zwischen den nicht enden wollenden Produktionshallen. Liquidation. […] Oberbürgermeister Hans Jürgen Haase (CDU) war auch mal ein Traktorenwerker. […] Haase sagt, die Treuhand hat das Werk ausbluten lassen. Ein Geschäftsführer nach dem anderen. Jeder bekam mehr Geld und ein riesiges Auto. Aber ein Traktorenwerk gibt es nicht mehr. «

So gehöre ich letztlich auch zu den von der Treuhand »Abgewickelten«.

1966
Hilfe vom Kronprinzen

Die Skiweltmeisterschaften 1966 fanden am legendären Osloer Holmenkollen statt, und an einem der ersten Abende traf ich dort Birger Ruud, der sich noch gut an meinen Besuch erinnern konnte. An jenem Abend gab es im Hotel unterhalb der Schanze ein stimmungsvolles Wiedersehen zwischen den beiden großen Skisprung-Rivalen der Olympischen Winterspiele 1936, Birger Ruud und Sven Eriksson. Der Schwede hieß inzwischen Sälanger, weil ihm seine Heimatstadt nach dem Gewinn der Silbermedaille angetragen hatte, den Stadtnamen als Familiennamen zu tragen. Da Ruud das Duell 1936 nur dank seiner besseren Haltungsnoten gewonnen hatte, waren die einmal mehr das Thema. Der immer zu Scherzen aufgelegte Ruud verriet dem Schweden das wahre Geheimnis seines Sieges: »Am Tag vor dem Springen fand der Slalom statt, der damals allerdings nur in der alpinen Kombination gewertet wurde. Du hättest dort genau so starten können wie ich, wolltest dich aber für das Springen schonen. Ich nahm teil, und deshalb gewann ich das Springen. Du hast den ganzen Tag nur an das Springen gedacht.« Sälanger widersprach dem nicht. Es wurde so manches Glas an jenem Abend geleert und manche Lebensweisheit verkündet.

Am Ende dieser Weltmeisterschaften führte mich eine wichtige politische Mission – am Telefon – mit dem norwegischen Kronprinzen Harald zusammen. Er hatte sich schon vor dem Auftakt als Präsident des Organisationskomitees energisch darum bemüht, dass den DDR-Athleten trotz bundesdeutschen Einspruchs die Visa erteilt worden waren. Als wir nach dem Ende auf dem Osloer Flughafen saßen und auf die Interflug-Maschine warteten, die uns abholen sollte, alarmierte man uns aus Stockholm, dass sie keine Landeerlaubnis erhalten habe. Wir hockten also auf dem Flugplatz und grübelten, wie die Mannschaft nach Hause kommen könnte. Ich erinnerte mich an die

Haltung des Kronprinzen in der Visafrage und hing mich ans Telefon. Nach vielen Malen »Ja« und »Nein« war er plötzlich am anderen Ende der Leitung. Ich beschrieb ihm die Situation, er kommentierte meine Bitte mit keiner Silbe, versprach aber einen Rückruf. Es verging einige Zeit, dann ließ er mir mitteilen, wir mögen uns zu einem norwegischen Militärflughafen begeben, wo die Maschine in Kürze landen werde. Ich bedankte mich im Namen der Mannschaft, und er wünschte uns – sichtlich zufrieden mit dem Ausweg, den er gefunden hatte – eine gute Heimreise. Also rollten wir im Bus geradenwegs auf einen NATO-Flughafen, und bald darauf landete die Interflug-Maschine dort. Irgendwann behauptete mal jemand, der es wissen musste, dass das die einzige Landung der Interflug auf einem NATO-Flugplatz gewesen war.

1967
Lernen bei Siqueiros

Ein Jahr vor den Olympischen Spielen in Mexiko hatte man mich zum Schauplatz der »Höhenspiele« – die 7,8-Millionenstadt liegt in 2310 m Höhe – geschickt, auch um über die möglichen Probleme des Starts in solcher Höhenlage zu berichten. Dort traf ich den Genossen Edgar Fries, der zu jener unübersehbaren Schar von Diplomaten gehörte, die damals noch nirgends offiziell akkreditiert waren und überall für die Normalisierung der Beziehungen zur DDR warben. Unauffällig und fast lorbeerlos demolierten sie die diplomatischen, ökonomischen und kulturellen Mauern, die Bonn weltweit errichtet hatte, um die DDR zu isolieren. Fries kannte in Mexiko Gott und alle Welt, verabredete für mich zahllose wichtige Begegnungen – darunter sogar ein Abendessen mit dem weltberühmten Schriftsteller Traven, das nur wegen einer plötzlichen Erkrankung des Gastgebers in letzter Minute abgesagt werden musste – und lud mich eines Tages ein, mit ihm nach Guernavaca zu fahren. Dort, in der Stadt, die schon die spanischen Eroberer die »Stadt des ewigen Frühlings« getauft und deshalb dort auch ihr Hauptquartier aufgeschlagen hatten, begegnete ich dem weltberühmten Maler David Alfaro Siqueiros.

Wir bummelten durch sein Atelier, in dem gerade riesige Segmente für ein Gemälde zusammengesetzt wurden, das die Wände des Kongresssaals eines neuen Hotels in der Hauptstadt schmücken sollte.

Bevor Siqueiros erschien, wurden wir wie nebenbei gefragt, aus welchem Deutschland wir kämen. Wir teilten es mit, und Minuten später begrüßte er uns, als wären wir uralte Freunde: »Genossen, willkommen!«

Seine Sympathie für die DDR resultierte auch aus der Solidaritätsaktion für seine Befreiung aus dem Gefängnis, in das man ihn am 9. August 1960 gesperrt hatte, weil er den Generalstreik der Eisenbahner Mexikos 1959 unterstützt hatte. Eine der spektakulärsten Aktionen für seine Freilassung war der Aufruf an die Kinder der DDR, Bilder für ihn auf Postkarten zu malen und sie mit der Forderung, ihn freizulassen, nach Mexiko zu schicken. 4000 Karten gingen im Gefängnis ein. Als Dank malte er für die Kinder der DDR in der Haft das Bild »Der Brief« und schickte allen Kartenschreibern eine Botschaft.

Nach dem Rundgang durch sein Atelier saßen wir im Garten und spürten nicht, wie die Stunden verrannen. Jahre später las ich seine Memoiren, aber mir blieb sein unvergleichliches Leben, gebündelt in den Erzählungen jener Nacht, tiefer in der Erinnerung. Er hat mir damals viel für mein Leben mit auf den Weg gegeben, und seine unbestritten wichtigste Lehre lautete: »Man muss als Kommunist verlieren können, wenn man siegen will!« Das war das von ihm formulierte Fazit seines Lebens.

Er hatte in Spanien gegen die Faschisten gekämpft und verloren. Er hatte in Mexiko manch bittere Stunde erleben müssen, obwohl er als weltberühmter Maler nie in Geldnöte geriet.

Als die Kommunistische Partei 1959 den Ausstand der Eisenbahner unterstützte – 5.000 Streikende und Sympathisanten wurden verhaftet und eine unbekannte Zahl sogar ermordet, weil ein Streik zu jener Zeit in Mexiko noch als krimineller Widerstand gegen den Staat betrachtet wurde –, hatte sie zuvor Siqueiros in die oberste Leitung gewählt.

»Die riefen mich an«, erzählte er uns, »und fragten, ob sie mich zum Generalsekretär wählen dürften. Mich, den berühmten Maler, würden sie garantiert nicht anklagen und schon gar nicht verurteilen. Ich willigte ein, aber sie hatten sich geirrt – ich landete vor Gericht. Mein Leben war bis dahin bewegt genug gewesen. Ich hatte in der mexikanischen Bürgerkriegsarmee gekämpft, dann in Spanien. Ich hatte also viele Erfahrungen gesammelt. Es kam eine neue hinzu, sie verurteilten mich zu acht Jahren Gefängnis. Ein oberstes Berufungsgericht bestätigte das Urteil. Nach vier Jahren ließen sie mich frei.«

Und dann sagte er den Satz, der mich so sehr bewegte: »Also stand ich oft ich im Leben auf der Seite derer, die verloren. Ein Kommunist muss verlieren können und nur gründlich darüber nachdenken, was er nach der Niederlage tut. Die Chancen, als Kommunist zu siegen, sind nicht sehr groß.«

An diese Worte habe ich mich nach 1989 oft erinnert, vor allem, wenn ich Menschen traf, die die Niederlage nicht ertragen konnten und pausenlos nach den »Schuldigen« suchten. Und ich habe auch die Frage Pablo Nerudas nicht vergessen, die er gestellt hatte, als er von dem Urteil gegen Siqueiros gehört hatte: »Kann man eine Flamme einsperren?«

In jener Nacht erzählte er uns viele Episoden seines Lebens. So erinnerte er sich schmunzelnd daran, wie ihn Mithäftlinge eines Tages gebeten hatten, eine dralle Frau zu malen. Schon der Anblick einer nackten Frau würde das Leben erträglicher machen. Siqueiros bat den Anstaltschef um Leinwand, Pinsel und Farben, und der dachte keine Sekunde daran, das dem berühmtesten Häftling, der je bei ihm einsaß, zu verweigern. Die erste Frau, die er malte, war vollbusig mit ausladenden Hüften. Nach einem Monat bat man ihn um eine schlanke mit langen Beinen. Von da an erwarteten sie alle vier Wochen mit Spannung sein neuestes Werk. Eines Tages kam der Direktor und kündigte ihm den Besuch zweier Herren aus Paris an. Es waren die Manager eines der renommiertesten Nachtlokale, die von seinen überlebensgroßen Frauenakten erfahren hatten. Sie boten ihm eine stattliche Summe, wenn er ihnen monatlich die »Ausgediente« verkaufen würde. Sie wollten an der Seine mit seinem Namen als Bühnenbildner werben – eine Touristenattraktion ersten Ranges.

»Die Kapitalisten machen aus allem Geld«, sagte er und fügte noch ein Beispiel hinzu. »In den USA sollte ich an einen Hausgiebel ein christliches Motiv malen. Ich wählte die Kreuzigung, setzte aber statt der kirchlichen Initialen einen riesigen Dollar an die Spitze des Kreuzes, und der Gekreuzigte war unübersehbar ein Arbeiter. Es gab viel Ärger. Man wies mich aus den USA aus, der Bürgermeister verlangte, dass das Bild vom Giebel abgewaschen würde. Und was tat der Mann, der mir den Auftrag gegeben hatte? Er ließ eine Blende vor dem Giebel hochziehen, Treppen zwischen Blende und Giebel montieren und kassierte fortan von jedem, der das Bild sehen wollte. Es wurde ein tolles Geschäft für ihn.«

Als man Siqueiros aus dem Gefängnis entlassen hatte, engagierte ihn ein US-amerikanischer Hotelkonzern für das riesige Kongresssaalgemälde, an dem er gerade arbeitete, als wir ihn

Glückwünsche und einen Orden von Walter Ulbricht

besuchten. Die finanzielle Offerte der Yankees war großzügig, Siqueiros stellte nur die Bedingung, das Thema selbst wählen zu dürfen. Sie willigten ein. So machte er sich an die Arbeit. Das Bild hieß »Der Marsch der Menschheit«. Die Amerikaner konkretisierten ihre Bedingungen, als sie das Thema erfuhren. Sie vermuteten zu Recht: »Mit Sicherheit wird doch auch Lenin auf dem Bild zu sehen sein. Den aber sollten Sie nicht so platzieren, dass er gleich ins Auge fällt, wenn man den Saal betritt.«

Siqueiros hatte keinen Einwand und einen einleuchtenden Grund für den Kompromiss: »Es ist doch gleichgültig, wo Lenin steht, nur vergessen darf man ihn nicht!«

Wir hörten ihm zu, bis tief in die Nacht. Er bummelte mit uns durch den dunklen Garten und zeigte uns das Areal, in dem Fidel und Raul Castro, Cienfuegos und Che Guevara drei Wochen Überleben ohne Nahrung trainiert hatten. Nur Wasser holten sie sich bei ihm. Sie ernährten sich von Baumblättern, Wurzeln, Gräsern. Am letzten Tag vor ihrem Aufbruch fragten sie ihn, welche Chancen er ihnen für die Landung in Kuba einräume.

»Ich sagte: Ihr seid Kerle, die das zuwege bringen, aber haltet noch Ausschau nach einem Arzt. Den braucht ihr.

Da antwortete Che Guevara: Keine Sorge, ich bin Arzt.

Darauf ich: Dann rate ich euch nur noch: Trainiert, Niederlagen zu überstehen.

Das taten sie bekanntlich gründlich, kämpften sich durch eine Kette von Niederlagen und siegten am Ende.«

Bevor wir aufbrachen, zeigte uns Siqueiros eine Kopie des Wandbilds, das er nach der Rückkehr aus Spanien gemalt hatte: »Niedergeworfen, aber nicht verloren.« Seine Bildsprache war überzeugend.

Ich bin in meinem Leben vielen Menschen begegnet. Manche belächelten mich ob meiner Überzeugung als einen Phantasten, andere hassten mich deswegen, und ihr Hass war oft gefährlich. Aber da waren auch viele, die so wenig wie ich glaubten, dass morgen die Weltrevolution siegen würde, und dennoch unser Anliegen verfochten, wohl wissend, dass ihnen eine andere Haltung zum Beispiel ein schnelleres Auto bescheren könnte.

Ich wusste aber auch, dass da noch genügend Menschen waren, die ich Freunde und Genossen nennen durfte und die mit von der Partie wären, wenn es um unsere Ideale ging. Dass da auch welche waren, die von Bord gegangen waren, irritierte mich nicht. Ich nenne die »Wende« gern den größten Charakterstriptease des Jahrhunderts!

1996
Als der Bürgermeister erschien

Pausenlos wühlen »Forscher« in Akten und versichern, Geschichte aufarbeiten zu wollen. Mit enormem Eifer auch die Geschichte des DDR-Sports. Was ich anschließend schildere, ist jedoch bis heute von keinem bundesdeutschen Sporthistoriker »aufgearbeitet« worden. Dass ich über dreißig Jahre später daran mitwirken konnte, altbundesdeutsche Intrigen gegen die DDR aufzuklären, war allerdings nur einem Zufall zuzuschreiben, dem Zufall nämlich, dass 1996 ein Hochschulprofessor auf die Idee kam, mich zu einem Gespräch mit seinen Sport-Studenten einzuladen.

Zur Vorgeschichte: Im Oktober 1965 hatte das Internationale Olympische Komitee in Madrid getagt und völlig überraschend entschieden, das NOK der DDR mit allen Rechten anzuerkennen und die zehn Jahre gültige Variante der »provisorischen« Anerkennung aufzuheben. Damit wurde der DDR auch gestattet, ab 1972 mit einer eigenen Mannschaft an den Start zu gehen. Bonn war fassungslos, denn die Sommerspiele 1972 waren an München vergeben worden, und eines der Motive für die Bewerbung war die Hoffnung gewesen, die IOC-Anerkennung der DDR dadurch hinauszuzögern. Nun drohte also das olympische Sommerspiel-Debüt der DDR in der BRD stattzufinden, die bislang verbotene Fahne würde gehisst und die DDR-Nationalhymne intoniert werden müssen. Es war eine arge außenpolitische Niederlage Bonns im Kalten Krieg.

Ich hatte die Tagung vor Ort erlebt und darüber auch ausgiebig berichtet. Über dreißig Jahre waren seitdem vergangen, als mich der in Hannover Sportgeschichte lehrende Professor Dr. Lorenz Peiffer am 14. Juni 1996 ins Deutsche Olympische Institut am Wannsee einlud, um dort mit seinen Studenten über meine Erfahrungen in der deutsch-deutschen Olympia-Geschichte zu diskutieren.

Am 25. Februar 1998 schickte er mir das Protokoll der mehrstündigen Diskussion zu. Ich zitiere daraus:

»Huhn: Nun will ich aber auf Madrid 1965 zu sprechen kommen. Die Gefahr, dass die DDR in Madrid anerkannt werden würde, war ja recht groß. Das wurde auch von der Bundesregierung so eingeschätzt, und daher hat die Bundesregierung eine Order erlassen, die ich für eine der dümmsten halte, abgesehen von vielen anderen. Sie hat sämtliche Botschafter der Länder, in denen IOC-Mitglieder waren, beauftragt, das IOC-Mitglied einzuladen, mit ihm zu reden und ihm zu erklären, dass man es als unfreundlichen Akt auffassen würde, wenn sie in Madrid für die DDR stimmen würden. Ein einziger ist trotz dreier Einladungen nicht hingegangen: der Schweizer Albert Mayer. Der Botschafter der BRD war offensichtlich nicht der intelligenteste. Da Mayer der Einladung nicht nachkam, schrieb er ihm einen Brief, der die Position der BRD beinhaltete und wie Mayer sich auf der Sitzung zu verhalten hätte. Als ich nach Madrid kam, war der erste Nachmittag vor Beginn dieses Kongresses der Besichtigung einer Farm gewidmet. Einer Farm, auf der Kampfstiere trainiert wurden. Alle IOC-Mitglieder durften in diese Arena und konnten mit den kleinen Stieren ein bisschen kämpfen. Das war ein Riesenspaß. Während viele sich an diesem Spaß beteiligten, kam Albert Mayer zu mir und sagte: ›Passen Sie mal auf. Sie können Ihren Leuten sagen, dass die Abstimmung über die Anerkennung der DDR schon gelaufen ist.‹ Darauf erwiderte ich, wie er denn darauf kommen würde. ›Ich habe hier einen Brief in der Tasche, und wenn die Sitzung morgen beginnt, lese ich diesen Brief erst einmal vor.‹

›Was ist das für ein Brief?‹

›Das werden Sie morgen erfahren. Das kann ich Ihnen, gerade als Journalist, heute noch nicht sagen.‹

Ich muss noch einen Satz zu Albert Mayer sagen. Er war mit einer Griechin verheiratet. Einer Griechin, deren Familie während der faschistischen Besetzung umgekommen ist. Die Frau begrüßte jeden Deutschen mit der Frage – noch bevor sie ›Guten Tag‹ sagte –, ob er bei der Wehrmacht gewesen sei. Wer ›ja‹ sagte, war für sie erledigt, mit dem hat sie kein Wort mehr gesprochen. Ich konnte mit gutem Gewissen ›nein‹ sagen. Dadurch hatte ich mit beiden auch ein normales Verhältnis.

Am nächsten Tag begann also die Sitzung, und Albert Mayer erhob sich und sagte: ›Meine Herren, wie ich das übersehe, waren Sie alle von ihrem deutschen Botschafter eingeladen worden.‹ Alle guckten auf einmal irgendwohin. Es gab niemanden, der genickt hat.

Soweit hat Albert Mayer mir das erzählt, ich selbst war ja nicht in der Sitzung. Er sagte, dass er den Brief dabei hätte, und dass er nicht hingegangen sei. Dann las er den Brief vor, und damit war das Problem im Grunde genommen gelöst. Brundage hat die Sitzung zunächst erst einmal unterbrochen. Daume hat mir sehr viel später einmal gesagt, dass er sich in seinem Leben noch nie so einsam gefühlt habe, wie in diesem Augenblick.

Nun sage ich Ihnen noch, wie die Sache endete: Der König von Griechenland war zu dieser Zeit Mitglied des IOC, und sein Schwager war der Herzog von Aosta. Dieser hatte das IOC an dem Abend zu einem Essen geladen. Nun wurde zu lange diskutiert, und die IOC-Mitglieder hatten die Einladungszeit sozusagen nicht mehr im Auge gehabt. Deshalb hat sich der König von Griechenland plötzlich zu Wort gemeldet und gesagt: ›Meine Damen und Herren, Sie wissen doch, dass wir heute Abend eingeladen sind. Nun ist aber genug.‹ Zu dieser Zeit war in dem IOC noch eine Atmosphäre, dass, wenn der König etwas sagte – und es war ja auch nur ein König in diesem Komitee –, dieses Wort Gewicht hatte. Was der aber mit ›genug‹ eigentlich gemeint hat, ist bis heute nicht aufgeklärt. So endete auf jeden Fall dieser Tag.«

In seinem Begleitbrief hatte Prof. Peiffer mir mitgeteilt: »Aufgrund dieses Gespräches habe ich damals im Politischen Archiv des Auswärtigen Amtes gezielt nach dem Brief des deutschen Botschafters in der Schweiz an das schweizerische IOC-Mitglied Albert Mayer recherchiert.«

Er hatte den Brief gefunden und seinen am Wannsee mir gegenüber sehr skeptischen Studenten mitgeteilt, dass ich die volle Wahrheit gesagt und die Bundesregierung tatsächlich ihre Botschafter mobilisiert hatte, das IOC im Sinne des Alleinvertretungsanspruchs zu manipulieren.

1968
Der Rodelkrimi

Drei Jahre nach dieser IOC-Entscheidung zog die DDR am 6. Februar 1968 in Grenoble zum ersten Mal mit eigener Mannschaft in eine olympische Arena. Zwar noch ohne eigene Flagge und Hymne, aber eben als eine der 37 teilnehmenden Mannschaften.

192 Stunden später erschien in der *Bild* der Leitartikel eines Herrn Müller, der später nach einem Gastspiel in der Direktionsetage von adidas in die »beigetretenen« Länder wechselte, um den Ossis beizubringen, was »richtige« Zeitungen sind. Damals, also 1968 in Grenoble, noch in Diensten von *Bild*, schrieb er: »Die 10. Olympischen Winterspiele hatten ihren Skandal – einen deutschen Skandal. Drei Sportlerinnen aus Oberwiesenthal wurden disqualifiziert. Der erste selbständige olympische Auftritt der Zonen-Mannschaft ist von einem schrillen Misston begleitet. Doch ich meine, dass man nicht nur mit den drei Rennrodlerinnen scharf ins Gericht gehen soll.

Für mich sind sie zuallererst die Opfer eines Systems geworden, ein Opfer der Funktionäre. Alles spricht dafür, dass der fanatische Ehrgeiz der sportlichen Politruks, die ›selbständige Mannschaft‹ international nach vorn zu bringen, den letzten Rest sportlichen Anstands zertrümmert hat. Es gibt keinen Zweifel: Hinter dieser schmutzigen Taktik stand das politische Kalkül. Die Sportlerinnen wurden von Kräften ferngesteuert, denen es nicht um olympische Wettkämpfe, sondern um politisches Prestige ging. Darum darf es nicht bei der Disqualifikation der Rodlerinnen bleiben. Die eigentlich schuldigen Drahtzieher, die den olympischen Geist in Grenoble in den Schmutz getreten haben, müssen entlarvt und ein für allemal von den internationalen Wettkämpfen ferngehalten werden.« So hatte Müller die bundesdeutsche Forderung formuliert, die eben erst zu den Olympischen Spielen zugelassene DDR umgehend von den Olympischen Spielen auszuschließen.

Exakt 41 Jahre nach Grenoble bestätigte der 2009 noch als Bundesinnenminister für den Sport zuständige Wolfgang Schäuble diese Feststellung, als er, am 27. März von der *Frankfurter Allgemeinen Zeitung* gefragt, ob der Sport Teil des Kalten Krieges gewesen sei, offenherzig antwortete: »Er war natürlich Teil des System-Wettbewerbs. Das sollte man nicht zu lange in Abrede stellen.« Und damit wären wir zurück in Grenoble.

Der »Rodelkrimi« wurde in den DDR-Medien ausgiebig beschrieben, in der Alt-BRD aber nie korrekt dokumentiert und auch nicht im Rahmen der »Aufarbeitung« des Sports im »Unrechtsstaat« behandelt. Noch einmal: Es war ein politisch motivierter krimineller Anschlag. Hier die wichtigsten Fakten, die ich nicht recherchieren musste, weil sie kaum ein Journalist so hautnah erlebt hatte wie ich:

8. Februar – Die ersten Läufe auf der Rennschlittenbahn wurden wegen eines Wärmeeinbruchs abgesagt. (Die Bahn in Grenoble war eine reine Naturanlage ohne Kunsteis.)

11. Februar – Die ersten beiden Läufe konnten endlich ausgetragen werden. Die Reihenfolge danach bei den Männern: Schmid (Österreich) vor Köhler, Hörnlein, Bredow (alle DDR). Bei den Frauen: Müller vor Enderlein (beide DDR) und Lechner (Italien).

12. Februar – Tauwetter verhinderte die Fortsetzung der Konkurrenz. 400 Liter flüssige Luft wurden antransportiert, um die Bahn über Nacht zu vereisen.

13. Februar – Frostwetter. Um 7.30 Uhr sollten bei den Herren und Damen die dritten Rennläufe gestartet werden. Der Beginn verzögerte sich um etwa eine halbe Stunde. Richard Hartmann (Mannschaftsleiter der BRD) beantragte plötzlich eine Temperaturkontrolle aller Kufen. Das Mitglied der Technischen Kommission Heinz Scheimpflug (Österreich) überprüfte die Kufen durch Handauflegen. Später beteiligte sich das polnische Jury-Mitglied Swiderski an dieser Kontrolle und eröffnete dem Österreicher Schmid, dass seine Kufen zu warm seien. Seine Methode, die Temperatur zu prüfen: Mit den Fingerspitzen hatte er Schnee auf Schmids Kufen geschnipst, der dann geschmolzen war.

Danach begab sich Swiderski zum tiefer liegenden Damenstart. Dort standen in der Nähe des Startblocks auch die Schlitten der DDR-Aktiven Enderlein, Müller und Knösel, die etwa 25 Minuten zuvor eingetroffen waren. Swiderski kontrollierte deren Kufen durch Handauflegen und platzierte dann Schneekügelchen auf die Kufen. Sie schmolzen. Die Bemerkung des anwesenden Trainerrats-Vorsitzenden des DDR-Verbandes, Helmut Buchröder, dass der Schnee bei der Außentemperatur – in diesem Augenblick minus 4 Grad – und der chemischen Zusammensetzung des Kufenwachses schmelzen muss, beantwortete Swiderski mit den Worten: »Stellen Sie die Schlitten mit den Kufen in den Schnee. Jetzt ist noch Zeit dazu.« Zu Ortrun Enderlein, deren Kufen Swiderski ebenfalls als zu warm befand, sagte er: »Tun Sie das, damit es keinen Protest gibt.«

Die drei Mädchen legten ihre Schlitten mit den Kufen in den Schnee. Unmittelbar vor dem Start kontrollierten der Startleiter und der technische Delegierte Scheimpflug die Kufen aller Fahrerinnen durch Anfassen. Kein Schlitten wurde beanstandet.

Noch während des Damen-Laufes wurde der DDR-Mannschaftsleiter Horst Briesemeister über Lautsprecher ins Zielhaus gebeten. Er machte sich auf den Weg, wurde aber unterwegs von Swiderski informiert, die Aufforderung sei ein Irrtum gewesen. Eine knappe halbe Stunde später wurde Briesemeister im Hotel »Taiga« mitgeteilt, man erwarte ihn bei der Jury. Dort teilte man ihm die Disqualifikation der drei DDR-Fahrerinnen mit. Briesemeister forderte eine schriftliche Erklärung. Die Jury lehnte ab.

In der Zwischenzeit war Karl-Heinz Gieseler, Sekretär Willi Daumes, vor dem Hotel »Taiga« erschienen und erkundigte sich bei Restaurantgästen, ob die Disqualifikation der DDR-Mädchen schon bekannt sei. Die Befragten schüttelten den Kopf. Über Computer verbreitete IBM wenig später das korrigierte Damen-Resultat nach drei Rennläufen: Lechner (Italien) vor Schmuck und Dünnhaupt (beide BRD). Auf der zweiten Seite stand, Knösel, Müller und Enderlein seien disqualifiziert worden.

Zur gleichen Zeit gab Richard Hartmann ein Interview und erklärte in aller Öffentlichkeit: »Das ist mehr als eine Schweinerei, das ist ein Faustschlag ins Gesicht der sportlichen Fairness.«

Um zwölf trafen sich alle Mannschaftsleiter zu einem Empfang im Rathaus von Villard-de-Lans. Eine Hostess forderte dort jeden Mannschaftsleiter außer den der DDR auf, um 14.00 Uhr ins Hotel der BRD-Mannschaft zu kommen.

Um 13.00 Uhr antwortete der Präsident der Internationalen Rennschlittenföderation (FIL), der Österreicher Bert Issatitsch, auf Fragen von Journalisten, dass die Jury-Entscheidung noch nicht schriftlich vorliege, weil man bislang keine Schreibkraft gefunden habe.

Um 14.00 Uhr begann im Hotel der BRD-Mannschaft die Versammlung der Mannschaftsleiter, bei der Hartmann als erster das Wort ergriff. Der französische Mannschaftsleiter verließ demonstrativ den Raum, als klar wurde, dass Hartmann den Ausschluss der DDR forderte. Hartmann schrieb mit der Hand eine Resolution, in der gefordert wurde, dass die gesamte DDR-Rennschlittenmannschaft einschließlich der Männer disqualifiziert werden müsse. Drei Mannschaftsleiter, die die Resolution unterschrieben, drohten mit der Zurückziehung ihrer Mannschaft, falls diese Resolution von der Internationalen Rennschlittenföderation FIL nicht akzeptiert werden sollte. Einer der drei war der 57-jährige Argentinier Matias Stinnes, Präsident, Generalsekretär und einziger Aktiver seines Verbandes. Nach seiner Disqualifikation im zweiten Rennlauf war er an der olympischen Konkurrenz nicht mehr beteiligt.

Die Hamburger »Welt« am 14. Februar über die Geschehnisse: »Mit einem folgenschweren Skandal endete der dritte von vier Einzelläufen im olympischen Rodel-Wettbewerb der Damen: Wegen unerlaubten Erhitzens der Schlittenkufen wurden drei mitteldeutsche Teilnehmerinnen disqualifiziert [...] Österreich, Italien, Kanada, Argentinien, die USA und Polen hatten überdies auch die Disqualifikation des mitteldeutschen Herren-Teams gefordert. Der Antrag wurde jedoch nach harter Diskussion abgelehnt.«

14. Februar – Der IOC-Präsident Avery Brundage (USA) begab sich nach Villard-de-Lans und prüfte die schriftlichen Unterlagen der Disqualifikation. Danach bat er darum, ihm die Thermometer zu zeigen, mit denen die Kufentemperatur gemessen worden waren und ihm die Funktion der Kontrollgeräte zu erklären. Man antwortete ihm, dass die Temperatur durch

Handauflegen geprüft wurde. Die BRD-Nachrichtenagentur SID verbreitete die Mitteilung, Brundage habe die Disqualifikation begrüßt. Brundage erfuhr davon und ließ augenblicklich richtigstellen, dass er erklärt habe, es gäbe »Meinungsverschiedenheiten in der Auslegung der Regeln«.

16. Februar – Der IOC-Präsident empfing die drei disqualifizierten DDR-Rennschlittenfahrerinnen in dem Hotel, in dem das IOC seinen Sitz hatte, versicherte ihnen, dass er sie »als gute Sportlerinnen schätze«, und lud sie demonstrativ zum Essen ein.

Weitere Einzelrennen fanden wegen des schlechten Wetters nicht mehr statt. Die DDR gewann bei den Männern Silber (Köhler) und Bronze (Bonsack) und bei den Doppelsitzern durch das Duo Köhler-Bonsack olympisches Gold.

Ich hatte dem BRD-Rodelpräsidenten Hartmann in einer überfüllten Pressekonferenz die Frage gestellt, wer ihn ermächtigt hatte, eine Sitzung der Mannschaftsleiter einzuberufen, und nach welcher Regel er den Ausschluss der kompletten DDR-Mannschaft gefordert hatte. Er stotterte, man habe ihn »missverstanden«. Ich stellte dem IOC-Präsidenten Brundage die Frage, wie er die Tatsache bewertet, dass die Kufentemperatur durch Handauflegen gemessen wurde. Er antwortete: »Ersparen Sie mir die Antwort.«

Gemeinsam mit *Junge-Welt*-Kollegen Hans-Richard Vollbrecht absolvierte ich am Schlussabend der Spiele einen »Protestmarsch« von Villard-de-Lans nach Grenoble, einer Strecke von etwa 25 Kilometern. Vollbrecht hatte sich zu diesem Marsch verpflichtet, wenn die DDR weniger als drei Goldmedaillen bei den Rennschlittenwettbewerben erkämpfen würde. Man stellte uns ein Begleitfahrzeug zur Verfügung, das ein französischer Polizist steuerte. Zuweilen fuhr er uns voraus, reservierte in Dorfgasthäusern an der Straße Plätze, an denen wir heiße Getränke zu uns nahmen.

2010 erinnerte der Redakteur des in Berlin erscheinenden Olympiabandes über die Spiele in Vancouver, Volker Kluge, an den Grenoble-Skandal und zitierte als Beweis »Stasiakten«, für die er sich auch noch im Abspann bei der zuständigen Behörde bedankte. Den Kronzeugen Hans-Richard Vollbrecht, der in der Redaktion *Junge Welt* sein Chef gewesen war, erwähnte er nicht. Wahrheitsfindung der Gegenwart!

1968
An der Seite von Jesse Owens

Eines Tages im August 1936 war mein Vater mit mir ins Berliner Olympiastadion gefahren, um mit mir die Olympischen Spiele zu erleben. Ich war damals acht Jahre alt und erkundigte mich während der 100-m-Vorläufe, warum die Sprinter, die ich vom Oberrang nur als winzige Figuren erkennen konnte, hinter dem weißen Strich nicht weiterliefen und wenigstens eine Runde absolvierten. Im nächsten Vorlauf stürmte einer weit vor den anderen her, und mein Vater prophezeite mir, dass der am nächsten Tag vermutlich die Goldmedaille holen würde. Für den nächsten Tag aber hatten wir keine Karten, und so blieb bei mir nur die Erinnerung seines Vorlaufsieges haften. In den ersten Jahren meiner Sportjournalistenlaufbahn rühmte ich mich gern, immerhin schon Owens auf der Laufbahn erlebt zu haben. 1956 in Melbourne war er mir wieder begegnet. USA-Präsident Eisenhower hatte ihn als seinen »Vertreter« auf den fünften Kontinent entsandt.

Ein Dutzend Jahre später suchte ich am Tage der Eröffnung der Olympischen Spiele in Mexiko auf der Pressetribüne des Azteken-Stadions meinen Platz. Man hatte ausschließlich Zweiertische montiert, und als ich glaubte, meinen gefunden zu haben, starrte ich verunsichert auf die Nummer, denn auf dem anderen Sitz hatte Jesse Owens Platz genommen. Vor ihm stand ein kleines Radioaufnahmegerät. Ich verglich noch einmal die Zahlen auf meinem Ticket und fand heraus: Es war kein Irrtum. Für die Eröffnungsfeier mussten Plätze für alle Journalisten gesichert werden, und so kam es zu der ungewöhnlichen Tisch-Partnerschaft des *Neuen Deutschland* mit einem Chicagoer Sender.

Ich zwängte mich in die Bank, sagte »Hallo«, stellte mich vor und schob meine Reiseschreibmaschine auf den Tisch. Er begrüßte mich so freundlich, als hätte er schon auf mich gewartet. Sollte ich ihm erzählen, dass ich ihn schon vor 32 Jahren bewundert hatte? Erst zauderte ich, aber dann begann ich doch von jenem Tag zu reden. Er lächelte, so wie ich ihn hundertmal vorher auf Bildern hatte lächeln sehen und sagte: »Ist lange her!«

Ob ich immer noch in Berlin lebe, wollte er wissen.

»In Ostberlin«, gab ich zur Antwort, auch weil ich mich eines Artikels erinnerte, den er 1956 in der *New York Times* geschrieben hatte und darin sein Staunen über die Leistungen der Athleten aus Ostdeutschland mit dem Hinweis verbunden hatte, dass man nicht vergessen sollte, sie kämen aus einem unfreien kommunistischen Staat.

Er antwortete mit einer Frage: »Aus Ostberlin? Das nenne ich Glück. Endlich treffe ich jemanden, der mir erzählen kann, wie es dort tatsächlich aussieht. Man liest viel, hört viel und weiß nie, was man glauben soll. Die politischen Verhältnisse interessieren mich nicht so sehr, denn das Gerede von der großen Freiheit imponiert einem Schwarzen in den USA sowieso nicht. Ich weiß genug über die Freiheit. Nein, mich interessiert etwas anderes: Man erzählt sich Wunderdinge über den Jugendsport bei euch. Da würde ich gern einiges genauer wissen. Zum Beispiel: Wer bezahlt den Kindern das Schulgeld, wer bezahlt ihre Trainer? Als ich Student war – genau genommen eher das Aushängeschild einer Universität –, habe ich in der Mensa mittags als Kellner arbeiten müssen, um das Geld zusammenzubringen, das ich für das Leben im Campus brauchte. Mancher, der da vormittags im Hörsaal neben mir saß, behandelte mich mittags in der Mensa wie einen drittklassigen Butler. Die Leistung, auch im Sport, war einen Dreck wert, es zählte nur die Hautfarbe.«

Ich schilderte ihm, wie Kinder- und Jugendsportschulen organisiert waren, wie man dort Schüler werden konnte, dass die Trainer von der Sportorganisation bezahlt wurden, die wiederum ihr Geld vom Staat erhielt. Er hatte längst einen Block hervorgeholt und machte sich Notizen. »Und wer arrangiert die Wettkämpfe? Wer fährt die Kinder zu den Wettkämpfen? Was passiert, wenn sie sich verletzen?«

Als die Eröffnungsfeier begann, schaltete er sein Aufnahmegerät ein, und nie werde ich seine ersten Worte vergessen: »Wolken ziehen über das Stadion, aber diese Wolken sind nicht mit denen zu vergleichen, die 1936 über der Welt hingen.«

Im Laufe des Nachmittags stellte er noch manche Frage. Dann verabschiedete er sich. Sein Sender, eine Radiostadion speziell für Farbige, strahlte seine Reportage noch am Nachmittag aus.

Vier Jahre später, 1972 in München, trafen wir uns wieder, und als ich erfuhr, dass er in der Buchhandlung des Olympischen Dorfes seine Memoiren signieren würde, ging ich hin und bat ihn um eine freundliche Widmung. Er schrieb mir herzliche Worte hinein und wünschte mir für die Zukunft alles Gute. Der Titel des Buches lautete »Schwarze Gedanken«; es hat einen Ehrenplatz in meinem Bücherregal.

Das letzte, was ich von dem 1980 an Lungenkrebs gestorbenen Jesse Owens hörte, hatte mir ein US-amerikanischer Journalistenkollege unter der Hand erzählt: Als er schon todkrank in der Klinik lag, bedrängte man ihn, seine Zustimmung zum Boykott der Spiele in Moskau zu bekunden. Er lehnte ab!

Jahre nach seinem Tode fanden Reporter der Zeitung *Arizona Republic* die FBI-Akte über den Sprinter, die schon bald nach den Spielen von Berlin angelegt worden war. Erster Anlass für seine Überwachung durch den Geheimdienst war eine 1937 geschriebene Grußbotschaft an den »Nationalkongress der Schwarzen«. Und wie das FBI operierte, offenbarte die Order an einen Agenten, Owens' »Moral« zu untersuchen. Wie untersucht man Moral? Der »IM« wurde beauftragt, auf dem Kalender das Geburtsdatum von Owens' erster Tochter mit dem Zeitpunkt seiner Eheschließung zu vergleichen.

Seine Witwe kommentierte die Enthüllung damals mit den Worten: »Sein einziges Verbrechen bestand darin, dass er als Schwarzer geboren worden war.«

Diese Worte stammen nicht etwa aus grauen Südstaatenzeiten, sondern aus dem Jahre 1985!

Hymnenpoker, Boston und Carlos

Als ich in Mexiko-Stadt das erste Mal das Pressezentrum betrat, begegnete ich einem westdeutschen Kollegen, mit dem ich mich recht gut verstand. Der gab mir den Tip: »Sie sollten die Ankunft unserer Mannschaft im Dorf nicht versäumen.«

Wie schon in Grenoble waren nun auch bei den Sommerspielen zwei deutsche Mannschaften am Start, noch mit gemeinsamer Flagge und Beethovens »Freude, schöner Götterfunken« als Hymne. Es blieb das einzige Mal in der olympischen Geschichte der Spiele, dass zwei Mannschaften unter einer Flagge und Hymne an den Start gingen.

Es gehörte zu den Gewohnheiten, dass alle Mannschaften, wenn sie das Dorf bezogen, vom »Bürgermeister« mit einer Flaggenhissung und ihrer Hymne empfangen wurden. Die an sich bescheidene Zeremonie verhieß wenig Dramatik, aber der Rat des Kollegen hatte mich alarmiert, und so machte ich mich auf den Weg. Und tatsächlich gab es eine handfeste Überraschung: Als die Fahne mit den Olympiaringen gehisst wurde, spielte das aufmarschierte mexikanische Orchester statt des »Götterfunken« das Deutschlandlied, die Hymne der BRD.

Um herauszufinden, wie es dazu gekommen war, musste ich keine aufwändigen Recherchen anstellen. Neben mir stand ein Mitarbeiter der BRD-Botschaft, der die Umstehenden wissen ließ, wie man in Mexiko solche Probleme »löst«: Man korrumpiert! In diesem Fall sei der Chef des Militärorchesters »geschmiert« worden. Sportfunktionäre schüttelten dem umtriebigen Herrn aus der Botschaft bewundernd die Hand. Immerhin: Zum ersten Mal seit 1952 war bei Olympischen Spielen wieder das Deutschlandlied gespielt worden!

Einige Stunden später erschien ein Adjutant des mexikanischen Dorfbürgermeisters im Büro der DDR-Mannschaft, entschuldigte sich für den Zwischenfall und erklärte, man sei nach gründlichen Überlegungen bereit, beim Eintreffen der DDR-Mannschaft als »Wiedergutmachung« die DDR-Hymne zu spielen. Unsere Funktionäre bedankten sich für das Angebot, empfahlen aber, sich an die Regeln zu halten. Der Offizier salutierte, murmelte einige Worte und trat ab. Ein Dolmetscher behauptete hinterher, gehört zu haben: »Die werden uns kennenlernen!«

Ohne in den Verdacht der Spekulation zu geraten, ließ sich vermuten, dass Brundages Einladung zu einer Sondersitzung des IOC im Luxushotel »Camino Real« durch diesen Coup der Bundesdeutschen ausgelöst worden war. Der Präsident schlug den Mitgliedern unvermittelt vor, noch einmal die Frage einer eigenen Flagge und Hymne für die DDR zu beraten. Willi Daume wandte sich aufgebracht dagegen. Das Thema stünde nicht mehr auf der Tagesordnung, er sei auch prinzipiell dagegen, dass die DDR ihre Symbole zeigen dürfe. Der Hintergrund dieser Bemerkung war leicht zu erraten: Noch immer hoffte Bonn, DDR-Hymne und -Flagge in München vermeiden zu können. Das norwegische IOC-Mitglied Staubo beschuldigte Daume, eine politische Rede gehalten zu haben, und betonte, Politik habe im IOC nichts zu suchen. Der Norweger forderte eine sofortige Abstimmung, Daume wandte sich erneut dagegen, aber Brundage ließ abstimmen und war nur bereit zu akzeptieren, dass die Regelung erst 1972 in Kraft treten soll. 44 Mitglieder des IOC votierten dafür, vier dagegen. IOC-Generalsekretär Westerhoff sagte auf der anschließenden Pressekonferenz, man könne »faktisch von einer einmütigen Entscheidung« reden. Auf die Kommentare der bundesdeutschen Presse kann verzichtet werden.

Der unvergessliche sportliche Höhepunkt dieser Spiele war der Augenblick, in dem sich der US-Amerikaner Bob Beamon mit seinem 8,90-m-Weltrekordsprung einen Platz auf der Titelseite der Sportgeschichte sicherte. Die elektronische Messanlage ergab ihre programmierte Maximal-Weite von 8,60 m und löste das akustische Signal aus, dass der Athlet die vom Gerät erfassbaren Werte hinter sich gelassen hatte. Man suchte nach einem Stahlbandmaß und ermittelte so die 8,90 Meter – 55 Zentimeter über dem gültigen Weltrekord.

Damit hatte sich das »Wunder« jedoch nicht erschöpft. Schon bei den ersten Interviews stellte sich heraus, dass der 22-jährige seit April ohne Trainer gewesen war. Man hatte ihn in der Universität Texas in El Paso gefeuert, weil er sich geweigert hatte, an einem Wettkampf gegen die Brigham Young Universität teilzunehmen. Es war seine persönliche Protestaktion gegen den Rassismus der Mormonen-Kirche, die der Young Universität nahestand. Als sich das herumsprach, verfiel die US-amerikanische Mannschaftsleitung in Panik, denn 48 Stunden zuvor, war es zu der spektakulärsten Protestdemonstration der olympischen Geschichte gekommen. Der Sieger des 200-m-Laufes Tommie Smith und der Bronzemedaillengewinner John Carlos streckten während der Siegerehrung ihre mit einem schwarzen

Handschuh bekleidete Faust über die Köpfe. Die Reaktion der Mannschaftsführung war zunächst blanke Sprachlosigkeit und dann grenzenloser Hass. Als Erstes versuchte man, die der Siegerehrung folgende Pressekonferenz zu verhindern. Als das misslang, wurden alle Journalisten von den US-Amerikanern aufgefordert, die Pressekonferenz zu boykottieren. Dass ich zu denen gehörte, die dagegen protestierten, muss ich nicht betonen. Dann entschlossen sich die US-Amerikaner, den Saal mit eigenen Leuten zu »überfüllen«. Als die Pressekonferenz begann, hockte ich auf der Erde, weil die Amis alle Stühle blockierten.

Viele fragten sich, ob Smith und Carlos vielleicht daran gehindert würden, teilzunehmen. Aber sie kamen. Der australische Silbermedaillengewinner Peter Norman hielt sich im Hintergrund. Ihm war klar, dass kaum jemand eine Frage an ihn richten würde.

John Carlos schien sich gut vorbereitet zu haben. Die erste Frage nach seinen Motiven beantwortete er mit einer scharfen Erklärung: »Ich fühle mich wie ein Rennpferd, das mit kostbaren Nüssen gefüttert wird, solange es Siege erzielt!«

Die US-amerikanischen Journalisten wollten das Thema wechseln. Einer fragte Smith: »Gibt es denn gar nichts, was Sie den USA zu verdanken haben.«

Smith: »Da fiele mir als erstes ein, dass man uns dort Nigger nennt!«

Der Skandal erreichte nach der Pressekonferenz seinen nächsten Höhepunkt. Hunderte Journalisten warteten im Olympischen Dorf vor dem Haus, in dem die USA-Mannschaftsleitung ihre Schritte beriet. Fünf Stunden dauerte die Sitzung, dann verkündete ein Sprecher: Smith und Carlos seien aus der Mannschaft ausgeschlossen und müssten augenblicklich das Olympische Dorf verlassen.

Doch die Initiatoren der Protestaktion – vornehmlich Aktivisten aus den Kreisen der Bürgerrechtsbewegung – hatten die Aktion gewissenhaft vorbereitet und lange zuvor Zimmer in der Stadt gemietet.

Der Sprecher der Mannschaftsleitung drohte zornbebend jedem mit »Maßnahmen«, der sich mit den beiden noch solidarisieren sollte. Das war der Augenblick, an dem sich die Kraftprobe zwischen den Bürgerrechtlern und der Mannschaftsleitung zuspitzte. Würde noch irgendein USA-Athlet den Mut aufbringen, durch eine Geste seine Sympathie für die beiden zu bekunden?

Man musste nicht lange auf eine Antwort warten. Die drei 400-m-Läufer Lee Evans, Lawrence James und Ronald Freeman, die sich für das Finale qualifiziert hatten, ließen mitteilen, dass sie möglicherweise nicht starten würden. Es vergingen Stunden, ehe sie ihre Entscheidung verkündeten: Sie würden starten! Sie belegten die ersten drei Plätze. Zur Siegerehrung kamen sie mit schwarzen Baskenmützen. Die Pressekonferenz verlief wieder turbulent.

»Warum trugen sie schwarze Mützen?«

»Weil es regnete!«

Diese Antwort trug auch der Tatsache Rechnung, dass das Exekutivkomitee des IOC auf Druck der USA beschlossen hatte, die Demonstration von Carlos und Smith als »Verletzung der Würde des olympischen Zeremoniells« zu ahnden und Nachahmern mit der Aberkennung der Medaillen zu drohte.

Frage an die drei: »Können Sie uns sagen, für wen Sie die Medaillen erkämpften?«

»Für alle schwarzen Menschen der Welt!«

Wir waren kaum auf unsere Plätze im Stadion zurückgekehrt, als Beamon seinen Weltrekord sprang. Alles fragte sich, wie er sich bei der Siegerehrung verhalten würde?

Dabei war zu bedenken: Beamon wusste, dass er mit diesem Sprung seine Existenz für lange Zeit gesichert hatte. Medienwirbel und Werbeverträge waren ihm sicher. Die Offiziellen der USA-Mannschaft bestürmten ihn, eine kleine Flagge mit den Sternen und Streifen bei der Siegerehrung zu schwingen und auf diese Weise seine Sympathie für Washington zu bekunden. Sein Landsmann, der farbige Weitspringer Ralph Boston, dessen Weltrekord er gerade atomisiert hatte, versuchte ihn zu überreden, auf die Flagge zu verzichten und stattdessen seine Sympathie für die schwarzen Demonstranten zu bekunden. Boston musste ihn deswegen nicht anflehen, weil er ihm erst am Vortag in einem schwierigen Augenblick zur Seite gestanden hatte. Das war, als der trainerlose Beamon in der Qualifikation die ersten beiden Sprünge übertreten hatte und völlig entnervt war. Da hatte ihn Boston beruhigt und geraten: »Mach dir eine

Marke ein Fußbreit vor dem Balken. Du schaffst die Weite allemal.« Beamon tat, wie ihm geraten, und hatte sich mit dem dritten Sprung qualifiziert.

Nach dem 8,90-m-Sprung hatte nur ein Athlet die Nerven bewahrt: Klaus Beer vom Berliner Dynamo-Klub. Mit einem 8,19-m-Sprung holte er sich die Silbermedaille. Und geriet damit auch zwischen die »amerikanischen Fronten«: Die USA-Mannschaftsleitung wollte, dass die Siegerehrung so schnell wie möglich stattfände, damit niemand Beamon mehr beeinflussen konnte, Boston wollte den Sieger überzeugen, eine Geste der Solidarität zu den aus der Mannschaft Ausgeschlossenen zu zeigen. Ich stand direkt an dem Zaun, hinter dem sich die Sieger für die Medaillen-Zeremonie versammelten. So sah und hörte ich, wie Boston auf Beer einredete, er möge ihm doch helfen, wenigstens noch drei oder vier Minuten zu gewinnen, damit er Beamon überzeugen könne. Also begann Klaus Beer noch einmal seine Schuhe zu schnüren, obwohl sie gut geschnürt waren. Die Zeit reichte: Beamon krempelte sich die Hosen hoch, und da er schwarze Strümpfe darunter trug, war jedem im Stadion klar, dass er auf der Seite der »Demonstranten« stand.

Für mich persönlich endeten die Spiele übrigens mit einem Rücktritt. Zwei Jahre vorher hatte man mich zum Präsidenten des Radsportverbandes der DDR gewählt. Das war in einer Periode, als sich niemand um diese Funktion riss, weil die Radsportler nicht sonderlich erfolgreich waren. Als der DTSB entschied, keinen Straßenvierer nach Mexiko zu schicken, wandte ich mich energisch dagegen, setzte mich durch und überredete Herbert Weisbrod, das Training des Quartetts zu übernehmen. Man bewilligte uns ein Trainingslager in den Schweizer Alpen, dem allerdings ein unerwartet jähes Ende drohte. Der Kurdirektor von Davos eröffnete mir, dass wir das Hotel verlassen müssten, weil die Schweizer Sportführung entschieden habe, dass keine ihrer Nationalmannschaften mehr mit Mannschaften aus Ländern unter einem Dach wohnen dürfte, die am »Einmarsch« in Prag beteiligt gewesen waren. Der Kurdirektor suchte verzweifelt nach einem Ausweg.

Ich beruhigte ihn: »Ein gutes Quartier in einem anderen Hotel zum halben Preis, und wir reden nicht mehr darüber!« Vier Stunden später gab das Hotel, das wir verlassen mussten, ein Abschiedsessen für uns, wir zogen um und sparten eine stattliche Summe Schweizer Franken.

In Mexiko endete die Mannschaft Ampler, Hoffmann, Grabe, Peschel auf dem 13. Rang – ein Desaster. Pech und Pannen hatten ihren Anteil daran, aber ich bekannte mich zu meiner Mitverantwortung und entschloss mich, zurückzutreten. Als Manfred Ewald mit mir erörtern wollte, wie es im Radsport weitergehen sollte, dauerte die Unterhaltung nur drei Minuten.

Die Hymnen-Affäre im Olympischen Dorf hatte ich längst vergessen, als ich zur Abschlussfeier ins Stadion kam. Bundesdeutsche Funktionäre saßen nicht weit von mir, und mir fiel auf, dass sie nervös ständig miteinandereiner konferierten. Neugierig fragte ich den DSB-Geschäftsführer Karl-Heinz Gieseler – ihn kannte ich von allen am besten: »Was ist passiert?«

»Nichts«, beschied er mich kühl, aber als er dieser Auskunft noch ein überflüssiges »Gar nichts!« folgen ließ, war ich sicher, dass ihn irgend etwas beunruhigte.

Ich kam sehr bald dahinter, worum es ging. Während der Abschlusszeremonie musste nach dem Protokoll die BRD-Hymne gespielt werden, da München Schauplatz der nächsten Spiele war, und nun schien man im anderen deutschen Lager zu fürchten, dass sich die Mexikaner für den Zwischenfall im Dorf revanchieren könnten. Vorsichtshalber hatte der bundesdeutsche Stab jemanden zu dem Dirigenten des Orchesters geschickt, und diese Mission schien erfolgreich verlaufen zu sein.

Als sich das olympische Finale dem Ende näherte, erklang traditionell als erstes die griechische Hymne, danach die der mexikanischen Gastgeber. Als die verklungen war, setzten die Musiker ihre Instrumente ab und aus den Stadionlautsprechern erklang vom Tonband nicht das Deutschlandlied, sondern »Freude, schöner Götterfunken«.

In diesem Augenblick erschien der mexikanische Offizier, der uns die »Wiedergutmachung« angeboten hatte, vor dem Block, auf dem Gieseler und die übrigen BRD-Offiziellen saßen, salutierte und trat ab.

2010
Wer war »die Partei«?

Wieder wagt der Autor einen riesigen Zeitsprung. 65 Jahre nachdem ich meine Journalistenlaufbahn begonnen hatte, lag eines Morgens ein Brief im Kasten, in dem mich eine Studentin aus München um ein Gespräch bat.

Ihr Anliegen: Sie arbeite zusammen mit einer Gruppe an einem Forschungs-Projekt über DDR-Zeitungen und da sie wisse, dass ich zur Gründergeneration gehöre, hätte sie einige Fragen. Ich hatte seit 1990 manch ähnliche Interviews gegeben und war inzwischen zu dem Schluss gelangt, dass sie nicht sonderlich viel eintrugen, sondern meist nur noch fehlende Farben für vorgefertigte Paletten liefern sollten.

Als ich den Absender der Dame las und feststellte, dass sie »um die Ecke« wohnte, erinnerte ich mich der DDR-Gewohnheit der »Nachbarschaftshilfe« und sagte zu. Wir trafen uns, und sie erschien in Begleitung eines Mannes, der sich als der das Projekt steuernde Professor der Münchner Maximilians-Universität vorstellte.

Die Studentin setzte ihr Aufnahmegerät in Gang, und die beiden begannen Fragen zu stellen. Wenn ich sie richtig verstanden habe, wollten sie erforschen, wie die »Zentralorgane« in der DDR gesteuert worden waren. Ich witterte wieder eine Schablone, als die Frage kam, wie »die Partei« den Zeitungen ihre Weisungen übermittelte, unterbrach das Gespräch und eröffnete ihnen, nun selbst eine Frage stellen zu wollen.

Sie waren überrascht, willigten aber ein.

Darauf ich: »Irgendwann war in der DDR der Film ›Spur der Steine‹ gedreht worden. Eine Szene zeigte, wie Bauarbeiter einen Volkspolizisten johlend in einen Tümpel warfen. Dem 1. Sekretär der Partei im Bezirk Leipzig, Paul Fröhlich, missfiel das, und er erließ ein Verbot, den Film im Bezirk aufzuführen. Im 40 km entfernten Bezirk Halle war der 1. Sekretär, Horst

Sindermann, anderer Meinung und ließ ihn aufführen, so dass mancher in den Zug stieg, nach Halle fuhr und dort den Film sah. Nun meine Frage an sie: Wer war nach ihrer Schablone ›die Partei‹, Fröhlich oder Sindermann?«

Die Studentin wirkte irritiert und las mir die nächste Frage vor. Dem Professor sah man an, dass ihn die Antwort vor Probleme stellte. Ich beantwortete weiter die Fragen der Studentin, aber urplötzlich unterbrach mich der Professor und gestand, dass ihm nie zuvor jemand eine ähnliche Frage gestellt hatte und dass die ihn – sinngemäß – auf ein weites Feld geführt habe, auf das er zuvor noch keinen Fuß gesetzt hatte.

Die Interviews sollen eines Tages als Buch erscheinen. Dort wird man dann wohl manches über die unterschiedlichen Charaktere der »die Partei« Repräsentierenden nachlesen können.

Meine Chefs

Bei dieser Gelegenheit füge ich, mit einem Blick weit zurück, eine Liste der fast zwanzig Chefredakteure ein, die ich in der Redaktion des Zentralorgans erlebt hatte. Einige waren darunter, die jeden Morgen »vorauseilenden Gehorsam« bekundeten, andere, die in die Zeitung brachten, was sie für richtig hielten und dabei auch Ärger mit Funktionären in Kauf nahmen, die die erwähnten Chefredakteure an vorauseilendem Gehorsam noch zu übertreffen suchten.

Nicht übersehen werden darf: Einig waren sich alle in der Absicht, in einem Teil Deutschlands eine antifaschistische ausbeuterlose Gesellschaft zu errichten. Die Ansichten darüber, wie das zu erreichen sei, gingen oft auseinander, zumal es außer den von Marx und Engels gelieferten und von Lenin ergänzten »Richtlinien« keine gab. Hinzu kam, dass der bundesdeutsche Nachbar in diesem Vorhaben ein enormes Risiko für sein Vorhaben sah, nach dem Krieg wieder eine stabile kapitalistische Gesellschaft zu errichten, wobei man auch keine Hemmungen hatte, sich der Dienste von Persönlichkeiten zu versichern, die in der Nazizeit eine Rolle gespielt hatten. Diese Feststellung ist unumgänglich, will man die Entwicklung in Deutschland nach 1945 realistisch beurteilen.

Nun einige Worte zu meinen Chefredakteuren: Mein erster – noch bei der »Deutschen Volkszeitung« – war Paul Wandel, der schon im August 1945 in die von der sowjetischen Kommandantur geschaffene Zentralverwaltung für Volksbildung wechselte und damit faktisch der erste Volksbildungsminister war.

Ihm folgte Hans Teubner, ein profilierter Journalist und feinsinniger Typ, dem grobe Worte zuwider waren. Als sich mit der Vereinigung von SPD und KPD abzeichnete, dass es ein neues Zentralorgan geben würde, hoffte er, einer der beiden Chefredakteure zu werden, wurde dann aber zur *Sächsischen Zeitung* delegiert. An der Spitze des nach der Vereinigung erscheinenden Zentralorgans *Neues Deutschland* standen der Münchener Kommunist Sepp Schwab und der Berliner Sozialdemokrat Max Nierich.

Mir ist in den letzten Jahren, in denen nur von »Zwangsvereinigung« die Rede war, oft durch den Kopf gegangen, wie Nierich – wäre er noch am Leben – diese Sprachregelung kommentieren würde. Der 1890 Geborene war von 1930 bis 1933 Chefredakteur der SPD-*Volksstimme* in Frankfurt am Main gewesen, hatte in der Gruppe um Leuschner und Leber im Widerstand gekämpft, war 1945 Chefredakteur des SPD-Organs *Das Volk* in Berlin geworden und dann zum *Neuen Deutschland* gekommen. Ich habe noch den Tag in Erinnerung, an dem er der Redaktionskonferenz vorschlug, einen Leitartikel zum Thema »Ostern« zu veröffentlichen. Wir Kommunisten waren entschieden dagegen. Im Zentralorgan der Atheisten eine Eloge zum Osterfest? Es gab eine lange Diskussion, und am Ende überzeugte er uns mit seinen Argumenten.

Nierich und ich blieben Freunde bis zu seinem Tode 1976. Nachdem seine Frau gestorben war, kam er als Rentner gern zum Mittagessen in die *ND*-Kantine, wo wir oft über unsere gemeinsamen »Gründerjahre« plauderten.

Als Nierich – zusammen mit seinem Nach-Schwab-Partner Lex Ende – 1949 das *ND* verließ, folgte ihm mit dem von mir schon erwähnten Rudolf Herrnstadt die wohl brillanteste Figur der DDR-Journalistik. Vier Jahre später wurde er unter großem Aufsehen als Chefredakteur abgelöst, aus dem Politbüro und später sogar aus der Partei ausgeschlossen. Seine Ära wurde durch Bemühungen um eine »Partei neuen Typus« geprägt, wobei das Schlagwort »Parteidisziplin« Entscheidungen begünstigte, die durch charakterliche Unzulänglichkeiten der handelnden Personen – bis hin zu Herrnstadt – negativ beeinflusst wurden.

Als 1953 seine Ablösung beschlossen wurde, gab er eine Erklärung ab, mit der er nicht nur seine »Maßnahmen« in der Redaktion begründen wollte, sondern auch die Version erhärtete, man hätte ihn berufen, um im *ND* für »Ordnung« zu sorgen: »1949 erhielt ich den Parteiauftrag, in Redaktion, Verlag und Druckerei des Zentralorgans, die politisch und wirtschaftlich zersetzt waren, Ordnung zu schaffen und die Linie der Partei durchzusetzen. Nach der Einschätzung des sowjetischen Genossen, der mich vor der Übernahme über die Lage im *Neuen Deutschland* orientierte (Genosse Aleksejew) waren 40 bis 50 Prozent des gesamten Redaktionsbestandes in der ersten Woche zu entlassen, ein weiterer Teil später. Tatsächlich mussten im Laufe der Zeit aber 80 Prozent ausgewechselt werden, soweit sie nicht selber nach dem Westen flüchteten – zu Agenten, die vor meiner Zeit der Redaktion angehört hatten. Dass dieser Kampf, der vom Gegner mit Maschinenstillegungen, systematischer Einschleusung titoististischen Materials, Diffamierungen usw. geführt wurde, meinerseits nicht immer mit demokratischen Mitteln geführt wurde, ist wahr. Wahr ist auch, dass ich bei der Zusammensetzung der neuen Redaktion den ›unerwünschten‹ Funktionärstyp zurückdrängte, wodurch ich mir glühende Feinde schuf, und andererseits Genossen, zu denen das Redaktionskollegium Vertrauen hatte, sehr schnell förderte. In diesem Sinne war die Kaderpolitik des Kollegiums tatsächlich einseitig. Dass dabei Fehler gemacht wurden, … bedaure ich.«

Diese Erklärung aber war nicht etwa eine realistische Beschreibung der Situation in der Zeitung, sondern weit mehr der verzweifelte Versuch, nach den von ihm gegen Ulbricht inszenierten Intrigen seine eigene Haut zu retten und sich als Held im Kampf gegen »Parteifeinde« im *ND* aufzuspielen. Seine angeblich notwendigen Massenentlassungen und »Säuberungen« hatten nie stattgefunden!

2008 schrieb seine Tochter Irina Liebmann eine Biographie über ihn – aber weitgehend auf seine Kosten. Das Buch passte so ideal in die Anti-DDR-Landschaft, dass es mit dem Preis der Leipziger Buchmesse geehrt wurde und mich bewog, ein *spotless*-Buch als »Antwort« zu verfassen.

Nach Herrnstadts Abgang steuerte Heinz Friedrich von 1953 bis 1955 die Redaktion. Er war aus Karl-Marx-Stadt nach Berlin gekommen und verstand es, mit Umsicht die Herrnstadt-Ära in Vergessenheit geraten zu lassen.

Danach nahm Georg Stibi auf dem Stuhl des Chefredakteurs Platz. Ein konsequenter Kommunist, der in Spanien gekämpft hatte, danach in Frankreich interniert war und dann nach Mexiko emigrierte, wo er einen Verlag leitete. In der DDR begann seine Journalistenlaufbahn bei der *Berliner Zeitung*. Ihn lernten wir als eine Persönlichkeit kennen, die keine Hemmungen hatte, der Partei-»Obrigkeit« ihre Meinung zu sagen

Möglicherweise wollte Ulbricht weniger Streit mit dem *ND*-Chefredakteur und nominierte 1956 mit Herrmann Axen einen Mann aus seiner Umgebung. Der bekleidete das Amt zehn Jahre lang. Während der Turbulenzen der Rückwende flog man ihn schwerkrank in eine Moskauer Klinik. Als er von dort im Januar 1990 zurückkehrte, hatten die zu dieser Zeit die DDR »Verwaltenden« keine Hemmungen, ihn wegen angeblichen »Verdachts von Amtsmissbrauch und Korruption« verhaften zu lassen, aber Ärzte schritten ein und sorgten dafür, dass er in ein Krankenhaus entlassen wurde. Der ehemalige Leiter des illegalen Lagerkomitees des Konzentrationslagers Auschwitz III und Mitglied der illegalen KPD-Leitung in Buchenwald starb im Februar 1992. Mir ist bis heute die Nummer in der Erinnerung, die ihm die SS in den Arm gebrannt hatte und die vor allem im Sommer, wenn er kurzärmelige Hemden trug, unübersehbar war.

Ihm folgte Rudi Singer als Chefredakteur. Der Sohn eines Hamburger Exportkaufmanns war zuvor Chefredakteur in Nürnberg (*Nordbayerische Volkszeitung*), in Düsseldorf (*Freiheit*) und in Halle (*Freiheit*) gewesen. Er sorgte dafür, dass sich Auseinandersetzungen mit der Parteiführung in Grenzen hielten und achtete sehr auf journalistische Qualität.

1971 wurde Joachim Herrmann Chefredakteur. Wir kannten uns aus den ersten Nachkriegsjahren, als er Reporter der *Berliner Zeitung* war und ich beim *ND*. Damals hatten wir manche

Nacht gemeinsam in der Setzerei verbracht und uns, wenn wir noch acht Reichsmark aus unseren Taschen klauben konnten, beim Pförtner eine Zigarette gekauft. Die markierten wir bei halber Länge und losten durch Münzwurf, wer als Erster rauchen durfte. Das verband, aber dann machte Herrmann Karriere, wurde Chefredakteur der *Jungen Welt*, Sekretär des FDJ-Zentralrats und 1966 Staatssekretär für gesamtdeutsche Fragen. Als er danach mein Chefredakteur wurde, spielte er bereits in einer anderen Liga, erinnerte sich aber mir gegenüber noch immer der Gründerjahre. Ich auch, was dazu führte, dass ich ihm nicht selten widersprach. Als er die *ND*-Chefredaktion verließ und im Politbüro für Agitation und Propaganda zuständig wurde, riet mir einer seiner Nachfolger, einen freien Tag zu nehmen, wenn sein Besuch in der Redaktion angekündigt war. So würde unnötiger Ärger vermieden. Wenn ich das hier vermerke, tue ich es nicht, um etwa den Eindruck entstehen zu lassen, ich hätte »Widerstand« geleistet, was ja heute vielen von Belang erscheint, sondern eher, um deutlich zu machen, wie menschliche Charaktere sich auch wandeln können, was keine Partei verhindern kann.

Sein Nachfolger wurde – ziemlich überraschend – 1978 Günter Schabowski. Wir kannten uns noch aus der Zeit, da er Lokalreporter bei der *Tribüne* gewesen war, aber eines Tages entdeckte ich, wie auch er sich verändert hatte. Was seine viele schockierende Haltung nach der Rückwende betraf, gehörte ich zu den wenigen, die nicht sonderlich überrascht waren. Ich hatte Jahre vorher schon üble Erfahrungen mit ihm gesammelt. Nach einer Kanada-Reise Anfang der 80er Jahre, die mich auch zu honorierten Vorträgen an mehrere Universitäten geführt hatte, unterbreitete ich ihm den persönlichen Vorschlag, Kollegen, die ins Ausland reisten, könnten künftig freiwillig von ihren Devisen-Tagegeldern zumutbare Summen für einen Fonds stiften, der es Sekretärinnen und technischen Kräften im *ND* ermöglichte, Tipp-Ex und ähnliche für die tägliche Arbeit notwendigen Import-Artikel zur Verfügung zu haben. Ich übergab ihm 300 US-Dollar von meinen Vortragshonoraren für diesen Fonds. Ein halbes Jahr später informierte er mich, dass die Summe aufgebraucht sei, was mich nicht so sehr überraschte. Schockiert aber war ich, als er mir offenbarte, dass vom größten Teil des

Fonds ein Geburtstagsgeschenk für Joachim Herrmann beschafft worden war. Wortlos verließ ich sein Zimmer und wurde fortan von keinem seiner Schritte mehr überrascht.

Als Schabowski 1985 zum 1. Sekretär der Bezirksleitung der SED in Berlin gewählt wurde, übernahm Herbert Naumann die *ND*-Chefredaktion, ein insgesamt eher farbloser Chef, der auch 1989 schnell verschwand.

Das von der Übergangs-Parteiführung mit der Suche eines Nachfolgers beauftragte Redaktionskollegium entschied sich für Wolfgang Spickermann, der bis 1992 diese Funktion bekleidete und dann von Reiner Oschmann abgelöst wurde.

Spickermann hatte mir in einem Brief vom 15. März 1990, also exakt 44 Jahre, 8 Monate und 25 Tage nach meiner Einstellung bei er DVZ mitgeteilt: »Das Redaktionskollegium des *Neuen Deutschland* hat am 2. März 1990 beschlossen, Dich von Deiner Funktion als Leiter der Sportredaktion abzuberufen und mit einer neuen Aufgabe zu betrauen. [...] In einem Gespräch mit mir und Reiner Oschmann wurdest Du in Kenntnis gesetzt, dass die Mitarbeiter der Sportredaktion Jürgen Fischer und Volkmar Russek in Gesprächen mit Mitgliedern der Chefredaktion eine weitere Zusammenarbeit mit Dir abgelehnt haben.« So wurde derlei damals geregelt und motiviert. Fischer, bis dahin Parteisekretär der Sportredaktion, wollte schon bald nicht nur nicht mit mir zusammenarbeiten, sondern auch nicht mehr mit dem *Neuen Deutschland* und wechselte zu Springer. Russek kehrte dem *ND* ebenfalls den Rücken und verschwand zu einem Provinzblatt. So konnten beide absolut sicher sein, nie mehr mit mir zusammenarbeiten zu müssen.

Es soll Leser gegeben haben, die gegen meine Ablösung protestierten. Einer schickte mir die Antwort, die ihm Spickermann geschickt hatte: Die Ablösung sei auch »insofern zweckmäßig, weil wir nach wie vor Leserbriefe mit Angriffen gegen Ullrich erhielten.« Tatsächlich waren zwei anonyme Briefe eingegangen, geschrieben von dem ehemaligen Sprecher von *Radio Friedensfahrt*, den ich einige Male wegen unzulässiger Eingriffe in Entscheidungen des Schiedsgerichts hatte verwarnen müssen und der nun »Rache« nehmen wollte.

Woher ich wusste, wer der Schreiber war? Weil er sich ein Jahr später deswegen bei mir entschuldigte.

Das *ND* aber hatte mir nach der »Abberufung« den Job als stellvertretender Redaktionssekretär angeboten. Ich sollte helfen, die fatale Wirtschaftslage der Zeitung zu sanieren, bezog ein anderes Zimmer und mühte mich redlich, dem *ND* wieder auf die Beine zu helfen. Ich war dabei auch nicht erfolglos, aber als ich vorschlug, eine fast neue Telefonanlage zu ersteigern, und die Chefs sich entschlossen, eine fabrikneue Anlage für den fünffachen Preis zu erwerben, packte ich meine Aktentasche, ging meiner Wege und verzichtete auch auf die nach knapp 45 Jahren nicht unbeträchtliche Abfindung, die ich leicht hätte einklagen können.

Nach der Rückwende begann das *ND* einen Kurs zu steuern, der viele Alt-Abonnenten bewog, die Zeitung abzubestellen. Die Vergangenheit wurde hemmungslos verteufelt. So schrieb der Feuilletonchef Hans-Dieter Schütt ein Schauprozess-Plädoyer nach dem anderen gegen das Alt-*ND*. Nachzulesen in seinen »Memoiren«: »Ich kenne niemanden mit einem auch nur mittelmäßig wachen Geist, der einem SED- oder FDJ-Medium in der Rückschau noch mehr zubilligt, als nur Windmacher für das Fahnenflattern gewesen zu sein.«

An anderer Stelle würdigte er einen Film, den man über das *ND* gedreht hatte: »Vor der Kamera auch ein schwuler Ex-*ND*-Druckerei-Mensch, der … beherzt selbstironisch davon erzählt, wie er zu DDR-Zeiten am Frauentag auf einem Schiff der Weißen Flotte als Eintänzer für zweihundert alkoholisierte *ND*-Frauen agieren musste. ›Ich fürchtete, entmannt zu werden und wäre am liebsten in die schmutzige Spree gesprungen.‹«

1970
Zu Gast bei Raymonde

Wieder ein Zeit- und Themensprung. Nach dem Untergang der Friedensfahrt wurde oft und gern behauptet, dass die Chefs der Friedensfahrt – als einer der »Directeurs« gehörte ich dazu – die Tour de France zwar kopieren, aber sonst nichts mit ihr zu tun haben wollten, weil es ein »kapitalistisches Profirennen« war. Solche Primitivitäten kann man auch heute noch lesen. Die Wahrheit war: Es wurde Gewohnheit, dass wir die Chefs der Tour als Ehrengäste zur Friedensfahrt einluden und die Bosse der Tour uns einluden, und jeder behandelte den anderen auch als »Ehrengast«. Wir lernten auch voneinander. So sahen wir der Tour einiges »ab« – zum Beispiel beim Einzelzeitfahren Namensschilder an die Begleitfahrzeuge zu schrauben, damit der Zuschauer rechtzeitig wusste, wer da kam –, und der legendäre Jacques Goddet, der mehr als einmal die Friedensfahrt begleitete, war fasziniert von unserer Idee, am Ziel jeder Etappe einen Betreuer für jeden Fahrer mit der umgebundenen Startnummer zu platzieren. Übernehmen konnte er das allerdings nicht und verriet mir auch warum: »Bei uns würden sich sofort Kriminelle unter die Betreuer mischen und die Rennfahrer beim Weg zur Dusche bestehlen.«

Auch 1970 war ich als Ehrengast bei der Tour und erlebte turbulente Tage. In Tours lud mich der Bürgermeister von St. Pierre du Corps ein und erzählte mir mit verständlichem Stolz, dass das Städtchen seit 50 Jahren von Kommunisten regiert würde. Bei den Wahlen 1969 hatte die Partei 69 Prozent der Stimmen erhalten.

Er fuhr mit mir in einen Weinkeller, der direkt neben den Gleisen der Eisenbahnstrecke Marseille-Paris in den Felsen gesprengt war. Die Gastgeber ließen mich alle Weine der Gegend kosten, worüber Stunden vergingen. Dann bummelte ich mit einem Genossen an den Schienen entlang. Als wir an einen Baum gelangten, blieb der stehen und wies auf die Schwellen: »Hier, genau hier hatte sich Raymonde Dien 1949 anketten lassen, als ein Transportzug mit Waffen für Vietnam erwartet wurde. Ganz Frankreich bejubelte sie, als die damals 21-jährige mit dieser mutigen Aktion den Zug stoppte. Sie war die moderne Jeanne d'Arc. Genau hier ist das gewesen.«

An das Bild der an die Schienen geketteten Frau konnte ich mich noch gut erinnern, und nun stand ich vor jenen Schwellen. Von da an ging mir Raymonde nicht mehr aus dem Kopf, und jedesmal, wenn ich in Paris zu tun hatte, fragte ich, wo man sie wohl treffen könnte. Eines Tages stand ich ihr gegenüber. Eine Frau von ungewöhnlicher Schönheit. Selbst in Frankreich war sie fast schon in Vergessenheit geraten, und so wunderte sie sich über mein Interesse.

Ich gestand, dass ich ihr einfach nur begegnen wollte. Wir tranken ein Glas Wein, und dann fragte ich sie doch noch, ob sie damals Angst gehabt hätte? Sie lachte und sagte: »Und wie!« Kommunistische Eisenbahner hätten ihr vorher geschworen,

Siegerehrung bei der Friedensfahrt für Manfred Weißleder

dass man alles im Griff habe und ihr Leben nicht in Gefahr sei. Aber dann befiel sie doch schlotternde Angst, als sie den Zug heranrollen hörte. Gezittert habe sie bis zu dem Augenblick, da die Lokomotive stand. Das Bild war damals um die Welt gegangen. Ich bin heute noch stolz darauf, mit ihr ein – oder ein paar? – Gläser Wein getrunken zu haben!

Schon am ersten Tag meiner Anwesenheit bei jener Tour de France hatte ich mich ausgiebig mit Jean-Pierre Danguillaume unterhalten. Der Franzose hatte die Friedensfahrt 1969 gewonnen. Vor dem 40-km-Zeitfahren von Forst nach Cottbus, das das Rennen entschied, war er zu mir gekommen und hatte mich gefragt, ob ich bereit wäre, ihm zu helfen. Er hatte mich jeden Tag auf dem Begleitmotorrad sitzen sehen und nun folgendes Anliegen: »Ich brauche meine Zwischenzeit und meine Rückstände nach 20 Kilometern.« Ich versprach sie ihm zuzurufen und hielt mein Wort. Er gewann die Etappe und wurde in Berlin als Gesamtsieger gefeiert.

Bei der Tour de France hatte er mich wie einen alten Freund begrüßt und versichert, dass er sich nun endlich für meine Hilfe revanchieren können würde.

»Und wie?« fragte ich lachend.

»Mit einem Etappensieg und einer Erklärung vor den Mikrofonen. Sie werden staunen.«

Von nun an schwor er jeden Morgen lachend: »Heute passiert's!«

Bevor in Tours die vorletzte Etappe nach Versailles gestartet wurde, versicherte er es einmal mehr und ich antwortete: »Es geht nur noch heute, denn das Zeitfahren nach Paris morgen gewinnt sowieso Merckx.«

Das Feld rollte davon. In Versailles gewann Jean-Pierre den Spurt auf der Aschenbahn des Stadions. Als die Reporter auf ihn zustürzten und um einen Kommentar zu seinem ersten Tour-Etappensieg baten, sagte er in alle Mikrofone: »Mein erster Tour-Etappensieg! Das ist ein großer Tag, allerdings nicht mein größter, denn den feierte ich als Sieger der Friedensfahrt.«

Der sprachlose Manager seines Rennstalls zog mich beiseite und fragte: »Was haben Sie ihm dafür bezahlt?«

Als ich ihm antwortete: »Keinen Centimes«, sagte er: »Das glaubt ihnen nicht mal der Mann im Mond!«

1972
Zwonullzwo in Sapporo

Ich hatte Tag, Uhrzeit und alle Namen notiert, als in der japanischen Olympiastadt Sapporo zum ersten Mal beim Einzug einer DDR-Mannschaft in ein Olympisches Dorf die DDR-Flagge aufgezogen wurde: Es war der 25. Januar 1972, 14.17 Uhr Ortszeit, und es war der japanische Sergeant 1. Klasse Kumitaksi, der dem Sergeanten Oonishi und dem Kapitän Itoka den Befehl zurief, die Flagge zu hissen. Mit geübten Griffen zogen die beiden das Tuch, das zuvor militärisch penibel zusammengerollt an zwei Haken geknüpft worden war, am Mast hinauf, bis es sich entfaltete und im kühlen Wind zu flattern begann. Nie zuvor in der olympischen Geschichte hatte ein Land zwei Jahrzehnte darauf warten müssen, bis seine Flagge gehisst wurde.

Um den Augenblick zu feiern, blieb indes keine Zeit. Die Busse standen schon mit laufenden Motoren bereit, um die Mannschaft zum Training zu fahren. Als der Sergeant 1. Klasse Kumitaksi dem Flaggenkommando den Befehl zum Abmarsch gab, wehte die Flagge inmitten all der anderen. Es war nichts Besonderes mehr daran.

Unter den Fahnenträgern, die an der Spitze ihrer Mannschaften in das überfüllte Eisstadion zogen, waren auch diesmal viele berühmte Athleten: der sowjetische Langläufer Wjatscheslaw Wedenin, der tschechische Skispringer Jiri Raska, der norwegische Biathlet Magnar Solberg. Die DDR hatte sich für den Rennschlittenfahrer Klaus Bonsack, entschieden, der seine dritten Olympischen Spiele bestritt und am Berg Teine noch einmal olympisches Edelmetall holen wollte.

Die Mädchen brannten darauf, den Betrug von Grenoble mit einem überzeugenden Erfolg zu »ahnden«. Frauen und Männer feierten denn auch einen Triumph, den man nur total nennen konnte: Sie holten alle acht Medaillen, die eine Mannschaft erringen kann. Klaus Bonsack musste sich zwar bei den Einsitzern mit dem vierten Rang begnügen, kam dann aber zusammen mit Wolfram Fiedler bei den Doppelsitzern zu seiner vierten Olympiamedaille.

Der Erfolg war – wie so viele Erfolge der DDR-Sportler – einem perfekten »Management« zu verdanken. Bereits ein Jahr zuvor hatte man die Bahn und die Wetterverhältnisse genau studiert und war darauf gestoßen, dass die in Sapporo üblichen schauerartigen Schneefälle öfter zu Unterbrechungen der Rennen führen könnten. Wo würden die Aktiven die entnervenden Pausen verbringen? Von der Bahn in Teine ins Olympische Dorf zurückzukehren, war wegen des langen Weges so gut wie unmöglich. Der von den Organisatoren dafür vorgesehene Aufenthaltsraum erwies sich als viel zu klein und vor allem schlecht temperiert. Also mietete man bereits ein Jahr im Voraus in dem der Bahn am nächsten liegenden Touristenhotel Zimmer. Als die Jury beim ersten Schneefall während der Spiele eine Pause unbestimmter Länge ankündigte, begab sich die DDR-Mannschaft entspannt in ihr nahes Quartier. Auf allen Nachttischen Walkie-Talkies, und als der Schneefall vorüber und die Bahn geräumt war, wurde die Mannschaft durch Funksprüche »Zwonullzwo bitte melden« aus den Betten geholt. Ausländische Journalisten hielten den Ruf für ein geheimes Signal. Als man endlich dahinterkam, dass damit das Hotelzimmer 202 in jenem Touristenhotel gemeint war, starb wieder eine der vielen Legenden um unsere »Pillenathleten«. Dass sich die Funktionäre anderer Länder – nicht zuletzt natürlich die der BRD – derbe Vorwürfe von ihren Aktiven gefallen lassen mussten, weil sie die Zeit in der überfüllten Baracke oder in kalten Bussen verbringen mussten, konnte man nachvollziehen.

Der Staffel-Biathlon-Wettkampf beschäftigte hinterher sogar die UNESCO. Der DDR-Biathlet Dieter Speer wurde mit dem Fairplay-Diplom der Weltorganisation geehrt. Während des Wettbewerbs hatte er sich neben der Strecke warm gelaufen, als er plötzlich vor sich Aleksandr Tichonow sah, der als UdSSR-Startläufer durch einen Skibruch hoffnungslos zurückgefallen war. Ohne zu zaudern gab er ihm seinen Ski, obwohl der von den Kampfrichtern bereits für den Wettkampf markiert worden war.

Tichonow stürmte zwar nur als Zehnter in den Wechselgarten, wahrte aber die Siegchance seiner Mannschaft, die sie dann auch noch realisierte. Gleich nach seinem Wechsel gab er Speer den markierten Ski unversehrt zurück und erwartete ihn am Wechselgarten, als der von seiner Teilstrecke zurückkehrte. Die DDR kam zu Bronze, hätte aber faktisch Silber errungen, wenn Speer dem Rivalen nicht geholfen hätte. »Eigentlich müssten wir deine Bronzemedaille und meine goldene teilen und dann je eine Hälfte zusammenschweißen lassen«, schlug Tichonow vor, »denn die halbe Goldmedaille verdanke ich dir.« Speers Geste bewog die UNESCO, ihn mit dem Fair-Play-Pokal zu ehren.

Die nordischen Skiwettbewerbe bescherten der DDR den ersten Triumph in der Nordischen Kombination durch Ulrich Wehling, auch ein Augenblick, den ich nie vergessen werde. Mir kam der alte Grünefeld in den Sinn und die Ankunft der ersten DDR-Mannschaft, die an Weltmeisterschaften teilgenommen hatte. Welch Aufstieg in nur 18 Jahren! Gegen solche Realitäten verblassen die ewigen Dopingvorwürfe als hohle Parolen.

Der Leser mag überrascht sein, dass ich ausgerechnet an dieser Stelle eine Frau nenne, die nie eine Medaille gewonnen hatte. Ich meine Rita Skrawecki. Später heiratete sie meinen Freund Heinz Dietrich und starb viel zu früh an Krebs. Sie war die beste Fernschreiberin des *ND*: Wann immer diese damals verlässlichste Nachrichtenverbindung durch den frühen Redaktionsschluss die pünktliche Lieferung der Manuskripte nicht mehr garantieren konnte, suchten wir gemeinsam nach einer Lösung und fanden meist auch eine. Zum Beispiel bei der Friedensfahrt. Redaktionsschluss war damals für die Sportseite gegen 17 Uhr, und um diese Zeit endeten meist erst die Etappen. Ehe ich aus dem Zielstadion ins Pressehotel kam und meinen Bericht schrieb, war der Redaktionsschluss längst vorüber. Also ersannen Rita und ich ein System, um den Termin einzuhalten. Nach etwa zwei Dritteln der Etappe stieg ich vom Motorrad ins *ND*-Auto und tippte, die Schreibmaschine auf den Knien, meinen Etappenbericht. Näherten wir uns dem Etappenziel, schob ich die beschriebenen Seiten in eine stabile Rohrposthülle, die wir von zu Hause mitgenommen hatten. Rita suchte sich einen Platz an der Rennstrecke, der es ihr gestattete, mit wenigen Schritten ins Pressezentrum zu gelangen. Nach oft endlosem Palaver mit Absperr-

kräften und Zuschauern bezog sie Position, und wenn wir uns
näherten, winkte sie mit ihrem Schirm. Entdeckte ich sie rechtzeitig, warf ich ihr die Hülle vor die Füße, sah ich sie zu spät,
musste sie an der Zuschauermauer entlang hinterher spurten,
damit sie ihr niemand etwa stibitzte. Die größten Probleme
ergaben sich in Polen und der Tschechoslowakei, wenn ihr die
Absperr-Polizisten untersagten, vor die Sperrkette zu treten.
Manchmal lieh ich ihr mein Abzeichen, das sie dann als »Direc-
teur« auswies, aber auch dann blieben die Polizisten meist misstrauisch. Eine Lücke aber fand sie immer, und wenn ich aus dem
Stadion ins Hotel kam, war der Bericht längst in Berlin, und es
galt nur noch, die wenigen Zeilen durchzugeben, die an die
Spitze des Berichts gerückt wurden und die Schlagzeile mit dem
Namen des Etappensiegers hergaben. Über ihre Abenteuer in
fast 20 Jahren hätte sie mehr als ein Buch schreiben können.

Dass ich mich ihrer gerade an dieser Stelle erinnerte, hing
mit Sapporo zusammen. Viele Kollegen erzählten dort die aben-
teuerlichsten Geschichten über das riesige Rotlichtviertel und
malten ihre – oft wohl auch erfundenen – Erlebnisse so stim-
mungsvoll aus, dass Rita mich eines Abends bat, mit ihr nach
Feierabend doch mal dorthin zu gehen. Ich zögerte lange, aber
eines Nachts machten wir uns auf den Weg. Ich hatte nicht
bedacht, dass ihre Körpergröße – 1,84 m – sie zur beispiellosen
»Attraktion« und vor allem gefährlichen Konkurrenz der kleinen Japanerinnen im Viertel avancieren ließ. Kaum waren wir
angelangt, hatte ich pausenlos zu tun, interessierte Freier abzu-
wimmeln und ihnen klarzumachen, dass auch eine Erhöhung
der Summen nichts daran änderte, dass sie nicht zu »haben« war.
Die dort tätigen Damen aber gerieten wegen der so gefährlichen
Rivalin in Rage und hielten mich für einen Außenseiter-Zuhäl-
ter, der sich mit seiner Exotin auf den Markt drängen wollte. Sie
rieten mir unmissverständlich, samt Rita augenblicklich zu verschwinden, um ernstem Ärger aus dem Wege zu gehen. Ich griff
mir eine der Damen, klärte sie auf, dass wir an dem Gewerbe
völlig desinteressierte Touristen und Rita meine Frau sei. Das
entspannte die Situation, und wir wurden wie Freunde zu einem
Kaffee in die »Kantine« eingeladen, wo wir ein vergnügtes
Gespräch darüber führten, welche Honorare »Übergrößen« fordern können.

1972
»Horch, was kommt von draußen rein«

Pressechef der Münchner Spiele war der spätere CSU-Minister »Johnny« Klein, der 1996 mit nur 65 Jahren verstarb. Der Illustriertenjournalist hatte sich vom ersten Tag seiner Tätigkeit als Olympia-Pressechef um ein sachliches Verhältnis zu uns bemüht. Ich verhehle auch nicht, dass ich ihm mit einigen Forderungen Schwierigkeiten bereitet hatte. Er beschwerte sich nie darüber und mühte sich sogar, unsere Wünsche zu erfüllen. So werde ich nie den Tag vergessen, an dem wir in München eintrafen und uns zu dem Empfang begaben, der jeden Abend für die neu eingetroffenen Journalisten gegeben wurde. Als wir an der Saaltür von Kleins Stellvertreter begrüßt wurden und man uns eröffnete, dass Klein sich entschuldigen lasse, erklärte ich kühl, dass wir an einem Abend wiederkämen, an dem er zugegen sei. Seine Abwesenheit ausgerechnet bei unserer Ankunft empfänden wir als brüskierend. Man beschwor uns zu bleiben und alarmierte ihn im Zirkus Krone, wo er in der Prominentenloge Gast der Premiere des Olympiaprogramms war.

Er erschien umgehend, noch im Frack und seinen Unmut nicht verbergend, räumte aber auch ein, dass seine Abwesenheit von uns als Anti-DDR-Geste empfunden werden konnte. Demonstrativ setzte er sich eine Viertelstunde an unseren Tisch, was allgemeines Aufsehen erregte, auch weil sich die Vorgeschichte inzwischen herumgesprochen hatte.

Er erledigte seine Aufgabe als Olympia-Pressechef so erfolgreich, dass er bald nach den Spielen für die CSU als Minister nach Bonn aufrückte. 1990 übernahm er im Ministerrang die Funktion des Chefs des Bundespresseamts. Als er eines Tages erfuhr, dass ich mich in Bonn aufhalte, ließ er mir ausrichten, er würde sich über meinen Besuch freuen. Das war wohlgemerkt

1991, als meine *ND*-Kollegen nichts mehr mit mir zu tun haben wollten. Der Bundesminister wollte. Als wir uns trafen, versicherte er glaubwürdig, dass er sich ehrlich über unser Wiedersehen freue, und machte mir ein ungewöhnliches Kompliment: »Bei Ihnen hatte ich immer das Gefühl, einem Kommunisten gegenüberzusitzen, der seine Überzeugung nie verraten würde. Das nötigte mir Respekt ab. Vor allem aber jetzt.«

Er hatte einen Bürotisch decken lassen, später kam seine Familie hinzu, und während des Gesprächs erkundigte er sich, welche Meinung denn die PDS-Abgeordneten von der Atmosphäre im Bundestag hätten. Ich antwortete ihm: »Eine Olympiasiegerin zum Beispiel, die Sie in München selbst bei der Pressekonferenz nach ihrem Triumph präsentiert haben, ist überzeugt, dass die Abgeordneten anderer Parteien die Bonner Nutten besser behandeln als die PDS-Damen.«

Er war schockiert, schickte augenblicklich seinen Chauffeur zum Plenarsaal, rief dort an und bat Ruth Fuchs, von der diese Aussage stammte, in sein Büro zu kommen.

Sie kam, wiederholte sie Wort für Wort, und er war echt schockiert. Er lud sie ein, sich zu uns zu setzen, und später erzählte mir die zweifache Speerwurf-Olympiasiegerin, dass er sie danach bei jeder Begegnung demonstrativ herzlich begrüßt habe.

Klein gab sein letztes Interview dem Magazin »Haus der Geschichte«, das den Text erst nach seinem Tod 1997 veröffentlichte.

Die erste Frage lautete: »Welches Ereignis hat Sie während der Spiele 1972 am meisten bewegt?«

Seine Antwort: »Für mich unvergesslich: Die Eröffnungsfeier. Strahlender Sonnenschein, die von Kurt Edelhagen leicht verjazzten Wanderlieder, herzlicher Applaus für alle einmarschierenden Mannschaften, auch für die DDR. Da drehte sich Klaus Huhn, damals stellvertretender Chef des SED-Zentralorgans *Neues Deutschland* nach mir um und zeigte mit dem Daumen nach oben.«

Ich füge noch an: Man hatte lange gerätselt, welches Lied Edelhagen spielen würde, wenn die DDR-Mannschaft ins Stadion zog. Er traf eine pfiffige Entscheidung: »Horch, was kommt von draußen rein.«

Wer über die Olympischen Spiele 1972 in München redet oder schreibt, muss mit dem unseligen Attentat auf das israelische Mannschaftsquartier beginnen. Der Tod von 17 Menschen beim olympischen Fest warf einen Schatten auf die Spiele, den niemand auszulöschen vermag. Es war und blieb ein in der Geschichte der Spiele einmalig erschütterndes Ereignis. Die Tragik dieses Geschehens sollte aber auch nicht darüber hinwegtäuschen, dass bis heute die Einzelheiten des Attentats und vor allem die Frage, ob man es hätte vermeiden oder zumindest einschränken können, nie restlos geklärt wurde. 2008 geriet das Thema wieder in den Blickpunkt, als der Göttinger Professor Arnd Krüger im Verlauf einer Historikertagung – ich zitiere den *Spiegel* – »die These aufstellte, dass die von Palästinensern ermordeten israelischen Sportler von dem Anschlag gewusst hatten und damit freiwillig in den Tod gegangen wären, um Israel zu nützen.« Die Formulierung löste begreiflicherweise einen Sturm der Entrüstung aus und hatte für Krüger disziplinarische Folgen, doch ändert das nichts an seiner Vermutung, dass der Überfall tatsächlich hätte vermieden werden können.

Der *stern* (17.9.1972) hatte recherchiert: »Kein einziger Polizist stand vor dem Quartier der israelischen Mannschaft, obwohl Schreiber (*damals Münchner Polizeipräsident – K. H.*) später zugab, dass nach seiner Ansicht die Israelis ›zu der Gruppe gehörten, die am meisten gefährdet waren‹. […] In München wurden selbst dann keine Vorkehrungen getroffen, als Interpol die angeschlossenen europäischen Polizeidienststellen wenige Tage vor Beginn der Spiele davon unterrichtete, dass die berüchtigte arabische Terroristin und Flugzeugentführerin Leila Khaled Beirut verlassen hatte und auf dem Amsterdamer Flugplatz Schiphol gesehen worden war. Aber die Realitäten der Außenwelt schienen im Dunstkreis des Olympischen Feuers nicht mehr wahrgenommen zu werden.«

Die Terroristen forderten nach der Besetzung des israelischen Quartiers die Freilassung einiger von den Israelis verschleppter Palästinenser. Der israelische Botschafter Ben-Horin flog nach München und informierte dort den Krisenstab, dass die Forderung abgelehnt würde. Der »stern«: »Als der Botschafter geendet hatte, herrscht einen Augenblick Schweigen im Raum. Dann sagt Merk (*damaliger bayerischer Innenminister – K. H.*): ›Herr Botschafter, wissen Sie, was das bedeutet? Eine gewaltsame Befreiungsaktion ist mit einem hohen Risiko für das Leben der Geiseln verbunden. Nehmen Sie dieses Risiko in Kauf?‹

Ben-Horin antwortet mit einem klaren ›Ja‹. Jeder weiß, dass nun Blut fließen wird.«

In Fürstenfeldbruck vollzog sich das Blutbad, das 16 Menschen das Leben kostete.

Ich schlich mich mehr als einmal in die Nähe des israelischen Quartiers, weil die DDR-Mannschaft in dem auf der anderen Straßenseite liegenden Block untergebracht war. Ein Münchner Freund vermittelte mir einen Kontakt, um den mich alle Kollegen beneideten: Ein Treffen mit dem Syrer, der am Morgen und Vormittag die Gespräche mit den Terroristen gedolmetscht hatte und am Mittag urplötzlich abgelöst worden war. Wie ich später erfuhr, war das auf Weisung des israelischen Sicherheitschefs geschehen, der nach München gekommen war und einen eigenen Arabisch-Dolmetscher aus Tel Aviv mitgebracht hatte.

Der Syrer, ein in halber Nacht aus dem Bett geholter Student, wollte verständlicherweise nicht ins Blickfeld geraten, und so trafen wir uns im Hinterzimmer einer Münchner Bierkneipe. Ich schwor ihm, seinen Namen nie zu erwähnen, und erfuhr von ihm dann Einzelheiten, die mich heute noch glauben lassen, dass die Katastrophe hätte vermieden werden können. Spätestens als sich die Israelis einschalteten, war an Menschenleben bewahrende Kompromisse nicht mehr zu denken.

Wundert es jemanden, dass 1996 »aufgedeckt« wurde, die »Stasi« sei an dem Attentat beteiligt gewesen? Mich überraschte es nicht. *Focus* (21.12.1996) fand für die Gruselstory eine passende Überschrift: »Terror unter Stasi-Augen«. Geliefert hatte die Schauermär der damalige Gauck-Behörden-Direktor Busse.

Was der aber wohl nicht hatte »enthüllen« wollen, war die Tatsache, dass die damaligen Sicherheitsverantwortlichen der BRD zwei hohen MfS-Offizieren gestattet hatten, nach München zu kommen – in einem DDR-Flugzeug! – und dort alle von ihnen als notwendig empfundenen Maßnahmen für die Sicherheit der DDR-Mannschaft einzuleiten. Man hatte ihnen sogar gestattet, ihre Schusswaffen zu tragen. Ein Kapitel deutsch-

deutscher Geschichte, die irgendwann mal in ihren Einzelheiten beschrieben werden sollte. Ich nahm einen Anlauf, als ich in den 90er Jahren den Sportchef der *FAZ*, Steffen Haffner, bat, Genscher dazu zu befragen, da der damals Chef des Krisenstabes gewesen war. Die Antwort: Davon sei Genscher nichts bekannt! Also müsste man die beim Aktensuchen so eifrige Birthler-Behörde bemühen oder einfach die beiden MfS-Offiziere in den Zeugenstand rufen.

In gebührender Distanz zu jenem opferreichen Überfall soll nicht darauf verzichtet werden, auch folgende Fakten zu erwähnen. Das bundesdeutsche *Handelsblatt* hatte während der Spiele folgende Nachricht publiziert: »Mord- und Bombendrohungen gegen Sportler der DDR sind anonym an allen olympischen Wettkampfstätten in München eingegangen. In Briefen und bei Telefonanrufen wiesen sich die anonymen Anrufer und Schreiber am Mittwoch als Mitglieder geheimer palästinensischer Kommandogruppen aus. An allen Wettkampfstätten verstärkte die Polizei ihre Aufgebote und transportierte die Sportler der DDR mit Spezialflugzeugen zu und von den Wettkampfstätten.

Nach Angaben der DDR-Nachrichtenagentur *ADN* hat die Mannschaftsleitung der DDR unverzüglich verstärkte eigene Sicherungsmaßnahmen im Olympischen Dorf eingeleitet. Nach einer Aussprache mit dem Bürgermeister des olympischen Dorfes, Walther Tröger, sei eine Verstärkung der Sicherheitskräfte an den Unterkünften der DDR verlangt worden. Der Bürgermeister des Olympischen Dorfes habe die sofortige Erfüllung dieses Ersuchens zugesagt.«

Morddrohungen gegen DDR-Bürger waren schon vorher eingegangen: Eineinhalb Jahre vor den Spielen hatte die Mittelstrecklerin Gunhild Hoffmeister, die in München olympisches Silber über 1500 m und olympische Bronze im 800-m-Lauf errang, in ihrer Post einen handgeschriebenen Brief gefunden: »Gunhild Hoffmeister! Wage dich ja nicht nach München, du gottverdammte Kommunistensau, denn als Sportlerin kann man dich nicht mehr bezeichnen.« Als Absender war ein Bernd Baron aus Bielefeld angegeben. Die Adresse erwies sich als fiktiv.

Auch ich hatte eine anonyme Drohung erhalten: »Hoffentlich kreuzen Sie zur Olympiade 1972 nicht in München auf, sonst könnte Ihnen Übles passieren.« Ich schickte den Brief an

Willi Daume und erhielt umgehend von ihm eine Antwort, in der es hieß: »Selbstverständlich wird für Sie alles Notwendige unternommen, um die volle persönliche Sicherheit zu gewähr-leisten.«

Zitiert habe ich diese Drohungen nur, um die Atmosphäre zu illustrieren.

Sie war auch durch zweifelhafte vorolympische Aktivitäten beeinflusst worden. So hatte man unweit der Münchner Stadt-grenze eine Ausstellung eingerichtet, die den irreführenden Titel »Ostdeutsche Architektur« trug. Es standen dort ausnahmslos Modelle von Bauwerken aus den seit Kriegsende polnischen, russischen und tschechischen Gebieten, so der »Kolberger Dom«, das »Königsberger Schloss«, das Weltkrieg-eins-Schlach-tendenkmal »Tannenberg« und die »Stadtpfarrkirche St. Lau-rentius in Deutsch-Gabel, Nordböhmen«.

Ich verhehle nicht, dass wir damals eine gezielte Kampagne gegen diese Ausstellung führten. Einmal besuchte ich sie gemeinsam mit dem Bonner *ND*-Korrespondenten, Günther Böhme. Wir ahnten nicht, welche Reaktionen allein dessen Bonner Autonummer auslösen würde. Die von Revanchisten-verbänden engagierten Betreiber der Ausstellung hielten uns für Beamte aus der Hauptstadt und schütteten uns ihr Herz über die lästigen »Roten« aus und empfahlen, ihnen endlich das Maul zu stopfen. Wir stimmten ihren Vorschlägen euphorisch zu und – schrieben einen neuen Artikel.

Alles zugegebenermaßen inzwischen fast schon vergessene Vergangenheit, aber eben auch nicht zu leugnende Tatsachen, die nie erwähnt werden, wenn es um die heutzutage oft be-mühte »deutsche Geschichte« geht.

Münchens damaliger Oberbürgermeister Vogel bat mich bei einer Begegnung im Kieler Stadttheater inständig, den Feldzug gegen die Ausstellung einzustellen. Sie sei doch nur eine Lappa-lie im Vergleich zu den Olympiabauten.

Apropos Kiel: Der damalige Oberbürgermeister der Hafen-stadt Bantzer hatte mich eines Abends zu einer Party in seinem Garten eingeladen, was einem Herrn von *Bild* missfiel. Er maulte, dass man sich besser amüsieren würde, wenn die Leute aus der Zone nicht eingeladen worden wären. Das hörte sich der Oberbürgermeister eine Weile an, dann begab er sich an den

Tisch des Betreffenden und sagte, so laut, dass es alle hören mussten: »Wen ich einlade, ist meine Sache, und auf den Sohn eines Bankpräsidenten lege ich nun mal mehr Wert als auf sie!« Irgendwann hatte ich in einem persönlichen Gespräch mit Bantzer wohl erwähnt, dass mein Vater erster Präsident der DDR-Notenbank gewesen war, und das hatte der nicht vergessen. Von diesem Augenblick an war ich der Star des Abends.

Was die Ausstellung in München betraf, so fand Vogel oder seine Berater irgendwann eine simple Lösung. Allen offiziellen Ärger mit den Revanchistenverbänden vermeidend, zerhieb eines Nachts eine angeheuerte Gruppe handfester Schläger die Ausstellung. Die Polizei nahm pflichtgemäß die Ermittlungen auf und stellte sie eines Tages ein.

Ich bewahre in meiner Wohnung nur wenige »Trophäen« meines Lebens, aber eine »Tannenberg«-Zinne ist darunter.

Das alles waren Randereignisse im Vorfeld der Spiele. Hauptanliegen der Gastgeber war, vor heimischem Publikum endlich wieder sportlich überzeugende Zeichen gegenüber der DDR zu setzen. Ein Triumph des östlichen Nachbarn in München erschien allen unerträglich.

Die *Welt*, damals Flaggschiff der bundesdeutschen Medien, hatte schon am 24. Oktober 1970 für Klarheit sorgen wollen: »Bronze statt Gold heißt auch immer Niederlage statt Sieg. Die Phrase von der Jugend der Welt, die ›zum friedlichen Wettstreit‹ antritt, hat längst verspielt. Das grimmige ›beat the Russians‹, das der US-Boy angesichts der Ost-West-Rivalität durch die Zähne knirscht, ist ehrlicher. Die These von der völkerverbindenden Kraft des Sports ist nicht mehr als Ideologie. […] Hier drückt sich unmissverständlich aus, dass die sportliche Höchstleistung als Faktor des politischen Prestiges in Rechnung gesetzt wird. Auch in München wird unter den Argusaugen der Welt um nationales Prestige gelaufen. Es geht um Medaillen. Auch wenn ›heitere Spiele‹ versprochen sind.«

Dr. Claus Heß, Vorsitzender des Bundesausschusses zur Förderung des Leistungssports, verkündete auf einem Presseseminar im November 1970 in Karlsruhe das bundesdeutsche Programm: »Der sportliche Kampf gegen die DDR ist Realität und ein wesentlicher Teil unserer Motivation. Wir haben diesen Kampf aufgenommen.«

Auszeichnung Heike Drechslers mit der Europa-Trophäe als Sportlerin des Jahres

Und Josef Neckermann, selbst dressurreitender Medaillenjäger und Vorsitzender der Stiftung Deutsche Sporthilfe, verkündete: »Medaillen bei Olympischen Spielen werden nun einmal als Ausdruck der Leistungsfähigkeit eines Volkes angesehen.«

Wie kommt es, dass heute solche Thesen ständig als Ziel des DDR-Sports bezeichnet werden?

Weil die Losung ausgegeben wurde, dass nur der »Unrechtsstaat« aus politischen Gründen um Medaillen kämpfte! Basta!

Nur selten blinkt die Wahrheit auf. Zum Beispiel, wenn Bundesminister Schäuble eher nebenbei – wie schon erwähnt – zugibt: »Wir Menschen neigen dazu, durch Übersteigerung alles zu gefährden. Das ist in der Finanz- und Bankenkrise nicht anders. Und das ist im Sport so. Alle wollen gewinnen. Im Zweifel sind wir alle in der Versuchung zu schummeln. [...] Das sollte man nicht zu lange in Abrede stellen. Die gesamtdeutschen Olympiaausscheidungen 1960 und 1964 waren ja fast spannender als die Olympischen Spiele selber, so groß war die Rivalität. [...] Die DDR war uns in den Medaillenstatistiken mit Abstand überlegen. [...] Außerdem wissen wir, dass es im Westen auch großen Mist gab. Als jemand, der in Freiburg studiert hat, muss ich sagen: Dass ausgerechnet die Sportmedizin der Uni Freiburg sich in einem solchen Maße hat verstricken lassen, ist schmerzlich.« (*Damit meinte Schäuble die Aufdeckung des flächendeckenden Dopings der Universität – K. H.*)

Und einmal beim Geständnisse ablegen, antwortete er auf die Frage, ob er jemals empfohlen habe, »Doping [...] von verantwortungsbewussten Medizinern vornehmen (zu) lassen«: »Gut, dass alles aufgeschrieben wird. Ich würde das nie mehr so sagen. Aber man darf nach dreißig Jahren auch ein bisschen klüger sein. Man sollte niemanden an Sprüchen messen, die er vor dreißig Jahren getan hat; das fällt auf den zurück, der es tut.«

Und fügte dem allem noch hinzu: »Wir dürfen die Debatte über Belastungen aus der Vergangenheit nicht so führen, dass sie auf dem Gebiet der ehemaligen DDR als diskriminierend empfunden wird. Ganz so sauber war es in der alten Bundesrepublik auch nicht. Und man muss sehen: Es gibt für all dies, strafrechtlich wie sportrechtlich, Verjährungsfristen. Sie sind alle abgelaufen.« (*FAZ* 27.3.2009)

Doch ließ sich dadurch kaum jemand von Schäuble dazu verleiten, die Wahrheit »aufzuarbeiten«.

Bliebe vielleicht noch zu erwähnen, dass die UdSSR in der Medaillenwertung in München den ersten Rang belegte (50 Gold-, 27 Silber-, 22 Bronzemedaillen), die USA (33, 31, 30) den zweiten, die DDR den dritten (20, 23, 23) und die BRD den vierten (13, 11, 16).

1976
Orden aus Wien

Kaum jemand erinnert sich heute noch daran, dass die Olympischen Winterspiele 1976 ursprünglich nach Denver in den USA vergeben worden waren. Die Yankees hatten schon bei der Bewerbung wissen lassen, wie viele Anlässe sie ins Feld zu führen hätten, Olympia im eigenen Land zu feiern: 200 Jahre USA, 100 Jahre Bundesstaat Colorado und und und. Als der Termin näherrückte, fehlte es an dem für Olympia nötigen Geld und vielleicht auch ein wenig am guten Willen. Man berief sich auf eine Volksbefragung, die sich mit 57 Prozent gegen die durch Olympia entstehenden Umweltschäden entschieden hätte. Es war eine Ausrede, denn bei der Vergabe der Spiele hatte sich Washington gegenüber dem IOC verpflichten müssen, alle staatlichen Voraussetzungen und die Finanzierung zu sichern. Der Form halber wandte sich das ratlose IOC an den bei der Abstimmung gegen Denver unterlegenen Schweizer Wintersportort Sion, doch der winkte ab. Innsbruck übernahm es, nach acht Jahren die Spiele ein zweites Mal auszurichten. Übrigens stiftete der österreichische Bundespräsident einen Orden für alle, die Österreich in dieser Situation behilflich waren. Gemeinsam mit anderen DDR-Sportjournalisten wurde er nach den Spielen auch mir in der Berliner Residenz des österreichischen Botschafters in der Pankower Esplanade überreicht.

Es gab einiges zu tun in Innsbruck. Ein neues Olympisches Dorf musste errichtet werden und eine Kunsteis-Bob- und Rennschlittenbahn. Als man daranging, die in Igls zu projektieren, machten sich Experten aus der DDR auf den Weg, um herauszufinden, was die Schlittenpiloten dort erwarten würde. Am Rande der Bergwiese, auf der die Zielkurve ausgehoben werden sollte, sahen sie ein unscheinbares Bauernhaus stehen und erinnerten sich der Erfahrungen mit der »Notunterkunft« in Sapporo, zumal der Weg von Igls zum Olympischen Dorf noch länger war als der in Sapporo. Hinzu kam, dass die DDR in Innsbruck ihr Debüt bei den Bobrennen geben wollte.

Man hörte sich um, wem das Haus gehörte, doch wussten die Befragten nur, dass es sich um einen Innsbrucker Geschäftsmann handele. Ich übernahm es, den Gastwirt an der unterhalb der geplanten Bahn entlangführenden Straße zu konsultieren.

»Die Hütte?« Er fuhr sich durch die Haare und meinte: »Wenn ich mich nicht täusche, verkauft er Küchengeräte, en gros, verstehen Sie?«

Im Hotel wurde am Abend das Branchenbuch gewälzt. Vier fand man, die in Innsbruck Küchengeräte en gros anboten, und alle vier wurden augenblicklich angerufen: »Sie entschuldigen, gehört Ihnen die Hütte im Wald über Igls?«

Der Vierte war der Richtige. Den fragte man, ob man ihn zu einem Glas Wein einladen dürfe, ganz in seiner Nähe natürlich, für ein halbes Stündchen höchstens. Der Mann war zwar misstrauisch, was man von ihm wollte, wurde aber überzeugt, dass es sich um eine im Grunde belanglose Frage handele. Man traf sich. Einer aus unserer Runde erwarb schnell sein Vertrauen, vielleicht weil er sofort mit der Tür ins Haus fiel: »Ihre Hütte steht in Kurve 16 der künftigen Bobbahn. Wir könnten sie während der Spiele gut gebrauchen.«

»Wofür?«

»Na, als Wärmehalle für die Bobfahrer. Es könnten doch frostige Tage werden.«

Das leuchtete ihm ein, nur der Eifer seiner Gesprächspartner irritierte ihn.

»Das hat doch noch Zeit.«

»Man kann nie wissen!« bekam er zur Antwort. Es wurde noch ein Schoppen Heuriger bestellt und dann ein Vertrag auf der Rückseite einer Speisekarte formuliert, paraphiert und signiert. Die Anzahlung könnte sich auf 500 DM belaufen haben.

Als die Bobbahn ein Jahr später fertig war und von den Experten besichtigt wurde, glaubte ein österreichischer Trainer eine gute Idee zu haben: »Unser Hauptquartier schlagen wir in dieser Hütte auf! Wem gehört die?«

Der Kneipenwirt erinnerte sich, danach schon mal gefragt worden zu sein, und wusste wieder nicht mehr, als dass es ein Küchengerätehändler sein könnte.

Als die Österreicher eine Stunde später an dessen Tür klingelten und ihm vorschlugen, ihnen sein Häuschen zu vermieten, bat er sie in die Wohnstube, kramte den DDR-Vertrag hervor und sagte: »Die haben schon im Voraus bezahlt, bis zum letzten Pfennig. Tut mir leid.«

In den letzten Wochen vor den Spielen bekam der En-gros-Händler unfreundliche anonyme Briefe und sogar drohende Anrufe. Man zieh ihn sogar des »Landesverrats«. Betroffen rief er in Berlin an. Man lud ihn ein, in einem FDGB-Ferienheim einen ruhigen Urlaub zu verbringen. Er willigte ein.

Als während der Spiele die ersten DDR-Bobs an den Start geschoben wurden, saß ein Fachmann vor einem Computer am Küchentisch der Hütte und gab die Zwischenzeiten ein, die durch das offene Fenster aus den Lautsprechern zu hören waren. Hatten die Athleten ihre Fahrt absolviert, die Helme abgesetzt und die Schlitten wiegen lassen, spazierten sie die dreißig Schritte bis zu der Hütte, nahmen sich einen heißen Tee vom Herd und studierten die Streifen, die aus dem Computer kamen und exakt Auskunft darüber gaben, wo sie Zeit gewonnen und wo verloren hatten.

Seitenlang könnte ich Zitate von Bobfahrern anderer Länder aus der Erinnerung wiedergeben, die in kalten Ecken auf den nächsten Lauf warteten. Auch sparten die nicht mit handfesten Schimpfworten gegenüber ihren Funktionären, die sich nach jedem Lauf im VIP-Zelt heiße Getränke servieren ließen und in bequemen Sesseln streckten. Als am letzten olympischen Abend in der Eishalle die Sieger gefeiert wurden, ließen einige Verlierer ihre Wut am Hüttenbesitzer aus, zerrten Kohlensäcke aus dem Schuppen und verstreuten die Briketts rundum im Schnee. Die Nachricht von der Verwüstung erreichte uns schnell und ein Freiwilligen-Kommando jagte nach Igls, suchte die Kohlen zusammen und stapelte die Säcke wieder dorthin, wo sie gestanden hatten. Ich war beim Kohlenauflesen mit von der Partie.

Die Innsbrucker »Hütten-Affäre« ist von Belang, weil sie einmal mehr verrät, wie umsichtig DDR-Trainer und -Funktionäre ihre Erfolge vorbereitet hatten. Eine Tatsache, die vor allem Beachtung verdient, seitdem so emsig versucht wird, sie mit Vorliebe dem Doping zuzuschreiben.

1976
Der Deal
mit der *Montreal Gazette*

Als wir zu den Olympischen Spielen 1976 nach Montreal kamen, staunten einige der DTSB-Oberen über DDR-unfreundliche Kommentare in den Tageszeitungen. Das ließ erahnen, wie viel aus der BRD importierte Vorurteile uns erwarteten. Mit Agitation ließ sich das nicht ändern. Die DDR stand nun mal auch in Kanada auf der anderen Seite der »Front« im Kalten Krieg. Zudem hatten bundesdeutsche Blätter hinreichend für Stimmung gesorgt.

Auch Kanadas berühmtester Sportjournalist, Doug Gilbert, hatte in seiner *Montreal Gazette* manchen Kommentar geschrieben, der der DDR nicht sonderlich wohlgesinnt war. Es hatte sich herumgesprochen, dass uns eine lockere Freundschaft verband – resultierend aus der Tatsache, dass ich Doug in Berlin nach einem Schwimmwettkampf den *ND*-Fernschreiber angeboten hatte, weil die Telefonverbindung ewig nicht zustandekam –, sollte ich nun »mal mit ihm reden«. Offiziell wurden er und ich von einem DTSB-Vizepräsidenten zum Essen eingeladen. Ich wollte ihm einen Deal anbieten, den jener Vizepräsident allerdings nicht billigen wollte. Ich offerierte ihn dennoch: Als Gegenleistung für DDR-freundlichere Kommentare würde ihm nach den offiziellen Siegerpressekonferenzen als erstem Journalisten ein zeitlich nicht begrenztes Exklusivinterview mit erfolgreichen DDR-Athleten angeboten.

Die Offerte verfehlte nicht ihre Wirkung, denn Doug war klug genug, vorauszusehen, dass es zahlreiche umschwärmte DDR-Sieger geben würde. Er erbat sich Bedenkzeit – vermutlich, weil er diese Entscheidung nicht allein treffen konnte –, willigte dann ein und startete seine Good-will-Kampagne mit einem sensationellen, fast ganzseitigen Beilagenartikel, in dem er das Leben der DDR-Mittelstrecklerin Gunhild Hoffmeister mit dem der kanadischen Mittelstrecklerin Abby Hoffmann verglich und dabei vor allem das unterschiedliche soziale Umfeld für Frauen in beiden Ländern beleuchtete – was auf Grund der Realitäten mit Vorteilen für die DDR ausging.

Während der Spiele fanden sich die DDR-Sieger in der *Gazette* ausgiebig und vor allem mit sachlichen Fakten über ihr Leben vorgestellt, was wiederum dazu führte, dass ein New Yorker Verleger Doug anbot, nach den Spielen ein Buch über den DDR-Sport zu schreiben.

Das wiederum erwies sich als ein gewinnverheißender Schritt, als die DDR in der Länderwertung die USA hinter sich ließ. Wer dieses Phänomen erklären konnte, durfte sicher sein, schnell in die Bestsellerliste der US-amerikanischen Olympiabücher aufzusteigen.

Offen war nur noch, ob der DTSB-Präsident Manfred Ewald akzeptieren würde, dass Doug eine längere »Studienreise« durch den DDR-Leistungssport absolviert. Ich riet dem Kanadier, am Morgen des Finaltages Ewald im Olympischen Dorf um ein Interview zu bitten und nebenbei in sein Vorhaben einzuweihen. Der Tip war goldrichtig: Ewald war ob des Triumphs über die USA in so guter Stimmung, dass er sofort einwilligte.

Diskussionsredner auf einem DTSB-Kongress

Nach 1990 wurden angeblich auch Akten gefunden, wonach ich das Buch im Auftrag der »Stasi« kontrolliert hätte. Woher die »Stasi« das wusste? Von einem Karrieristen, der vom Olympischen Komitee der DDR auch das MfS beliefert hatte. Nach 1990 sprang er eine Fünfeinhalb-Delfin-Wende, wurde beim Bundes-NOK eingestellt, nachdem er versprochen hatte, die Verleihung des Goldordens des Internationalen Olympischen Komitees an Erich Honecker rückgängig zu machen. Allerdings biss er mit diesem Anliegen beim IOC-Präsidenten Samaranch auf Granit.

Kurzum: Dieser Typ gab an, nach Montreal erfahren zu haben, dass Gilbert mir sein Manuskript zu lesen gegeben und ich es im Auftrage des MfS kontrolliert hatte. Ein Beispiel mehr dafür, dass es nichts gab oder gibt, was man dem MfS nicht anhängen konnte. Tatsächlich hatte Doug mir sein Manuskript gegeben, damit ich es als »Einheimischer« noch einmal durchlas. Inzwischen hatte nämlich der Präsident der USA eine Kommission bestellt, die ermitteln sollte, wie es dazu hatte kommen können, dass die USA anlässlich ihrer 200-Jahr-Feier gegen ein Land verloren hatte, dass man auf amerikanischen Karten gar nicht fand.

So wurde Dougs Buch ein Bestseller!

1978
AIPS und UEPS und wir

Notwendige historische Erklärung: Während der Olympischen Spiele 1924 in Paris hatten sich Journalisten zusammengetan, einen Kongress veranstaltet und den Weltverband der Sportjournalisten (AIPS) gegründet. Der zweite Kongress fand vier Jahre später bei den nächsten Spielen in Amsterdam statt, aber ab 1947 traf man sich jährlich. Die Organisation gewann an Einfluss, als sich das IOC mit einer rapide wachsenden Zahl von Olympiaberichterstattern konfrontiert sah und auf die Pressetribünen – immerhin die teuersten Plätze im Stadion – nur noch ausgewiesene Experten ließ. Die AIPS konzipierte das System für deren Auswahl, teilte den Ländern Kontingente zu und wurde so zu einer einflussreichen Organisation. Dass sich die DDR-Sportjournalisten um die Mitgliedschaft bewarben, überraschte nicht. Dass der bundesdeutsche Verband Order aus Bonn bekam, das zu verhindern, auch nicht.

Als Joachim Fiebelkorn und ich im März 1960 mit dem Aufnahmeantrag nach Venedig reisten, tagte dort der 24. Kongress, und der Präsident Schihin, ein konservativer Schweizer, versicherte uns offenherzig, dass er strikte Weisung habe, uns nicht aufzunehmen, was ihm leid täte, den Ärger, der ihm drohte, wenn er es doch täte, aber nicht reduzieren würde. Er hatte wenigstens eine »Begründung« gefunden: Nach unserem Statut konnten auch Sportfotografen Mitglieder werden, was jedoch im AIPS-Statut nicht vorgesehen war. Wir durften als herzlich begrüßte Gäste an dem Kongress teilnehmen, die bundesdeutschen Kollegen schworen, sie hätten für unsere Aufnahme gestimmt, doch war ihnen das verboten worden. Schihin hatte bald darauf von den politischen Interventionen die Nase voll und überließ dem Tour-de-France-Direktor Felix Levitan den Präsidentenposten. Der hatte sich 1961 beim Kongress in Paris profiliert und dort – wir hatten wieder einmal keine Einreisevisa erhalten – sorgten unsere polnischen Kollegen dafür, dass wir aufgenommen wurden. Das funktionierte so: Die Polen hatten die bundesdeutschen Delegierten eines Abends in ihre Botschaft eingeladen, viel guten Wodka servieren lassen und unseren »Brüdern« den Rat gegeben, bei Beginn der Debatte über unseren Aufnahmeantrag auf die Toilette oder sonst wohin zu verschwinden. Zu Hause könnten sie sich dann darauf rausreden, gar nicht anwesend gewesen zu sein, als die Entscheidung fiel. Obendrein wären die meisten anderen Kongressdelegierten zufrieden, wenn der unselige Streit ein Ende hätte. Die »Brüder« folgten dem Rat, und wir wurden von den Polen noch am gleichen Abend informiert, dass die »Operation« erfolgreich beendet worden sei.

Später suchte Levitan einen Verband, der bereit wäre, den Kongress 1967 auszurichten, und da der DTSB uns unterstützte – vor allem die Kosten übernahm –, war Berlin in jenem Jahr Gastgeber. Eröffnet wurde der Kongress vor dem Pergamonaltar. Zuvor hatte es allerdings ein Problem gegeben, das mich zwang, Levitan in Paris aufzusuchen. Um uns in Schwierigkeiten zu bringen, hatte »jemand« Südvietnam geraten, in der Hauptstadt der DDR seinen Aufnahmeantrag auf die Tagesordnung setzen zu lassen. Und das, als der Vietnamkrieg durch die Intervention der US-Amerikaner seinem Höhepunkt zusteuerte. Ich gestehe, dass ich weder die »Partei« noch das Politbüro oder das Außenministerium um Rat bat, sondern aus eigenem Antrieb nach Paris flog und mit Levitan redete. Der zauderte keine Sekunde, den Antrag vertagen zu lassen.

Fast dreißig Jahre später sorgte ein gewisser Günter Weise, Ehrenpräsident des bundesdeutschen Verbandes, dafür, dass unser Kongress noch einmal Gesprächthema wurde. Es ist keine 1000-Euro-Preisfrage, wie es dazu kam. »Stasi-Akten« sind in allen Branchen verfügbar! Weise behauptete, welche gefunden zu haben, die über mich und meine »Rolle« bei dem Kongress Auskunft gaben, und »enthüllte« das im Blatt seines Verbandes. Der Titel seiner Story (*Sportjournalist*, Oktober 1995): »Wie Sportjournalisten von DDR-Funktionären bespitzelt und verfolgt wurden.

Beim Buhlen um internationale Anerkennung hatte sich die DDR 1967 um den Kongress der AIPS beworben. Dafür nahm sie die Unbequemlichkeit in Kauf, einer Hundertschaft ausländischer Sportjournalisten die Einreise nach Ost-Berlin gewähren zu müssen. Ein Dorn im Auge der Organisation war der Vertreter der Bundesrepublik, ausgerechnet der Westberliner Günter Weise.

Allen Ernstes verlangte man von mir den ständigen Aufenthalt während der fünf Kongresstage im Ostberliner ›Sporthotel‹, um die tägliche Ein- und Ausreise im eigenen PKW zu verhindern. Erst ein Machtwort des französischen AIPS-Präsidenten Felix Levitan schuf Abhilfe.«

Was war daran wahr? Vielleicht die Kommas. Möglicherweise hatte ich Weise auch darauf hingewiesen, dass Alkohol am Steuer in der DDR strikt geahndet würde. Vermisst aber wurde Weise an den abendlichen Tischrunden nicht.

Tatsächlich plagte Levitan im Hinblick auf Weise eine ganz andere Sorge. Um die AIPS international aufzuwerten, hatte Levitan es zur Gewohnheit werden lassen, zum Kongress-Abschluss ein Danktelegramm an das jeweilige Staatsoberhaupt von den Delegierten verabschieden zu lassen. Seine Befürchtung: Was tun, wenn Weise gegen den Dank an Walter Ulbricht stimmen würde? Das hätte für peinliche Schlagzeilen sorgen können. Er fragte mich, ob ich einen Ausweg wüsste, aber ich verspürte keine Lust, Weise zu überzeugen, Walter Ulbricht Dank zu bekunden. Als es so weit war, stimmte »Micky« – so sein Spitzname – der Dank-Botschaft an Walter Ulbricht zu! Aber hätte man diesen durch Weise möglich gewordenen DDR-Triumph nicht durch einen IM an das MfS melden lassen müssen? Und diese Akte soll niemand gefunden haben?

Weise aber hatte auch noch enthüllt, dass die »Stasi« mich ausgezeichnet hatte: »Der frühere Sportchef des *Neuen Deutschland* erfuhr zu seinem 60. Geburtstag am 24. Februar 1988 die offizielle Belobigung mit einem ›Sachgeschenk‹ (250 Mark) sowie Blumen (25 Mark).«

Sein »Irrtum«: Meinen 60. Geburtstag hatte ich in Calgary gefeiert, wo mir das IOC den Pressepreis des IOC verlieh.

Was Weise auch noch unterschlug, war, dass ich schon am 14. Februar 1976 vom Sportchef der *Frankfurter Allgemeinen Zeitung*, Steffen Haffner, eine »Bescheinigung« erhalten hatte, die mich von jedem »Stasi«-Verdacht freisprach. Die Fakten in

Stichworten: Am 12. Februar 1976 war im Sportteil der *FAZ* ein Artikel mit dem Titel »Das Auge« erschienen, der kürzer war als das eingeklinkte Bild, das mich zeigte. Aus dem Text: »Was ist das? Es steht am Zaun und schaut. Antwort: Der Zaungast. So nennen ihn manche am Ziel in Igls. Jeden Tag steht ein Herr in DDR-Montur am Schlittenauslauf. Man könnte meinen, er sei Tourist, wenn er nicht ständig schaute, ständig fotografierte. Geschähe Verbotenes, ihm würde es nicht entgehen. Und wenn jemand ›das Auge‹ sagt, dann weiß jeder Bescheid.«

48 Stunden später lag in meinem Pressefach ein Brief des *FAZ*-Sportchefs: »Sehr geehrter Herr Huhn, ohne mein Wissen ist durch eine Verkettung unglücklicher Umstände ein Foto, das Sie zeigt, in der *F.A.Z.* erschienen. Damit wurde meine Glosse ›Das Auge‹ illustriert, in der ein Vorgang beschrieben wird, mit dem Sie absolut nichts zu tun haben. Es wäre im höchsten Grade hirnrissig, Sie, sehr geehrter Herr Huhn, in irgendeiner Weise damit in Verbindung zu bringen.

Für die Richtigkeit dieser Erklärung bin ich jederzeit, an jedem Ort und vor jedermann bereit, mit meinem Eid zu bürgen. Steffen Haffner.«

Also: Ein verantwortlicher Redakteur der *FAZ* war bereit, zu beeiden, dass ich nichts mit »Auge« – der Text hatte keinen Zweifel daran aufkommen lassen, was damit gemeint war – zu tun hatte. Jederzeit, an jedem Ort, vor jedermann!

Schwamm drüber. Wie jeder weiß, sind »Stasi«-Stories heutzutage täglich an den Mann zu bringen, und selbst *FAZ*-Eide bewahren nicht davor!

Ein großer Tag mit Ernst Busch

1970 tagte der AIPS Kongress in Dubrovnik, und schon am ersten Abend traf ich im Hotel den berühmten Filmregisseur Konrad Wolf, mit dem mich seit einem gemeinsamen Urlaub in Bulgarien eine lockere, aber herzliche Freundschaft verband, die bis in unsere Familien reichte. Wolf drehte damals gerade seinen berühmt gewordenen Film »Goya« und lud mich ein, am nächsten Morgen Zeuge eines spektakulären Ereignisses zu werden. Er hatte den nach 1945 nie mehr vor einer Filmkamera auftretenden Ernst Busch überredet, die Rolle des Bischofs in »Goya« zu übernehmen, und in Dubrovnik sollte die Szene gedreht werden, wie der von der Domtreppe herab vor einer riesigen Menschenmenge predigte.

Ich schwänzte den Kongress. Nachdem die Schar der Komparsen kostümiert und auf der Freitreppe platziert worden war, erschien Busch in der Kirchenpforte und begann seine Predigt. Seine Stimme wurde durch Lautsprecher verstärkt, und obwohl die meisten jugoslawischen Komparsen kein Wort Deutsch verstanden, verstummten sie schon nach wenigen Sätzen. Buschs unübertroffene Stimme ließ den Tag auch für mich zu einem unvergesslichen Erlebnis werden. Am Abend feierte Wolf mit mir den so glanzvoll gelungenen Auftritt.

Mancher Leser könnte sich fragen, was einen Filmregisseur und Präsidenten der Akademie der Künste und einen Sportjournalisten zu Freunden werden lassen kann? Zum Beispiel Streit. Unsere erste Begegnung am bulgarischen Strand gipfelte in einem heftigen Disput, der erst endete, als die Ehefrauen eingriffen. Das Thema: Konrad Wolf hatte seine Filme mit Kameras drehen lassen müssen, die nicht die modernsten waren, und es störte ihn, dass – nach seiner Meinung – viel Geld, vor allem Devisen, für den Sport ausgegeben wurde. Ich verwies darauf, dass der Sport nicht nur Devisen ausgab, sondern auch einnahm, und vertrat auch die Meinung, dass sich auf internationalen Filmtreffen errungene Preise für wertvolle Filme durchaus mit olympischen Triumphen vergleichen ließen. Das leugnete er nicht. Er war in Cannes für den Film »Sterne« mit einem Preis ausgezeichnet worden und bei den Westberliner Filmfestspielen für »Solo Sunny«. Jedenfalls stritten wir gern miteinander, und als er mich – schon schwer krebskrank – um einen persönlichen Gefallen bat, zauderte ich keine Sekunde, ihm den zu erfüllen. Er war einer der Menschen, die meinen Weg mit geprägt haben.

Renate Stecher gibt einen Empfang

Zurück zum alljährlichen Treffen der Sportjournalisten. 1974 hatte der Kongress in Malaga stattgefunden, und dorthin begleitete mich eine ebenso attraktive wie schnelle Frau: Renate Stecher. Die Jenenserin hatte in der Leichtathletik mit ihren Sprint-weltrekorden für Aufsehen gesorgt und war von den Sportjour-nalisten zur Welt-Sportlerin des Jahres 1974 gewählt worden. Die Auszeichnung mit dem von den Griechen gestifteten Pokal – ein in Silber gehämmerter Olivenzweig – sollte einer der Höhepunkte des Kongresses werden.

Es ist auch heute noch keine Schande, darauf hinzuweisen, dass in der DDR konsequent gespart wurde, wenn es um Devi-sen ging. Deshalb hatte der Journalistenverband für Renate und mich eine devisenarme Flugroute gewählt, die von Berlin über Algier nach Madrid und von dort nach Malaga führte. Die Interflug setzte auf der Route Berlin-Algier-Lagos-Maputo in der Regel die schnelle IL 62 ein, musste an jenem Morgen aber auf eine langsame IL 18 zurückgreifen, die erst in Algier landete, als die Madrid-Maschine schon abgehoben hatte. Die nächste Verbindung sei in drei Tagen fällig, informierte mich der Inter-flug-Vertreter bedauernd. Da aber wäre der Kongress vorüber gewesen. Der Zufall wollte es, dass Renate und ich plötzlich dem DDR-Botschafter in Algerien gegenüberstanden, der einen Gast zum Abflug begleitet hatte. Den kannte ich gut, denn er war jahrelang Präsident des DDR-Hockeyverbandes gewesen.

Ich schilderte ihm unsere Situation, und er wies den Inter-flugvertreter an, uns Tickets nach Malaga auszustellen, mit denen wir noch am gleichen Tag weiterfliegen konnten. Die nächste Station war Marseille, wo man als erstes unsere fehlen-den französischen Visa bemängelte und uns umgehend in eine Maschine nach Mallorca verfrachtete, was uns den dritten Mit-telmeerüberflug des Tages bescherte. Von dort gelangten wir nach Madrid, und da fand man in halber Nacht noch zwei freie Plätze in einer US-amerikanischen Touristenmaschine, die auf dem Weg nach Malaga in Madrid zwischengelandet war. Renate hatte tief und fest an meiner Schulter geschlafen, als wir gegen Mitternacht endlich Malaga erreichten. Sie verschwand sofort in ihrem Apartment, ich stieg noch in die Bar hinunter, um Kol-legen zu begrüßen, und nahm an dem Tisch der Schweizer Platz. Am Nebentisch hörte ich einen Unbekannten darüber parlie-ren, wie er die »Zonentypen« aufs Kreuz zu legen gedachte. Der Maulheld vertrat adidas, und da die Firma entsprechend einer Vereinbarung mit der AIPS den Aufenthalt von Renate Stecher finanzierte, hatte er sich einfallen lassen, ihr neben dem griechischen Originalpreis einen Pokal zu überreichen, von dem in Großbuchstaben das Logo der Firma leuchtete. Die Szene wollte er fotografieren lassen und das Bild als Werbecover benutzen. Was sich heute kaum mehr jemand vorstellen kann: 1974 verstieß ein solches Bild gegen die internationalen Amateurregeln und erst recht gegen die Vorschriften des DTSB.

Der »Zonentypen-aufs-Kreuz-Leger« spendierte eine Runde Whisky und – einmal dabei – auch für mich ein Glas, nebenbei fragend, woher ich denn käme.

Ich war trotz des langen Tages noch in halbwegs guter Verfassung: »Aus dem Land der Renate Stecher, mit der Sie hier, damit sie das wissen, keine Reklame machen werden.«

Er lachte lauthals, blickte in die Runde und fragte grinsend: »Woher kommt dieser Spaßvogel?«

Die Schweizer wollten ihm wohl raten, auf einen offenen Schlagabtausch mit mir lieber zu verzichten, aber er suchte ihn und wurde ordinär: »Pass mal auf, du Klapsmann, noch ein Wort, und du kannst deine Renate auf die Straße zum Anschaffen schicken, denn wir bezahlen ihr Bett und ihre Mahlzeiten und ich muss nur an der Rezeption Bescheid sagen, dass wir unsere Buchung stornieren. Ostmark nehmen die nicht!«

Die Schweizer verabschiedeten sich eilig. Ich folgte ihnen.

Am nächsten Tag spitzte sich die Situation zu. Der adidas-Vertreter musste irgendjemanden das Stecher-Foto fest versprochen haben, und als ich ihm noch einmal versicherte, dass ich es verhindern würde, stornierte er tatsächlich das Zimmer. Die Spanier und die AIPS zauderten zwar keine Sekunde, die Kosten zu übernehmen, wollten aber auch weiteren Ärger mit dem Sponsor adidas vermeiden und gaben mir zu verstehen, dass man nun eine andere »weltbeste Sportlerin« auszeichnen würde.

Renate Stecher fand sich damit überraschend gelassen ab. Ich schlug ihr vor, sie solle am Abend in ihrem Apartment einen »Empfang« geben, um so zu demonstrieren, dass sie durch die Situation nicht im geringsten verärgert sei. Wir würden die Gäste der Party um Spenden bitten, um den Gastgebern und der AIPS keine zusätzlichen Kosten für ihre Beherbergung entstehen zu lassen. Kaum hatte ich das im Kongress verlauten lassen, fragten viele, wie sie zu einer Einladung kommen könnten und ob es wirklich ein von ihr zubereitetes Menü gäbe.

Da wir den Abend selbst finanzieren mussten, entschloss sie sich, alle Einkäufe auf dem nächsten Wochenmarkt zu tätigen. Dann verschwand sie in der Apartment-Küche. Als die Zeit heran war, gab es heftiges Gedränge vor ihrer Tür. Die Hoteldirektion ließ Stühle und Geschirr ankarren, um allen Stecher-Gästen eine Sitzgelegenheit bieten zu können. Es wurde ein großer Abend!

Tatsächlich wurde Renate dann als drittbeste Sportlerin der Welt geehrt. Ich saß mit ihr in der letzten Reihe des Kongress-saals und hatte ihr geraten, so langsam wie möglich hinabzu-steigen. Sie bekam mit Abstand den meisten Beifall.

Der Zufall wollte es, dass sich zwei Wochen später das IOC in Wien traf. Bei einem der zahlreichen Empfänge kam eine charmante Dame auf mich zu und bat mich in einer Saalecke um eine kurze Unterhaltung. Sie gehörte zur Familie des adidas-Eigners und bat mich, ihr den Auftritt des Firmen-Vertreters so genau wie möglich zu schildern. Ich informierte sie und sie informierte mich: Ihr die Firma leitender Bruder habe den »Fle-gel« bereits gefeuert.

Ehrenbürger in Mexiko

1976 tagte der Kongress am anderen Ende der Welt, in Mexiko. Ehe wir dort allerdings anlangten, gab es wieder einmal einige Hürden zu überspringen. Die mexikanische Fluggesellschaft, die uns vom Pariser Flughafen Orly nach Mexiko fliegen sollte, war nicht bereit, Delegierte ohne Visum mitzunehmen. Das betraf Kollegen aus Malta, Ungarn, Israel – und natürlich der DDR. Die alarmierte mexikanische Botschaft wusste keinen Ausweg, die übrigen Passagiere des Fluges probten wegen der Warterei den Aufstand, aber dann räumte ein einziges Wort allen Ärger beiseite. Der inzwischen zum Präsidenten gewählte Brite Frank Taylor – fast berühmt geworden, als er den Absturz der Man-chester-United-Fußballmannschaft 1958 in München überlebte – ließ die Fluggesellschaft wissen, dass die gesamte Kongress-gruppe auf die Reise verzichten würde. Solch Einnahme- und

Imageverlust mochte man nicht hinnehmen und entschied: Alle dürfen an Bord gehen!

Nach der Landung in Mexiko die nächste Hiobs-Botschaft: Wer keinen gültigen Impfausweis vorlegen kann, muss sich augenblicklich impfen lassen! Der Generalsekretär des bundesdeutschen Verbandes, Adolf Bauer, hatte gerade eine schwere Operation hinter sich und war von den Ärzten vor Impfungen jeder Art gewarnt worden. Er bat »Micky« Weise händeringend um Hilfe, aber der zuckte nur die Schultern. Bauer kam zu mir: »Wir sind doch alle Deutsche!« Ein Gespräch mit der diensttuenden Ärztin erwies sich als ergebnislos: »Impfen oder keine Einreise!« Ich studierte den Ablauf. Wer geimpft war, musste an einem Schalter die Spritze vorweisen und bekam den Stempel. Danach verschwand die Spritze in einem Eimer. Als ich geimpft war, tat ich so, als würde ich die Spritze selbst in den Eimer werfen, was man mir als freundliche Geste auslegte. Tatsächlich behielt ich sie, kehrte um und drückte sie Bauer in die Hand. Der vergaß mir das sein Leben lang nicht!

Ende Mai 1979 tagten die Kongresse der AIPS und UEPS (Europa-Verband) in Moskau. Mein Name stand zum ersten Mal auf der Liste der Kandidaten für den Europa-Vorstand. Weil sich die Termine der Friedensfahrt und des Kongresses überschnitten, kam ich verspätet nach Moskau, und als ich das Tagungshotel betrat, gratulierten mir alle schon zur Wahl in den Vorstand. Ich war in Abwesenheit und ohne »Wahlrede« Mitglied des Exekutivkomitees geworden. Beim nächsten Wahlkongress löste ich die frühere britische Schwimmerin – Olympiateilnehmerin 1936 – Pat Besford als Generalsekretär der UEPS ab. Damit war zum ersten Mal ein Kommunist zum Generalsekretär des Europa-Verbandes gewählt worden, und sogar der Delegierte der BRD soll für mich votiert haben! Ich machte mich an die Arbeit und bemühte mich vor allem, die Arbeitsbedingungen für die Kollegen bei Großveranstaltungen zu verbessern. Das ging hin bis zu Kleinigkeiten, die mir überraschend hoch angerechnet wurden. So inspizierte ich vor einer Europameisterschaft die Journalistenunterkünfte und sorgte dafür, dass in die schmalen Schränke Bügel eingehängt wurden und dass die Busse zu den Wettkampfstätten in den wichtigsten Stunden in kürzeren Abständen verkehrten. Vor allem gab ich regelmäßig eine Broschüre heraus, die die wichtigsten Ergebnisse aller Sportarten enthielt. (Zu bedenken ist: An Internet war noch nicht zu denken.)

1988 fand die AIPS-Tagung zum ersten Mal in Afrika statt, und zwar in der Kongo-Hauptstadt Kinshasa. Dort lud man uns zu einer Kongo-Kreuzfahrt auf einem Luxusdampfer ein. Kurz bevor wir mitten im Urwald an Land gingen, überholte uns eine schnittige Jacht, und von Bord entbot uns der in ein Tigerfell gekleidete Staatspräsident Mobutu Winkgrüße. Nach einem kurzen Marsch durch den Palmenurwald erreichten wir einen riesigen, von den Chinesen für Mobutu errichteten Palast, in dem die Tische schon gedeckt waren. Das war der wohl exotischste Schauplatz aller Kongresse. Nach seinem Ende setzte ich über den Kongo nach Brazzaville, wurde dort vom DDR-Botschafter zu einem gemütlichen Nachmittag empfangen und fuhr abends zum Flugplatz, wo mich eine Interflug-Mitarbeiterin zur Maschine begleitete und mir unterwegs erzählte, dass sie aus Saalfeld stamme und ihre Eltern ihr von meinem Gastspiel in der Gerbergasse erzählt hätten. So klein kann die Welt sein!

Dramatisch gestaltete sich mein »Abschied« von der UEPS. 1991 war ich wieder in den Vorstand gewählt worden und trat damit meine vierte »Amtszeit« an. Das störte die zuständigen Instanzen in der BRD beträchtlich, schließlich gab es keine DDR mehr!

An der Seite von Fritz Walther

Der Präsident des bundesdeutschen Sportjournalistenverbandes, Camman, intervenierte denn auch umgehend bei der UEPS und verlangte, mich als Exekutivmitglied zu streichen. Der griechische Präsident Elie Sporidis, keineswegs als »Linker« bekannt, beantwortete die Forderung mit der freundlichen Frage, wann Camman seinen letzten Urlaub in Griechenland verbracht hätte. Als der ahnungslos rückfragte, was sein Anliegen damit zu tun habe, ward er – wiederum freundlich – beschieden: »Sie sollten wissen, dass Griechenland das Ursprungsland der Demokratie ist. Mithin könnten sie dort auch lernen, dass ein demokratisch gewähltes Vorstandsmitglied amtiert, bis seine Wahlperiode abgelaufen ist.«

Und weil sich der Grieche und die anderen Mitglieder des Vorstands nicht vom BRD-Verband vorschreiben lassen wollten, wie sie mit mir umzugehen hätten, entschied der Vorstand, mich als offiziellen UEPS-Gratulanten zur Feier des 40. Jahrestages der Nachkriegswiedergründung des bundesdeutschen – und nun gesamtdeutschen – Verbandes, DVS, zum Frankfurter Römer zu schicken. Der durch diesen Schritt völlig entnervte Camman sah mich den Saal betreten, zauderte aber, mich zu begrüßen. Als er sich dazu aufraffte, stotterte er verlegen, es seien so viele Ehrengäste erschienen, dass er nicht alle offiziell begrüßen könne. Als ich ihm grinsend zu verstehen gab, dass ich das dem UEPS-Vorstand verständlicherweise mitteilen müsste, traf er eine bizarre Entscheidung. Er hieß überhaupt nur zwei Gäste willkommen: den Ehrenspielführer der deutschen Fußballnationalmannschaft, Fritz Walther, und – Klaus Huhn. Ich war nie zuvor und bin auch nie danach in einem Atemzug mit dem unvergessenen Walther genannt und erst recht nicht neben ihm platziert worden. Der, die Vorgeschichte nicht kennend, hielt mich für eine ungemein wichtige Persönlichkeit und begrüßte mich überaus herzlich. Er ahnte nicht, dass der bundesdeutsche Verband mich nicht einmal in den neuen »gesamtdeutschen« Verband übernommen hatte: Er saß neben einem »Abgewickelten«!

Camman musste nun notgedrungen bis zum Wahl-Kongress 1994 in Manchester warten, als meine Amtszeit ablief, und schmiedete dafür einen umfassenden Plan. Den UEPS-Schatzmeister Seeger (BRD) wollte er wegen dessen unverhohlener Sympathie für mich abwählen lassen und statt seiner einen Schweizer Kandidaten unterstützen. Zudem sollte ein von ihm nominierter Kollege meine Position übernehmen.

Der erste Schatzmeister-Wahlgang endete mit einem Patt. Der von seinem eigenen Verband faktisch abservierte Seeger wollte auf einen zweiten Wahlgang verzichten, doch konnte ich ihn davon abhalten. In der kurzen Pause, in der die neuen Wahlzettel hergestellt wurden, erinnerte ich den Delegierten Israels daran, dass sein Verband den Jahresbeitrag noch nicht entrichtet habe, wodurch er laut Statuten gar nicht stimmberechtigt sei.

Ich versprach, das nicht öffentlich kundtun – und mit Sicherheit nicht, wenn er sich im zweiten Wahlgang für Seeger entscheiden würde. Inzwischen hatte mir der belgische Generalsekretär die Leitung des Kongresses übertragen. So war ich es, der das Ergebnis zu verkünden hatte: Seeger hatte im zweiten Wahlgang die Mehrheit erlangt. Ich fügte hinzu, dass damit der BRD-Kandidat von der Liste der Vorstandsbewerber zu streichen sei, dieweil nach den Statuten jedes Land nur einmal im Vorstand vertreten sein dürfe. Zähneknirschend verabschiedete sich Camman von mir.

Erst 2002 endete meine 23-jährige Karriere als Funktionär der nationalen und internationalen Sportjournalistenszene, als mich die UEPS zu ihrer 65. Tagung nach Athen einlud und mir dort die Ehrenmitgliedschaft auf Lebenszeit verlieh. So ergab sich die ungewöhnliche Situation, dass mich der deutsche Verband gestrichen hatte und der europäische zum lebenslangen Ehrenmitglied wählte.

1978
Wieder mal Präsident

Der Leser mag sich daran erinnern, dass ich mal Präsident des DDR-Radsportverbandes gewesen war, und soll nun erfahren, dass ich ein Jahrzehnt später ungeachtet der Erfolglosigkeit in dieser Funktion wieder in ein Präsidentenamt gewählt wurde. Diesmal auf den ersten Blick weitab vom Sport in das der Freundschaftsgesellschaft DDR-Kanada. Diese Organisation unterstand der Liga für Völkerfreundschaft und hatte logischerweise einen Partner in Kanada, nämlich die kanadische DDR-Freundschaftsgesellschaft. Deren Präsident war Horst Doehler.

Zur Person: Horst war 1910 in Altenburg geboren worden. Karl May – so versicherte er mir oft genug – habe ihn 1930 auf die Idee gebracht, die Skatstadt grußlos hinter sich zu lassen, nach Hamburg zu trampen, auf einem Frachter anzuheuern und in Kanada von Bord zu gehen. Dort geriet er als erstes in die Weltwirtschaftskrise, suchte verzweifelt Arbeit und landete nach harten Monaten auf einem Ölfeld, wo man ihm einen Dollar pro Tag zahlte und 15 Cent davon für ein »Wanzenbett« kassierte. Danach versuchte er sich als »Zugspringer«. Hatte sich herumgesprochen, dass es in irgendeiner Ecke Kanadas Arbeit gab, taten sich die Arbeitslosen zusammen und machten sich ohne Fahrkarten auf den Weg in die eben entdeckte »Provinz der Hoffnung«. Man traf sich mit Vorliebe vor Brücken, da die Güterzüge dort langsamer fuhren, und sprang dort auf – Abenteurer des Schienenstrangs, wie Jack London es beschrieben hatte.

Eines Tages war der kanadische Staat dann auf die Idee gekommen, an Interessierte herrenloses Land zu verkaufen, um so die Arbeitslosen von den Straßen und Schienen zu holen. 160 Acres für zehn Dollar. Horst erwarb ein wildes Stück Land, und die Regierung verlangte, dass er darauf ein Blockhaus mit Feuerstelle errichte. Das tat er irgendwo am Großen Bärensee, und er hat mir oft erzählt, dass er dieses Blockhaus nie zusammengebracht hätte, wenn ihm die Schwarzfußindianer nicht mit ihren Armen und ihren Pferden zu Hilfe gekommen wären.

Als der See zugefroren war, zog er eines Morgens mit Freunden übers Eis zum anderen Ufer, wo sie Rauch gesehen hatten. Nach sechs Meilen Fußmarsch standen sie vor den Hütten finnischer Farmer und wunderten sich über deren einheitlichen Giebelschmuck: Hammer und Sichel. Sie wurden herzlich empfangen, bewirtet, tanzten die Nacht durch, und gemeinsam sang man am Morgen die Internationale. »In dieser Nacht« so Horst, »begann der Schritt von May zu Marx!« Er wurde Mitglied der Kommunistischen Partei. Die Finnen hatten ihm sagen können, wohin der den Antrag schicken musste.

Als die Faschisten in den frühen dreißiger Jahren begannen, unter den Deutschen in Kanada eine straffe Auslandsorganisation aufzuziehen, gehörte Horst Doehler zu denen, die ihnen den Kampf ansagten. Das wiederum machte ihn der kanadischen Regierung verdächtig.

Eines Tages zeigte mir Horst seine kanadische »Stasiakte«. Ich staunte über den Briefkopf, denn die »Firma«, die offiziell das Ausspähen unliebsamer Personen in Kanada besorgte, tarnte sich als Royal Canadian Mountain Police. Die hatte ich bis dahin nur als stramme Rotröcke in Erinnerung, die auf Leinwand und Fernsehschirm aufsässige Indianer und Verbrecher im Sattel jagten.

Dass Horst irgendwann ein Komitee gründete, das für Freundschaft mit der antifaschistischen DDR warb, war eine logische Fortsetzung seines Lebensweges und brachte uns eines Tages zusammen. Auch sein Komitee war schon bald von den Rotröcken – in Zivil und nicht im Sattel – überwacht worden, schon weil die kanadische Regierung als solider Verbündeter Bonns wenig Lust hatte, einen Botschafter nach Berlin zu entsenden.

Ein Richter ist den Tränen nahe

Wie eng die Bindungen zwischen Kanada und Bonn waren, hatte ich schon 1967 in Montreal erlebt. Ich war zum Erdteilkampf der Leichtathleten USA-Europa anlässlich der Weltausstellung geflogen, in der Tasche meinen DDR-Pass und ein Telegramm des Inhalts, dass zur Weltausstellung niemand ein Visum beantragen müsse. Auf dem Flugplatz in Montreal belehrte man mich, dass diese Auskunft im Prinzip richtig sei, bis auf eine Ausnahme – die DDR.

Also stellte man mich vor Gericht und klagte mich wegen unerlaubter Einwanderung an. Als erstes fragte mich der Richter, ob ich kirchlichen Beistand beantrage. Ich verzichtete. Als er die gleiche Frage im Hinblick auf einen Dolmetscher stellte, dachte ich mir, der könnte Zeitgewinn beim Beantworten der Fragen des Gerichts sichern.

Der Staatsanwalt trug seine Anklage vor und dann hatte ich einen Auftritt, der dem Richter fast Tränen in die Augen trieb.

Ich begann mit einem Dank meiner Familie an die kanadische Regierung. Dann weihte ich das Gericht in die diffizile Struktur meiner Familie ein. Die jüngste Schwester meiner Mutter hatte einen polnischen Kommunisten geheiratet, einen sogar, der im Politbüro der polnischen Partei saß und eines Tages von Stalin aus dem Weg geräumt wurde. Meine Tante Erna floh vor den Faschisten durch ganz Europa und gelangte eines Tages auf einem Fischerboot nach Portugal. Dort traf sie einen Ungarn, den sie augenblicklich heiratete, weil das ein Ausreisevisum für beide verhieß. Aber wohin? Eines Tages hatte sich Kanada bereiterklärt, das Paar vor den Faschisten zu retten und die Einreise zu gewähren. Seitdem sei Kanada in unserer Familie heilig!

Selbst der Staatsanwalt wirkte irritiert, hielt sich aber natürlich an seine Gesetze. Das Verfahren wurde vertagt, ich unter Polizeibewachung in ein Hotel gebracht. Dort gestand mir der für die Tür-Nachtwache abkommandierte Polizist, dass seine Frau im Kreißsaal liege und er gehört habe, Kommunisten seien zwar üble Gesellen, aber verlässlich. Ich entließ ihn in den Kreißsaal. Er kehrte am nächsten Morgen als Vater eines gesunden Jungen zurück und schwor mir, nie wieder eine abfällige Bemerkung über Kommunisten zu machen.

Der Richter überraschte mit einem Deal: Wenn ich die unerlaubte Einwanderung gestände, würde er mir erlauben, fünf Tage im Lande zu bleiben und demzufolge den Erdteilkampf zu verfolgen. Ich lehnte ab, weil ich nicht unerlaubt eingereist war!

In einer Prozesspause drückte mir der als Zuhörer erschienene Horst die Hand, weil ich die Unterschrift verweigert hatte. Dann wurde das Urteil verkündet: Sofortige Ausweisung. Eine Lufthansa-Maschine hatte meinetwegen in sengender Sonne eine Stunde auf dem Rollfeld warten müssen. Man empfing mich an Bord nicht mit Blumen, aber eine Stewardess beschaffte mir eine Decke, unter der ich mich verkriechen konnte.

Aber dann wurde die DDR eines Tages doch von Kanada anerkannt, wenn auch der Botschafter zunächst seinen Sitz in Warschau hatte und nur hin und wieder nach Berlin reiste. Für den entscheidenden Schritt der Kanadier hatte Horst mit einer ungewöhnlichen Aktion gesorgt. Bei einem Besuch in der DDR hatte er das Konzentrationslager Buchenwald besucht und dort eine Tafel gefunden, die vier ermordeten Kanadiern gewidmet war. Nie zuvor hatte jemand in Kanada erfahren, dass auch Kanadier zu den Opfern von Buchenwald gehörten. Horst ging der Sache nach, suchte Mitglieder des Lagerkomitees auf und ermittelte als erstes die Namen der vier: Frank Pickersgill aus Winnipeg, John MacAlister aus Guelph, Guy Sabourin aus Montreal und Arthur Steele aus Moeux-les-Mines. Dann versuchte er herauszufinden, warum die vier, die im Alter von 29, 30, 21 und 23 Jahren am 10. September 1944 in Buchenwald ermordet worden waren, in Kanada totgeschwiegen wurden.

»Ich begriff nicht, warum niemand sie erwähnte«, schrieb Horst in der kleinen Zeitschrift der Freundschaftsgesellschaft und gewann einen renommierten kanadischen Journalisten als Verbündeten für das Vorhaben, dieses Rätsel aufzuklären. Es stellte sich heraus, dass sie, nachdem sie erst Opfer der Nazimörder geworden waren, nun Opfer des Kalten Krieges zu werden drohten. Dass die DDR für Kanada ein nicht existierendes Land war, hatte dazu geführt, dass es nie zu einer offiziellen Ehrung der Ermordeten gekommen war. Also: Nie Blumen für die Gräber, nie ein offizielles Gedenken. Deutsche Antifaschisten hatten in all den Jahren die Gräber gepflegt.

Horst fand einen Häftling, der mit den Kanadiern in einem Block untergebracht war und der sich gut erinnern konnte, wie man sie am 10. September zum Todesblock geführt hatte. SS-Oberscharführer Hofschulte legte ihnen dort die Schlinge um den Hals, mit der sie gehenkt wurden. Horsts Nachforschungen wurden in Kanada mit großer Bewegung zur Kenntnis genommen. 1965 reiste der berühmte Schauspieler, Dramatiker und Direktor der Comedié Canadienne, Gratien Gelinas, demonstrativ nach Buchenwald und legte an dem Gedenkstein einen Kranz nieder. Begleitet wurde er vom DDR-Schriftsteller Bruno Apitz, dem Autor des Buches »Nackt unter Wölfen«.

Aber das offizielle Kanada hielt sich noch immer zurück. 1971 blieb dem kanadischen Ministerpräsidenten Trudeau dann jedoch kein Ausweg mehr. Horst teilte ihm mit, dass er den vier Ermordeten eine Sonderausgabe seiner Zeitschrift widmen werde. Trudeau ließ durch seinen Kabinettschef Thomas Paul D'Aquino einen Brief an Horst schreiben, in dem es hieß: »Der Ministerpräsident würdigt ihr Engagement für die Ehrung dieser tapferen Männer, die ihr Leben für Freiheit und Recht opferten. Er hat mich gebeten, Ihnen die besten Wünsche für das Gelingen Ihrer Spezialausgabe von *kontakt*, die der Erinnerung an MacAlister, Pickersgill, Sabourin und Steele gewidmet ist, zu übermitteln.« So riss Horst die Mauer des Kalten Krieges zwischen Kanada und der DDR ein.

Und eines Tages wurden wir dann »Kollegen«. Mich hatte jemand für die Funktion des Präsidenten der Freundschaftsgesellschaft DDR-Kanada vorgeschlagen, vielleicht weil ich als Sportjournalist Kanada inzwischen auch ohne Probleme mit den Einwanderungsbehörden einige Male besucht hatte. Der erste Mann dieses kleinen Komitees sollte Kanada wenigstens schon mal gesehen haben.

Die kanadische Freundschaftsgesellschaft erreichte viel. Sogar das Berliner Ensemble gastierte in Toronto. Und unser beider persönliche Freundschaft überdauerte viele Jahre. Ich werde noch ausgiebig darüber schreiben, wie es dazu gekommen war, dass ich Ende 1990 einen Verlag gründete und über 200 Taschenbücher herausgab, die von vielen nach der Rückwende boykottierten Schriftsteller geschrieben wurden oder Berichte über das Geschehen in der okkupierten DDR brachten.

Horst Doehler hatte mir im Herbst 1995 einen Brief aus dem Krankenhaus geschrieben, der erahnen ließ, dass er seine letzte Stunde nahen spürte. Er bat mich, ihn noch einmal zu besuchen. Und noch einmal mühte er sich auch, unser über die

Jahre verfolgtes gemeinsames Anliegen – die Wahrheit über die DDR zu verbreiten – fortzusetzen.

Ehe ich aufbrach, riet mir seine rührige Tochter Flora, *spotless*-Bücher mitzubringen und die auf einer deutschen Buchmesse anzubieten. Das wurde der erste internationale *spotless*-Auftritt. Gastgeber jener Messe war der Pastor der Erlöser-Kirche in der McCaul Street in Toronto, Veranstalter eine Dame vom bundesdeutschen Goethe-Institut. Horst, der mit ihr schon zu tun gehabt hatte und um ihre antikommunistische Haltung wusste, warnte seine Tochter. Zu Recht, denn die erste Frage die die – übrigens adlige – Dame ihr stellte, lautete: »Was sind das für Bücher? Etwa kommunistische?«

Flora antwortete ausweichend: »Über seine Parteimitgliedschaft hat uns der Verleger nie informiert. Müsste ich die zuvor erkunden?«

Das wollte sie nun auch wieder nicht, aber *spotless*-Bücher wollte sie sehen, bevor sie ihre Einwilligung gab. Da just in jenen Tagen der Titel »Der lange Weg der Katze Adele« erschienen war – illustriert von der Schauspielerin Angela Brunner, die in über hundert DEFA-Filmen gespielt und lange als »Puppendoktor Pille« Millionen Kinder begeistert hatte –, schickte ich ihr dieses Büchlein per Eilpost nach Toronto. Es überzeugte Margarete von X. davon, dass wir keineswegs nur »rote« Literatur verlegten, und so genehmigte sie meinen Auftritt.

Meine ersten Tage in Toronto verbrachte ich an Horsts Bett, rollte ihn auch einige Mal im Stuhl nach Hause, wo wir Bilanz unseres Lebens zogen. Am »Messetag« machte ich mich mit meinen Büchern auf den Weg in die McCaul Street. Ein freundlicher Buchhändler, der seinen Stand neben meinem hatte, warnte mich, dass ich mit Ärger rechnen müsste, wenn jemand herausfände, dass ich keinen Einfuhrzoll entrichtet hatte, erklärte sich aber sofort bereit, im Notfall als Importeur der Bücher aufzutreten. Bald strömten die ersten Besucher in die Kirche, fast ausnahmslos Deutsche, die entweder vor den Nazis oder nach Kriegsende als Nazis geflohen waren. Mein Standnachbar klärte mich auf, dass sie sich alljährlich hier trafen und sich mit Literatur für das ganze Jahr versorgten.

Und nun also *spotless* mittendrin. Ich war unumstritten der Exot unter dem Kirchendach. Es begann damit, dass mich ein freundlicher alter Herr fragte, ob ich ein Buch über Rommel anzubieten hätte, andere staunten über den Titel »Mein Chef ist ein Wessi« und bald dämmerte allen: »Es scheint Literatur aus dem Osten zu sein.«

Als ich am nächsten Tag wieder zu Horst ins Krankenhaus kam, freute der sich diebisch, dass ich mit meinem Auftritt und dem Verkauf der Bücher faktisch die Arbeit der Freundschaftsgesellschaft fortgesetzt hatte. Und mir kam während des Rückflugs der Gedanke, *spotless* künftig als »weltweit tätig« zu deklarieren.

Ein Jahr darauf starb Horst. Er hatte mir kurz vor seinem Tod noch einen Brief geschrieben, den er mit den Worten schloss: »Nichts, was wir taten, war umsonst!«

Zehn Jahre später schrieb mir Flora, dass ihr durch einen Zufall beim Goethe-Institut die »Forschungsarbeit« eines Professors in die Hand gefallen sei, die die Tätigkeit der Freundschaftsgesellschaft untersucht hatte. Offensichtlich hatte er Horsts Akten und Briefe, die der dem Kanadischen Nationalarchiv übereignet hatte, zum Quellenstudium benutzt und war auch zu einigen Feststellungen über mich gelangt: »1980 war – entsprechend dem Canada-GDR-Komitee – ein ostdeutsches DDR-Kanada-Komitee unter der Schirmherrschaft der Liga für Völkerfreundschaft gegründet worden. Laut Statut sollte es letztere in ihren Bemühungen unterstützen und die Ostdeutschen mit Kanada vertrauter machen. Aber es fehlten ihm die Mittel für diese Aufgabe [...] Hinzukam, dass die Mitglieder [...] selbst kaum Verbindungen zu Kanada hatten. Mit einer Ausnahme, und das war Klaus Huhn, der als ›Experte‹ galt, denn er hatte sich mehrmals in Kanada als Sportkorrespondent aufgehalten.

Klaus Huhn, der die Mitglieder des kanadischen Committees gut kannte, pflegte ein herzliches Verhältnis zu Doug Gilbert, seinem Kollegen in der *Montreal Gazette*. Dies führte dazu, dass die *Montreal Gazette* als eine der wenigen Zeitungen in Nordamerika über die DDR-Athleten berichtete, ohne ständig von Doping oder Überläufern in den Westen zu schreiben. Dafür erhielt Huhn Anerkennung von offizieller Seite.«

So erfuhr ich: Mein Name ist in vielen Akten zu finden, bis hin nach Kanada!

1978
Fast Untermieter beim Sheriff

Als ich das erste Mal nach Lake Placid kam, wo 1980 die Olympischen Winterspiele stattfanden, hatte Doug Gilbert für sich und mich ein Apartment im »Lake Placid Club« reservieren lassen. In dem uralten Holzbau hatte schon USA-Präsident Franklin Delano Roosevelt vor den Winterspielen 1932 logiert, und an den Wänden des Festsaals konnte man auf Tafeln die Namen der Hollywoodstars von einst lesen, die hier schon in den dreißiger Jahren umjubelt aufgetreten waren. Zum Beispiel: Shirley Temple. Für jüngere Leser füge ich hinzu, dass sie der unbestritten eindrucksvollste Kinderstar war, den Hollywood je hervorgebracht hatte.

Mich erwartete in dem Hotel überraschend Ärger. Der Sheriff des Olympiastädtchens erschien und eröffnete mir, dass ich mindestens die nächsten beiden Nächte sein Gast sein müsse. Vielleicht verstand ich ihn nicht so gut, jedenfalls fragte ich ihn: »Im Knast? Wenigstens im neuen?« Er lachte, »Nein, meine Frau hat das Gästezimmer hergerichtet.«

Er machte kein Hehl daraus, dass ich für ihn, wenn auch nicht persönlich, so aber doch nach den polizeilichen Vorschriften, ein Sicherheitsrisiko darstelle. Auf dem Hotelflur, auf dem der IOC-Präsident nächtige, dürfe er niemanden »aus dem Osten« logieren lassen. Der Mann war umgänglich, aber bestimmt. »Ich hätte Ihnen ein anderes Zimmer besorgt, aber ich habe keines auftreiben können, nicht mal ich, der Sheriff.«

Ich machte ihm klar, dass ich vor dem Auszug meine Arbeit erledigen müsse, und das sah er ein. So setzten wir unseren Disput am Abend fort, als ich meine Sachen packte. Vor dem Zugang zum Flur hatte inzwischen ein Polizist Posten bezogen.

Während wir noch diskutierten, stieg IOC-Präsident Killanin aus dem Fahrstuhl. Der irische Lord trat selten sehr entschlossen auf. Sah er sich mit Problemen konfrontiert, rauchte er in der Regel einige Züge aus seiner Pfeife und fand dann nuschelnd irgendeinen von allen zu akzeptierenden Kompromiss. In diesem Fall verzichtete er auf die Pfeife und sagte deutlich: »No!« zu meiner vorgesehenen Exmittierung. Das IOC sei nicht bereit, solche »Sicherheits-Maßnahmen« zu tolerieren. Deshalb bestünde er darauf, dass ich sein Nachbar bleibe.

Der Sheriff begab sich zum Telefon und meldete kurz danach, dass der Wille Lord Killanins respektiert würde. Und fügte für mich hinzu: »Sorry, meine Frau hatte sich ehrlich auf Ihren Besuch gefreut. Noch nie war jemand aus Ostdeutschland bei uns zu Gast. Sie hatte mir noch aufgetragen, Sie zu fragen, ob Sie Speckeier zum Frühstück essen?«

Immer auf Achse: im Friedenspark von Hiroshima, Japan

1979
Die DDR mietet Scheunen

1979 gehörte ich zum »Vorauskommando«, das ein Jahr vor den Spielen in Lake Placid das Terrain sondieren sollte. Erfreut stellten wir fest, dass sich die Gastgeber um uns bemühten, als wären wir hochrangige Ehrengäste. So brachte man uns in einem Hotel mit Swimmingpool unter und wollte die Wertschätzung von uns auch anerkannt wissen. Dass wir den Komfort nicht gleich zu würdigen wussten, lag daran, dass keiner von uns eine Badehose im Koffer hatte.

Der Mann vom Organisationskomitee, der mich betreute und dem ich zu erklären versuchte, dass wir beim Besuch eines Ortes, der Olympische Winterspiele veranstaltet, nicht auf Badefreuden vorbereitet waren, reagierte augenblicklich: »Wir kaufen eine Badehose.« Ich wusste um das Problem, eine passrechte Badehose für meine Übergröße aufzutreiben, aus der heimischen HO, erwähnte das aber natürlich mit keiner Silbe, vielleicht auch, weil ich glaubte, dass mir derlei in den USA nicht widerfahren würde.

Der Gastgeber lud mich in sein Auto und wir starteten zum »shopping«. Nach den ersten drei Läden, in denen die Verkäufer meine Figur gemustert und den Kopf geschüttelt hatten, erklärte er mir, dass die Badesaison in den USA vorüber sei. Als wir eine knappe Stunde verfahren und auch in umliegenden Kleinstädten keinen Erfolg hatten, fand er einen Laden, in dem ausrangierte Armeebestände verkauft wurden und dort auch eine passende Badehose. Allerdings hatte er Bedenken, ob ich in einer Hose mit Stars and Stripes baden würde, und suchte zusammen mit dem Verkäufer im Lager nach einer schlicht in den Farben blau und rot gehaltenen Hose, wie sie möglicherweise von Amerikanern getragen wurden, die Wert auf unauffällige Kleidung legten, was in diesem Land bekanntlich nicht sehr verbreitet ist. Ich bedankte mich für das Gastgeschenk und begegne noch heute zuweilen im Kleiderschrank der Badehose aus Lake Placid. Als wir weiterfuhren, bekannte mein Gastgeber: »Unfassbar, aber jetzt haben Sie hier vielleicht länger eine passende Badehose suchen müssen als in East-Germany.« Ich beließ es bei einem unverbindlichen »Don't worry«, was man auch mit: »Da machen Sie sich mal keinen Kopf« übersetzen kann, aber innerlich grinste ich ein wenig.

Dann rollten wir zum Olympischen Dorf, und ich betrat zum ersten Mal im Leben einen US-amerikanischen Knast. Er war zwar noch nicht in Betrieb genommen, aber man hatte keine Mühe, sich vorzustellen, wie die Olympiateilnehmer zum ersten Mal in der Geschichte Knastzellen beziehen würden. Die waren knapp acht Quadratmeter groß und sollten mit Doppelstockbetten möbliert werden. Gardinen konnte man sich angesichts der schmalen Fensterschlitze sparen. So stabil die Zellentüren waren, so hellhörig waren die Wände.

Als wir den Weg zum Mont van Hoevenberg, dem Schauplatz der nordischen Skiwettbewerbe und der Bob- und Rennschlittenrennen, testeten, kamen erste Zweifel auf. Die Straße war ungewöhnlich schmal, und bei vollem Olympiaverkehr, fürchteten wir, würden die Techniker, die die Kufen entsprechend der Temperaturen auszusuchen hatten, und die »Kommandos«, die die Skier wachsten, nicht rechtzeitig vor Ort sein. Zudem konnte niemand die Frage beantworten, wann während der Spiele früh die ersten Busse verkehren würden.

Die Verantwortlichen des Vorauskommandos entschieden: Ausweichquartiere in der Nähe der Wettkampfstätten suchen. Doch da waren nur Wälder und Felder. Das Einzige, was wir entdeckten, waren ein paar Feldscheunen.

Die Besitzer spürten wir unter den Farmern der Umgebung auf. Die schütteten sich aus vor Lachen, als wir ihnen zu verstehen gaben, dass wir die Scheunen als Quartiere nutzen wollten. Sie hielten uns wohl für Makler, die mit Billigstunterkünften während der Spiele Geld machen wollten.

Als erstes klärten sie uns auf, dass die Scheunen nicht den geringsten sanitären Service aufwiesen, nicht einmal fließendes Wasser. Da uns das nicht störte, kassierten sie kopfschüttelnd, aber erfreut über die unerwarteten Einnahmen unsere Anzahlungen und unterschrieben die schon ausgefüllten Quittungen.

Danach suchten wir Quartiere, in denen die »Nachtschichtler« duschen, frühstücken und schließlich auch ein paar Stunden schlafen konnten. Sie sollten nicht mehr als eine halbe Stunde Fußweg entfernt sein.

Der Nutzen der Tätigkeit solcher »Vorauskommandos« bestand vor allem darin, dass damit alle DDR-»Branchen« vernetzt waren. Also suchten wir für uns DDR-Journalisten ein Motel an dem Ortsrand, der den Scheunen am nächsten lag. Zwar begriff niemand, warum die DDR-Journalisten nicht im Zentrum wohnen wollten, aber das störte uns nicht.

Welchen Nutzen dieses »Netzwerk« während der Spiele hatte, wurde schon am ersten Tag klar. Die Kufenmonteure waren so rechtzeitig vor Ort, dass sie die Temperaturen in allen Streckenabschnitten messen und in aller Ruhe ihre Entscheidungen treffen konnten, und gleiches galt für diejenigen, die die Skier zu präparieren hatten.

Einmal mehr waren die Athleten anderer Länder stinksauer, wenn sie aus den Bussen stiegen und die DDR-Techniker bereits ihre Sachen zusammenräumen sahen.

1980
Der Präsident sagt ab

Als sich das Internationale Olympische Komitee im Februar 1980 am Vorabend der Winterspiele in Lake Placid zu seiner 82. Session traf, hatte ein Repräsentant des Gastgeberlandes nach den olympischen Gepflogenheiten das Komitee mit einigen freundlichen Worten zu begrüßen. Übernommen hatte das USA-Außenminister Cyrus Vance. Doch die freundlichen Worte blieben rar, denn Vance verlangte nichts Geringeres von den IOC-Mitgliedern, als Moskau die Sommerspiele zu entziehen. Ein beispielloser Akt in der olympischen Geschichte. Die sowjetische Intervention in Afghanistan verurteilend, sagte er: »Es wäre wünschenswert, die Spiele an einen anderen oder mehrere andere Orte zu verlegen. Bei der Durchführung gibt es sicherlich Schwierigkeiten, aber sie könnten überwunden werden [...] Oder es wäre möglich, durch eine einfache Regelung die Spiele um ein oder mehrere Jahre zu verschieben.«

Als er nach seiner Rede die schmale Holztreppe von der Bühne des »Lake-Placid-Klubs« hinabstieg, war die Begegnung mit dem zu seiner Auftakt-Rede der Bühne zustrebenden Lord Killanin unvermeidlich. Zudem war es üblich, dass der IOC-Präsident dem Gastgeber für seine Begrüßung dankte. Als Killanin auf der Treppe wortlos an Vance vorüberstieg – was schon angesichts der Körperfülle des Iren auf dem schmalen Steg eine von niemandem im Saal zu ignorierende Demonstration war –, wussten alle: Killanin hatte dem Weißen Haus den Krieg erklärt!

Unwillkürlich erinnerte auch ich mich, dass schon die Vergabe der Olympischen Spiele an Moskau zu einem politischen Spektakel eskaliert war. Die Abstimmung hatte im Oktober 1974 im Wiener Rathaus stattgefunden. Eine Wahl Moskaus war von vielen als olympisches Erdbeben betrachtet worden. Aber Moskau erhielt den Zuschlag, und von diesem Augenblick an dürfte der immer Realitäten respektierende Ire alle Illusionen begraben haben, was ihn in den kommenden sechs Jahren erwarten würde.

Wer das heute liest, könnte Mühe haben, sich vorzustellen, welche Reaktionen diese Abstimmung damals ausgelöst hatte. Der Weg nach Moskau war auch für viele IOC-Mitglieder ein Schritt in den olympischen Abgrund. Aber schon in dem Augenblick, da Killanin das Abstimmungsergebnis verkündete, demonstrierte er den Einfallsreichtum, mit dem er auch allen künftigen Attacken begegnete. Ich saß in der Pressekonferenz, in der Journalisten ihn aufforderten, endlich das Abstimmungsverhältnis mitzuteilen, eine im Grunde berechtigte Forderung. Doch Killanin setzte gelassen schmunzelnd umständlich seine Pfeife in Gang, machte einige Züge und sagte dann in seiner unnachahmlichen Plauder-Art: »Ich hatte mich entschlossen, die Auszählung der Stimmen den beiden ältesten IOC-Mitgliedern zu übertragen, und die haben, als feststand, die Spiele würden in Moskau stattfinden, sämtliche Stimmzettel zerrissen und die Schnipsel in die Donau gestreut. Wenn Sie sich sehr beeilen, könnten sie sie flussabwärts vielleicht noch herausfischen.« Den Journalisten verschlug es die Sprache, Killanin erhob sich und ging grinsend davon. Die Journalisten stürmten in den Saal und versuchten von IOC-Mitgliedern zu erfahren, wer für welche Stadt gestimmt hatte. Und es gab auch IOC-Mitglieder, die die vom Präsidenten verordnete Diskretion nicht akzeptierten. So wurde schließlich publik, dass 39 IOC-Mitglieder für und 22 gegen Moskau votiert hatten.

Allen aber war seit diesem Mittag klar, dass Killanin fest entschlossen war, die IOC-Entscheidung gegen alle Widerstände durchzusetzen.

Als sechs Jahre später Vance in Lake Placid seine Forderung erhob, antwortete der Präsident mit zwei alle überraschenden Mitteilungen, die erkennen ließen, wie geschickt er sich auf Lake Placid vorbereitet hatte. Die eine lautete, dass sich Vertreter aller Nationalen Olympischen Komitees Anfang Februar in Mexiko-Stadt getroffen und entschieden hätten, dass kein Grund vorläge, die Spiele zu verlegen. Und von Lake Placid aus hatte er am Abend vor Vances Auftritt eine Blitzumfrage unter allen Internationalen Föderationen veranlasst. Das Resultat: Nur der Boxverband, dessen Präsident ein US-Amerikaner war, und die

Pistolenschützen plädierten für eine Verlegung. Damit waren jene IOC-Mitglieder, die bereit gewesen wären, noch einmal abzustimmen, in eine hoffnungslose Situation geraten. Ein Votum des IOC gegen die NOK und die Sportverbände hätte niemand gewagt. Killanin erklärte auf der anschließenden Pressekonferenz: »Alle 73 Mitglieder, die bei der 82. Vollversammlung anwesend waren, stimmten überein, dass die Spiele in Moskau wie geplant stattfinden müssen. Das Internationale Olympische Komitee kann die politischen Probleme dieser Welt nicht lösen.«

Niemandem war entgangen, dass Killanin versichert hatte, die IOC-Mitglieder »stimmten überein«, dass diese Übereinstimmung aber nicht durch eine Abstimmung ermittelt worden war. USA-Präsident Carter reagierte auf Killanins clevere Taktik mit einer plumpen Entscheidung: Er teilte mit, dass er die Spiele von Lake Placid entgegen seiner ursprünglichen Absicht nicht eröffnen würde. Statt seiner erschien Vizepräsident Mondale. Die Programmhefte, die schon ins Stadion geliefert worden waren, mussten dort von einem Spezialkommando sichergestellt und vernichtet werden. Über Nacht wurden neue mit Mondales Namen gedruckt.

Olympia war endgültig zu einem Frontabschnitt des Kalten Krieges geworden.

Bei der Abschlussfeier in der Eishalle sagte Killanin in seiner mit einiger Spannung erwarteten Rede: »Diese Spiele haben bewiesen, dass wir etwas tun können, um zum Guten in der Welt beizutragen, was auch immer unsere Differenzen sein mögen. Wenn wir alle zusammenkommen können, wird es für eine bessere Welt sein.«

In meinen Augen war Lord Killanin einer der profiliertesten und vor allem konsequentesten IOC-Präsidenten. Er war kein bekennender Antikommunist, noch viel weniger das Gegenteil, aber eine Persönlichkeit, die sich strikt an das olympische Regelwerk hielt. Nach Lake Placid befragt, ob er daran glaube, dass die Spiele in Moskau überhaupt stattfinden würden, sagte er einem Journalisten: »Und wenn ich der einzige bin, der aus dem Westen dort an den Start geht, ich werde in Moskau sein.«

Dass sein Ruf nie den von Brundage oder Samaranch erreichte, lag daran, dass er nicht der Typ war, der sich in den

Vordergrund drängte. Und während sich die anderen IOC-Präsidenten dank ihrer Vermögen »unabhängig« gaben, machte er kein Hehl daraus, dass er seine Reisekosten abrechnete. Das aber tat er so gewissenhaft, dass nie irgendein Vorwurf gegen ihn erhoben werden konnte.

Nach meiner – unmaßgeblichen aber durch viele Erlebnisse mit ihm entstandenen – Meinung war er der solideste aller IOC-Präsidenten seit Ende des Zweiten Weltkriegs. Diese Feststellung erhärtet sich auch durch sein entschlossenes Handeln in Lake Placid. Wenn Vance dort sein Ziel erreicht hätte, wäre die Spaltung der olympischen Bewegung und damit das Ende der Olympischen Spiele kaum zu verhindern gewesen. Dem mit der Vermutung zu begegnen, nach 1990 hätten die Folgen dieser Entscheidung korrigiert werden können, ist gewagt. Ich bleibe dabei: Lord Killanin hat die Olympischen Spiele vor dem Untergang bewahrt!

Ansonsten: Kein Wort gegen Lake Placid, das im Grunde selbst unbeteiligt zum Schauplatz dieser Auseinandersetzungen geworden war. Das Städtchen und seine Bewohner waren exzellente und oft rührende Gastgeber.

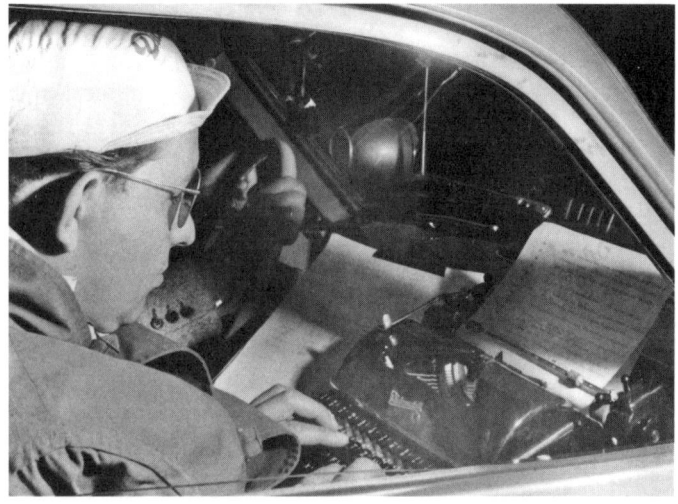

Rasender Reporter im übertragenen wie im Wortsinne. Als es noch keine Computer und Laptops gab, wurde selbst auf dem Beifahrersitz im Auto mit Maschine geschrieben

Jack Shea, der schon 1932 den olympischen Eid für alle Teilnehmer gesprochen und danach als Eisschnellläufer zwei Goldmedaillen für die USA geholt hatte, war inzwischen 59 Jahre alt und amtierte als Aushängeschild des Organisationskomitees in einem Zimmer, das dem Chef einer der Mini-Kaufhallen in der glanzlosen Hauptstraße garantiert zu dürftig gewesen wäre. Er begrüßte dort jeden Besucher wie einen alten Freund, den er schon lange erwartet habe, und überzeugte die während der Vorbereitung zunehmenden Skeptiker mit seinem jeden Zweifel ignorierenden Optimismus. Ich weiß nicht, ob die Idee, das Gefängnis als Olympisches Dorf zu nutzen, von ihm stammte, aber er tat so, als stamme jede Idee von ihm.

An ein Ereignis von Lake Placid bewahre ich eine persönliche Erinnerung gleich neben meinem Computer auf. Barbara Petzold-Beyer hatte als erste DDR-Skiläuferin die Goldmedaille über 10 km gewonnen. Das war am 19. Februar, und fünf Tage später schenkte sie mir zu meinem 52. Geburtstag die von ihr signierten Handschuhe, die sie während dieses Laufes getragen hatte.

Auch in Lake Placid wurde eine Tradition fortgesetzt, die die DDR als erstes und einziges olympisches Teilnehmerland eingeführt hatte: Die Medaillenlosen, also die »Verlierer«, zu einer Party zu laden. Zwar konnten dazu nie alle im Kampf um die Medaillen Unterlegenen eingeladen werden, aber es war immer eine Zusammenkunft, die nicht nur Trost verbreitete, sondern auch deutlich machte, dass in diesem Land Verlierer nicht als Verlierer behandelt wurden.

1981
»Lehrer« in Afrika

Haben Sie schon mal ein Wort in Tschangana gehört? Ich hatte nicht gewusst, dass das die Muttersprache eines der afrikanischen Völker war, das im Südosten des Kontinents, präziser in Mocambique lebt. Ich hätte das wohl auch nie erfahren, hätten nicht der Erziehungsminister jenes Landes und der Presseverband der DDR vereinbart, einen Lehrgang für Sportjournalisten in Maputo zu arrangieren und mich als »Lehrer« zu verpflichten. Der »Hörsaal« wurde im Journalistenklub eingerichtet, und der logierte in einem früheren feudalen Billardklub der Briten, die dort im Dienste der portugiesischen Kolonialherren tätig gewesen waren. Die verstaubten Hüllen der Billardstöcke mit den Insignien der Lords hingen noch an der Wand und erinnerten ständig an die koloniale Vergangenheit des Landes. Der bis kurz zuvor bei Sporting Lissabon spielende Fussballprofi Martine fungierte als Lehrgangsleiter und stellte mir die »Schüler« vor.

Am ersten Tag waren es drei. Dann könnte sich herumgesprochen haben, dass ich nichts von jenen Lehrern an mir hatte, die Kolonialherrenweisheiten in die Hefte diktierten, und so kamen bald mehr. Am Ende waren es zehn, einer sogar aus dem fünf Bahnstunden entfernten Beira. Ich war gut beraten gewesen, keinen Lehrplan aus Berlin mitzubringen, wie man mir geraten hatte, denn als erstes bat man mich, das Problem des »Klubismus« zu analysieren, und als zweites, wie man in der Tschangana-Sprache die Auslinie des Fußballfeldes beschreiben könnte.

Über den »Klubismus« dachte ich drei Nächte nach und glaubte dann, ihn als »Klubfanatismus« und seine negativen Aspekte erklären zu können. Die Definition der Auslinie auf tschanganisch war weitaus komplizierter. Unterschiedliche Standorte werden in Tschangana immer danach bestimmt, wo die Sonne steht. Also musste der Sportreporter von *Radio Mocambique* bei der Übertragung eines Fußballspiels – zur Hälfte in portugiesisch, zur Hälfte in tschanganisch – einen Ausball in der Sprache der Einheimischen so beschreiben: »Der Ball ist dort über die Linie geflogen, wo die Sonne untergeht.«

Ich habe kein Wort tschanganisch gelernt, aber doch einige Erfahrungen europäischer Sportjournalisten vermitteln können, habe die Kursusteilnehmer zu einem Bockwurstabend in die DDR-Botschaft eingeladen und wurde nach einem Monat freundlich verabschiedet und vom Minister mit einer wertvollen Schnitzarbeit beschenkt.

Seitdem überlege ich bei Ausbällen hin und wieder, wo die Sonne steht …

1983
Rekord für die Ewigkeit

Es wäre da noch ein Rekord zu erwähnen, den ich garantiert mit ins Grab nehmen werde: Auf der legendären Radrennbahn der inzwischen spurlos verschwundenen Berliner Werner-Seelenbinder-Halle fuhr ich mit 30,2 Kilometern einen Stundenrekord der über 60-jährigen. Darauf bin ich schon deshalb stolz, weil die Halle manches Kapitel DDR-Sportgeschichte erlebte. Wie schon erwähnt, hatten Eishockeyspieler bei den Ostzonen-Wintersportmeisterschaften 1949 vorgeschlagen, auf der Ruine einer Viehhof-Halle, deren Kühlanlage noch funktionierte, eine Eishalle zu errichten. 1950 wurde sie eingeweiht und bald darauf eine Radrennbahn eingebaut, die mit ihren 171 m eine der kürzesten Hallenbahnen der Welt war und 51 Grad steile Kurven aufwies. Zu meinem Rekord kann ich nur sagen: Treten Sie mal 110 Kilo Lebendgewicht durch eine 51-Grad-Kurve! Die »anderen« Bahnrekorde halten so weltberühmte Sprinter wie der Franzose Daniel Morelon.

1992 wurde die Bahn abgerissen, als Berlin von Olympischen Spielen träumte. Bei der Gelegenheit ließ man auch die Büste Werner Seelenbinders, die am Eingang stand, verschwinden.

1984
Völkerfest in Sarajevo

Fällt heute der Name Sarajevo, erinnert das kaum noch an die Olympischen Winterspiele 1984. sondern vor allem an den grausamen Bürgerkrieg, der Jugoslawien bald darauf zerriss. Als die fünf Ringe über Sarajevo gehisst worden waren, lebten Muslime, Serben, Kroaten und Albaner noch friedlich Tür an Tür. Es lagen nur Schritte zwischen jüdischen oder katholischen Gotteshäusern, und nur eine einzige schmale Gedenktafel erinnerte an einen Ermordeten. Das war die für den österreichischen Thronfolger, dessen Tod den Ersten Weltkrieg ausgelöst haben soll.

Während der Spiele lernte ich, dass »Danke« im Serbokroatischen und Slowenischen »Hvalo« hieß, im Mazedonischen »Blagodaram«. Wir lebten unter einem Dach mit Muslimen und Christen. Hätte jemand damals einen Krieg zwischen ihnen prophezeit, wäre er nur belächelt worden. So kam es, dass die Spiele dank serbischer, kroatischer, mazedonischer und slowenischer Gastfreundschaft zum Erfolg wurden, was uns den Krieg später umso unerklärlicher erscheinen lassen musste. Während der Spiele hatte man in Frieden miteinander die Sportjugend der Welt gastfreundlich empfangen, und als man sich dann mit der Waffe in der Hand gegenüberstand, blieb nur die Erkenntnis: Olympia kann keinen Bogen um die oft unmenschliche Politik der Mächtigen schlagen.

An dramatischen Höhepunkten war auch während dieser olympischen Tage kein Mangel. Auf den Schanzen am Malo Polje beherrschten zwei Springer die Szene: Jens Weißflog und der Finne Matti Nykänen. Die gute halbe Hundertschaft, die sich außer den beiden Leichtgewichten aus der DDR und Finnland noch in die Startlisten hatte eintragen lassen, kam für einen Olympiasieg nie in Frage.

Beide Male entschieden die Nerven das Duell. Das Springen auf der Normalschanze wurde zur extremen Härteprobe. Das widrige Wetter – Schneetreiben und böige Winde – verwandelte die aktuelle »Bestenliste« in Ziffern eines Lottospiels. Am ärgsten erwischte es ausgerechnet den Lokalmatador Primoz Ulaga. Er hatte sich ein Jahr zuvor bei den vorolympischen Wettkämpfen durch einen Sieg empfohlen, aber als es um die Medaillen ging, misslang ihm so gut wie alles. Er landete auf dem letzten Platz. Der Sieger hieß Jens Weißflog.

Hinzu kam ein Manko für alle: Während der Vierschanzentournee zur Jahreswende waren die Kampfrichter in einem Seminar verpflichtet worden, den Haltungsnoten vor allem für die Landung wieder mehr Aufmerksamkeit zu schenken. Das Resultat: Ein einziger Springer erhielt 55 von den 60 möglichen Haltungspunkten, dreimal wurde eine 52,5 vergeben.

Nach einem Pausentag begann das Training auf der Großschanze, und gewissenhafte Beobachter prophezeiten den beiden Ausnahmespringern für diese Entscheidung eine große Schar ernsthafter Widersacher. Die finnische Mannschaftsleitung, die wenigstens einen Nykänen-Sieg feiern wollte, entschloss sich gegen den Willen des Trainers, einen Psychologen für die letzte Vorbereitung heranzuziehen. Der verordnete ein ausgiebiges autogenes Training, und als die Entscheidung fiel, zeigte sich, dass die Nerven den Ausschlag gaben. Wieder pfiff Wind über die Schanze, und eine Rückenwindböe oder eine Gegenwindbrise konnten über Weitendifferenzen bis zu zehn Metern entscheiden.

Nykänen zeigte den besten Sprung seines Lebens: 116 m und 53,5 Haltungspunkte sicherten ihm einen Vorsprung von 13,1 Punkten vor Weißflog. Der Oberwiesenthaler hätte also im zweiten Durchgang bei gleicher Haltung wie Nykänen 10 Meter weiter springen müssen. Der Finne landete bei 111 m, Jens Weißflog setzte bei 107,5 m auf. So entstand zwischen beiden ein 17,5-Punkte-Loch, und das war die größte Differenz zwischen dem Ersten und Zweiten in der Geschichte der olympischen Sprünge von Großschanzen.

Anzumerken wäre noch: Christa Rothenburger holte im 500-m-Lauf der Eisschnellläuferinnen die 150. Goldmedaille für die DDR – und Wolfgang Behrendt, der die erste erboxt hatte und nun als Bildreporter dabei war, fotografierte das Ereignis.

Und anzumerken war auch: Das Exekutivkomitee des IOC lehnte die Akkreditierung des Senders *Freies Europa* ab, das US-amerikanische IOC-Mitglied Julian Roosevelt billigte die Entscheidung und wurde deshalb vom Sender wüst beschimpft. Und: Die *Frankfurter Allgemeine Zeitung* widmete dem Ausschluss des Senders einen Leitartikel, in dem man den Satz lesen konnte: »Es ist schade, dass die Olympischen Winterspiele mit einem Eklat begonnen haben.«

Der Sender hatte seinen Sitz in München...

1984
Wahrheiten über Los Angeles

Man erinnert sich: 1984, als die Olympischen Spiele in Los Angeles stattfanden, fehlten die Sowjetunion, die DDR und alle anderen sozialistischen Länder bis auf Rumänien, das sich den Start fürstlich honorieren ließ.

Die allgemeine heutige Lesart ist: Moskau revanchierte sich damit für den USA-Boykott vier Jahre zuvor, und die DDR hielt sich an das Kommando aus Moskau. Der zweiten Feststellung ist kaum zu widersprechen, doch lässt sich die damalige Situation so nur erklären, wenn man – wie die Meinungsmacher heutzutage – Stapel von Fakten unter den Teppich kehrt.

Der Ausgangspunkt aller Querelen um diese Spiele war die Entscheidung des Internationalen Olympischen Komitees, die Spiele zum ersten Mal in der Geschichte einem privaten Organisationskomitee zu überlassen. Jede Bewerbung, Olympische Spiele ausrichten zu wollen, hatte bis dahin eine Erklärung der Regierung des Bewerber-Landes vorausgesetzt, die Wahrung der olympischen Prinzipien zu garantieren.

Ich zitiere dazu die *Los Angeles Times* vom 14. Mai 1984: »Der Exekutivdirektor des IOC, Monique Berlioux, beklagte am Sonntag in der ABC-Show ›Diese Woche‹ den Mangel an Mitwirkung der US-Regierung an der Lösung der olympischen Probleme und gab zu bedenken, dass das private Organisationskomitee in Los Angeles gar nicht imstande war, die Sowjetunion im Hinblick auf die Sicherheitsfragen zu beruhigen. Es ist klar, dass eine private Organisation weniger tun kann als eine Regierung‹, betonte Berlioux. 1978 habe das IOC Monate hindurch gegen die Bildung eines privaten Komitees als Veranstalter der Spiele gekämpft und habe es am Ende akzeptiert, als klar wurde, dass ein Regierungskomitee nicht mit öffentlicher Unterstützung würde rechnen können.« So kam es zu Olympischen Spielen, wie man sie nie zuvor erlebt hatte – made in USA!

Und um keine Irrtümer aufkommen zu lassen, sei ergänzend erwähnt, dass der damalige Vize-Unterstaatssekretär Kenneth W. Dam in jener Fernseh-Talkshow erklärt hatte: »Die Olympiade ist vor allem eine private Angelegenheit.«

Der Präsident des privaten Komitees war Peter Ueberroth, dem man durchaus bescheinigen muss, dass er sich redliche Mühe gab, die politischen Barrieren, die man in den USA errichtet hatte, zu überspringen. Sein Problem: Er war machtlos!

Um das Profil dieses Mannes deutlicher werden zu lassen, lasse ich hier einige Zitate aus seinen Memoiren folgen, die er nach den Spielen veröffentlicht hatte. Als er vor den Spielen Europa besuchte, kam er auch in die DDR und erinnerte sich: »Die Deutsche Demokratische Republik, ein kleines Land mit 18 Millionen Einwohnern, gehört zu den drei mächtigsten Sportnationen der Welt. […] Wir haben Tage mit Ewald und anderen hohen Sportfunktionären verbracht. Sie wollten die besten Bedingungen für ihre Athleten verhandeln, und sie waren hartnäckig, aber nicht kleinlich. Der große Durchbruch kam, als Ewald das Protokoll des Abkommens unterzeichnete, das von uns die Einhaltung der Olympischen Charta verlangte und die DDR verpflichtete, an der Olympiade 1984 in voller Stärke teilzunehmen.

Als einer der Mächtigsten im Sport, verbürgte seine Unterschrift praktisch die Kooperation seitens aller osteuropäischen Länder und der Sowjetunion. […] Ich hatte vorher noch nie die Möglichkeit, mich etwas länger auf dem Land in Ostdeutschland aufzuhalten, und ich muss eingestehen, es hat mich überrascht. Die Stimmung war positiv. Die Leute schienen – zumindest oberflächlich – glücklich, und es ging ihnen relativ gut. Überall schien Entwicklung im Gange. Das Stadion in Rostock beeindruckte mich ebenso wie andere Sporteinrichtungen, die ich besuchte. […] Zur gleichen Zeit lief gerade ein Boxwettkampf in München, und ich fand das schon interessant, dass sich Boxer aus Jamaika und einigen südamerikanischen Ländern entschlossen hatten, für dieses Ereignis in der DDR zu trainieren. Das zeigt, wie sehr die DDR-Sportanlagen von Athleten weltweit geschätzt werden.

Nach der Judomeisterschaft kehrten wir nach Berlin zurück. Ich dachte mir, es sei gut, wenn ich mich dort bei der US-Botschaft melde und dem Botschafter von meinen Treffen mit den Sportfunktionären und ihren Plänen, nach Los Angeles zu kommen, berichtete. So verabredete ich einen Termin. In der Empfangshalle der Botschaft hing die Vergrößerung eines Briefes vom State Department, der das Botschaftspersonal zu seiner wundervollen Arbeit in einer feindlichen Umgebung beglückwünschte. Ich war überrascht. Dies war eine Beleidigung der Ostberliner Bevölkerung und zeigte, dass es dem State Department an Sensibilität mangelte. Nach einer kurzen Wartezeit wurde mir mitgeteilt, dass der Botschafter mit Diktaten beschäftigt sei und durch mich nicht gestört werden wollte. [...]

Bevor wir das Land verließen, machten wir eine Bootstour durch Berlin und die Umgebung. Wir fuhren über kilometerlange Wasserstraßen entlang wunderschöner Häuser und Gärten. O'Hara, Reich und ich waren vom offensichtlichen Wohlstand überrascht. Wir sahen Hunderte unterschiedliche und gepflegte Häuser, die die Wasserwege säumten, und wir fragten uns, ob sie Parteimitgliedern oder Privatpersonen gehörten.«

Ueberroth kam auch später noch in die DDR, um sich von Manfred Ewald beraten zu lassen. Das mag manchen überraschen, aber Ewald war seit Doug Gilberts Buch in USA-Sportkreisen eine bekannte Persönlichkeit.

Irgendwann tauchten die ersten Probleme auf. 160 antikommunistische Organisationen bildeten in den USA eine »Koalition«, über deren Vorsitzenden die *International Herald Tribune* (20.4.1984) berichtet hatte: »Nick Sorokon, der die Koalition repräsentiert, erwartet, dass die Sowjetunion an den Spielen teilnimmt, aber die Koalition werde es ›für sie so unangenehm als irgend möglich machen‹.«

Und dann entschloss sich Washington zu einem Schritt, der Moskau zur Reaktion zwang: Dem als Olympia-Attaché der UdSSR-Mannschaft nominierten Oleg Jermischkin wurde die Einreise verweigert, weil er angeblich ein Agent des KGB war. Abgesehen davon, dass Geheimdienstmitarbeiter seit Jahrzehnten in olympischen Diensten ihrer Länder standen – übrigens einschließlich der USA und der BRD –, hätte dieser Vorwurf der Sowjetunion nur die Möglichkeit gelassen, einen anderen Attaché zu nominieren, und damit zuzugeben, dass er tatsächlich für den KGB tätig war, und sich der Gefahr auszusetzen, den nächsten nominierten Attaché wegen ähnlicher Vorwürfe ebenfalls zu streichen.

Der Hamburger *Stern* (3. Mai 1984) interviewte danach den sowjetischen Sportminister Gramow.

»*Stern*: Peter Ueberroth [...] müsste demnach alles versuchen, die von Ihnen beklagten Zustände aus der Welt zu schaffen.

Gramow: Herr Ueberroth arbeitet doch nicht alleinverantwortlich. Jede seiner Entscheidungen wird von der Administration Reagan kontrolliert. Zum Beispiel habe ich im Dezember ein Abkommen mit Ueberroth unterzeichnet. Es ging um den Transport unserer Athleten, um die Unterbringung und unseren Olympia-Attaché, dessen Kandidatur den Amerikanern bekannt war und gebilligt worden ist. Kaum war ich wieder in Moskau, verkündete ein Offizieller des US-Außenministeriums, Ueberroth hätte seine Kompetenzen überschritten.

Stern: Und Ihr Olympia-Attache Oleg Jermischkin erhielt kein Einreisevisum. Wollten Sie einen Spion nach Los Angeles schicken?

Gramow: In den USA wurde auch behauptet, dass Ueberroth wahrscheinlich ein Moskauer Agent sei.

Stern: Wer ist denn nun Herr Jermischkin?

Gramow: Er hat Sport studiert, war Mitarbeiter des Sportkomitees und unseres Außenministeriums. Er kennt die USA, kennt die Probleme des Sports und spricht perfekt Englisch. Deshalb wollen wir ihn nach Los Angeles schicken.

Stern: Und er ist völlig ungefährlich?

Gramow: Er war früher einmal Boxer, sogar Meister des Sports.«

Festzustellen gilt also, dass umfassende Vorbereitungen für einen Olympiastart sowohl in Moskau als auch in Berlin getroffen worden waren, dass konkrete Absprachen zwischen Ueberroth und beiden Seiten stattgefunden hatten.

Was die DDR betraf, so hatte sie im Hinblick auf die Spiele auch eine Vereinbarung mit dem US-amerikanischen Leichtathletik-Verband getroffen, zwei Länderkämpfe in Karl-Marx-Stadt und Los Angeles auszutragen.

Der erste fand in Karl-Marx-Stadt statt und endete mit einem Gesamterfolg – Männer- und Frauenwertung addiert –

der DDR. Der zweite fand in Los Angeles statt und wurde ebenfalls von der DDR gewonnen. Zu vermerken wäre noch, dass auf Betreiben der USA-Seite in den Vertrag folgende Klausel aufgenommen worden war: »Beide Seiten verpflichten sich, keine Dopingkontrollen vorzunehmen.«

Und ganz am Rande will ich auch noch erwähnen, dass er eine Klausel über An- und Abreisen der Journalisten beider Seiten enthielt, die unerwarteten Ärger auslöste. Vereinbart worden war, dass die Kosten von den Veranstaltern übernommen würden. Der DDR-Sportjournalistenverband hatte mit dem DTSB vereinbart, dass er den Transport der mitreisenden US-amerikanischen Journalisten vom Flughafen Berlin-Schönefeld nach Karl-Marx-Stadt und ihre Betreuung dort übernahm. Als wir DDR-Journalisten auf der Reise zum Rückkampf in New York landeten und um die Tickets für den Flug New York – Los Angeles baten, wurde uns eröffnet, dass die nicht zur Verfügung ständen. Die Begründung: Bei der Fahrt von Berlin nach Karl-Marx-Stadt hätte es sich um eine Dreistundenbustour gehandelt, während es bei der Reise von New York nach Los Angeles um einen Sechsstundenflug ging. Ich wandte ein, dass jede Seite genügend Zeit gehabt hatte, notfalls Landkarten zu studieren, was auf US-amerikanischer Seite möglicherweise versäumt worden sei.

Es kam zu einem heftigen Streit auf dem New Yorker Flughafen. Der Präsident des USA-Verbandes, Cassel, nannte mich einen »Betrüger«, und erst als die Mannschaftsleitung die Weiterreise in Frage stellte, wenn wir die Flugkarten nicht erhielten, rückte er sie heraus. Noch Jahre danach forderte mich Cassel bei jeder Begegnung auf, endlich meine Schulden zu bezahlen.

Nie wird sich restlos klären lassen, was letztlich der den Boykott auslösende Schritt war. Ich reiste zu den Spielen und traf dort auch zahlreiche US-amerikanische Journalisten, die darauf verwiesen, dass Reagan am 20. Januar 1985 wiedergewählt werden wollte und eine spektakuläre Olympianiederlage gegen die UdSSR und die DDR dem Wahlkampf nicht sonderlich zuträglich gewesen wäre.

Dass die DDR keine Chance hatte, sich nach der Absage der UdSSR der Solidarität zu entziehen, kann niemanden verwundern. Dass die DDR-Athleten die Entscheidung wutschnaubend zur Kenntnis nahmen, ebensowenig. Dass Erich Honecker nach den Spielen eine klare Haltung zu künftigen Olympiaabsagen bezog, wird noch zu erwähnen sein.

Ungeachtet der fatalen politischen Querelen boten die Spiele in Los Angeles zahlreiche sportliche Ausnahmeleistungen. Dass die in den DDR-Medien kaum wahrgenommen wurden, war jenem Übereifer einiger Funktionäre zuzuschreiben, der so oft für unnötige Probleme sorgte. Die hatten die Quantität der Berichterstattung auf die Zeile genau begrenzt und hielten sich obendrein auch noch für kompetent genug, um die von uns aus Los Angeles gelieferten Kurzberichte nach ihren Vorstellungen zu überarbeiten. Ich versichere, derlei nie zuvor und nie danach erlebt zu haben.

Schließen will ich mit einem Erlebnis in Los Angeles. In einer Pressekonferenz behauptete Ueberroth, der Boykott wäre bereits seit Jahren in Moskau geplant worden.

Ich erhob mich und stellte Ueberroth die Frage: »Stimmt es, dass Sie persönlich die gemeinhin übliche und auch völlig normale Bitte der DDR-Fluggesellschaft Interflug nach einem Pilotentestflug nach Los Angeles abgelehnt haben? Können Sie bestätigen, dass solche Testflüge von den Veranstaltern der Spiele in Montreal und Lake Placid bereits Monate vor den jeweiligen Spielen der DDR genehmigt worden waren?«

Seine unsicher klingende Antwort lautete: »Die Genehmigung war bereits brieflich unterwegs.«

Ein solcher Brief ist nie in Berlin eingegangen. Auf dem Weg aus dem Saal, in dem die Pressekonferenzen stattfand, schob sich Ueberroth an meine Seite und sagte gut vernehmbar: »Lassen Sie künftig solche Fragen, sonst gibt's Ärger.«

Ich gestehe, ihm keinen weiteren Ärger bereitet zu haben.

1985
Die Kooperation Samaranch-Honecker

Im Jahr darauf fand die 90. Tagung des IOC in der Hauptstadt der DDR statt. Der schlitzohrige Spanier Samaranch, der den 1980 in Moskau nicht mehr kandidierenden IOC-Präsidenten Killanin abgelöst hatte, nutzte die Gelegenheit, in einem Land zu Gast zu sein, von dem er ziemlich sicher war, dass die einheimischen Medien das zu Gast weilende IOC kaum attackieren würden, und feuerte die IOC-Direktorin Monique Berlioux, eine frühere französische Schwimmerin, die allerdings genug über Samaranch wusste, um einer Millionenabfindung sicher sein zu dürfen. Als sie zu der Pressekonferenz erschien, in der sie ihre Ablösung mitteilen musste, begleitete sie nur ein einziges IOC-Mitglied: Berthold Beitz (BRD). Der Krupp-Direktor demonstrierte in dieser Stunde bewundernswerte Solidarität mit ihr. Er konnte sich das auch leisten – er war weder vom IOC noch von Samaranch abhängig!

Weit bedeutender als diese Personalaffäre war das Ergebnis der Zusammenkunft zwischen dem IOC-Präsidenten und Erich Honecker. Der versicherte, dass die DDR nie wieder Spiele boykottieren würde. Die Erklärung hatte Gewicht, zumal mit der Vergabe der Spiele 1988 an die Hauptstadt Südkoreas neue Probleme heraufbeschworen worden waren.

Samaranch erkannte die dank der »anderen Deutschen« mögliche Chance für eine boykottlose Zukunft Olympias und überreichte Erich Honecker den Olympischen Orden in Gold. Dabei beließ er es nicht. Er erschien uneingeladen beim DDR-Turn-und Sportfest 1987 in Leipzig, zeichnete dort den Leiter der Abteilung Sport im ZK der SED, Rudi Hellmann, mit dem olympischen Orden aus und überreichte vor 100.000 Zuschauern den DDR-Sportoberen ein olympisches Banner des IOC.

Noch spektakulärer war sein Besuch in Berlin 1988. Die Eröffnung der Spiele in Seoul fand am 17. September statt, und als publik geworden war, dass Nordkorea seine Verbündeten noch einmal zum Boykott aufgerufen hatte, meldete sich Samaranch über Nacht bei dem vom 20. bis 22. Juni von der DDR einberufenen »Internationalen Treffen für kernwaffenfreie Zonen« an, obwohl kaum zu erklären war, was das IOC mit kernwaffenfreien Zonen zu tun hatte.

Die Rede, die Samaranch vor den tausend Teilnehmern aus 111 Ländern dort hielt, ist nur mehr mühsam auffindbar. Erklären lässt sich das leicht mit der Passage, die er Erich Honecker gewidmet hatte: »Ich überbringe Ihnen heute die brüderlichen Grüße der gesamten olympischen Bewegung in der Hoffnung, dass unser Bemühen um Frieden auf unserer Erde schließlich von Erfolg gekrönt sein wird. Ich möchte hier einem Mann, der sich in diesem Sinne besonders verdient gemacht hat und uns sehr nahe steht, eine verdiente Ehrung zuteil werden lassen. Ich meine den Vorsitzenden Erich Honecker. Denn seitdem Sie das Schicksal Ihres Landes in Ihre Hände genommen haben, zeugten Ihre Handlungen immer von dem tiefen Verständnis und der Wertschätzung, die Sie, wie ich zu wissen glaube, unserer olympischen Bewegung entgegenbringen. Sie haben die Bedeutung, die diese Bewegung in unserer modernen Gesellschaft besitzt, sehr gut verstanden, und ich weiß, dass Sie sie billigen, denn Sie haben immer streng persönlich darauf geachtet, dass diese Traditionen gewahrt werden.

Ich bin sehr dankbar dafür, dass ich das Privileg hatte, Ihnen, Herr Honecker, anlässlich der Session des Internationalen Olympischen Komitees 1985 in Berlin den Olympischen Orden in Gold überreichen zu dürfen. Sie waren es, der als erster ohne Winkelzüge einen Schritt nach vorn tat, als es für Sie darum ging, bei der Wiedervereinigung der olympischen Bewegung zur Durchführung der Olympischen Spiele von 1988, also dieses Jahres, zu helfen.

Aus all den genannten Gründen bin ich heute hier in Berlin als Vertreter des Internationalen Olympische Komitees präsent, und ich glaube wirklich, dass das Internationale Olympische Komitee hier dazugehört.«

Erich Honecker hielt sein Samaranch gegebenes Wort. Ich will nicht behaupten, dass er Moskau überzeugt hätte, behaupte aber mit einigem Wissen um die Zusammenhänge, dass Moskau auch sicher war, niemand würde Honecker von einem Start der DDR-Mannschaft abbringen können.

So kam es, dass die olympische Familie 1988 wieder fast vollzählig in Seoul versammelt war. Erich Honeckers Verdienste daran wurden verständlicherweise nach 1990 von niemandem erwähnt.

1985
Von Schwester Agnes geliehen

Zu unseren Nachbarn in Kleinmachnow gehörte auch die Schauspielerin Agnes Kraus, der wir hin und wieder beim Einkaufen begegneten und sie so freundlich grüßten, dass sie unsere Hochachtung gespürt haben dürfte. Was sie bewog, mich eines Tages um Hilfe zu rufen, weiß ich nicht, werde es auch nun, da sie längst der grüne Rasen deckt, nicht mehr erfahren. Jedenfalls stand sie irgendwann vor unserer Tür und fragte meine Frau ohne lange Vorrede, ob sie bereit sei, mich mal für ein paar Tage »auszuleihen«. Da sich herumgesprochen hatte, dass die in ihren Filmen oft Rollen etwas einfältiger Frauen verkörpernde Schauspielerin auch im täglichen Leben zuweilen entwaffnend naiv agierte, nahm meine Frau die Frage nicht wörtlich, bat sie herein und fragte nach ihrem konkreten Anliegen.

Die Schauspielerin hatte in Kleinmachnow das Haus ihrer Eltern geerbt, in dem sie zusammen mit ihrer Schwester wohnte. Eines Tages muss es ihr unangemessen erschienen sein, dass sie, die in den Filmen so sozial handelnde Schwester Agnes, zwei Etagen bewohnte. Als ein Arzt sich um ihre auf der Straße zusammengebrochene Mutter bemühte und sie hinterher von ihm erfuhr, dass der mit seinen Kindern in einer Drei-Zimmer-Wohnung lebte, bot sie ihm spontan die obere Etage an.

Der Arzt war gerührt, zog um, kam dann aber auf die Idee, die untere Etage als Praxis einzurichten, was die Bürgermeisterin wiederum gut fand, weil das die ärztliche Versorgung enorm verbessert hätte. Der Arzt spekulierte darauf, dass er mit dieser Begründung Agnes Kraus aus dem Haus komplimentieren könnte.

Als der jemand erzählte, dass ich schon einigen ratlosen Bürgern bei Problemen mit dem »Rathaus« geholfen hatte, machte sie sich auf den Weg zu uns und verkürzte ihr Anliegen zu dieser »Ausleihbitte«.

Wir luden sie zu einer Tasse Kaffee ein. Agnes Kraus kam gleich zur Sache und erklärte meiner Frau: »Verstehen Sie mich um Gottes willen nicht falsch, aber ich quassle nie um den Brei herum. Ich rede, wie mir der Schnabel gewachsen ist: Leihen Sie mir einen Tag Ihren Mann. Nein, nicht so, wie sie vielleicht denken ...« – die Gefahr, dass meine Frau das gedacht haben könnte, was sie meinte, war aus meiner Sicht relativ gering – »... nein, nicht fürs Bett oder so, sondern für die Ämter. Einen Tag lang soll er mit mir zu den Ämtern gehen, mit denen ich Ärger habe. Und dort will ich sagen: ›Schluss damit, dass Sie wie bisher mit der Agnes Kraus umspringen. Dieser Mann hier, meiner also, wird Ihnen mal sagen, wo es lang geht.‹ Und dann müsste er der Bürgermeisterin erklären, dass ich dem Arzt einen Gefallen tun wollte und der jetzt glaubt, er könne mich für verrückt erklären. Ich erzähle Ihnen mal, wie er das anstellt. Seine Kinder haben neben der Haustür ein Loch in den Putz geschlagen, und als ich mich darüber bei ihm beschwerte, fragte er mich in einer Weise, als sei ich nicht ganz bei Troste: ›Sie sehen da ein Loch, Frau Kraus? Da ist aber keins! Vielleicht sollten wir beide mal zu einem guten Kollegen von mir, einem Nervenarzt fahren. Der wird Ihnen sicher helfen können.‹«

Meine Frau war sofort bereit, mich als »Leiharbeiter« rauszurücken.

Ich schlug der Schauspielerin vor, auf einen Besuch im »Rathaus« zu verzichten, weil ich auch allein mit der Bürgermeisterin ins Reine kommen würde, aber sie ließ sich nicht davon abbringen. Also machten wir uns ein paar Tage später zur Sprechzeit auf den Weg, warteten im Vorzimmer, wo man sie um Autogramme bat, bis wir dran waren. Ohne lange Vorrede meinerseits schwor die Bürgermeisterin die Angelegenheit im Sinne von Frau Kraus zu regeln, was dann auch geschah. Es sprach sich herum im Ort, und dann hieß es sogar, ich hätte ein Verhältnis mit ihr, aber das Gerücht hielt sich nicht lange.

Ich hatte die »Leiharbeit« längst vergessen, als man eines Tages aus dem Berliner Ensemble bei uns anrief und mitteilte, man habe mit der Kraus beträchtlichen Ärger gehabt und die habe darauf bestanden mit einem Dienstwagen zu mir nach Hause gefahren zu werden. Meine Frau und ich rätselten eine Stunde lang, was geschehen sein könnte, und dann stand sie plötzlich lachend in der Tür und verkündete: »Die wissen jetzt, dass sie mit mir nicht mehr umspringen können wie bisher. Es gab Streit, und ich sagte, da muss ich erst mit meinem Freund reden, verlangte einen Theater-Wagen und gab ihre Adresse an.«

»Worum ging es denn?« wollte ich wissen.

Sie klärte uns auf: »Um die Rolle der Puffmutter in der ›Dreigroschenoper‹. Wir haben ein Gastspiel in Tbilissi, und wegen der langen Reise fragte ich, ob sie nicht endlich eine Jüngere für die Puffmutter fänden. Kein Mann ginge in einen Puff, den eine Frau in meinem Alter leitet, aber sie schüttelten den Kopf. Darauf antwortete ich, dass dann wohl mein neuer Freund mal erscheinen müsse, um die Sache zu klären. Das hielten sie für einen Witz, aber als ich ihnen die Telefonnummer gab, spürten sie, dass ich es ernst meinte, und nach einer Viertelstunde war die Umbesetzung erledigt. Als man mich dann fragte, ob man sonst noch etwas für mich tun könne, antwortete ich eiskalt: ›Fahren sie mich zu meinem Freund!‹ Und nun bin ich hier!«

Auch bei Agnes Kraus erschienen dann wohl eines Tages Altbesitzer. Man sah sie immer seltener, und 1995 starb sie.

Später dichtete man auch ihr an, dass sie mit ihren Filmen gegen das »SED-Regime« hatte protestieren wollen, und ich malte mir aus, was geschehen wäre, wenn die DDR-»Obrigkeit« wirklich die Aufführung eines ihrer Filme abgelehnt hätte.

Sie hätte garantiert alle »Zensoren« schnell entnervt.

1986
Olympischer Rhythmus verkauft

Zu den Reisezielen eines Sportjournalisten gehören auch die Zusammenkünfte des Internationalen Olympischen Komitees. Alle vier Jahre traf sich das Komitee, um zu entscheiden, wo die nächsten Olympischen Spiele stattfinden sollten. Das war in den achtziger Jahren für die Öffentlichkeit noch ein Wettlauf um die Stimmen, tatsächlich aber längst ein Einkauf von Stimmen, weshalb eines Tages auch die Regeln geändert wurden, ohne damit den kommerziellen Hintergrund Olympias zu eliminieren.

Vom 12. bis 18. Oktober 1986 versammelte man sich in Lausanne zur 91. Session und traf dort als erstes eine Entscheidung, die die traditionelle »Olympiaden-Zeitrechnung« zu den Akten legte. Coubertin hatte sich bei der Gründung der Spiele an die griechische Distanz von vier Jahren gehalten und das Ereignis deshalb auch offiziell die »Spiele der Olympiade« genannt, also das Treffen am Ende des Vierjahreszeitraums. Als die Winterspiele dazukamen, blieb man bei dieser Regelung. In den achtziger Jahren ließen die inzwischen als Hauptfinanziers fungierenden Fernsehunternehmen wissen, dass sie die immensen Summen für Winter- und Sommerspiele nicht mehr alle vier Jahre aufbringen könnten und bestanden darauf, dass für die Winterspiele ein neuer Rhythmus eingeführt würde. So stand 1986 fest, dass den Winterspielen 1992 bereits 1994 die nächsten folgten und so ein Zwei-Jahre-Rhythmus zwischen Sommer- und Winterspielen entstand.

Das änderte nicht das geringste daran, dass die Bewerber für 1992 den gewohnten Aufwand trieben.

Als ich in Lausanne eintraf, war der Kandidatenzirkus im Palais de Beaulieu bereits im vollen Gange. Sechs Austragungsorte standen zur Wahl: Albertville (Frankreich), Anchorage (USA), Berchtesgaden, Cortina d'Ampezzo (Italien), Lillehammer (Norwegen), Falun (Schweden) und Sofia. Die Anchorage-Werber rannten in weißen Trapperhüten durch die Flure und ließen in der Halle pausenlos ein Roboterballett tanzen, die Frauen aus Berchtesgaden trugen ausnahmslos Dirndlkleider und Lillehammer hatte seine Damen in rote Wolle gekleidet.

Zunächst aber ging es um die neuesten olympischen Gerüchte. Es hieß, IOC-Präsident Samaranch, habe angekündigt, eine Rechnung der Ex-Direktorin Berlioux öffentlich machen zu wollen, die nachwies, dass sie 300 Schweizer Franken für ein Paar Schuhe aus der IOC-Kasse entnommen hatte. Die Samaranch-Umgebung machte kein Hehl daraus, dass die Rechnung und andere ähnliche Dokumente in die Öffentlichkeit gelangen würden, wenn die Berlioux es wagen sollte, in ihren angekündigten Memoiren Interna über Samaranchs Geschäfte zu erwähnen.

Oder: Der frühere tunesische Ministerpräsident Mzali, der nach Algerien geflohen war, sollte in der Schweiz untergetaucht sein. Alle warteten gespannt, ob er als IOC-Mitglied zu der Session kommen würde.

Oder: Berchtesgaden rechnete mit einer Demonstration von Umweltschützern gegen die Bewerbung. Diesem Gerücht folgte die Ankündigung, dass Franz-Josef Strauß mitgeteilt habe, mit eigenem Flugzeug nach Lausanne zu kommen, um die Bewerbung zu unterstützen.

Oder: Es wurde verbreitet, dass Frankreichs Präsident Mitterand nach Moskau geflogen sei und dort von Gorbatschow die Zusicherung erhalten habe, dass die sowjetischen IOC-Mitglieder für Albertville stimmen würden.

Pressechef in Berchtesgaden war übrigens Willi Knecht, der renommierteste Polit-Sportjournalist der Bundesrepublik. Er bearbeitete das Thema Politik im Sport über Jahrzehnte, und zwar so erfolgreich, dass er zum Leiter der Abteilung Aktuelle Politik im *RIAS* aufstieg. Wir respektierten uns gegenseitig, und selbst in unseren Kommentaren, die nicht selten den Aktivitäten des anderen galten, bemühten wir uns um Stil.

Wieder mal ein Sprung über einige Jahre. Anfang 1990 begegneten wir uns in Friedrichshagen, wo DDR-Fernsehjournalisten durch einen Knecht-Huhn-Auftritt für höhere Einschaltquoten sorgen wollten. Knecht erschien – begleitet von seiner Frau – mit einer prallen Aktentasche und sagte grinsend: »Alles Material über dich!«

Ich zeigte auf meine Tasche: »Und hier alles über dich.« Dann sagte ich: »Du weißt, Willi, dass du wenig Ahnung vom Sport hast. Einzig ein wenig vom Boxen, weil du mal Vorsitzender eines Düsseldorfer Boxklubs warst. Also solltest du eigentlich wissen, dass Schwergewichtsduelle oft durch einen einzigen Schlag entschieden werden. Unser beider Chancen stehen 50:50, aber dann bliebe noch die Frage, ob wir uns tatsächlich ein unhonoriertes Schauspiel liefern sollten. Wenn du jedoch meinst, es wäre nötig – ich bin dabei!«

Als die Sendung begann, glaubte ich einem Fremden gegenüberzusitzen. Er eröffnete die Unterhaltung mit dem Hinweis darauf, dass wir beide am 24. Februar Geburtstag hätten und schlug vor, dass wir unser Kalter-Krieg-Kriegsbeil begraben sollten.

Am nächsten Tag fragte man mich in meinem Wohnort Kleinmachnow auf offener Straße, was wir für dieses deutsch-deutsche Freundschaftstreffen denn kassiert hätten. Und die Moderatorin, die ein gnadenloses Duell angekündigt hatte, musste sich viel Kritik anhören. Aber damit hatte unser Verhältnis noch längst nicht seinen Gipfel erreicht. Als im Sportausschuss des Bundestages die Dopingvorwürfe gegen die DDR behandelt wurden, konnte jede Partei einen Sachverständigen benennen.

Ich rief Knecht an, und der erklärte sich bereit, für die PDS anzutreten.

Am 17. Februar 2005 starb er in einem Berliner Krankenhaus.

Zurück ins Jahr 1986. Berchtesgadens damaliger Kurdirektor – später wechselte er nach Bad Saarow und von dort gar nach Bad Elster – hatte mich zu einer Schiffsfahrt auf dem Genfer See eingeladen. Der Hintergrund: Er wollte mich überzeugen, dass wir doch alle »Deutsche« seien und demzufolge das IOC-Mitglied aus der DDR für Berchtesgaden stimmen sollte. Ich verzichtete auf einen längeren Disput und teilte ihm nur mit, dass die Chancen Berchtesgadens ohnehin nur knapp über Null lägen, was ihn sprachlos werden ließ, weil er felsenfest überzeugt davon war, dass der Ort die Spiele bekäme. Als ich von Bord ging, wurde ich – wie alle geladenen Dampfergäste – großzügig beschenkt.

Gespannt fuhr ich am nächsten Morgen, einem Sonntag, zu dem Friedhof hoch über den Dächern Lausannes. Dorthin hatte der IOC-Präsident die Mitglieder des Komitees eingeladen, an Coubertins Grab, einen Kranz niederzulegen. Die Veranstaltung trug im Kalender sogar einen Stern – Teilnahme nur mit Einladung. Die meisten IOC-Mitglieder aber ignorierten Einladung und Stern. Ein jämmerliches Häuflein ließ sich mit dem Kranz fotografieren. Dann hastete alles bergab, denn das nächste Ereignis war die Eröffnung des neuen IOC-Palastes, der für 15 Millionen DM errichtet worden war. Jedes IOC-Mitglied war eigens für diese Zeremonie mit goldenen Kordelschnüren und goldenen Plaketten ausgerüstet worden.

Angesichts dieser Operettenszene kam mir einmal mehr Coubertin in den Sinn, der sein Vermögen Olympia geopfert hatte und am Ende seines Lebens fast ein Sozialfall war.

In dem neuen IOC-Sitz war alles vom Feinsten, und unwillkürlich erinnerte ich mich des Nachmittags, an dem Coubertins Sekretärin, Frau Zangghi, mit mir auf den Dachboden des alten IOC-Domizils gestiegen war, um dort nach einer Flugschrift des IOC-Gründers zu suchen.

Dann kam die von vielen so ersehnte Stunde der Abstimmung über den Schauplatz der Winterspiele. Berchtesgadens Kurdirektor nahm fassungslos zur Kenntnis, dass der Ort mit lächerlichen sechs Stimmen als erster ausschied. Er kam zu mir und fragte: »Woher wussten sie das?« Ich antwortete ihm: »Habt ihr denn wirklich nie daran gedacht, dass Berchtesgaden die Welt noch immer vor allem an Hitler erinnert?«

Ich sah in ein wortlos staunendes Gesicht. Darauf war er nie gekommen.

Fünf Wahlgänge waren nötig, dann stand Albertville als Austragungsort fest, und da sich Paris für die Sommerspiele beworben hatte, ging Samaranchs Rechnung auf: Seine Heimatstadt Barcelona erhielt die Sommerspiele zugesprochen, dieweil nach einer ungeschriebenen Regel nicht beide Veranstaltungen in einem Land ausgetragen wurden.

Besuch bei Coubertin

Ende der 80er Jahre berichtete ich von einer UNESCO-Konferenz zum Schulsport aus Paris. Dort traf ich den Grafen Geoffroy von Navacelle, einen Urneffen Coubertins. Ich machte kein Hehl aus meiner Sympathie für Coubertin, und er schien angetan, einen Deutschen getroffen zu haben, der sich intensiv für seinen Vorfahren interessierte. In Frankreich hatte man wohl auch nicht vergessen, dass Deutschland 1894 den ersten Olympischen Kongress, auf dem Coubertin seinen Plan vortrug, boykottiert hatte und die maßgeblichen Sportführer auch kein Hehl daraus gemacht hatten, dass sie den Start einer Mannschaft 1896 in Athen mit aller Macht zu verhindern suchten. Kurzum, der Graf lud mich für den nächsten Sonntag nach Mirville ein, einer nordfranzösischen Gemeinde mit 300 Einwohnern vor den Toren Le Havres, in deren Schloss Coubertin aufgewachsen war. Als ihn die Olympischen Spiele um sein Vermögen gebracht hatten, musste er es verkaufen. Inzwischen hatte es Navacelle zurückgekauft und sich so um das Coubertin-Erbe verdient gemacht.

Stundenrekordhalter auf der Winterbahn in der Seelenbinder-Halle

Er holte mich vom Bahnhof Breaute ab, wo am Sonntag-morgen niemand außer mir den Zug nach Brest verließ, zeigte mir Mirville und fuhr mit mir dann ins Schloss. Kein Prunk-bau, ein nüchternes zweistöckiges Gebäude im normannischen Stil errichtet – eine Reihe Feldsteine (vornehmlich Feuerstein), eine Reihe Ziegel. Die älteste Kunde des von Wäldern umgebe-nen Gebäudes stammte vom 19. April 1431. Der Graf zeigte mir stolz diese Urkunde und viele Erinnerungsstücke an Cou-bertin, darunter das Original der handgeschriebenen »Ode an den Sport«, einem auf Deutsch und Französisch geschriebenen Gedicht, für das er beim Kunstwettbewerb der Spiele 1912 mit olympischem Gold geehrt worden war. Und er führte mich auch an das Fenster, von dem der 500 Meter lange Bahn-Viadukt zu sehen war, den die Preußen 1871 in die Luft jagen wollten und den dafür benötigten Sprengstoff schon auf dem Coubertin-schen Golfschlägerwagen verladen hatten. Der damals acht-jährige Coubertin soll den Transport verhindert haben, indem er ein Rad an dem Wagen lockerte. Davon hatte ich nie zuvor gehört. So wurde der Ausflug nach Mirville ein aufschlussrei-cher »olympischer« Tag, an den wir – der Graf und ich – uns gegenseitig gern erinnerten, so oft wir uns danach begegneten.

Später habe ich übrigens eine Biografie Coubertins geschrie-ben, die man heute noch in Bibliotheken und Antiquariaten fin-det.

1986
Frank Elstner als Rivale

Im März 1986 vertrat ich die DDR in Frankfurt am Main auf einer internationalen Konferenz »Sport für alle«, zu der Sportminister und Funktionäre aus über 50 Ländern gekommen waren. Man warnte mich, dass ich es nicht leicht haben würde, ausgerechnet in Frankfurt am Main den Volkssport der DDR zu popularisieren, und ließ mich wissen, dass das bundesdeutsche NOK den Star-Fernseh-Moderator Frank Elstner engagiert hatte, um dem Kongress den Sport für alle in der BRD attraktiv darzustellen.

Das bewog mich, auf meine ursprünglich vorgesehene Rede zu verzichten und stattdessen das Plenum mit einem Fernsehfilm zu unterhalten. Also fuhr ich nach Adlershof, konferierte dort mit den Kollegen, die von meiner Idee angetan waren und einen Film aus der Reihe »Mach mit – mach's nach – mach's besser!« empfahlen. Die ungemein populäre Serie, in der unter dem Patronat des NOK der DDR jeweils zwei Schulmannschaften in unterschiedlichen sportlichen Prüfungen gegeneinander antraten, verfehlte in Frankfurt ihre Wirkung nicht. Die Delegierten waren so angetan von dem Duell, dass sie die Mannschaften aus Coswig und Meißen enthusiastisch anfeuerten und applaudierten, als das Licht wieder anging.

In der folgenden Pause kam ein älterer Herr zu mir und überreichte mir seine Visitenkarte: George Allen, Chefberater des Präsidenten der USA in Sportfragen. Er wollte den Film unbedingt mit nach Hause nehmen und fragte mich, auf welche Summe er einen Scheck ausstellen solle. Ich musste mir eine Ausrede einfallen lassen, denn beim Einlegen des Films hatte ich entdeckt, dass man mir nicht den mitgegeben hatte, den ich ausgesucht hatte. Der, den ich vorgeführt hatte, war am Tag der NVA aufgezeichnet worden, und die traditionell den Wettkampf eröffnenden DDR-Olympiasieger trugen ausnahmslos Uniformen. Ich hatte die Vorführung in letzter Minute gekürzt, mochte aber im Weißen Haus nicht den Eindruck erwecken, dass der Sport für alle in der DDR ausnahmslos von der Armee organisiert wurde.

Unter uns: Es kam oft vor, dass ich ratlos war. In diesem Fall versprach ich dem Präsidenten-Berater, ihm eine Kopie zusenden zu lassen – kostenlos.

1988
Indianer-Drohung
gegen olympisches Feuer

Calgary, mitten in Kanada, tat 1988 viel für olympischen Glanz und Pomp und mühte sich dabei, das ursprüngliche Anliegen der Spiele nie aus den Augen zu verlieren. Im Vorfeld gab es allerdings unolympische Probleme mit aufgebrachten Indianern. Die letzte Station des olympischen Feuers vor Calgary war das 10.000-Einwohner-Städtchen Airdrie, das die bereits in der Olympiastadt angereisten Journalisten zu einem stimmungsvollen Abend eingeladen hatte, dann aber kalte Füße bekam, als der Stamm der Schwarzfußindianer verkündete, er werde die Flamme notfalls mit Gewalt in seinen Besitz bringen und erst herausrücken, wenn die kanadische Regierung garantieren würde, die Probleme der Lubicon-Indianer endlich zu lösen.

Eine Polizei-Spezialeinheit wurde in Marsch gesetzt, und die Regierung kündigte einen Kompromiss mit den Lubicons an, den die aber als unzureichend ablehnten. Der Hintergrund: Zahlreiche kanadische Indianer-Stämme lebten in verblüffendem Wohlstand. Ich besuchte eines der Gebiete und stand vor hochmodernen Schulen und sogar einem Krankenhaus mit renommierten ausländischen Ärzten. Der Stamm lebte auf erdölreichem Boden und bezog stattliche Pachtsummen von den Ölkonzernen.

Der Vertrag aber, den die Lubicon-Indianer 1930 mit der Regierung geschlossen hatten, war nie eingehalten und das Erdöl ohne jede Entschädigung ausgebeutet worden. Die Folgen waren zunehmende Verarmung und sich rapide ausbreitende TBC. Die Regierung nahm die Protestaktionen der Lubicon-Indianer nicht sonderlich ernst, weil die anderen Stämme angesichts ihres Reichtums kaum Solidarität bekundeten. Die von niemandem erwartete Ankündigung des Stammes der Schwarzfußindianer, im Vorfeld der Spiele eine Solidaritätsaktion zu starten, löste höchsten Alarm aus, denn dieser Stamm war einer der ältesten und mächtigsten.

Am Tag vor der Eröffnung der Spiele verstummten die Lubicon-Proteste, und Eingeweihte wollten wissen, dass man ihnen in letzter Stunde ein akzeptables Angebot gemacht hatte.

Dem Kommerz vermochte aber niemand beizukommen. Der Schweizer *Tages-Anzeiger* schrieb: »Calgary erlebt keine Spiele des Herzens, dafür des Geldes und der Zahlen«, die Londoner *Times*: »Es ist nichts als ein Pokerspiel«, der niederländische *Volkskrant*: »Dramen, die Regisseure der amerikanischen Fernsehgesellschaft ABC können nicht genug davon kriegen, und bringen die Winterspiele als Seifenoper in die Wohnzimmer«.

Was schrieb ein DDR-Journalist wie ich dazu? Olympische Seifenopern standen nicht erst seit Calgary auf dem Programm, sondern mindestens seit 1984, als die Spiele zum ersten Mal »privatisiert« worden waren.

Zur Ehre der Kanadier muss gesagt werden: Die Tausende freiwilliger Helfer und die Hunderttausende Zuschauer sorgten letztlich dafür, dass es dennoch Spiele wurden, die olympischen Geist atmeten!

Die DDR stand einmal mehr im Mittelpunkt des Geschehens. Der US-amerikanische Film-Unternehmer Bud Greenspan, der die offiziellen Olympiafilme vornehmlich für den amerikanischen Markt produzierte, war ein konsequenter Antikommunist, lief mir aber in Calgary oft so unterwürfig hinterher, dass Ahnungslose glauben konnten, ich wäre sein Chef. Er hatte ein triftiges Motiv: Die DDR-Athleten waren die Stars der Spiele, und damit sie auch die Stars seines Films würden, setzte er auf Verbündete im DDR-Lager. Ich sah eine Chance, die DDR in den USA besser »ins Bild« zu bringen und war ihm zuweilen behilflich.

Als der Bobfahrer Dietmar Schauerhammer mit einer beispiellosen sportlichen Geste seinen Platz im DDR-Zweierbob räumte, weil sich Pilot Hoppe mit Bogdan Musiol mehr Medaillenchancen erhoffte, wurde er für Greenspan zum Hauptdarsteller: Der auf das für ihn fast sichere Gold im Interesse seines Heimatlandes Verzichtende stand während der Entscheidung irgendwo unter den Zuschauern! Dass ich ihn überredete, sich dort von Greenspan filmen zu lassen, tat ich mit gutem Gewissen, weil seine Haltung DDR-Wir-Geist offenbarte.

Als ich ein paar Tage später in Calgary meinen 60. Geburtstag feierte und das IOC mir den Journalisten-Pokal überreichen ließ, erschien auch Greenspan und schenkte mir die offizielle Mütze seines Filmteams, mit der man unbehelligt zu jeder Veranstaltung Zutritt hatte. (Ich trage sie bei großer Kälte heute noch, weil sie über warme Ohrenklappen verfügt.)

Zwei Jahre später ließ sich Greenspan dafür feiern, dass er heimlich die »Flucht« des DDR-Diskuswerfers Wolfgang Schmidt arrangiert und finanziert hatte. Seitdem sind wir uns nie wieder begegnet.

Olympia mit Jurek Becker

1988 nahm die DDR das letzte Mal an Olympischen Spielen teil und kam einmal mehr auf den zweiten Rang des Medaillenspiegels. Hinter der UdSSR errang sie 37 Goldmedaillen und ließ damit die USA um eine Gold-, vier Silber- und drei Bronzemedaillen hinter sich.

Es waren meine einzigen Spiele, bei denen ich Stunden neben einem Schriftsteller auf der Pressetribüne verbrachte. Noch dazu einem, der 1977 die DDR verlassen und sich danach oft sehr kritisch gegenüber unserem Land geäußert hat: Jurek Becker. Sein Roman »Jakob der Lügner« wurde als Glanzleistung in der DDR gefeiert, die Verfilmung geriet als einziger DDR-Film auf die Oscar-Kandidatenliste! Ich hatte seine Bücher begeistert gelesen, mich über seinen Weggang geärgert, und nun saß er Tag für Tag neben mir. Ich schreibe das nicht etwa, um mich dieses »Partners« zu rühmen, sondern weil ich mir so vieles bei ihm hatte nicht erklären können und auch nicht klüger war, als wir in Seoul »Auf Wiedersehen«, vielleicht auch nur »Tschüss« sagten.

1988 war *Der Spiegel* auf die Idee gekommen, ihn als Sonderberichterstatter zu den Spielen nach Seoul zu schicken. Jedenfalls wurde er für das Magazin akkreditiert. Da während und nach den Spielen nie eine Zeile von ihm im *Spiegel* erschien –

als Berichterstatter erschien dort Jürgen Leinemann, der zwar ein brillanter Journalist ist, aber außer Fußballelogen wenig sportliche Publikationen vorzuweisen hat –, hege ich bis heute den Verdacht, dass seine Berichte in der Hamburger Redaktion wenig Begeisterung ausgelöst hatten. Und das wiederum ließe sich mit seiner Sympathie für DDR-Sportler erklären, deren – nicht selten fassungsloser – Zeuge ich immer wieder wurde.

Wie es kam, dass wir so oft Seite an Seite saßen? Ich könnte die Frage auch heute nicht schlüssig beantworten. Wann immer ich an der Bushaltestelle des Pressezentrums stand und er mich entdeckte, gesellte er sich zu mir, was bundesdeutsche Kollegen sogar bewog, ihn vor mir zu »warnen«.

Es dürfte ihn nicht geschert haben, denn wir waren viele Tage miteinander unterwegs, und da er aus seiner Sympathie für die DDR-Sportler nie ein Hehl machte und diese Sympathie zuweilen auch lautstärker bekundete, als das auf Pressetribünen üblich ist, riet ich ihm mehr als einmal, sich zurückzuhalten. Im übrigen verstanden wir uns glänzend, ließen alle riskanten Themen beiseite und feierten gemeinsam Olympia.

Ich erinnere mich heute noch genau des Nachmittags, an dem wir zur Radrennbahn gefahren waren, um das Finale im Frauensprint zu erleben. Die Dresdnerin Christa Rothenburger-Luding hatte in Sarajevo 1984 und in Calgary 1988 je eine Goldmedaille im Eisschnelllauf gewonnen. In Seoul wollte sie eine Medaille im Radsprint gewinnen und in den Mini-Kreis der Athleten aufsteigen, die zu Medaillenruhm im Winter und im Sommer gekommen waren. Im Finale traf sie auf die Estin Erika Salumäe und gewann den ersten Lauf. Becker schrie sich dabei die Kehle aus dem Hals. Er war sicher, dass sie auch den zweiten Lauf für sich entscheiden und damit zum Winter-Gold nun Sommer-Gold gewinnen würde.

Den zweiten Lauf fuhr sie von vorn und schien ihn auch schon gewonnen zu haben, als Salumäe noch um Zentimeter an ihr vorbeikam. Becker kritisierte die Entscheidung des Kampfgerichts so lauthals, dass ich ihm einmal mehr riet, sich zurückzuhalten, um Ärger zu vermeiden.

Man stelle sich das nur einen Augenblick vor: Der Korrespondent des *ND* ermahnt den Vertreter des *Spiegel,* sich an die »Standesregeln« eines Journalisten zu halten – und der akzeptiert das zwar, wirft dem *ND*-Redakteur dann aber allen Ernstes vor, ihm fehle es an der nötigen Begeisterung, DDR-Siege zu feiern. Im dritten Lauf verschleppte Christa die Entscheidung bis zum Eingang der Zielgeraden und verlor dann wiederum so knapp, dass es mit bloßem Auge nicht wahrnehmbar war. Jurek Becker war untröstlich und hatte plötzlich stinkschlechte Laune. Die war am nächsten Tag spurlos verschwunden, und wie so oft erwartete er mich an der Bushaltestelle und war gespannt, was ich diesmal als Fahrtziel empfehlen würde.

Natürlich diskutierten wir zwischendurch auch über dies und das, und nach den Spielen verfolgte ich seinen Weg mit besonderer Aufmerksamkeit. 1997 starb Becker. Kurz zuvor hatte er in einem *Spiegel*-Interview auf eine Frage nach der untergegangenen DDR gesagt: »Die Vergangenheit ist Vergangenheit, und niemand wird daran etwas ändern. Natürlich hätte sie anders verlaufen können, natürlich hätte ich es mir anders gewünscht. Ich hätte mir gewünscht, dass die DDR mehr Erfolg gehabt hätte.«

Als ich das gelesen hatte, konnte ich mir unsere gemeinsamen Olympiatage eher erklären.

Schließlich gab es in Seoul noch ein Ereignis, das das Zweimillionenauflagenblatt *Chansun Ilbo* seinen Lesern als Sensation beschrieb: Die Begegnung zweier »Veteranen«. Am 1. Dezember 1956 hatte Wolfgang Behrendt im West-Melbourne-Stadium die Goldmedaille im Bantamgewichtsboxen erkämpft. Es war das erste olympische Gold für die DDR gewesen, errungen nach einem erbitterten Fight gegen den Südkoreaner Song. Jenen Song – 1988 Boxlehrer an einer Sporthochschule in Seoul – hatte *Chansun Ilbo*, von Fotografen und Reportern eskortiert, ins Pressedorf geholt, wo die bunte Schar einen halben Nachmittag auf Behrendt wartete.

Der, auch bei diesen Spielen als *ND*-Fotograf dabei, war wie jeden Tag mit der Kamera unterwegs gewesen, brachte die schwere Fototasche in sein Quartier und hastete dann zu dem Treffen im olympischen Dorf. Blitzlichtgewitter, als sich die beiden, 32 Jahre nachdem sie in Melbourne den Ring verlassen hatten, wieder gegenüberstanden. Sie setzten sich an einen Tisch und begannen, ihre Erinnerungen an diesen Tag auszutauschen. Song offenherzig: »Ich bin heute noch überzeugt, dass ich gewonnen hatte.« Der Schmerz der Niederlage musste sehr tief sitzen, denn er klang immer noch frisch. Behrendt versuchte es mit ein paar versöhnlich klingenden Worten: »Schlagschnell warst du, keine Frage, aber vielleicht nicht schnell genug auf den Beinen, um mich zu treffen.«

Song bedachte es kurz und nickte: »Das war wohl so.«

»Kinder?«

Der Südkoreaner verwies auf zwei Töchter und zwei Söhne, war schon Großvater. Behrendt hat zwei Söhne und war auch schon »Opa«. Ob Mario Behrendt, der 1980 in Moskau geboxt hatte, einer dieser Söhne ist?

Wolfgang nickte.

Am nächsten Tag erfuhren zwei Millionen Südkoreaner von der »Senioren«-Begegnung.

Und nicht unterschlagen werden darf: In der Schwimmhalle im Olympic Park regierte Kristin Otto. Sie sorgte dort für einen neuen Superlativ in der olympischen Schwimmgeschichte: Sechs Starts – sechs Siege. Dass man sie Jahre später des Dopings bezichtigte, hat sie äußerlich nie aus der Ruhe gebracht. Als 2002 ein Treffen der früheren DHfK-Athleten stattfand, sollte die inzwischen zu einer renommierten Fernsehreporterin Aufgestiegene die Party moderieren, aber wieder meldeten sich die Dopinankläger. Sie verzichtete auf die Moderation, und viele fürchteten, sie würde gar nicht kommen. Aber als die Lichter aufflammten, war sie dabei, ungerührt und noch immer stolz auf ihre Siegesserie.

Am Rande will ich erwähnen, dass ich auch mit ihr mal verreiste und sie zur Auszeichnung als Europa-Sportlerin des Jahres begleitete. Das war eine ungestörte Reise nach Stuttgart, wo ihr in der Schleyer-Halle die Trophäe überreicht wurde. Das Publikum jubelte stehend, und da DDR-Sportler noch immer keine Prämien entgegennehmen durften, der Preis aber von den Stuttgartern zusätzlich »dotiert« worden war, grübelte ich eine Weile, wie ich das Problem, alle Vorschriften beachtend, aber zu ihren Gunsten lösen könnte – und fand einen Weg.

1990
Debüt als Reiseführer

Meinen »Abschied« vom *ND* hatte ich schon geschildert und auch erwähnt, dass ich eines Tages einen Verlag gegründet habe. Dazwischen lagen einige Übergangstätigkeiten, die am Rande erwähnt werden sollen, weil sie daran erinnern, dass die angeblich so fröhliche »Wiedervereinigung« vielen bittere Stunden bescherte. So traf ich eines Morgens einen Athleten, der 1976 bei den Olympischen Spielen in Montreal in der Sprintstaffel die Silbermedaille erkämpft hatte und nun unweit des geöffneten Grenzübergangs in Kleinmachnow hoffte, seine Familie mit einem Bratwurst-Stand ernähren zu können.

Dem konnte ich mit einigen Ratschlägen für die Eröffnung eines Fitness-Studios behilflich sein, was seine Lage stabilisierte. Ein anderer Bekannter war in einem MfS-Büro für Tourismus zuständig gewesen und nach wüsten Verdächtigungen dem Suizid nahe. Den überredete ich, ein Reisebüro zu gründen. Das war zugleich der Beginn meiner Karriere als Reiseführer. Nach einer Rundfahrt mit einem professionellen Pariser Stadterklärer und dem gewissenhaften Studium eines Reiseführers übernahm ich es, auf die aufwändige amtliche Prüfung verzichtend, Touristen Paris zu erklären.

Ich hatte in meine Touren auch einen Besuch des Friedhofs Le Père Lachaise aufgenommen, auf dem die letzten Kämpfer der Pariser Kommune 1871 erschossen worden waren. Damals hatte zum ersten Mal in der Geschichte eine Arbeiterregierung versucht, eine Stadt nach sozialistischen Vorstellungen zu regieren, und auch Fabriken verstaatlicht. Mit Hilfe der vor Paris stehenden preußischen Truppen wurde die Kommune niedergeschlagen und 30.000 Bürger, die sich für die neue Ordnung engagiert hatten, exekutiert. Nach dem Untergang der DDR schien es sinnvoll, den ersten, die gewagt hatten, eine Gesellschaft ohne Ausbeutung zu schaffen, unsere Achtung zu bekunden. Der berühmte Friedhof, auf dem auch Honoré de Balzac, Frédéric Chopin, Edith Piaf und viele andere ihre letzte Ruhe gefunden hatten, stand nur auf wenigen anderen Stadtrundfahrttouren.

Am Morgen einer unserer Rundfahrten streikten in Paris die U-Bahner, Taxis waren nicht zu finden, und so war ich nicht überrascht, als mich der Chef des Vorort-Hotels, in dem wir Quartier genommen hatten, bat, einen durch das Verkehrschaos in Zeitnot geratenem deutschen Politiker mit in die Stadt zu nehmen. Ich willigte ein, nicht ahnend, dass es sich um einen in die Ex-DDR abkommandierten Wessi-Oberbürgermeister der CDU handelte. Als ich es erfuhr, eröffnete ich ihm freundlich, dass unsere sozialistischen Idealen treu gebliebene Reisegesellschaft vor der Fahrt in die Innenstadt die Opfer der Pariser Kommune zu ehren gedenkt. Ich war überrascht, wie gefasst er es aufnahm, wohingegen seine langbeinige, aber engdenkende, mit ihm aus dem Westen eingeflogene Referentin energisch gegen diesen Besuch und noch heftiger gegen die Fahrt mit uns protestierte. Der erboste Hotelier machte kein Hehl daraus, dass er sich um andere Fahrtmöglichkeiten in die Innenstadt nicht bemühen würde, und so stieg der Oberbürgermeister ein, die ihre Aversion nicht verhehlende Begleiterin stöckelte hinterher. Vor unserem Weg zur Mauer der Kommunarden trennte sich das Duo von uns. Der Oberbürgermeister dankte für meine informationsreiche Führung bis dahin. Die Dame war schon auf der anderen Straßenseite.

Später arrangierte ich für das Reisebüro eines Freundes alljährlich die Fahrt »mit Täve zur Tour«. Der Ausflug findet heute noch regelmäßig statt.

Ein »Altbesitzer« an der Tür

Noch ehe das erste Nachwende-Weihnachten zu feiern war, stand eines Tages ein etwas schmieriger Typ vor der Tür unseres Kleinmachnower Miethauses und eröffnete uns, dass er der »Altbesitzer« wäre. Dieses Wort war in den beigetretenen Gebieten längst zu einem Schrecken verbreitenden Begriff geworden. Vor allem in Kleinmachnow, wo nicht weniger als 5.000 Anträge auf

»Rückübertragung« für 5.800 Grundstücke gestellt worden waren.

Unser »Altbesitzer« lebte seit langem in München. Er hatte noch im Kinderwagen gelegen, als seine Eltern 1948 ins nahe Zehlendorf gewechselt waren, und zwar an dem Tag, als dort die Westmark eingeführt wurde. Da sich die DDR viel strikter an Gesetze hielt, als man dem »Unrechtsstaat« heute nachsagt, wurde der Eigentümer, obwohl er seinen Besitz aufgegeben hatte, nie enteignet. Das einst und heute in der BRD geltende Bürgerliche Gesetzbuch bestimmte im § 928 Abs. 2: »Das Recht zu Aneignung des aufgegebenen Grundstücks steht dem Fiskus des Bundesstaats zu, in dessen Gebiet das Grundstück liegt.«

Nicht einmal unsere Miete in Höhe von 109,00 Mark kassierte die DDR, sondern überwies sie auf ein für den Altbesitzer eingerichtetes Konto. Soviel zum Thema hemmungsloser »Enteignungen«. Der Gast aus München versicherte treuherzig, keinerlei Ansprüche stellen zu wollen, sondern allein die Summe, die sich auf seinem Mietenkonto in vierzig Jahren angehäuft hatte, für den Geldumtausch anzumelden. So wurden jenem als Säugling ausgezogenen »Altbesitzer« 32.700 Mark umgetauscht! Bald darauf ging der Brief eines Rechtsanwalts ein, der uns unmissverständlich aufforderte, das Haus umgehend zu räumen.

An den brutalen »Häuserkampf« jener Jahre erinnert kein Film, kein Buch, keine »Aufarbeitungs«-Dokumentation. Bliebe dennoch festzuhalten: So marschierte der »Rechtsstaat« auch in das südlich von Berlin gelegene Kleinmachnow ein. Im nordwärts liegenden Zepernick ereignete sich eine Tragödie, die nicht zu verschweigen war. Dort hatte der Bürgerrechtler Detlef Dalk am 3. März 1992 den Freitod gewählt und einen Brief an den Bundeskanzler hinterlassen, in dem er schwere Vorwürfe gegen die Folgen der Hauruck-Vereinigung erhob. Seinen »öffentlichen Tod« wollte er als Zeichen gegen »die Anpassungsvorgänge an die Strukturen der alten Bundesrepublik« verstanden wissen.

Das aufgescheuchte Bonn bemühte sich um »Klarstellungen«. In der *Welt* teilte Enno von Loewenstern mit: »Kanzleramtsminister Bohl hat davor ›gewarnt‹, den Selbstmord des Bernauer Bündnis-90-Politikers Detlef Dalk für ›politische Auseinandersetzungen zu instrumentalisieren‹. Aber genau das wollte Dalk, wie er in einem Abschiedsbrief erklärte: Er wolle

›ein Zeichen setzen‹, ›wachrütteln‹. Das hat er erreicht. Viele aufgeregte Kommentatoren glaubten aus Dalks Selbstmord die Botschaft herauslesen zu müssen, dass er stellvertretend für Unzählige spreche, die in der Angst lebten, demnächst auf die Straße gejagt zu werden. Aber das ist falsch. Eine Gefahr, dass Menschen auf die Straße gejagt werden und kein Dach über dem Kopf haben, existiert weder in den neuen noch in den alten Bundesländern.«

Auch der *Stern* (15.4.1992) hatte Kleinmachnow mehrere Seiten gewidmet und auf einer Luftaufnahme alle von Westbesitzern beanspruchten Häuser mit einem schwarzem Kreuz markiert. Von 55 Dächern waren 39 »gezeichnet«. Ein Jürgen Kurth schilderte in dem Magazin die Situation in Kleinmachnow mit folgenden Sätzen: »Die Geste des Sechsjährigen ist eindeutig. Mit bösem Blick streckt der Knirps den Mittelfinger hoch. Fahrer von Autos mit West-Kennzeichen sind derzeit in Kleinmachnow im Süden Berlins sogar bei Kindern nicht gern gesehen. Seit Konvois von Edelkarossen im Schritt-Tempo durch die Straßen mit den idyllischen Namen wie Wiesenrain, Hasenkamp oder Kleine Eichen kurven, seit Scharen von Fremden mit Aktenköfferchen oder gar mit der Videokamera im Anschlag die Vorgärten stürmen, wächst in den grauverputzten Häuschen die Angst um die eigenen vier Wände. Auf mehr als 80 Prozent aller Anwesen und Grundstücke in der von lauschigen Birken und Kiefern durchzogenen Siedlung haben Antragsteller aus dem Westen bereits ihre Ansprüche angemeldet. Was für die sogenannten ›Alteigentümer‹ jahrelang hinter dem Grenzstreifen unerreichbar und zudem mit gerade mal fünf Mark pro Quadratmeter so gut wie wertlos war, ist nach der Vereinigung zum Objekt der Begierde geworden. Schon sind Quadratmeterpreise zwischen 600 und 1.000 Mark üblich.

›Das ist so, als wenn jemand in einer alten Zigarrenkiste die Blaue Mauritius findet‹, kommentiert Bürgermeister Klaus Nitzsche den Interessentenansturm auf seine Gemeinde.«

Ich ließ meinen »Altbesitzer« wissen, dass ich in Kleinmachnow 1993 noch meinen 65. Geburtstag zu feiern gedenke und dass ich auch wüsste, wie ich alle Versuche, mich vorher zu vertreiben, vereiteln würde. Er verschwand. Am Tag nach dem Geburtstag zog ich mit den letzten Stühlen – schließlich hatten die Gäste der Party bequem sitzen sollen – davon. Seitdem gehöre ich zu den »Vertriebenen«!

Einer der Kleinmachnower, der vor der Vertreibung bewahrt blieb, war der Grafiker Harald Kretzschmar, den ich schon aus DDR-Zeiten kannte, als er auch schon Karikaturen für »Neues Deutschland« lieferte. Wir saßen in jenen Monaten, da die »Altbesitzer« einmarschierten, oft zusammen und erörterten die Lage. Jahre später traute ich meinen Augen nicht, als ich im Angebot neuer Bücher seinen Titel fand: »Paradies der Begegnungen – Der Künstlerort Kleinmachnow« (Verlag Faber & Faber). Im Vorwort schrieb er allen Ernstes: »Randort neben der Metropole. Tief im Schatten weltpolitischer Veränderungen. Das erträumte und nie erreichte Paradies. Am schönsten ist das Begegnen. Eigenwillige Charaktere und Talente treffen einander.«

Wie wahr! Ich erinnerte mich des Hilferufs eines Rentnerehepaars, dem der Altbesitzer nur noch den Zutritt zum Haus aber nicht mehr zu dem das Haus umgebenden Garten gestattet hatte. Und ich gestehe: Ich ging hin, als der Altbesitzer kam, um zu kontrollieren, ob sich das Paar – beide nahe der achtzig! – an seinen Befehl hielt. Ging hin und malte ihm aus, wie steil die Kellertreppe war, die er besser nicht hinabstürzen sollte. Er schrie »Stasi«, ich erinnerte ihn an das Grundgesetz und die Würde des Menschen und zeigte ihm die Treppe. Er verschwand und ließ sich nicht mehr sehen.

Was lag also näher, als ein Buch zu schreiben: »Paradies der Begegnungen?«

Harald Kretzschmar tat es und half so, Geschichte »aufzuarbeiten«!

Des Ministerpräsidenten Rat und des Pfarrers Tat

Kurz vor dem Besuch des Altbesitzers, nämlich am ersten Weihnachtsfeiertag 1990, war überraschend hoher Besuch bei uns erschienen: DDR-Ministerpräsident Hans Modrow hatte seinen Weihnachtsspaziergang zu seiner Schwester unterbrochen, um uns ein frohes Fest zu wünschen. Bei Kaffee und Stollen erörterten wir die Lage. Er prophezeite eine beispiellose Medienkampagne gegen die DDR und meinte, irgendwer sollte einen – zur Not auch nur kleinen – Verlag gründen, der vielleicht helfen könnte, gegen die DDR-Lügen-Schlammflut anzurudern.

Also sann ich unterm Weihnachtsbaum, wie man wohl aus dem Nichts einen Verlag gründen und vor allem betreiben könnte. Auf die von den Besatzern oft großzügig verteilten »Fördermittel« konnte ich nicht hoffen, mit hochherzigen Sponsoren war nicht zu rechnen und Kredite kamen für mich nicht in Frage. Über persönliches Startkapital verfügte ich auch nicht, also lagen die Chancen in der Nähe von Null.

Bald darauf sorgte eine Nachricht dafür, dass das Thema eines Verlages brandaktuell wurde: Überall in den neuen Bundesländern wurden die Bibliotheken veranlasst, die Bücher der DDR-Autoren zu »entsorgen«. Sie wurden aus den Regalen geräumt und dann auf Müllhalden gekarrt, an manchen Orten schüttete man danach sogar Erdreich auf die Stapel.

Die Parallele zur faschistischen Bücherverbrennung am 10. Mai 1933 auf dem Berliner Opernplatz war unübersehbar. Vor allem die Zahl der aus rein politischen Gründen »aussortierten« Bücher übertraf noch die der von den Nazis verbrannten um ein Vielfaches. Später bemühte man sich emsig, diese Aktion zu verschleiern oder wenigstens kleinzureden. Aber der Vergleich zu 1933 war nicht aus der Welt zu leugnen.

1998 honorierte man Karin Großmann mit dem Theodor-Wolff-Preis für einen Beitrag in der *Sächsischen Zeitung* am 23. Mai 1998, den sie diesem Ereignis gewidmet hatte: »Manche tragen Stempel. ›Ausgeschieden‹, vielleicht war dieser Aufdruck das letzte, was die Bibliotekarin tun konnte in der Gewerkschaftsbibliothek im Stahl- und Walzwerk Gröditz. Werksbibliothek ohne Werk. Friedrich Gerstäckers Roman ›Die Blauen und die Gelben‹ kommt aus der Stadt- und Kreisbibliothek Riesa. ›Jette in Dresden‹ von Helga Schütz aus der Stadtbücherei Zwickau. Die Militärische Fachbibliothek der NVA in Prora hatte Isabel Allendes Bestseller ›Eva Luna‹ übrig. Wohl nicht nur das. Etliche Titel tragen den Stempel der PH Dresden. Jüngst hat sich der MDR getrennt vom Erbe aus DDR-Radiozeit.«

Ein Nobody aus Kirchenkreisen stoppte diese kulturelle Auslöschaktion und erwarb sich über Nacht deutschlandweites

Ansehen: Pfarrer Martin Weskott aus Katlenburg. Über ihn schrieb die *Zeit* vom 3. April 1992: »Ein Photo in der *Süddeutschen Zeitung* vom Mai vergangenen Jahres scheuchte Pfarrer Weskott auf. Es zeigte Packen mit eingeschweißten Büchern, die unter freiem Himmel verrotteten. Mit zwei Gemeindemitgliedern fuhr er nach Plottendorf, vierzig Kilometer südlich von Leipzig. ›Durch ein Loch im Zaun drangen wir auf den Lagerplatz. Entsetzt starrten wir auf die vom Schimmel angefressenen Bücher. Am Zaun fanden wir einen Band Heinrich Mann, und ich dachte, jetzt wird sein Werk zum zweiten Mal vernichtet.‹ Die Lagerung unter freiem Himmel war nur eine Form der Zerstörung; im Herbst 1991 berichtete der stellvertretende VS-Vorsitzende Dieter Mucke von fünfzigtausend Tonnen teilweise funkelnagelneuer Bücher – Klassiker, Kinderbücher, Fachliteratur, Werke zeitgenössischer Autoren –, die auf der Müllhalde Hainichen bei Espenhain entdeckt worden waren. Sie vergammelten unter einer meterdicken Erdschicht.«

Der Sprecher des Börsenvereins des deutschen Buchhandels, Eugen Emmerling, erfand eine Erklärung für das Geschehen, das er eine »Kulturschande« nannte: Die Gründe lägen in der abrupten Umstellung von Plan- auf Marktwirtschaft!

Pfarrer Weskott scherte sich nicht um solche »Erklärungen«, sondern fuhr die Bücher in die Scheune seiner Pfarrei, stapelte sie dort, und als sich seine Kulturtat herumsprach, kamen schon bald die ersten Interessenten in die Scheune.

Die *Saarbrücker Zeitung* würdigte am 20. Mai 2005 Weskott, dem man inzwischen eher unauffällig ein Bundesverdienstkreuz angeheftet hatte, mit den Worten: »Bis zu 700.000 Bände hat der ›Bücherpfarrer‹ hier schon gelagert. ›Jedes Buch hat seine Geschichte‹, sagt Martin Weskott. Viele dieser Geschichten weiß er den Besuchern zu erzählen, die sonntags nach dem Gottesdienst oder zu vereinbarten Terminen zum Stöbern und Staunen nach Katlenburg kommen. Rund 400.000 Bücher hat Martin Weskott im Laufe der Jahre weitergegeben. Büchereien, Jugendeinrichtungen, Schulen und Universitäten im In- und Ausland waren und sind dankbare Abnehmer.

›Auch Privatleute kommen von überall her, selbst aus den USA, aus Holland und Belgien‹, erzählt Weskott, der auch Saarländer zu seinen Stammkunden zählt. Der Erlös seines Bücherverkaufs kommt der Hilfsorganisation ›Brot für die Welt‹ zu Gute. 120.000 Euro kamen bisher nach Auskunft Weskotts für den guten Zweck zusammen. Martin Weskott, selbst seit jeher an Literatur interessiert, geht es jedoch nicht nur darum, mit Hilfe ausrangierter Bücher Spenden zu sammeln. Bücher, so ist am schwarzen Brett am Eingangstor der Scheune zu lesen, solle man ›weitergeben statt wegwerfen‹.

Dass diese Form des Bewahrens keinesfalls etwas mit rührseligem Festhalten an Veraltetem zu tun hat, sondern vielmehr die Chance bietet, aus dem Wissensfundus früherer Generationen Erkenntnisse für die Gegenwart zu ziehen, bewies vor wenigen Jahren der Physiker Hans Lauche. Er entwickelte für die Raumsonde Cassini einen Spektral-Photometer, der zu Messungen in der Saturnatmosphäre bestimmt war. Allein, es fehlte der passende Werkstoff. Monatelang wälzte Lauche die aktuelle Fachliteratur – ohne Erfolg. ›Schließlich kam er hierher und fand verschiedene, zu DDR-Zeiten verfasste Fachbücher‹, erinnert sich Martin Weskott. Einige der Bücher waren Jahrzehnte alt. Doch sie lieferten dem Wissenschaftler die gesuchten Hinweise: Die Fertigstellung des Photometers, so bestätigte Lauch 1996 gegenüber Journalisten, sei durch den Katlenburger Bücherfund entscheidend beschleunigt worden. Die Nachricht ging um die Welt, selbst die Londoner *Times* berichtete.

Neben Fachliteratur aus Bereichen wie Landwirtschaft Medizin, Theologie und Geschichte findet sich in der Weskottschen Bücherscheune auch ein großer Bestand an Belletristik, darunter die repräsentativste Auswahl an Werken von DDR-Schriftstellern, so Weskott. Selbst an germanistischen Instituten, so vermutet er, sei eine solche Vielfalt wohl nicht anzutreffen. Und so machte der Bücherpfarrer Katlenburg nicht nur zum Mekka der Stöberer, sondern auch zum Treffpunkt für literarisch Interessierte. 1992 startete Weskott die Veranstaltungsreihe ›Müll-Literaten lesen‹ und lud Autorinnen und Autoren ein, deren Bücher er nach der Wende von den Müllhalden gerettet hatte. ›Bis 2003 kamen zu diesen Lesungen 150 Schriftsteller‹, erzählt der Pfarrer.«

Zu einer war auch ich als Begleiter von Erik Neutsch eingeladen, und so lernte ich Weskott kennen.

In der Kurzgeschichte »Stockheim kommt« hatte Neutsch jenen Augenblick zusammengerafft, an dem ein Gutsbesitzer in »sein« Bördedorf »heimkehrt«. Der alte Dorfschmied, der sich noch gut des Tages entsinnt, da man die Neubauernfelder vermessen hatte, war von seinem Enkel alarmiert worden und stürmte zur Gutshaus-Allee, wo sich beide begegneten.

An jenem Abend, als der »Müll-Literat« Neutsch seinen neuesten Text gelesen hatte, war Katlenburgs gesellschaftliche Oberschicht vollzählig versammelt, obwohl früher nie ein Neutsch-Buch zwischen Flensburg und Bodensee verlegt worden war. In den Gesichtern las man Staunen, dass im »Osten« so kluge Sätze formuliert worden waren, aber hinterher kam die Schablonen-Frage, wie er denn die vierzig furchtbaren Jahre hatte überstehen können? Wir plauderten anschließend mit dem Pfarrer und seiner Frau, die ebenfalls in Diensten der Kirche steht, bis in die Nacht und begriffen in diesen Stunden, dass ihn nicht Sympathie für die DDR zu seiner Rettungsaktion bewogen hatte, sondern die Achtung vor dem gedruckten Wort und Verachtung für alle, die auf so inhumane Weise ihr »Mütchen« an der DDR hatten kühlen wollen. Ich lernte in dieser Nacht auch, dass man die Verurteilung solchen Tuns schon im 2. Buch Moses findet.

Mit Manfred Matuschewski, der 1962 bei der Leichtathletik-EM über 800 m die erste Goldmedaille der DDR holte

Bevor wir am nächsten Morgen wieder in die Harzbahn stiegen, stöberten wir mehr als drei Stunden durch der Welt größte Bücherscheune. Ich fand ein Buch, nach dem ich in vielen DDR-Jahren gesucht hatte. Und um mit dieser Feststellung nicht die Legende über verbotene Bücher zu nähren, versichere ich noch, dass es sich um ein im Leseland über die Maßen gefragtes Buch gehandelt hatte. Bekennen will ich auch, dass ich noch zwei Bücher fand und einpackte, die ich einst selbst geschrieben hatte.

In einem hatte ich die geheimen blutigen Feldzüge der CIA beschrieben, das andere war eine Biographie des Begründers der modernen Olympischen Spiele, Baron Pierre de Coubertin.

Eine Ministerin greift ein

Während der Olympischen Winterspiele 1988 in Calgary war zwischen der Regierung Kanadas und der DDR-Sportorganisation DTSB eine Vereinbarung unterschrieben worden, künftig jedes Jahr einen Doug-Gilbert-Preis abwechselnd an einen Sportjournalisten aus Kanada und der DDR zu verleihen. 1989, also im Jahr nach der Stiftung, erhielt ihn der Kanadier Ken Miller. Er wurde mit der Trophäe geehrt und – dies war der eigentliche Preis – trat anschließend eine Reise durch die DDR an, wo er alle von ihm genannten Athleten, Trainer, Ärzte oder Funktionäre interviewen konnte.

1990 nominierte die kanadische Regierung mich. Eine über Nacht zur DDR-Ministerin für Sport in der de-Maiziere-Regierung ernannte Cordula Schubert befand, dass ich »nicht würdig« sei, den Preis zu erhalten, und beauftragte den Botschafter der DDR in Kanada, dies der Regierung mitzuteilen. Das war »Rechtsstaat« pur: Kanada verleiht einem DDR-Bürger einen Orden, und eine nach »freien Wahlen« eingesetzte DDR-Ministerin untersagt aus politischen Gründen dessen Verleihung!

Ich hatte den Preis und vor allem diese Cordula längst vergessen, als mich ein Brief des Executive Directors der kanadischen Regierung – Abteilung für Fitness und Amateursport –, John Scott, erreichte. Geschrieben worden war er am 21. Januar 1991 und lautete: »Lieber Herr Huhn: Mit der Vereinigung der beiden Deutschlands erloschen die offiziellen Vereinbarungen zwischen der früheren DDR und anderen Ländern. Zu den Vertragspunkten der Vereinbarungen zwischen dem DTSB und Canada gehörte auch die Verleihung eines jährlichen Preises für herausragende journalistische Leistungen, die die Verständigung zwischen unseren beiden Ländern förderten, bekannt als der Doug-Gilbert-Preis. Sie waren als erster ostdeutscher Gewinner ausgewählt worden. Unglücklicherweise konnten wir diese Nominierung weder offiziell verkünden noch Sie hier in Kanada als Gast begrüßen. Aber wir legen nach wie vor Wert darauf, Ihnen die Medaille zukommen zu lassen, die speziell für den Gewinner gefertigt wurde. Wir hoffen, dass das auch eine Erinnerung an jene ist, die Sie als persönlichen Freund betrachten und die Ihre Wahl als erster ostdeutscher Gewinner enthusiastisch unterstützt haben. Alles Gute für Ihre Zukunft und viel Glück in Ihrer Arbeit, Ihr John Scott.«

Tags darauf brachte der Päckchenbote eine Schatulle, in der sich der Preis befand, der mich seitdem in meinem Bücherregal über dem Computer an meinen guten alten, leider viel zu früh durch ein rätselhaftes Autounglück zu Tode gekommenen Freund Doug Gilbert erinnert. Die Ministerin regierte nur 199 Tage, doch sorgte die CDU dafür, dass sie danach nicht zum Arbeitsamt gehen musste, sondern ihr Geld von der Adenauer-Stiftung bekam und danach Referentin für Bundes- und Europaangelegenheit der sächsischen Staatsregierung wurde. Einmal packte ich den Minipokal noch in meinen Aktenkoffer. Eine kanadische Skandaljournalistin wollte aus Berlin für ihr Blatt berichten, wie man mir den Preis aberkannt hatte.

Als ich schmunzelnd die Trophäe herausholte und ihr eine Kopie des freundlichen Briefes von John Scott schenkte, trollte sie sich grußlos.

1991
Von Spotlight zu *spotless*

Es wird Zeit, zu den Tagen zurückzukehren, an denen der Modrow-Vorschlag, einen Verlag zu gründen, langsam Gestalt anzunehmen begann.

Als erstes war ein Antrag ans Gewerbeamt zu schreiben und einzureichen. Dabei half mir die erste Mitarbeiterin, die ich für mein Vorhaben gewinnen konnte: meine Frau. Dass sie das Abenteuer ohne viel Fragen unterstützte, ließe sich mit den Erfahrungen erklären, die wir beide in unserer Ehe gesammelt hatten. Eines Tages hatte bei der Friedensfahrt ein Pressechef gefehlt, weil der vorgesehene Kandidat unbillige finanzielle Forderungen gestellt hatte. Ich bat sie um Hilfe. Pressechef? Die gelernte Verkäuferin und spätere Stromableserin hatte zwar keine Vorstellung, was da von ihr verlangt werden würde, erklärte sich aber bereit, uns aus der Patsche zu helfen. Sie stieß auf eine wilde Schar nach Resultaten und Auskünften schreiender Reporter und bekam die nicht nur im Handumdrehen in den Griff, sondern bewirkte, dass die Reporter in allen folgenden Jahren im Mai nicht als erstes nach der Startliste, sondern nach ihr fragten und ihr Geschenke aus aller Welt mitbrachten. Später fehlte jemand in der *ND*-Bildredaktion. Bilder? Die hatte sie bis dahin nur mehr oder minder interessiert angesehen, nun sollte sie sie bewerten, sortieren und vor allem mit einem Griff wiederfinden. Sie tat es 15 Jahre lang.

Und nun wollte ich also einen Verlag gründen, um gegen die Lügen über die DDR ins Feld zu ziehen. Sie war sofort dabei.

Unser Unternehmen brauchte einen zugkräftigen Namen. Vom Anliegen her wäre *Prawda* (Wahrheit) durchaus treffend gewesen, aber ein russischer Name erschien mir in dieser Situation nicht sehr passrecht und auch nicht sonderlich werbewirksam. Ich folgte dem Trend der neuen Zeit, wechselte vom Russischen ins englische und entschied mich für »Spotlight«, was sich auch mit »Rampenlicht« übersetzen lässt. Das traf's, denn im Rampenlicht wollten wir unsere Bücher sehen. Die Ex-Basketballspielerin Irene Salomon – zuweilen geachtete Vizebürgermeisterin in einem Berliner Stadtbezirk und Berliner DTSB-Vizevorsitzende –, die in den Verlags-Gründerjahren mit von der Partie war, ließ den Namen beim zuständigen Amtsgericht eintragen, wo man angeblich auch kontrollierte, ob er noch »frei« sei. Er sei, wurde versichert; aber schon bald nach Erscheinen des ersten Buches traf ein Brief aus München ein, in dem mit Prozessen gedroht wurde, sollten wir den Namen – den trug nämlich schon ein dort ansässiger Verlag – auch nur noch eine Stunde weiter »missbrauchen«.

Kein sonderlich gelungener Start in die Marktwirtschaft! Was tun? Die Frage war umso drängender da das erste »Spotlight«-Buch ein Renner geworden war. Ich nahm mir ein gutes englisch-deutsch Wörterbuch aus dem Regal, blätterte bis »spotlight« und fuhr mit dem Finger nach oben, um das nächste halbwegs passende Wort zu finden, möglichst so nahe, dass der Wechsel nur den ganz Peniblen auffallen konnte. Über »spotlight« stand »spotless«, was sich mit »flecken-« oder »makellos« übersetzen ließ. Damit schien mir das Problem so unauffällig wie möglich gelöst. Tatsächlich fiel der Wechsel kaum auf, und die wenigen neugierigen Pedanten wurden freundlich aufgeklärt.

Geschichte einer Legende

Die schon beschriebene Liquidierung der DDR-Bücher aus den Bibliotheken illustriert überzeugend die Atmosphäre der Rückwendetage. Die DDR sollte mit Gewalt »abgeschafft« werden! Und das galt nicht nur für Bücher, sondern auch für die Autoren dieser Bücher. Die Verlage, die bis dahin ihre Bücher herausgebracht hatten, verschwanden oder wurden von Westverlagen aufgekauft. Die interessierten sich für die Autoren aus dem Osten nicht.

So waren wir zunächst allein auf weitem Feld und erlebten oft genug, dass auch Buchhändler politische Antipathie gegenüber *spotless* bekundeten und es ablehnten, unsere Bücher in ihre Regale zu stellen.

Aber: Schon das erste Buch war – aus unserer Sicht – ein Bestseller. Der Titel: »Glanz und Elend des Prof. Dathe«. Das Schicksal des Tierparkdirektors bewegte viele Gemüter, da es die unmenschliche »Abwicklung« einer legendären Persönlichkeit in allen Details beschrieb. Dathe war faktisch das erste Opfer der »Einheit«! Die Manager der »Wende« hatten ihn zum DDR-»Höfling« verurteilt und wollten ihn, wie viele andere berühmte Wissenschaftler und Künstler, mit albernen Vorwürfen diskriminieren. Besonders beliebt waren (daran hat sich bis heute nichts geändert) aus dem Nichts auftauchende »Stasi«-Akten. Bei Dathe polierte man – kaum zu fassen für eine Gesellschaft, die Naziverbrecher in Ministerämter berufen hatte – sogar den Vorwurf auf, er sei Mitglied der NSDAP gewesen.

Die Empörung darüber, wie man den Mann, der eben seinen 80. Geburtstag gefeiert hatte, kujonierte, war groß, aber kaum jemand wagte, dagegen zu opponieren und in den Medien etwa energisch seine Partei zu ergreifen. Es war die Zeit der gnadenlosen Treibjagden, deren Folgen inzwischen in den Gruben der Vergessenheit versenkt wurden.

So stand *spotless* mit seinem Dathe-Taschenbuch allein auf weiter Flur. Es zitierte auch aus einem der letzten *ND*-Interviews des Tierparkdirektors: »Ich glaube, dass im Hintergrund Kräfte am Werke sind, die alles beseitigen wollen, was gut an der DDR war. Kahlschlag.« Und es ließ auf dem Klappentext den hannoverschen Zoodirektor Prof. Dr. Lothar Dittrich anklagen: »Noch zum 80. Geburtstag im November 1990 im Vollbesitz seiner Kräfte, brachte ihn eine menschenverachtende Behandlung ins Grab […] gelang es einer skupellosen Verwaltung den alten Mann durch kaltschnäuzige Schreiben […] durch Gerüchte so unter psychischen Druck zu setzen, dass seine Physis versagte.«

Geschrieben hatte ich das Taschenbuch selbst und darin ein erst einige Zeit zuvor veröffentlichtes ND-Interview von Gisela Karau ausgiebig zitiert, was mir, weil von ihr als »Raubdruck« empfunden, den Groll der Autorin eintrug. Der konnte sehr bald mit einem sachlichen Gespräch aus der Welt geschafft werden, und fortan gehörte die Karau zu unseren Autoren.

Mit einer Druckerei in Strausberg hatte ich, statt einen Kredit aufzunehmen, Ratenzahlungen ausgehandelt, was mir den Spott einiger schnell reich gewordener »Gründer« eintrug, aber dank des Verkaufserfolgs zum Ziel führte. Die fälligen Zahlungen konnten pünktlich beglichen und Nachauflagen in Auftrag gegeben werden. Immerhin setzten wir damals 5.000 Exemplare um, und das wohlgemerkt in einer Zeit, da busenbunte Blätter die DDR überschwemmten und Titel in die Schaufenster gestapelt wurden, die nie zuvor in den Buchläden zu sehen gewesen waren.

Zu Beginn wurde der Verlag in einer Kleinmachnower Dachkammer betrieben, wo auch der Computer installiert war, auf dem die Texte entstanden. Wir kamen voran, obwohl alle Druckereien die Preise steigerten. An Gehälter war nicht zu denken. Am Anfang waren wir ein ehrenamtliches Sextett. Dazu gehörte die Lektorin, die früher im Dietz-Verlag meine Texte bearbeitet hatte. Die Mutter zweier Kinder suchte verständlicherweise nach honorierten Lektorats-Aufträgen, und so gerieten die unbezahlten *spotless*-Manuskripte bei ihr nicht selten in die zweite Reihe. Dieses Sextett schmolz, weil einige unserer Absicht, Wahrheit zu verbreiten, schon bald keine Chancen mehr einräumten und resignierten.

Da neu entstandene Vertriebsunternehmen horrende Anteile forderten, blieb uns nur der Weg, die Bücher auch noch selbst zu verkaufen. An jedem Wochenende zogen wir zu irgendeiner politischen Demonstration, installierten einen wackligen Stand, dekorierten ihn mit Werbung und erreichten immerhin, dass es auffiel, wenn wir nicht in einer vorderen Reihe standen. Ich habe diese »Standorte« nie aufgelistet, aber im Laufe der zwanzig Jahre waren es mit Sicherheit über 500, viele davon auf überfüllten Plätzen bei strahlendem Wetter, nicht wenige im strömenden Regen und mit nur wenigen Kunden, und manchmal mussten wir sogar den Schnee von den ausgelegten Büchern fegen. Und es kam auch vor, dass wir als »Kommunistenschweine« beschimpft wurden. Dennoch war *spotless* immer dabei.

Die Autoren der ersten Stunde

Auch das nächste Buch wurde gut verkauft: »Treuhand oder Ramschhand?« Es war das erste Buch, das sich mit den Untaten der Treuhand befasste, und als der Buchhändler in dem früheren Haus der DDR-Ministerien es nachbestellte, drohte man ihm mit Kündigung. Er ließ sich nicht einschüchtern und aus allen Etagen kamen weiter Interessenten, die sich das Taschenbuch allerdings meist in eine Tüte stecken ließen. Das von mir unter dem Pseudonym Knut Holm geschriebene Buch begann mit einem Zitat, das seitdem kaum mehr erwähnt worden ist: »Stunden nach dem tragischen Tod des Treuhandpräsidenten Dr. Detlev Karsten Rohwedder engagierte sich Bundesfinanzminister Theo Waigel – oberster Dienstherr der Treuhand – bei der Täterfahndung. Im *Bayernkurier* enthüllte er die von ihm aufgespürte Fährte: Die PDS habe sich ›hemmungslos und irrational‹ an einer Kampagne gegen die Treuhandanstalt beteiligt, und forderte: ›Dieser giftige rote Sumpf muss endgültig ausgetrocknet werden!‹«

Danach druckten wir den ersten Autor, der *spotless* ein Manuskript angeboten hatte: Exakter: die erste Autorin. Ellen Brombacher schrieb »Halt auf der Strecke«. Auf dem Rücktitel las man: »Eine Frau zieht Bilanz, mit vielfältigen literarischen Mitteln, wahren und fiktiven Briefen und Tagebuchskizzen. Der oft von Emotionen geprägte, einfühlsam geschriebene Bericht endet mit einem fast harten ›Nachtrag‹: ›Das sozialistische Experiment kann sich historisch nicht von dem Vorwurf freisprechen lassen, es nicht geschafft zu haben, die Welt zu verbessern. Nun, da es von der Weltbühne so gut wie verschwunden ist, sieht unsere Erde allerdings wohl schlimmer aus, als zu jedem anderen Zeitpunkt dieses scheidenden Jahrhunderts.«

Eines Tages begegnete mir der berühmte Gerichtsmediziner Prof. Dr. Dr. mult. Otto Prokop. Er war nie Mitglied unserer Partei gewesen, doch hatte man ihn in rüder Weise aus seinem Labor vertrieben, weil man ihm nicht verzieh, dass er aus seinem Heimatland Österreich via BRD in die DDR gewechselt war. Der »Geächtete« fragte mich, ob ich bereit sei, sein gemeinsam mit Prof. Tatsuo Nagai (Tokio) und Prof. Geza Dobrotka (Bratislava) geschriebenes Buch über »Blutmystizismus« herauszugeben? Ich tat es, und der Verlag wurde dafür mit einer Ehrenurkunde und einer Goldmedaille der Universität Tokio ausgezeichnet. Prokop hatte sich in der ersten Zeit, da man ihm den Zutritt zum Gerichtsmedizinischen Institut verwehrte, nicht nur mit wissenschaftlichen Themen befasst, sondern auch die Zeit damit vertrieben, das Grimmsche Frau-Holle-Märchen auf reizvoll literarische Weise zu variieren. Ich schrieb ein paar moderne Märchen hinzu und so entstand das erfolgreiche Märchenbuch: »Der gebreulte Ritter und andere Wendemärchen«. Ich will Prokops Holle-Varianten hier zum Besten geben: »Frau Holle während der Wende in den neuen Bundesländern«, »Frau Holle in einer sehr christlichen Version«, »Frau Holle, geschrieben während der Nazizeit«, »Frau Holle in der DDR« und »Frau Holle aus medizinischer Sicht«. Die erste 1992 erschienene Auflage war so erfolgreich, dass wir 1994 die zweite Auflage folgen ließen und beide Male las man auf dem Klappentext: »Die Autoren sind ein weltberühmter Professor der Medizin und ein angesehener Publizist. Beide geben ihren Namen nicht preis, weil sie Ärger mit Ämtern fürchten.«

So darf sich *spotless* rühmen, mit dem 2009 im Alter von 87 Jahren verstorbenen Prokop einen der berühmtesten deutschen Gerichtsmediziner zu seinen Mitbegründern zählen zu können.

Dann erschien das erste Buch von Eberhard Panitz (»Rübezahl – anno 89 neu erzählt«), und damit stieß einer der erfolgreichsten DDR-Schriftsteller zu uns.

Auch das von mir geschriebene »Charité-Komplott«, das sich mit den zahlreichen Versuchen befasste, die berühmte Klinik zu diskriminieren, fand ein breites Echo. Einen der vielen Briefe, die bei uns eingingen, habe ich aufgehoben:

»Ihr Charité-Büchlein erwarb ich auf der Demonstration am 20. Mai. Als ehemaliger Charité-Mitarbeiter habe ich es mit großem Interesse gelesen. […] Was sich dort jetzt abspielt, ist ebenso eine menschliche Tragödie wie ein wissenschaftlicher Skandal. 1949 übernahm ich dort den Lehrstuhl für Pharmakologie. Das Institut war eine teilweise eingestürzte Brandruine. Mein einstiger Mitassistent und Freund R. Havemann überließ mir in der Bunsenstraße ein kleines Dienstzimmer. Die ersten Vorlesungsveranstaltungen konnte ich in der Speisebaracke eines naheliegenden Betriebs durchführen. […] Es entstand ein gut eingerichtetes Institut, das für unsere Wissenschaft national wie international wichtig wurde. 1972 gab ich es an meinen ersten Nachfolger ab, da ich das Zentralinstitut für Molekularbiologie der Akademie der Wissenschaften aufbauen sollte. Aus diesem heraus erstand dann noch ein weiteres Institut meines Fachs, das Institut für Wirkstofforschung der Akademie. Insgesamt konnte ich bei meiner Emeritierung 1982 rückschauend feststellen, dass wir mit einigen Freunden, ich nenne speziell S. M. Rapoport, Kurt Winter, aber auch Prokop, Kraatz, Kettler, Brugsch u. a. ein hervorragendes wissenschaftliches Zentrum aufgebaut hatten, das vielen leidenden Menschen geholfen hat und in seinen Leistungen dem Traum nahe kam, welchen Kurt Winter als eine neue Blüte der Deutschen Medizin einst charakterisierte. Wichtig wurde für mich auch meine seit ca. 1950 aufgenommene Tätigkeit als Vorsitzender des Zentralen Gutachterausschusses für den Arzneimittelverkehr in der DDR. […] Ich bin sehr empört und auch bedrückt, wie nun gegenwärtig die Lebensarbeit meiner oben erwähnten Freunde missachtet und diskriminiert wird. Ich habe hier einige 1000 gute Ärzte ausgebildet, mich um eine vernünftige Versorgung mit Arzneimitteln bemüht und einige wichtige neue Erkenntnisse für die Medizin erarbeitet – unter Bedingungen, wie sie uns als schweres Erbe durch die Faschisten hinterlassen wurden und die durch den wissenschaftlichen wie wirtschaftlichen Kalten Krieg weiter belastet waren. […]

Vielen Dank also für Ihr Büchlein.

Mit bestem Gruss

Friedrich Jung«

Später begegnete ich Prof. Dr. Jung. Wir wurden Freunde. Der leidenschaftliche Koch lud mich nach dem Tod seiner Frau oft zum Essen ein, und eines Tages erzählte er mir auch, wie es dazu gekommen war, dass er als Vorsitzender jenes Gutachterausschusses die Einfuhr von Contergan in die DDR untersagen ließ, wodurch Tausende Mütter davor bewahrt wurden, verkrüppelte Kinder zur Welt zu bringen. 2010 schrieb ich das *spotless*-Büchlein Nr. 226 über den Contergan-Skandal und erinnerte auch daran, wovor Prof. Jung die DDR bewahrt hatte.

Günter Görlich gab 1992 sein *spotless*-Debüt mit »Die verfluchte Judenstraße«. Die Gemeinschaftsarbeit von Panitz und mir »Mein Chef ist ein Wessi« erreichte fast die Auflage des Dathe-Buches und bewog den *Berliner Kurier,* vier Episoden des Buches auf einer Doppelseite zu drucken.

1993
Schütt riet zu Kamnitzer

Ich hatte schon früher die Memoiren von Hans-Dieter Schütt erwähnt und sogar zitiert. Jetzt komme ich noch einmal darauf zurück. Zunächst aus seinen Erinnerungen noch einen knappen Satz: »Der Westen hat in mir gesiegt.«

Das Buch, in dem dieser Satz steht, erschien 2009. Noch 1993 hatte er mich als *spotless*-Chef darauf aufmerksam gemacht, dass Heinz Kamnitzer ein fertiges Buchmanuskript zu Hause habe und er das für *spotless*-reif halte.

Ich war Kamnitzer bis dahin nie begegnet, aber in den Nach-Rückwende-Tagen trafen sich viele, die sich persönlich nicht kannten, aber nun durch verwandtes Denken zusammenkamen. Der 1917 in Berlin geborene Kamnitzer war 1933 als Jude von den Nazis aus Deutschland vertrieben worden, aber schon 1946 nach Berlin zurückgekehrt. Er studierte an der Humboldt-Universität, lehrte später dort Geschichte und war danach Schriftsteller und vor allem enger Gefährte von Arnold Zweig. Er stand dem langjährigen Präsidenten des PEN-Zentrums zur Seite und rückte 1970 – von Zweig empfohlen – ins PEN-Präsidenten-Amt. Wie man ihn damals schon in bundesdeutschen Gefilden »einsortierte«, verriet Jahrzehnte später eine Dorothée Bores aus Trier ohne Hemmungen im Auftrag der »bundesunmittelbaren Stiftung zur Aufarbeitung der SED-Diktatur«: »Die Frage, ob die Mitgliedschaft von Kommunisten im Internationalen PEN grundsätzlich zu tolerieren sei, war von dem internationalen Gremium implizit mit der Separation eines westdeutschen PEN-Zweiges gestellt.«

Dass Kamnitzer Kommunist war, hatte er nie geleugnet. Nun kamen die üblichen »Agenten«-Anklagen hinzu. Von Kamnitzer wurde behauptet, dass er außer für die »Stasi« auch für den KGB tätig gewesen wäre, was ihn – wäre er nicht schon 2001 gestorben – heutzutage ermuntern könnte, sich auf den

»Kollegen« Putin zu berufen, der immerhin schon Präsident Russlands war.

Nach 1990 gehörte Kamnitzer jedenfalls zu denen, die fast täglich Ziel der Medien-Treibjagd waren, und niemand wagte es, seine Texte zu drucken.

Ich zähle mich nicht zu den Helden, aber an Mut hat es mir selten gefehlt. Ich meldete mich bei ihm an und besuchte ihn in seinem Haus in Niederschönhausen. Die Atmosphäre war ungewöhnlich. Die Tür zum Nebenzimmer war ständig einen Spalt geöffnet, damit er die Rufe seiner schwerkranken Frau hören konnte. Er drückte mir sein Manuskript ohne lange Erklärungen in die Hand, und jedesmal, wenn er für einige Minuten im Nebenzimmer verschwand, nutzte ich die Zeit, um darin zu lesen. Ich war schon von den ersten Zeilen beeindruckt:

Ich radebreche in Reimen./ Dichten kann ich nicht.
Und mir ist sowieso alles/ andere als lyrisch zumute.
Aber meine Mach-Art zwingt/ Mich, meine Gedanken und
Gefühle zu ballen, wozu / ich in dieser Zeit in Prosa
außerstande bin.
Nicht zuletzt entspreche ich / damit einem Zustand, in dem wir
holpern und stolpern – / wohin auch immer.

»Abgesang mit Herzschmerzen« erschien 1993 und fand ein nachhaltiges Echo. Der berühmte Schauspieler Erwin Geschonneck trat bei einer großen Kundgebung in Berlin ans Rednerpult und verkündete, dass er auf seine vorbereitete Rede verzichten und stattdessen Kamnitzer-Verse vortragen werde.

Der mit Lob für andere gemeinhin knausrige Peter Hacks schrieb an Kamnitzer: »Vielen Dank fürs Herzeleid. Ich teile und mithin hälfte es.«

Gerhard Zwerenz schickte einen Brief nach Berlin: »Ihnen mein Dank für ›Abgesang‹ mit Widmung. Seien Sie versichert – ich verstehe Sie gut. Auch wenn ich Sie früher nicht verstand – als einer, dem der Hals schon schmerzte, als er den meisten nur zum Anbinden der Krawatte diente.«

Die greise Luise Rinser bekannte: »Ihr Abgesang hat mich tief berührt [...] Dieses Buch ist ein wichtiges Dokument, in vieler Hinsicht wichtig.«

Und der Maler Willi Sitte schrieb: »Ich beneide Dich darum, dass Du in der Lage bist, Gedanken und Gefühle verbal vollendet auszudrücken.«

Hans-Dieter Schütt hatte ich gebeten, das Nachwort zu schreiben. Noch heute kann man dort nachlesen: »Aus den poetischen Bruchstücken dieses Bandes kristallisiert sich etwas so selten Gewordenes wie Erstaunliches heraus: Einer bekennt sich zu seiner Gesinnung, wirft seine historische Erfahrung nicht über Bord, lässt sich nicht täuschen von einer Freiheit, hinter der allzuoft sich die Dunkelmänner des Jahrhunderts ins Fäustchen lachen. In diesem Büchlein präsentiert Kamnitzer die Stolpersteine, die ihn wachhielten, müde quälten. Lyrik? Reimkunst? Vielleicht eher das, was Henryk Keisch die Kunst nannte, ›ungereimt zu sein, Haken herauszustecken, sich ungalant zu verhalten, verquer und doch provozierend gradlinig zu bleiben‹.«

Und im *ND* rezensierte Schütt das Buch: »Abgesang mit Herzschmerzen. Der Titel tut weh. Dem Autor? Sicherlich zuvörderst. Aber Heinz Kamnitzer hofft wohl trotzdem, dass sein lyrisches Raunen Provokation auslöst. Der ehemalige Präsident des PEN-Zentrums der DDR hat sich nach dem Herbst 1989 zurückgezogen. Verbittert? Resignierend? Wissend? Die Motive sind auf einen einfachen Nenner nicht zu bringen. [...]

Verleger, Buchautor und -verkäufer

Die Einsamkeit des Einzelgängers. Aber sie ist ihm nicht Flucht-burg, darin sich Jammer eines Unverstandenen entlädt. […] Er hat mit wissender Endgültigkeit abgeschlossen mit jener jetzi-gen, neuen Zeit, die ihm vertraut ist aus einer früheren Epoche. […] Kamnitzer lässt nichts aus, er glaubt an nichts Gutes mehr.

›Ick mag dir‹, reimt er Regine Hildebrandt zu, um sofort nachzusetzen: ›Schon viele / Die so klug und weise / Zerbra-chen an der / Quadratur der Kreise / Wo Geld und Macht / Vereinigt sind / Mein großes Kind.‹

Kamnitzer wird unrecht getan, tituliert man ihn als starr-köpfigen sozialistischen Nostalgiker. Aber er verknüpft, kontra-stiert, kommentiert, was ihm an (scheinbarer) Gegensätzlich-keit der Zeitläufte dieses Jahrhunderts unter den Zorn kommt, und siehe da: Die Zeit ändert sich offenbar schnell – aber die Zeiten nicht.

Gerade wegen der Provokation: Dieser Band ist ein Gewinn für jeden, der sich eingespannt fühlt in die Zwingschraube Geschichte. Kamnitzer provoziert den Leser, sich festzulegen. Für ihn, gegen ihn. Er selber hat sich ausgeschaltet. ›Das mag ich mehr / Als gleichgeschaltet.‹ Und er führt noch eine goldene Regel an: ›Ich denke/Also schweige ich.‹«

Fazit: In Kamnitzer hatte der Westen nicht gesiegt!

Wutanfall auf der anderen Seite

Mit dem Kamnitzer-Titel war *spotless* endgültig ins Visier der die Meinung dressierenden Medien geraten. Die *Berliner Mor-genpost* (22.8.1993) überschrieb einen auffällig platzierten Zwei-spalter: »Auferstanden aus Ruinen der DDR-Literatur – Neue Nische für alte SED-Hofpoeten« und vermerkte: »›Abgesang mit Herzschmerzen‹ titelte jetzt der letzte PEN-Präsident Heinz Kamnitzer nach der Einheit entstandene Gedichte voller Bitter-keit. Der jüdische Emigrant und Altkommunist, der sich einer öffentlichen Auseinandersetzung mit der PEN-Vergangenheit bisher verweigerte, spricht sich Mut zu: ›Ich denke, also schweige ich.‹«

Die Welt opferte dem Thema einen Fünfspalter (19. 8.1993) und verkündete ihren Lesern: »Der Berliner Verlag *spotless* versammelt heute eher ›ungeliebte‹ DDR-Autoren. [...] Das ›Küchentisch‹-Unternehmen bemühe sich, nach der Wiedervereinigung in der ›Schlammflut von Literatur einen anderen Standpunkt zu äußern‹, so Verlagsgründer Klaus Huhn. Ein Berliner Literaturkritiker sieht das anders: ›Bei *spotless* ist die Zeit stehengeblieben. Ein Häufchen Versprengter übt sich in Klassenkämpfertum statt Vergangenheitsbewältigung.‹«

Die *Leipziger Volkszeitung* durfte in der Attackenfront nicht fehlen. Am 19. August 1993 schrieb sie: »Die aktuelle deutsch-deutsche Konfliktlage (die sich durch Abwiegeln nicht verändert) macht Merkwürdiges möglich. Beispielsweise die Geschichte eines Nachwende-Verlages namens ›spotless‹ in Berlin, der mit der stringenten Verteidigung von wirklichen und behaupteten DDR-›Errungenschaften‹ eine Marktlücke ausgemacht zu haben scheint.«

Immerhin sorgte diese »Breitseite« für massive unbezahlte Werbung, die die Auflagen steigen ließ. Leser, die unsere Werbung bislang nicht erreicht hatte, wurden angesichts der Autorennamen und der Titel neugierig, fragten bei Buchhändlern nach, wo man unsere Bestellnummer im Katalog des Buchhändlerbörsenvereins fand, und orderten Bücher.

Es ging voran!

2008
Kummer mit Kant

Hier gilt zunächst festzustellen: Über Jahrzehnte verband mich mindestens eine Gefährtenschaft mit Hermann Kant, zuweilen hielt ich es auch für eine Freundschaft.

Als ich ihn 1993 bat, für *spotless* zur Feder zu greifen, schien er ein wenig zu zaudern. Ich hatte dafür Verständnis, denn auch er war von allen Seiten attackiert und der unsinnigsten Vergehen beschuldigt worden. Seine Bücher waren immer von führenden Verlagen herausgegeben worden, einige hatten überlebt, und es gab Aussichten, dass sie ihn auch wieder drucken würden. Und dann kam ich mit meinem – siehe oben – »Küchentisch«-Verlag und bat ihn um ein Vorwort. Noch dazu für das Buch eines Autors, der als früherer DDR-Fernsehpublizist ebenfalls rundum befehdet worden war.

Kurzum: Hermann Kant willigte ein und schrieb einen weisen Text: »Günter Herlt möge mir verzeihen, wenn ich hier halbwegs öffentlich bekunde, ich sei zunächst nicht übermäßig scharf auf die Lektüre seines kleinen Buches gewesen. Schon, der Mann ist kultiviert und sympathisch und hat nicht zuletzt deshalb Respekt verdient, weil er sich vor der scheinbaren Alternative zwischen Jammer und Trotz für Arbeit entschied. Aber er stand für mich unter einem Verdacht, unter den ich selber gehöre und der in bestem DDR-Deutsch lautet: Hier kommt einer, der mich agitieren will.

Er zählte nun einmal zum Stamme der Kommentatoren, und das hieß bis eben noch, Agitator im Sinne der führenden Meinung zu sein. Weil ich mich sehr verwandt mit ihm fühlte, hatte ich kaum Verwendung für ihn.

Was insofern erstaunlich ist, als Rundfunk- und Fernsehkommentatoren keine geringe Rolle in meinem Leben spielten. Zwar war ich ihnen nicht hörig, aber lange Zeit hörte ich auf sie. Genauer noch: Ich hörte ihnen zu. Die Welt, durch ihren

Kopf gegangen und aus ihrem Munde neu benannt, nahm sich anders aus, als ich sie kannte. Nicht selten habe ich den Leuten Meinung entnommen und die dann zu meiner Meinung gemacht. Gehe ich von mir aus, muss ich sie einflussreich nennen, gehe ich von ihnen aus, stellt sich die Frage: Verlor sich der Einfluss im Maße, wie ich zu mir selber und zu eigenem Urteil kam, oder verlor er sich, weil die Sprecher zu Sprachrohren, Sprachröhren verengten? Oder weil mein Interesse mit den Jahren verholzte, verhornte, verbeinte? Tatsache ist, ich höre letzthin nur noch selten zu.

Obwohl ich gerade letzthin für unterrichtete Ansichten eher als früher Verwendung hätte. Denn ich verstehe die Welt nicht mehr. Oder ich verstehe sie wohl, will aber einfach nicht glauben, dass sie so strikt den Lehren folgt, die mir eingebleut wurden. Ich bräuchte wen, mir gegen den Triumph der Dogmen beizustehen. Doch ausgerechnet darin ist dieser Günter Herlt nicht gut. Schlimmer noch, in seiner Sachlichkeit ist er schlimm. Denn er liefert lediglich die Beweise und kaum eine Anklage dazu. Präziser: Er breitet nur Tatsachen aus oder bündelt sie, verlässt sich jedenfalls auf sie und sagt uns nicht andauernd, was es mit ihnen auf sich hat.

Das ist aus zwei gegensätzlichen Gründen äußerst angenehm. Zum einen, weil es einen nicht danach verlangt, schon wieder den rechten Weg gewiesen zu bekommen, und zum anderen, weil man andauernd nach rechten Wegen Ausschau hält. Oder doch nach einer Haltung, mit der man sich, seinen Freunden, seinen Feinden, seiner Vergangenheit und seiner Zukunft gerecht werden kann.

Herlts Antwort lautet: Nicht eifern, aber hinsehen. Nicht toben, aber tadeln. Nicht maulen, aber das Maul nicht halten. Man hat verloren, doch nicht den Verstand. Man ist besiegt und nicht überwältigt. Ist nicht mundtot, solange man nicht tot ist. Und ist nicht tot. Hält den Kopf nicht oben, um zu zeigen, wie hochgemut einem zu Sinne ist, sondern der Übersicht wegen und weil es sich so entschieden besser zählt.

Und gezählt muss werden, aufgezählt, vorgerechnet, nachgerechnet, nachgewiesen. – Nein, nicht abgerechnet; das machen die anderen, die Sieger, die seltsam verschämt so nicht heißen wollen. Noch einmal nein, auch das ist nicht seltsam, denn gesiegt zu haben, hieße ja, im Kampf gewesen zu sein, aber die Legende will vorerst, dass die DDR am Widerstand ihrer Bürger zerbrach.

Da der nicht unvorhanden war, ist sie auch an ihm zerbrochen. Vor allem aber, dies meine These, ging der Versuch, deutschen Staat einmal ganz anders zu machen, perdu, weil jene, die in ihm das Sagen hatten (dies ist selbstkritisch, denn ich gehörte ein wenig dazu), mit zweierlei Macht nicht umzugehen wussten. Mit der anderen, der Gegenmacht, die eine Änderung vom angemaßten Kopf auf die Füße da unten um keinen Preis dulden wollte, und, dies vor allem, mit der eigenen Macht, die so gänzlich unerprobt war.

Im Maße, wie im Anspruch Arbeiter-und-Bauern-Macht nur noch Macht verblieb, starb jede Aussicht, den anders Mächtigen widerstehen zu können. So siegten sie, und so benehmen sie sich nun. Und Leute wie Herlt zählen dieses Benehmen einfach auf. Machen etwas, das äußerst wichtig ist, nehmen die Fakten zu Buch und beugen sich ihnen nicht ohne weiteres. Sie liefern die Einzelheiten an ihr System zurück, führen entlaufene Untaten zur Familie heim und geben bekannt: Wo man auf Abwracker, Umtäufer, Einstreicher, Austreiber, Wegnehmer trifft, hat man es mit ordinärstem Kapitalismus zu tun.

Sehr lustig, in einer Zeit verknappten Humors zu sehen, wie man auf Bezeichnungen wie diese reagiert. Kapital möchte jeder haben, Kapitalist keiner sein. Man versteht schon, es ist kein Ehrenname, aber wo sich kapitalistische Wirkungen finden, muss kapitalistisches Wirken gewesen sein. Und wenn es denn Marx einstweilen nicht sein soll, bei dem man zu erkennungsdienstlichen Zwecken nachschlagen kann, so greife man auf die Methoden der Pflanzenbestimmung zurück: Rispen, Dolden, etc. […] Günter Herlt tat es und hat ein gar vorzüglich Pflanzenbestimmungsbüchlein geschrieben.«

So gesellte sich der Gefährte Kant zu *spotless,* und ich verhehle nicht, noch heute ein wenig stolz darauf zu sein.

In den folgenden Jahren begegneten wir uns selten. Er kam nicht oft aus dem mecklenburgischen Dorf, in das er gezogen war, nach Berlin, aber es blieben genug Begegnungen, bei denen wir uns auch mancher vergangenen Stunde erinnerten. Als er mal im Norden einen Autounfall erlitten hatte, stand ich in der

Redaktion von meiner Schreibmaschine auf und raste nach Ueckermünde, um seine Frau und ihn zu besuchen. Auch im Schriftstellerverband hatten wir uns oft getroffen, irgendwann hatte ich ihm dort sogar einen Dienst erweisen können. Als das Biermann-Spektakel Folgen zeitigte, hatte sich auch ein weniger bekannter Schriftsteller zu den »Protestlern« gesellt und wurde mit ihnen ausgeschlossen. Man legte Wert darauf, ihn wissen zu lassen, dass seine Bücher auch künftig erscheinen würden, doch lehnte er jeden Kontakt ab. Jemand erinnerte sich, dass ich ihn einst vor Ärger bewahrt hatte, und tatsächlich traf ich ihn dann auch und konnte ausrichten, was ausgerichtet werden sollte.

So kam dies zu jenem, und alles in allem schienen wir beide nicht unfroh, wenn wir uns begegneten. Das hielt vor, bis ich eines Tages ein Buch in die Hand nahm, in dem er einer Journalistin für mich unfassbare Auskünfte über Kollegen gegeben hatte. So über Gerhard Holtz-Baumert, der auch zu den *spotless*-Autoren gehört hatte, und über Günter Görlich, der zum Stamm unserer Schreiber zählte. Ich schrieb Kant einen deutlichen Brief, in dem ich unsere Gefährtenschaft von meiner Seite aufkündigte.

Er schrieb mir tags darauf: »Lieber Klaus, ich habe Dein Schreiben zur Kenntnis genommen. Mit besten Wünschen für Dein Wohlergehen, Hermann Kant, 24. Januar 2008.«

Kaum sonst jemals habe ich seit 1990 das Ende einer Eintracht so bedauert wie in diesem Fall, was mir umso schwerer fiel, weil ich mir vieles nicht erklären konnte.

316

1993
Harry Thürk ist
mit von der Partie

Schon in den frühen 90er Jahren stieß auch Harry Thürk (1927 bis 2005) zur *spotless*-Runde. Den – siehe oben – kannte ich schon seit den Ostzonen-Wintersport-Meisterschaften 1949, und in den Jahren, die dazwischenlagen, waren wir uns oft bei freundschaftlichen Gesprächen und in geselligen Runden begegnet. Auch ihn hatte man begiftet, vor allem, weil er in einem Roman das Leben eines »Überläufers« behandelt hatte. Für uns hatte er ein »Porträt« des Monats April 1993 geschrieben, Titel »April, April«, und es enthielt viele nüchterne Wahrheiten, brillant literarisch aufgearbeitet. Er schrieb danach vier *spotless*-Titel.

Erich Selbmann (1926-2006) hatte nie zuvor im Leben in Gerichtssälen auf der Bank der Journalisten gesessen, aber als Erich Honecker in Moabit angeklagt worden war, saß er vom ersten bis zum letzten Tag dort und schrieb uns dann das Buch »Der Prozess – 527 – 10/92 – Strafsache gegen Honecker und andere«.

Das wohl treffendste Urteil über dieses Verfahren hatte der *Spiegel*-Herausgeber Rudolf Augstein gefällt: »Die Rache muss kalt genossen werden, meinte der alte Adenauer. Aber diese Rache hier, für die ein zu kranker, ein zu alter und im übrigen nahezu schuldunfähiger Mann herhalten soll, wird uns noch schwer im Magen liegen.«

Das störte jedoch niemanden. Wie ausgeprägt das von Augstein monierte Rachedenken war, weist die Tatsache nach, dass Erich Honecker am 13. Januar 1993 auf Grund einer richterlichen Entscheidung wegen seiner fortgeschrittenen Krebs-Erkrankung aus der Haft entlassen wurde, am selben Abend ins Exil nach Chile flog und die Berliner Generalstaatsanwaltschaft noch in der gleichen Nacht die Fortsetzung des Verfahrens erzwang. Der nächste Verhandlungstermin war für den 8. Februar 1993 um 9.30 Uhr anberaumt. Es soll nie in Vergessenheit geraten: Dies geschah auf Weisung der Berliner Justizsenatorin Jutta Limbach, die – besondere politische »Leistungen« wurden von Bonn keineswegs nur mit Orden belohnt – 1994 zur Präsidentin des Bundesverfassungsgerichts berufen wurde und 2002 – als ihre dortige Amtszeit abgelaufen war – ins Büro der Präsidentin des Goethe-Instituts wechselte.

Die zahlreichen Journalisten, die 1993 für eine der Chile-Maschinen Honeckers gebucht hatten – sein Name stand, leicht variiert, in vier verschiedenen Passagierlisten, um die Medien zu irritieren –, hatten hinterher nichts weiter zu melden, als dass er fast während des ganzen Fluges Druckfahnen gelesen hatte. Kurz vor dem Abflug hatten wir ihm den Andruck des Selbmannschen *spotless*-Buches zugespielt. Es blieb das einzige Buch über das Gerichtsverfahren und enthielt auch seine abschließende persönliche Erklärung, die mit den Sätzen endete: »Weder für den Bundeskanzler noch für Gorbatschow ist dieses Strafverfahren ein Hindernis für ihre Duzfreundschaft. Das ist kennzeichnend. Ich bin am Ende meiner Erklärung. Tun Sie, was Sie nicht lassen können.«

Später veröffentlichte Selbmann bei *spotless* noch eine stimmungsvolle Erzählung: »Die drei Entscheidungen des Zymbalspielers«.

»Kooperation« mit Karl May

Das Einfachste wäre, hier die Liste der über 200 Bücher des *spotless*-Verlages abzudrucken, aber das wäre nicht eben leserfreundlich und könnte auch völlig falsch verstanden werden. Deshalb also weiter auf dem bisherigen »Verlagspfad«.

Eines Tages reichte der Gewinn für eine Fahrkarte nach Stockholm. Dort buchte ich ein Bett in einer Jugendherberge und wurde tags darauf in dem Saal willkommen geheißen, in dem seit Menschengedenken die Nobel-Preise verliehen werden. Seit 1980 werden 24 Stunden vor dieser Zeremonie im gleichen Saal die Alternativen Nobelpreise verliehen. Die waren vom schwedischen Humanisten Baron Jakob von Uexkuell gestiftet worden und heißen offiziell »Preis für verantwortungsbewußte Lebensweise«. Die *Frankfurter Rundschau* hatte schon 1993 prophezeit: »Die Nobelpreiskomitees werden sich anstrengen müssen, wollen sie für ihre Zuteilungen so viel Zustimmung ernten, wie sie die Stiftung für ›Richtige Lebensweise‹ für ihre Auswahl verdient hat.«

1993 hatte eine nordamerikanische Indianerin einen der Preise erhalten, ursprünglich zusammen mit ihrer Schwester, aber die mochte nicht in ein Flugzeug steigen und so kam nur Carrie nach Stockholm. Sie interviewte ich und fand die Lebensgeschichte der Schwestern im Kampf gegen die US-Atombombenversuche ein Buch wert.

Da ich mich für den Titel »Winnetous Töchter« entschieden hatte, ging einige Zeit drauf dabei, ihr zu erklären, wer Winnetou gewesen war, und bis sie dann meine Idee akzeptierte. Die folgende Rezension zählt zu den ungewöhnlichsten, auf die *spotless* verweisen kann.

Sie erschien nämlich in einer Indianerzeitung, den »Nachrichten« der Red Shoshone in der Spalte: »Buchtip«. »Klaus Huhn: WINNETOUS TÖCHTER – *spotless* Verlag – ›Dieses Buch‹, so stellt im Vorwort der Häuptling Raymond D. Yowell von der ›Western Shoshone Nationalversammlung‹ das Anliegen des ungewöhnlichen Büchleins mit dem neugierig machenden Titel vor, ›widmet sich dem Schicksal der Western Shoshone. Unser Volk hat seine Heimat in dem riesigen Gebiet zwischen den Rocky Mountains und dem Großen Becken. Bevor die Weißen kamen, lebten wir dort ungestört […] Wir Western Shoshone lehnten allen Handel (*mit dem Land – U. v. d. H.*) ab. Da wir die traditionelle Regierungsform unserer Indianernation bewahren, leiten wir daraus auch den Anspruch ab, für das Recht auf Besitz unseres gemeinsamen Landes einzutreten und uns gegen die Versuche der USA zu wehren, in ihr System gepreßt zu werden. Dieser Kampf dauert nun schon viele Jahre und wird fortgesetzt. (S. 3)

Einen Teil dieses Ringens um Gerechtigkeit kann der Leser in dem von Klaus Huhn in flüssiger Sprache dokumentierten Band verfolgen. Es handelt sich um ein dramatisches Kapitel jüngerer Geschichte der nordamerikanischen Indianer, das durchaus in der einen oder anderen Form als beispielhaft für die

›gegenwärtige Situation verschiedener Indianernationen‹ in Nordamerika angesehen werden kann. Die Western Shoshone haben allerdings durch ein gewisses Medieninteresse für besondere Publizität sorgen können. Der Titel des Buches leitet sich von Mary und Carrie Dann her. Die beiden Indianerinnen sind Shoshone und betreiben eine Farm in einer Halbwüste des US-Bundesstaates Nevada, in enger Nachbarschaft des Nuklearversuchsgeländes. Ihr landwirtschaftlich genutztes Land wurde zum Gegenstand eines fast endlosen Prozesses zwischen den Shoshone und der US-Regierung. Dabei berufen sich die Geschwister Dann auf einen von Präsident Grant 1869 unterzeichneten Vertrag, der die Landrechte der Indianer garantierte.

1993 wurde den ›Töchtern Winnetous‹ für ihren Kampf der ›Alternative Nobelpreis‹ zuerkannt. Aber weit mehr Interessantes ist dieser kleinen Schrift zu entnehmen. So wird der Leser u. a. informiert, dass die Bundesrepublik Deutschland dem Freiwilligen Fonds der UNO, der im von der UN-Vollversammlung initiierten ›Internationalen Jahr der indigenen Völker‹ zur Unterstützung entsprechender Programme und Aktivitäten eingerichtet wurde, nicht finanziell unterstützen wird, weil – wie argumentiert wird – innerhalb der deutschen Staatsgrenzen keine indigenen Völker leben. Das Buch liest sich spannend wie eine Reportage, wobei der Informations- und Bildungswert sehr hoch ist.« (Ulrich van der Heyden in: *Magazin für Amerikanistik,* 4/94)

Jahre später erschien eine noch spektakulärere Rezension, und die auch noch als Ergebnis des wohl ungewöhnlichsten Verlagsstreits, den *spotless* je zu bestehen hatte.

Eines Tages hatte mich eine recht massive Drohung des Karl-May-Verlages (Bamberg/Radebeul) erreicht, der darauf hinwies, dass er im Besitz jedweder Rechte am Begriff »Winnetou« sei und wir demzufolge das Urheberrecht verletzt hätten. Es kam zu einem handfesten Streit, in dessen Verlauf wir auch ein Exemplar der »Töchter« nach Bamberg geschickt hatten. Bald darauf rauchten der Karl-May-Verlag und *spotless* die Friedenspfeife. Man habe sich vergewissert, dass ich den Begriff »Winnetou« in jeder Hinsicht »positiv besetzt« hätte, und deshalb verzichte Bamberg nicht nur auf jeden juristischen Schritt, sondern erklärte sich auch bereit, einen beträchtlichen Teil der noch nicht verkauften Auflage zu vertreiben. Im Katalog des Karl-Marx-Verlages erschien danach die Ankündigung: »Dies ist keine – wie der Titel vermuten lassen könnte – ›Indianergeschichte‹, obwohl sie ein dramatisches Kapitel Geschichte der nordamerikanischen Indianer nachzeichnet.«

So kam es, dass *spotless* sogar in den Katalog des Karl-May-Verlages gelangte.

Die letzten Texte Köhlers

Man mag es für literarische Barbarei halten, gleich hinter Karl May Erich Köhler zu nennen, aber – um es positiv zu werten – es lässt auf die Breite der *spotless*-Palette schließen.

Auch Köhler gehörte zu den Autoren, die kein anderer Verlag zu verlegen bereit war, weil er sich – konsequent wie sein Leben lang – im PEN in einen sinnlosen Streit über eine angebliche Tätigkeit für das MfS eingelassen hatte und damit endgültig unter die »Ausgegrenzten« geriet. Wir haben immerhin drei Bücher von ihm veröffentlicht, und einige Male bin ich dem Lausitzer auch persönlich begegnet. Der Sohn eines Porzellanschleifers und einer Buntdruckerin hatte Kauziges an sich und ein turbulentes Leben hinter sich, das von einem Anlauf, in die französische Fremdenlegion zu gelangen, bis zu dem von ihm erfundenen »angestellten Schriftsteller« reichte. Das Volkseigene Gut, das seinen Plan realisiert und ihn bezahlt hatte, schickte ihn 1990 in den Ruhestand. 2003 starb er in Alt-Zauche.

Je länger ich über unsere Autoren schreibe, desto intensiver gerate ich in Gefahr, denen Unrecht zu tun, die ich nicht erwähne – also mühe ich mich, keinen zu vergessen.

Gerhard Holtz-Baumert – 1996 viel zu früh verstorben – hatte zu DDR-Zeiten mit »Alfons Zitterbacke« eine unverwüstliche Figur der Kinderliteratur geschaffen. 1993 gab er bei uns »Briefe aus Moabit« heraus, die Geschichte seiner Freundschaft mit Heinz Kessler und die Briefe, die den im Moabiter Gefängnis erreicht hatten.

Die zur Legende gewordene Ruth Werner hatte mich eines Tages zu sich nach Hause eingeladen und eröffnete mir rundheraus: »Ich werde Dir meinen letzten Wunsch verraten: Noch

*Am Grabe von Werner Seelenbinder (1904-1944) an dessen 65.
Todestag. Das Mikro hält Olympiasieger Klaus Köste*

einmal den Tag erleben, an dem ein Buch von mir erscheint.«
Sie erlebte ihn 1997, als »Der Gong des Porzellanhändlers« wieder aufgelegt wurde, und eröffnete mir dann noch einen »allerletzten« Wunsch: »Noch einmal mit einem Buch beim Solibasar
sitzen und es signieren!« Auf dem Weg zum *spotless*-Stand flüsterte sie mir zu: »Du musst keine Sorge haben, dass niemand
kommt – ich habe meine ganze Familie hinbestellt!« Zweimal
mussten wir an diesem Tag ins Lager fahren, um »Nachschub«
zu holen. Sie war überglücklich, jemand aus der Familie flüsterte
mir zu: »Jetzt lebt sie garantiert ein Jahr länger«, und wir alle
waren ein wenig stolz darauf.

Walter Flegel sorgte 1996 mit »Jagodas Heimkehr« für Aufsehen. Im Neubrandenburger *Nordkurier* schrieb Brigitte Birn-
baum: Die Hauptfiguren »sehen, es geht um Leben oder Tod,
und sie handeln, wie Autor Walter Flegel auch gehandelt hätte.
In seinem neuen Kinderbuch hat er ein Thema aufgegriffen, dass
nicht nur die Anwohner des deutsch-polnischen Grenzflusses
bewegen dürfte. Behutsam und eindringlich erzählt er von Menschen eines Oderdorfes, von ihren Gewohnheiten und ihrer
Hilfsbereitschaft, die sie sich auch nach der Wende erhalten
haben. [...] Sprachlich genau und voller poetischer Bilder fängt
Walter Flegel Familienschicksale unserer Tage ein.«

1995
Inge von Wangenheims Olympia-Plädoyer

Während ich an diesem Buch schrieb, langte ich zwischendurch ein Buch aus dem Regal, um abendliche Lektüre zu haben. In die Hand fiel mir Inge von Wangenheims »Die Probe«, und als ich es aufschlug, las ich ihre Widmung: »Für Klaus Huhn, den Weltenbummler, den dieses Buch wieder einmal an seine Heimat erinnern möge. In herzlicher Verbundenheit. Inge von Wangenheim; Rudolstadt, 1. 2. 73«

Ich war ehrlich froh, dass mich ihre Zeilen an die vielen mit ihr gemeinsam verbrachten Stunden erinnerten. Ich hatte sie schon gleich nach Kriegsende als Schauspielerin im Deutschen Theater bewundert, und als sie dann von der Bühne an den Arbeitstisch des Schriftstellers gewechselt war, führte uns die gemeinsame Begeisterung für den Sport irgendwo zusammen.

Die exzellente Schreiberin war eine leidenschaftliche Anhängerin des Sports und schrieb zu Beginn der 80er Jahre auf meine Bitte hin für die kleine Zeitschrift der Olympischen Gesellschaft der DDR ihre »olympischen Gedanken« nieder.

Ich hatte bislang nur am Rande erwähnt, dass *spotless* auch eine Halbjahreszeitschrift (»Beiträge zur Sportgeschichte«) 15 Jahre lang herausgab, eine Publikation, die auch von vielen altbundesdeutschen Universitäten abonniert worden war. In Heft 21 hatten wir im Herbst 2005 an die Gedanken der schon 1993 verstorbenen Schriftstellerin erinnert. »Dem Sport und seinem olympischen Ideal seit meiner Kindheit leidenschaftlich zugewandt, gab mir doch diese Anziehungskraft zu keiner Stunde den Impuls, darüber zu schreiben [...] Ich meine so, dass Poetisches dabei herauskommt, die Aussage also den Gegenstand voll beherrscht – und nicht umgekehrt. Das ist merkwürdig. Seit dem Tag, da ich Mitglied der Olympischen Gesellschaft wurde, denke ich darüber nach, warum das so ist. Tatsächlich: Die schöngeistige Literatur und Philosophie der Welt ließ dieses Thema unbehandelt – bis hin zu Aristoteles, der bekanntlich ›alles‹ gewusst und durchdacht hat. Auch bei ihm kein wegweisender Gedanke zum Wesen des ›Olympioniken‹ in der Gesellschaft. Woran liegt das? Was ist die Ursache dieser Schweigsamkeit, soweit sie nicht den Berichter, den Dokumentaristen, den ›Festhalter‹ in concreto angeht, der sich ja mit dem Ereignis, nicht aber mit seinem erkenntnishaften Folgegehalt beschäftigt? Erste Erklärung für uns Heutige: Der Sport und seine olympische Manifestation der Neuzeit sind noch sehr jung. In die Kunstliteratur der Neuzeit, die rund zweihundert Jahre älter ist, konnte sich beides noch nicht integrieren. Die Großen bis hin zu Thomas Mann und Maxim Gorki waren weder Sportler, noch ›drängte‹ sie dieses Anliegen als eine gesellschaftliche ›Bewegung‹. Ist damit der Olympionike auch unserer Tage und bis in alle Zukunft eben doch nur etwas Mach- und Seinbares, das sich nun einmal nicht hinaufheben lässt in die universale geistige Repräsentanz einer Gesellschaft? Zu dieser Frage eine zweite Erklärung: Meine Generation, Jahrgang 1912, drängte es bereits zur olympischen Idee. Wenn ich trotzdem wie die vielen, und obwohl ich ein ›Talent‹ war, doch nur einfach Sport getrieben habe, ohne das Besondere in mir herauszufordern, so nicht deshalb, weil es an der geeigneten Förderung gefehlt hat. Meine ›gestörte‹ Grundhaltung zum olympischen Gedanken betraf vielmehr die Gesellschaft, in der ich lebte.

Eine sportbegeisterte Lyzeumsschülerin der Weimarer Republik war selbstverständlich in der ›Deutschen Turnerschaft‹ organisiert. Das bedeutete viel Vater Jahn und noch mehr Zack-Zack, was mir sehr zusagte. Bis zu dem Augenblick, da ich begriff, dass diese ›preußische Umarmung‹ der olympischen Idee zu nichts anderem führen konnte als zu ihrem Erstickungstod. Im Schock dieser ersten wesentlichen Entdeckung meines Lebens ließ ich Speer und Kugel fallen, um sie nicht wieder aufzuheben. Größeres war zu tun […] ein Zeitalter war zu besichtigen, eine Welt ›einzurenken‹ Was ist ein Stadion gegen den Schauplatz der Geschichte? Der engagierte Humanist von heute kann sein inneres ›olympisches Feuer‹ nur entzünden und bewahren, wenn die Gesellschaft, in der er lebt, sowohl gesunde

Verhältnisse als auch gesunde Ideen produziert. Alles andere erniedrigt die olympische Idee zum bloßen Vorwand für (meist schlechte) politische Tagesgeschäfte, ist Betrug an den Sportenthusiasten der Welt und verschiebt jene unsichtbare Grenze, an der der homo ludens aufhört und der homo faber beginnt, ins Reich der blanken Demagogie. [...]

Es scheint mir bezeichnend, dass in keinem einzigen relevanten Gegenwartsroman aus unserer Republik wenn schon nicht eine Hauptperson so doch wenigstens eine attraktive Nebenfigur von ihrem Schöpfer ins Feuer olympischer Haltung und Bewährung gestellt wurde. Ja, nicht einmal der Sport schlechthin als Kulturphänomen unseres Zeitalters spielt bei der poetischen Durchdringung und Erschließung der geistigen Landschaft unserer Republik eine bezeugende und zeugnishafte Rolle, und das sollte uns doch zu denken geben. Weil es etwas aussagt. Nämlich – wie ich meine – dieses: Die Kunstliteratur oder auch ›schöne Literatur‹ unserer Republik hat den allgemeinen Aufbruch ihrer Bewohner auf die große olympische Straße, die ja etwas bedeutet und wesentliche Bezüge zur Freundschaft und zum Frieden unter den Völkern impliziert, noch immer nicht mitvollzogen.

Mehr noch: Man kann sich des Eindrucks nicht erwehren, dass gerade die jüngere und jüngste Schriftstellergeneration – in Sachen Literatur der ›Nachwuchskader‹ also, wie man spricht – drauf und dran ist, auf olympischem Sektor den Anschluss zu verpassen, und das wäre doch sehr schade[...] es muss auch nicht so sein! Ja – es ist wahr: Nicht eben im Stadion wird Geschichte gemacht. Ebenso wahr aber ist, dass auf dem olympischen Kampfplatz heutzutage nicht nur ein wichtiges Stück Kulturgeschichte der Völker geschrieben wird, sondern auch und vor allem der ›Medaillenspiegel‹, um den es laut These der wohlmeinenden Verfasser aus der ›Gründerzeit‹ nicht geht und niemals gehen sollte, tatsächlich doch etwas aussagt über die nüchtern faktische Repräsentanzkraft einer jeden Gesellschaft im Weltkonzert der Nationen. Und dies alles, so gewichtig es ist, sollte in einer sozialistischen Literatur deutscher Zunge, die sich um Erkenntnis und Aussage mit Tiefgang bemüht, ungestaltet bleiben?

Ich kann es nicht glauben! [...]

So ist das Ganze also Aufforderung, Herausforderung – an mich und meine vielen jungen Kollegen! –, den Anschluss an die olympische Idee zu sichern und zu finden.«

Als ich das las, befiel mich Trauer. Inge von Wangenheims Hoffnungen zur Liaison von Literatur und Olympia waren nach ihrem Tod endgültig im Sumpf des Kommerz untergegangen!

Der unverkäufliche Klub

spotless hatte inzwischen weiter an Boden gewonnen. Wir wurden zu Lesungen eingeladen, und die Säle waren meist überfüllt. Im November 1993 gastierten wir in Bad Doberan, wo der *Stadtanzeiger* unser »Gastspiel« wohlwollend angekündigt hatte und die *Ostseezeitung* am 22. November 1993 dem Abend folgende Zeilen widmete: »›Eigentlich sind wir Abenteurer‹, gestand der *spotless*-Chef gleich eingangs der gelungenen Veranstaltung im vollbesetzten ovalen Saal des Palais. Damit kennzeichnete der Berliner die recht unübliche Situation seines Mini-Verlages. Während 60 deutsche Kleinverlage im Jahr aufgeben mussten, prosperierte *spotless* seit zwei Jahren mit 30 Titeln seiner Taschenbücher.

In 40 Minuten stellte Dr. Klaus Huhn Profil und Arbeitsweise seines Unternehmens vor und beantwortete dann ausführlich, freimütig und locker-humorig Fragen der Zuhörer. Und da kam schon Ungewöhnliches zur Sprache. Den Verlag leitet – ohne Büro, Adresse, Telefon – der erfahrene Journalist und promovierte Sportwissenschaftler Dr. Huhn, selbst der fleißigste Schreiber. Den Versand besorgt seine Frau (Lagerraum – die kleine Wohnung), die Geschäfte führt Irene Salomon, alle ohne Gehalt. Auch die Autoren begnügen sich mit geringer Vergütung. Vom Erlös eines Titels kann erst der nächste gedruckt werden – Stafettensystem. Buchklub-Abonnenten erhalten monatlich ein Buch und das 12. im Jahr gratis. Der Betrieb lebt nicht von aufwendiger Reklame, sondern eher von Mund-zu-Mund-Werbung.

Über 3.000 Kunden enthält allein die Versandliste; denn da ist kein Profit für die Macher, aber ein Gewinn für Leser mit nicht gerade üppigem Einkommen. Der Beweis dafür: Auch so kann Marktwirtschaft dienstbar gemacht werden, kunst- und kundenfreundlich. Ein Verlag dieser Machart vermag natürlich flexibler auf brennende Tagesereignisse zu reagieren. Überraschend deshalb Aktualität und Vielfalt der Buchinhalte. Lebhaftes Kaufinteresse und herzlicher Beifall waren der Dank des befriedigten Publikums für einen informativen und anregenden Abend in wohltuend aufgeschlossener Atmosphäre.«

Was noch gar nicht erwähnt worden war: Eines Tages hatte ich den tollkühnen Plan gefasst, einen »Buch-Klub« zu gründen. Viele hielten es für ein irres Abenteuer, aber ich ging davon aus, dass die Idee Bindungen schaffen würde, die für das Überleben des Verlags wichtig werden könnten. Das Abenteuer wurde also nüchtern kalkuliert: Wer Mitglied wurde, bezahlte zwölf Bücher im Jahr und bekam von uns dreizehn zugestellt. Da wir uns daran gewöhnt hatten, die Bücher am Monatsende aufzuliefern, kam der Tag, an dem wir angerufen und gefragt wurden, wo denn das nächste Buch bleibt? Außerdem versprachen wir den Mitgliedern, Bücher anderer Verlage zu beschaffen, was damals eine wichtige Offerte war, da in vielen Kleinstädten keine Buchhandlungen mehr existierten.

Viele der ersten Klubmitglieder deckt inzwischen der Rasen, aber viele werde ich nicht vergessen, zum Beispiel den Sassnitzer Gerhard Zeidler, der mich einmal zu sich nach Hause einlud und mit dem ich dann eine interessante Rügen-Rundfahrt absolvierte, die den Grundstein für das Buch über »Hylleke« lieferte.

Der Buchklub war keine Erfindung von mir, die ersten waren nicht etwa von geschäftstüchtigen Verlagen gegründet worden, sondern von Arbeiterbildungsvereinen, die ihren Mitgliedern den Zugang zum Buch erleichtern wollten. Der erste war schon 1891 als »Verein der Bücherfreunde« gegründet worden, und so hatten wir solide Vorbilder. Unsere Mitgliederzahlen konnten sich nicht mit deren vergleichen lassen, doch waren wir überrascht, dass sich ständig »Nachwuchs« anmeldete und die Zahlen demzufolge überraschend konstant blieben.

Im Vertrauen: Selbst Lothar Bisky gehörte einst zu den Mitgliedern, wenn er die »Klubkarte« auch eines Tages seinem persönlichen Mitarbeiter übergab, der bis zu seinem Tode ein pünktlich zahlendes und vor allem nach eigenem Bekunden auch begeistertes Mitglied blieb.

Dass sich die Existenz des Klubs herumgesprochen haben musste, verriet uns der Anruf, mit dem sich jemand als Vertreter des größten deutschen Buchklubs ausgab (von dem damals allerdings in der Branche geflüstert wurde, er stecke in den roten Zahlen), zu unserer Neugründung gratulierte und einen »Deal« vorschlug: Man sei an den Namen und Adressen unserer Klubmitglieder interessiert und sei auch bereit, eine verhandelbare Summe pro Anschrift zu zahlen. Wenn mich mein Gedächtnis nicht trügt, war sie dreistellig. Ich blieb trotz des verführerischen Angebots gelassen und machte einen Gegenvorschlag: Könnten wir nicht gegenseitig unsere Adressenlisten austauschen?

Der Mann am anderen Ende der Leitung schien für einen Augenblick in Luftnot zu geraten und fragte zurück, ob mir klar sei, dass wir doch nur über einen Bruchteil der Mitglieder des Anrufers verfügten. »Doch«, bekannte ich, »weshalb ich auch für eine Vertagung des Deals plädieren würde« – bis zu dem Tag nämlich, an dem die Zahlen etwa auf gleicher Höhe lägen. Auf der anderen Seite wurde wortlos eingehängt.

Übrigens versuchten wir – dank oft großzügiger Spenden war das möglich – denen zu helfen, die ihre Mitgliedschaft kündigten, weil sie ihre Arbeit verloren hatten und jeden Pfennig oder Cent neu verplanen mussten. Und oft schrieb man uns auch, über wieviel »Mitleser« der Klub verfügte. Mithin: Auch auf den Klub konnten wir ein wenig stolz sein!

Der »Edel-Skandal«

Der »Verlagsleiter« nahm ungeachtet seiner knapp gewordenen Freizeit alljährlich auch noch an den oft turbulenten Jahrestagungen der Sporthistoriker teil. Die büßten allerdings von Jahr zu Jahr an Niveau ein, weil die Ost-West-Debatten auf eine bedenkliche Ebene herabsanken. Den aus der DDR stammenden Teilnehmern blieb nur die Wahl, entweder unsinnige »Analysen« des DDR-Sports anhören zu müssen oder auf die Teilnahme zu verzichten. 1995 war Potsdam Schauplatz der Jahrestagung.

Ich hatte mich mit einem Vortrag zum Thema »Der Einfluß der Hallstein-Doktrin auf die Entwicklung der deutsch-deutschen Sportbeziehungen nach 1945 unter besonderer Berücksichtigung einer von Kurt Edel – erster NOK-Präsident der DDR – hinterlassenen Niederschrift« angemeldet.

Zur Erklärung: Kurt Edel, mit dem ich auch familiär über Jahrzehnte eng befreundet war, gehörte zu den herausragenden Mittelstreckenläufern der Nachkriegszeit, startete 1946 noch für den Hamburger Sportverein und kehrte 1947 in seine Heimat Weißenfels zurück. Im Mai 1950 wurde er Spartenleiter Leichtathletik im Deutschen Sportausschuss der DDR und 1951 zum Präsidenten des NOK der DDR gewählt. Als der IOC-Präsident Avery Brundage (USA) 1955 seine bis dahin brüske Haltung gegenüber der DDR dank innerer Einsichten änderte, ließ er wissen, dass sein Standpunktwandel international nur »erklärbar« wäre, wenn ihm künftig ein anderer Verhandlungspartner gegenübersäße. Also trat Edel aus »Gesundheitsgründen« zurück und der Leipziger Verleger Heinz Schöbel wurde an seiner Stelle gewählt. Edel wechselte zur Gesellschaft zur Förderung des olympischen Gedankens in der DDR, erkrankte später schwer und war am 2. März 1987 gestorben. Bei einem meiner letzten Krankenhausbesuche übergab er mir ein bis dahin nirgends veröffentlichtes persönliches Schreiben, überschrieben: »Erinnerungen und Erfahrungen zur sportpolitischen Entwicklung im Zeitraum 1945 bis 1955«. 1995 hielt ich es für an der Zeit, es zur Aufhellung der Nachkriegs-Sportgeschichte öffentlich zu machen.

Am Tag bevor ich zu der Tagung nach Potsdam fuhr, erreichte mich ein ungewöhnlicher Anruf. Jemand aus dem Kreis der Historiker, den ich gut kannte und der mich inständig beschwor, niemandem gegenüber auch nur eine Silbe über unser Gespräch zu verlieren, riet mir dringend, unter irgendeinem Vorwand auf meinen Vortrag zu verzichten. »Du kommst in Teufels Küche«, prophezeite er, »denn Teichler wird Edels ›Stasi‹-Akte präsentieren.«

Teichler war der aus Bonn eingeflogene Leiter des Instituts für Sportwissenschaft an der Potsdamer Universität, also der Gastgeber der Tagung. Dennoch pfiff ich auf die – sicher gut gemeinte – Warnung, hielt meinen Vortrag und fügte ihm einen neuen Schluß an: »Noch eine Bemerkung sei mir erlaubt. Es ist zu vermuten, dass mir folgende Redner die Absicht haben, dem

Plenum zu enthüllen, dass Kurt Edel in den Personallisten des Ministeriums für Staatssicherheit geführt wurde. Das ist und war mir bekannt. Und nun verrate ich Ihnen, dass ich die hinterlassene Niederschrift Edels für meinen Vortrag vor allem wählte, weil ich vermute, dass Stasiakten in diesem Jahr den Inhalt der Jahrestagung prägen sollen. Ich gebe aber zu bedenken: Wer Stasi-Akten als für Historiker verbindliche Erkenntnisse bewertet, darf – folgt man solcher Logik – auch die von mir zitierten Aussagen Edels nicht in Frage stellen. Denn: Einmal MfS akzeptieren, zwingt dazu, MfS immer zu respektieren! Ansonsten würden künftig unterschiedliche Kategorien von Stasiakten gelten. Die nämlich, die der aktuellen Politik dienen, und die, die in dieser Hinsicht weniger nützlich erscheinen. Das war zwar nur eine Randbemerkung, aber sie sollte für den Rest unserer Tagung als gültiger Maßstab akzeptiert werden.«

Als ich geendet hatte und das Gesicht hob, sah ich in die steinerne Miene Teichlers. Der war indes nicht bereit, der Situation in irgendeiner Weise Rechnung zu tragen und hielt seinen Vortrag, in dem er nicht nur angebliche MfS-Aktivitäten Edels »enthüllte«, sondern auch Persönlichkeiten nannte, die Edel als »Führungsoffizier« betreut haben sollte. Darunter war der renommierte Göttinger Sportwissenschaftler Arnd Krüger, der an der Tagung nicht teilnahm, aber schon am nächsten Tag die Teichler-Behauptungen in der *FAZ* energisch dementierte.

Als das Protokoll der Tagung veröffentlicht werden sollte, bestand Professor Arnd Krüger auf dem Abdruck seiner Gegenerklärung. Der als Herausgeber des Protokolls fungierende Verband dvs lehnte die Aufnahme der Erklärung ins Protokoll ab. 30 Monate (!) zog sich der Streit hin, dann versuchte das Kölner Bundesinstitut für Sportwissenschaften die üble Denunziation zu begraben, indem es die Summe für die Herausgabe des Protokollbandes bewilligte. Krüger schrieb in seiner Richtigstellung: »Der McCarthyismus Teichlers ist kein geeignetes Analyseverfahren zum Verständnis der Versuche, die Verkrampftheit der offiziellen Kontakte auf vielen Ebenen zu umgehen. Er birgt vielmehr für die ganze Profession die Gefahr, dass man von den noch reichlich vorhandenen Zeitzeugen kaum noch vernünftige Antworten bekommen kann.« Schonungslos rechnete Krüger mit der verbreiteten Methode ab, »Stasi«-Akten als »Beweisdokumente« zu verwenden.

Es blieb für die Herausgeber allerdings noch eine Hürde: Die Publikation meines Vortrags mit den schon erwähnten Schlußsätzen. Dieses Hindernis umging man in dem Stil, in dem man viele Ost-West-Probleme zu lösen pflegte. Man ließ meinen Text spurlos verschwinden und versicherte hinterher, er sei durch Missverständnisse »vergessen« worden!

Auf Geheim-Spuren

Aber *spotless* war auch auf diesem Feld keineswegs ein Verlierer. Die erwähnte Halbjahreszeitschrift konnte sich schon bald rühmen, Akten zu publizieren, die nicht irgendein IM geliefert hatte, sondern renommierte Bonner Diplomaten.

Wo ich – Herausgeber der Zeitschrift – die aufstöberte? In Bonn!

Ich durchwühlte deswegen keine Keller, stürmte auch keine Archive, sondern wählte die international üblichen Wege, indem ich den Ablauf der 30-jährigen Geheimhaltungsfrist abwartete und dann beim zuständigen Archivar des Auswärtigen Amtes, einem Freiherrn von B., vorsprach, der – das sei hervorgehoben – über die Maßen entgegenkommend war.

Da an dem Tag des Jahres 1997, an dem ich das erste Mal in seinem Archiv erschien, noch einige von mir erbetene Aktenmappen fehlten, empfahl man mir »zum Zeitvertreib« einen Besuch in der »Kantine« des Auswärtigen Amtes im Dachgeschoß. In meinem Taschenbuch »Wie ich in Bonn meine Akte fand« erwähnte ich, dass die Tasse Kaffee dort zum gleichen Preis angeboten wurde wie in der Kantine des *ND*, nämlich für 50 Pfennige (also sogar im 1:1-Verhältnis beider deutscher Währungen). Diese Feststellung muss jemanden irritiert haben, denn als ich das nächste Mal das Archiv besuchte, riet ein mir sichtlich Wohlgesinnter, dass ich nirgends im Haus meine Autorenschaft dieses Taschenbuchs offenbaren sollte. Nicht wegen denkbarer politischer Anwürfe, sondern wegen des Kaffeepreises, den man inzwischen drastisch erhöht und sich dabei auf meine Publikation berufen hatte. Offensichtlich wollten Bonner

Diplomaten nicht mal in der Frage des Tasse-Kaffee-Preises mit *Neues Deutschland* verglichen werden.

Weit aufregender als der Kaffeepreis aber waren die Akten, die mir dort in die Hände fielen und die ich später in den »Beiträgen zur Sportgeschichte« publizierte.

Zum Beispiel: Die Tatsache, dass die DDR 1956 durch eine IOC-Entscheidung mit eigenen Athleten in einer sogenannten gesamtdeutschen Mannschaft an den Olympischen Winterspielen in Cortina d'Ampezzo teilnehmen durfte, hatte in Bonn einen Schock ausgelöst.

So fand ich ein vom 13. Januar 1956 datiertes, drei Seiten langes verschlüsseltes Fernschreiben aus Bonn an die »Diplogerma« – Schlüsselwort für die bundesdeutsche Vertretung – in Kopenhagen. Adressat war der Botschafter, der Auftrag an ihn lautete: »Das Internationale Olympische Komitee hatte im Juni 1955 einem Antrag des Nationalen Olympischen Komitees der sowjetischen Besatzungszone auf Anerkennung unter Voraussetzung provisorisch zugestimmt, dass für Olympische Spiele 1956 gesamtdeutsche Mannschaft gebildet werde […] Beschluss […] gibt zu ernsten Besorgnissen Anlass, da er auf einem in seiner Wirkung in der Öffentlichkeit nicht zu unterschätzenden Gebiet internationale Anerkennung eines von den Sowjetzonenmachthabern eingesetzten staatlichen Gremiums darstellt. Seine Hinnahme […] kann trotz formaler Unabhängigkeit dieses Komitees zu Missdeutungen in der Frage unserer grundsätzlichen Ablehnung einer Zusammenarbeit mit Sowjetzonenmachthabern führen. Bundesregierung muss daher alles daransetzen, dass Pariser Beschluss revidiert wird.«

Diese Order aus Bonn war ein beispielloser Versuch der Bundesregierung, das Internationale Olympische Komitee zu nötigen, den Alleinvertretungsanspruch zu respektieren.

Wie diese »Revision« erzwungen werden sollte, enthüllte der letzte Absatz des »Diplogerma«-Telegramms: »Bitte […] sofort mit dem Präsidenten des NOK von Dänemark, Prinz Axel von Dänemark, Verbindung aufnehmen […] und anzuregen, dass die Frage der Revision des Pariser Beschlusses […] noch in Cortina auf die Tagesordnung […] gesetzt wird.«

Unterschrieben worden war dieser unmissverständliche Auftrag, das Internationale Olympische Komitee zu einer Korrektur seines im Juli 1955 in Paris gefassten Beschlusses zu bewegen, von niemand geringerem als dem Staatssekretär des Bonner Auswärtigen Amtes, Walter Hallstein. Der allerletzte Satz der Depesche lautete: »Vorstehende Mitteilungen wurden nach einem vorher festgelegten Code durchgegeben.«

Es reizte mich, wenigstens einmal einen Code der Bundesregierung zu knacken.

Ich blätterte also weiter und stieß bald auf das verschlüsselte Telegramm, das ein als Sonderbeauftragter Hallsteins nach Cortina Entsandter, Müller-Horn, via Mailand nach Bonn hatte kabeln lassen. Der Text lautete: »Sohn hat von Kegelbahn ausreichend Vollmachten erhalten für Verhandlungen mit Bärenführern wegen Känguruh-Springen im Regen Wünsche von Nummer eins am Fenster durchzusetzen. Eisbecherproblem für Cortina kaum mehr akut, da Bäreneinzelsieg wahrscheinlich nicht mehr zu erwarten.«

Ich fühlte für Sekunden zielstrebig wie James Bond, stürzte aber schnell in eine tiefe Grübel-Grube, aus der mir kein Drehbuch half.

Was mochte der Begriff »Bäreneinzelsieg« verschlüsseln, was das irritierende Wort »Känguruh-Springen«?

Ich konstatierte einmal mehr, dass Bonn bei seinem Anti-DDR-Feldzug weder an intellektueller Mühe noch an finanziellem Aufwand gespart hatte, spürte mich aber schon bald von Depressionen befallen, denn ich sah nirgends einen Pfad, dem von Hallstein errichteten Irrgarten der Schlüsselwörter zu entkommen.

Aber auch in Bonn hatte man alles beschriebene Papier archiviert: Zwei Seiten weiter fand ich den Urtext der verschlüsselten Version: »Dr. von Halt hat von der Plenarversammlung IOC ausreichend Vollmachten erhalten, um für Verhandlungen mit Ost-NOK wegen gesamtdeutscher Mannschaft für Melbourne die Wünsche des Herrn Staatssekretärs durchzusetzen. Die Hymnenfrage ist für Cortina kaum mehr akut, da ein Einzelsieg eines Vertreters der ostzonalen Seite wahrscheinlich nicht mehr zu erwarten.«

Ich fühlte mich wie jemand, der ein Kreuzworträtsel löst, indem er auf der hintersten Seite des Rätselhefts die Auflösung abschreibt. Das waren die »Schlüsselworte«: »Sohn« stand für das bundesdeutsche IOC-Mitglied Ritter von Halt, »Kegelbahn« für das IOC. Die DDR-Athleten waren die »Bären«, Hallstein die »Nummer eins am Fenster« und das »Eisbecherproblem« markierte das Risiko, dass bei einem DDR-Sieg im Skispringen – im Text: »Känguruh-Springen« – die von Hanns Eisler komponierte und von Johannes R. Becher getextete DDR-Hymne gespielt werden würde.

Als sich meine Erheiterung und das Erstaunen über diese diplomatische Räuber-und-Gendarm-Posse gelegt hatten, schwanden auch die letzten Zweifel: Wir in den Sonntagsreden als »Brüder und Schwestern« Gepriesenen waren im Bonner Diplomatencode die »Bären«!

Und dann stellte ich mir vor, wie jener Müller-Horn während des Sprunglaufs am letzten Tag der Spiele irgendwo in der Menge – vielleicht sogar direkt neben mir, nur »getarnt« durch einen hochgeschlagenen Mantelkragen – gestanden haben konnte und nach dem ersten Durchgang, Harry Glaß lag da noch auf dem ersten Platz, einem Herzinfarkt nahe gewesen sein mußte, weil die Gefahr eines »Bäreneinzelsiegs« wieder heraufdrohte und damit auch die »Eisbecher«-Hymne!

2001
Wer war auf dem Rasen?

2001 war Potsdam wieder Schauplatz des Historiker-Jahrestreffens und man tat einiges dafür, dass man einen Vortrag von mir gar nicht erst »vergessen« musste. Die mit dem 28. Februar 2001 datierte Einladung war am 30. März bei der Post aufgeliefert worden, womit die Frist für die Anmeldung eines Vortrags verstrichen war. Ich legte Widerspruch ein, man erfand wieder eine Entschuldigung, bot mir aber an, mein Thema noch nachträglich einzureichen. Ohne zu wissen, worüber ich reden wollte, legte der inzwischen zum Privatdozenten avancierte Giselher Spitzer – in der Regel Wortführer der Stasi-Akten-Fraktion – Protest ein und forderte, mich generell von der Rednerliste zu streichen.

Inzwischen hatten sich immer mehr Sportwissenschaftler aus der DDR entschlossen, auf die Teilnahme an den Tagungen zu verzichten, schon weil an sachliche Debatten nicht mehr zu denken war. So sank die Zahl der Freunde und Genossen, die der »DDR-Aufarbeiter« wuchs. Diesmal aber blieb mein Name auf der Rednerliste.

Im sonst für die Chemiestudenten der Potsdamer Universität reservierten großen Hörsaal erwartete die Teilnehmer ein als »wissenschaftliche Untersuchung« angekündigter Vortrag zum Thema »Fußball in der DDR«. Referent war Giselher Spitzer, der sich bis dahin nicht eben als besonderer Kenner dieser Sportart geoutet hatte. Er begann mit der historischen Unkorrektheit, das von ihm behandelte Spiel um die DDR-Meisterschaft als Partie um die »Zonenmeisterschaft« auszugeben. Er fuhr mit Ungenauigkeiten fort und nannte als Gegner auf dem Rasen die SG Dresden-Friedrichstadt und Union Halle. »Begründen« wollte er, dass auf Weisung von Walter Ulbricht die Betriebssportgemeinschaft aus Halle gegen die »private« Sportgemeinschaft aus Dresden gewinnen musste. Tatsächlich waren die Hallenser nach einer Niederlage gegen die Zentral-sportgemeinschaft Horch Zwickau, die Elf des volkseigenen Autowerks, ausgeschieden. Als Spitzer nach dem für ihn schon zur Gewohnheit gewordenen Schwenken einer angeblichen »Stasi«-Akte über Doping zu Ende gekommen war, erhob ich mich und bat, ihm eine Frage stellen zu dürfen.

Ich verhehle nicht, dass jedes Geräusch im Saal erstarb. Die meisten Teilnehmer waren im Bilde, dass er meine Streichung von der Rednerliste beantragt hatte, und obendrein hatte ich ihn schon in vorangegangenen Sitzungen des öfteren mit meinen Fragen aus dem Tritt gebracht.

Ich begann: »Wieviel Mannschaften standen denn an dem Tag, an dem das von Ihnen als Zonenmeisterschaft ausgegebene Spiel in Dresden ausgetragen wurde, auf dem Rasen?«

Spitzer starrte mich entgeistert an: »Na, zwei.«

Ich schüttelte den Kopf: »Das würden sie historisch nicht belegen können. Alle Chroniken weisen Dresden-Friedrichstadt und die ZSG Horch Zwickau als Gegner aus. Was trieb also Union Halle auf dem Rasen?«

Spitzer wühlte in seinen Papieren, wedelte verzweifelt mit der »Stasi«-Akte, doch konnte die nicht belegen, was nicht zu belegen war.

Dann entdeckte er den »Fehler« und korrigierte ihn hilflos mit einer Geste, als hätte er ein Komma übersehen.

Prof. Teichler hielt es für ratsam, Spitzers Vortrag als für beendet zu erklären. Der Saal schwieg. Das Protokoll überging später die Falschaussage.

Dann kam ich an die Reihe. Ich hatte ein Thema gewählt, das die meisten im Saal irritierte: »Über Kinderangeln in der DDR«. Der Hintergrund, den die meisten im Saal nicht kannten, war: Die beiden deutschen Anglerverbände hatten sich nach über einem Jahrzehnt »Einheit« noch immer nicht vereinigt, und während der DDR-Verband das Kinderangeln immer gefördert hatte, hatte es der Westverband untersagt, weil es angeblich gegen den Tierschutz verstieß.

Als ich geendet hatte, fiel niemandem im Saal eine kritische Frage ein. Die »Stasi« war kaum ins Spiel zu bringen, und ein Diktat der SED zu vermuten, fiel schwer. Schließlich raffte sich Prof. Dr. Georg Baur (Potsdam) dazu auf, mir entgegenzuhalten, dass ihn sein Sohn nach der Rückkehr von seinen Angelausflügen jedesmal nötige, den Fang zu braten. Ich empfand das nicht als Frage und gab zu verstehen, dass das seinen Ruf als Vater doch sicher festige. Dann meldete sich Prof. Dr. Michael Krüger (Münster) und forderte von mir Auskunft über die Qualität der Fische in den vergifteten DDR-Gewässern. Meine Antwort ließ den Saal vor Gelächter toben und veranlaßte Teichler, augenblicklich die Mittagpause anzukündigen: »Sie meinen natürlich durch Doping verseuchtes Wasser, und in diesem Fall würde ich ihnen eine Konsultation bei Herrn Spitzer empfehlen, der das Thema Doping wie kein zweiter beherrscht.«

Eines Tages – wen wundert's? – hatte ich die Nase voll und trat ebenfalls aus dieser Historikervereinigung aus.

Im Herbst 2006 glaubte ich allerdings, man habe meinen Austritt ignoriert, denn ich fand eine Einladung zur Jahrestagung ins niedersächsische Hoya in meinem Internet-Briefkasten. Der Mann, der mir die e-mail gesandt hatte, war jener Arnd Krüger, Professor der Sportwissenschaften der Universität Göttingen, den der Potsdamer Prof. Teichler bezichtigt hatte, ein »Stasi«-Agent gewesen sein.

Uralte Freunde: Täve und Klaus

Arnd Krüger hatte mir am 27. September 2006 geschrieben: »Lieber Herr Huhn, ich hoffe, Sie auf diesem Wege erreichen zu können. In diesem Jahr ist das NISH (Niedersächsisches Institut für Sportwissenschaften) in Hoya 25 Jahre Jahre alt, aus diesem Anlaß sind wir wieder einmal der Ausrichter der DVS-Sektion Sportgeschichte. In Hoya werden es hauptsächlich jüngere Leute sein, die sich mit Biographien von Helden/Stars und der Konstruktion von solchen Persönlichkeiten im Sport befassen. […] Ich fände es sehr spannend, auch aus der Sicht eines Praktikers etwas über die Konstruktion von Stars zu hören, zumal wenn in der DDR das Kollektiv im Vordergrund stand und trotzdem Spitzensportler als Vorbilder benötigt wurden. Außerdem schulden wir Ihnen noch etwas, da Sie das letzte Mal dankenswerterweise die Getränke der ganzen jungen Leute bezahlt haben. Wir würden daher gern in Hoya Ihre Kosten übernehmen.«

Ich sagte zu, aber an dem Morgen, an dem ich aufbrechen wollte, ließ mich eine Kette widriger Umstände in meinem Arbeitszimmer fatal stürzen, die Feuerwehr fuhr mich in die Rettungsstation eines Krankenhauses, und so war an meine Reise nicht mehr zu denken. Ich mailte den Vortrag nach Hoya, und Krüger schrieb mir: »Es tut mir sehr leid, dass Sie nicht kommen konnten, wir haben Sie sehr vermisst. […] Wir haben den etwas über 30 Teilnehmern vorgeschlagen, den Text verlesen zu lassen (Claus Tiedemann als der Chairman der Sitzung wollte dies tun). Die Teilnehmer haben darüber abgestimmt und wollten den Text lieber als Email-Anhang zugeschickt bekommen (und früher zum Mittagessen gehen).

Mit den besten Wünschen für Ihre baldige Genesung Ihr Arnd Krüger.«

2002
Rotkäppchen
und der Bundestag

Dass *spotless* drei Titel über Täve Schur herausbrachte, die alle ihre Leser fanden, hing auch ein wenig damit zusammen, dass der Rennfahrer und ich seit Jahrzehnten gute Freunde waren. Als die 50. Friedensfahrt 1997 in Potsdam mit viel Glanz und Gloria gestartet wurde, staunte Gregor Gysi, welch stürmischen Empfang das Publikum Täve bereitete. Bald darauf bat er mich, Täve für eine Bundestags-Kandidatur zu gewinnen. Allein die Vorstellung, das DDR-Idol würde acht Jahre nach dem Untergang der DDR in den BRD-Bundestag gewählt, verursachte in den Bundes-Medien einiges Entsetzen. Das so mühsam demolierte DDR-Bild drohte mit dieser Wahl neuen Glanz zu gewinnen. Die unübersehbare Hilflosigkeit gipfelte in der Warnung, der Vorsitzende des Friedensfahrtkomitees dürfe keine politische Funktion übernehmen. Die Sponsoren wurden mobilisiert und dann behauptet, sowohl die Bierbrauerei Hasseröder wie die Sektkellerei Rotkäppchen würden ihre Zahlungen für die Friedensfahrt umgehend einstellen, wenn Schur auf der PDS-Kandidatenliste erscheinen sollte.

Der kürzeste Weg ist in solchen Situationen meist der erfolgversprechendste. Also sandte ich dem Rotkäppchen-Chef Hans-Jürgen Krieger die Fax-Botschaft: »Sie wurden in der heutigen *Morgenpost* (Erscheinungsort Berlin) ausgiebig zu dem Komplex ›Sponsoring, Friedensfahrt und Schur‹ zitiert.

Zum Beispiel: ›Eines geht nur: Friedensfahrt oder PDS‹, sagte Günter Baufeld, zuständig für Marketing bei Hasseröder. Die Sektkellerei Rotkäppchen, Unterstützerin des gepunkteten Berg-Trikots, sieht das ähnlich: ›Wir sponsern nur ein Sportereignis‹, entschied Geschäftsführer Hans-Jürgen Krieger [...] Täve Schur ›weiß einfach zu gut‹, dass Politik und Friedensfahrt zusammen ›einem Wahlkampf‹ gleichkämen. Und vor diesen würden sich […] Hasseröder und Rotkäppchen nicht spannen lassen.‹

Ich wäre Ihnen sehr verbunden, wenn Sie uns mitteilen könnten:

1. Ist das Zitat richtig wiedergegeben?

2. Muss man daraus schließen, dass Sie Ihr Sponsoring für die Friedensfahrt davon abhängig machen, in welcher Weise – vor allem für welche Partei – einer der Verantwortlichen sein im Grundgesetz garantiertes Recht wahrnimmt, für den Bundestag zu kandidieren?

3. Muss man daraus eventuell schließen, dass Sie auf Werberezipienten und Verbraucher, die Schurs Schritt billigen, künftig verzichten wollen? (Es gibt dafür ein Beispiel: Coca Cola hatte sich vor der Wahl des Olympiaorts 1996 gegen Athen ausgesprochen und musste anschließend eine kostspielige Werbekampagne in Griechenland finanzieren, um dem Coca-Cola-Boykott entgegenzuwirken.)«

Drei Stunden später lag die Antwort aus Freyburg vor:

»Sehr geehrter Herr Dr. Huhn, die von Ihnen in Ihrem Telefax angeführten Aussagen wurden in dieser Form von Herrn Krieger nicht getroffen. Er möchte sich lediglich dahingehend äußern, dass die Rotkäppchen Sektkellerei die Friedensfahrt um der Friedensfahrt willen unterstützt und dieses Engagement auch fortsetzen wird, wenn Herr Schur politisch aktiv wird. Weitere Verlautbarungen wird es zu diesem Thema nicht geben. Wir bitten um freundliche Beachtung und verbleiben mit freundlichen Grüßen, Hagen Damert.«

Ein Wort, das alle Zweifel aus dem Weg räumte! Die Kandidatur wurde verkündet und Gustav-Adolf Schur in Leipzig für die PDS in den Bundestag gewählt.

Von nun war Turn-Olympiasieger Klaus Köste sein persönlicher Mitarbeiter und ich sein ehrenamtlicher Berater, zuständig für die in den Ausschüssen oder im Plenum zu haltenden Reden, was ich hier nur mitteile, um eine weitere Funktion meines Lebens kundzutun: ehrenamtlicher Mitarbeiter eines Bundestagsabgeordneten.

Schur hielt in den vier Abgeordnetenjahren im Bundestag manche Rede, und eben auch welche, die ich zu Papier gebracht

hatte. Selten wurde er von den Abgeordneten der Regierungs-
parteien gefeiert. Im Februar 2000 hatte er mit giftigen Zwi-
schenrufen gerechnet, da er zum Thema Doping sprach. Er
begann mit einer »Warnung«:

»Allen potentiellen Zwischenrufern, die schon in den Start-
löchern sitzen, weil jetzt ein Ex-Weltmeister aus der DDR das
Wort zum Thema Doping ergreift, möchte ich einen Tip geben:
Neulich schrieb die ›Süddeutsche Zeitung‹, ich sei gedopt 1972
in München zur Medaille gekommen. Zu Ihrer Information:
Ich habe meine Laufbahn bereits 1964 beendet.«

Das Protokoll vermerkte: »Gelächter in allen Fraktionen.«

Der Appell des Trios

Zwei Jahre später endete Täves Abgeordnetenlaufbahn, aber das
»Bundestags«-Trio Schur, Köste, Huhn blieb beisammen, auch
wenn nun Hunderte Kilometer zwischen ihnen lagen. Am 16.
Januar 2003 entschlossen sich Schur, Köste und die erfolgreiche
Mittelstrecklerin Gunhild Hoffmeister, einen Friedens-Appell
an die deutschen Sportler zu richten, den ich ihnen formulierte.
»Plädieren wir dafür, dass möglichst viele deutsche Sportler ihre
Stimme gegen einen drohenden Krieg im Irak oder sonstwo auf
der Welt erheben. Gerade, weil auch der Sport seit jeher ein
Symbol für friedliches Miteinander ist, gilt unser ganzes Engagement dem Frieden in der Welt.« Das Echo war imponierend.
Vom Turn-Olympiasieger 1936 Matthias Volz bis zu Katarina
Witt, von Rudi Altig bis Helmut Bantz unterschrieben bis zum
1. März nahezu tausend Olympioniken, Welt- und Europamei-
ster. Die Liste wurde der UNO übermittelt, deren Department
of Public Information den Eingang bestätigte.

Allerdings gab es auch wütende politische Reaktionen: »Der
Präsident des Nationalen Olympischen Komitees für Deutschland (NOK), Klaus Steinbach, hat den Friedensappell im
Zusammenhang mit der Irak-Krise als einseitig kritisiert. [...]
›ist in erster Linie parteipolitisch motiviert‹ [...] ›Der Aufruf
wendet sich gegen die Vereinigten Staaten‹, sagte Steinbach.«

Schur richtete tags darauf einen Brief an Steinbach, in dem
er darauf verwies, dass die Behauptung, der Aufruf wende sich

gegen die USA, irreführend sei, denn die USA seien an keiner Stelle des Appells erwähnt. »Abschließend noch ein ganz persönliches Wort. Sie schrieben: ›Der Krieg darf nur das allerletzte Mittel sein.‹ Ich möchte Ihnen in dieser Frage energisch widersprechen: Krieg sollte überhaupt kein Mittel der Politik sein! Letzteres schreibe ich Ihnen auch im Namen von Gunhild Hoffmeister, die ihren Vater im Zweiten Weltkrieg verloren hat. Glauben Sie uns, wir wissen, wovon wir sprechen.«

Steinbach war zwar von CDU-Politikern gelobt worden, sah sich aber in die Enge getrieben und versuchte sich herauszureden: »Im Zuge des Autotelefon-Interviews mit ständigen Unterbrechungen und wohl daraus resultierenden Missverständnissen habe ich zu verschiedenen Sachverhalten meine Meinung geäußert. [...] Es ist richtig, dass ich gesagt habe, dass ich einseitig parteipolitisch motivierte Initiatoren als Präsident des NOK nicht unterstützen kann. [...] Ich habe den mittlerweile rund 700 Unterzeichnern nicht parteipolitische Initiative unterstellt. Das möchte ich nochmals deutlich betonen.«

Gerhard Bengsch vs. Kurt Biedenkopf

Es wird höchste Zeit, die Liste der *spotless*-Autoren forzusetzen, denn sie ist stattlich.

Zu ihr gehörte auch Gerhard Bengsch. Wir hatten die Nachkriegsjahre gemeinsam als Lokalreporter erlebt und waren uns aus den Augen geraten, als er in Babelsberg erfolgreich Filmdrehbücher zu schreiben begann. Er wurde zweimal mit dem DDR-Nationalpreis ausgezeichnet, und erst der Anti-DDR-Feldzug hatte uns in den 90er Jahren wieder zusammengebracht. Wir freuten uns, die Härte der Nachkriegszeit nicht eingebüßt zu haben, und er schrieb einige der erfolgreichsten *spotless*-Titel.

Dabei hatte er sich eines Tages etwas Ungewöhnliches einfallen lassen: Er schraubte ein neues Namensschild an seinen Briefkasten – »Terenz Abt« – und wandte sich unter diesem Namen mit unsinnig dummdreisten Fragen an Persönlichkeiten, die in herrschende Ämter gelangt waren, und mit dümmlichen, aber dem Geist der »neuen Zeit« entsprechenden Fragen an alle Welt. Kaum jemand durchschaute seine Absichten, und so bekam er von allen Seiten ernsthafte Antworten. Diese Brief-wechsel publizierte er in dem Erfolgstitel »Herr Minister lässt grüßen«. Allein die Korrespondenz – hier nur Stichworte dar-aus – mit der Gattin des Kohl-Vertrauten und sächsischen Mini-sterpräsidenten Kurt Biedenkopf hätte kein Schriftsteller erfin-den können.

»Abt: Es geht um meine Ehe. Solange wir in Lohn und Brot standen, war sie in Ordnung. Der DDR-Terror hielt uns zusam-men. [...] Dann kam die Wende. [...] mit meiner Frau wird es jeden Tag schwieriger. Sie ist, obwohl aus guter Familie stam-mend, eine richtige rote Socke geworden.

Ingrid Biedenkopf: [...] kann ich Sie natürlich gut verste-hen, denn es ist nicht leicht, an der Seite eines Menschen zu leben, der nichts Positives mehr im Leben sieht. [...] So eine lange Zeit, in der viele gemeinsame Erlebnisse gemacht worden sind, verbindet sehr. [...] dass Sie mit Ihrer Frau ernsthaft spre-chen sollten [...]

Abt: [...] Ihren werten Rat beherzigt und auf einer Ausspra-che [...] bestanden. [...] Darauf hat sie gesagt: ›[...] Aber erst gehst‹ Du mit mir in die PDS-Versammlung.‹ [...] Und jetzt kommt der Knalleffekt: ich hör den roten Socken zu und habe nach einer Weile das Gefühl, dass die ja vielleicht doch recht haben.«

Armin Stolper verdankten wir nicht weniger als acht Bücher, darunter eines, dessen Titel schon Schocks auslöste: »Wählen Sie die Kandidaten der Nationalen Front« und später die »Gespräche auf dem Friedhof mit dem anwesenden Herrn Hacks«.

Da der Name Hacks gefallen ist, will ich auch erwähnen, dass der mir 1994 einen knappen Brief geschrieben hatte, nach-dem ich ihn um ein Interview gebeten hatte: »Lieber Herr Huhn, das Geben von Interviews ist nicht mein Beruf. Es ver-hält sich also genau umgekehrt, wie Sie meinen. Ich will gern mit Ihnen plaudern, aber ich will Ihnen kein Interview geben. Mein Telephon ist 4483202, und man erreicht mich am späten Nachmittag. Schönstens, Peter Hacks.«

Die Plauderstunde fand dann auch statt, endete erst am spä-ten Abend und wurde einige Male wiederholt. Wir hatten viele Themen, und die Gespräche verliefen »schönstens«. Dass Hacks einmal gesagt hatte, *spotless* würde nie ein »richtiger Verlag«, empfand ich als Kompliment.

Wir wollten nie einer werden!

Mundstock und seine Puff-Story

Beim Blättern in alten Briefen fielen mir auch die von Karl Mundstock in die Hand. Den hatte ich – um seine Radfahr-leidenschaft wissend – einmal als literarischen »Reporter« zur Friedensfahrt eingeladen, und dort hatte er trotz der für einen Schriftsteller ungewohnten und wohl auch unpassenden Arbeitsbedingungen täglich exzellente Beobachtungen zu Papier gebracht. Als der Entschluss reifte, *spotless* zu gründen, schrieb ich ihm, ob er ein für dieses Vorhaben geeignetes Manuskript finden könne. Er antwortete am 15. Juni 1991 – das Datum ist von Belang: »Lieber Klaus, ich habe mir dein Vorhaben eines Verlagsunternehmens durch den Kopf gehen lassen und daraufhin meine Produktion durchgesehen. Vorher aber eine Warnung, die du dir sicher schon selbst hast durch den Kopf gehen lassen.

Wir hier (mich eingeschlossen), die gekauft und gekauft und dem westdeutschen Kapital einen Boom beschert haben wie nie zuvor, sind doch nun mit unsern Piepen schon oder bald am Ende. Vier Millionen Arbeitslose werden nicht mehr als das zum Überleben Notwendige kaufen können. Wohin dann mit dem Warenüberschuss? Die Ostmärkte können ihn nicht mal mehr zum Preis ökonomischer Versklavung aufnehmen. Die dritte Welt? Die lebt schon jetzt nur noch vom Kredit! […] Wir haben also den klassischen Fall einer gekoppelten Krise, wobei, siehe Marx, ein Faktor den andern verschlimmert. Was vor uns liegt, ist nicht nur eine der regelmäßigen Überproduktionskrisen, keine der zyklischen, die sich durch Aufspüren neuer Märkte und besseres Abschöpfen der alten wie auch durch Vernichtung von Überproduktion wieder einspielen, nein, das ist eine Seinskrise, die mit dem dritten Faktor gekoppelt ins Katastrophale wächst, mit der Konkurrenzkrise (Marx nennt das anders, ich müsste nachlesen). […] Das zu deinen und deines Teams Illusion. Eine Chance gegen die Großen hat nur, wer klar sieht und sich rechtzeitig voll auf das einrichtet, auch mit einer Neugründung, was auf uns zukommt. Nun nach den Unkenrufen mein Vorschlag. Moneten haben wir nicht, Sohn arbeitslos, Enkel arbeitslos, Einnahmen wegen Verlagsmisere keine. Rücklagen sind auch nicht nennenswert und werden für das Lebensnotwendige gebraucht werden. Nun habe ich ein Stück meiner Produktion der letzten zehn Jahre durchgeackert, das könnt ihr haben, wenn ihr es brauchen könnt und ihr meint, dass es euch was einbringen würde. Auf Honorar verzichte ich natürlich zugunsten eures Unternehmens, mindestens solange ihr keine Einnahmen habt, die zu mehr reichen, als euch und euren Verlag zu erhalten. Wenn ihr die Segel streichen müsst, erübrigt sich alles weitere. Was ich habe, ist original, also noch nirgendwo gebunden, es ist grobianische Satire, Titel: ›Schlachtfeld Liebe‹, militanter Antimilitarismus und ein großer Gestank gegen den Sittlichkeitsmief. […] Trotz pessimistischer Prognose drücke ich dir den Daumen!«

Bald darauf kam ein zweiter Brief: »Das Angebot in meinem ersten Brief bleibt aufrechterhalten. Noch habe ich meine Pension und kann es mir leisten, euch mit einem Stück reißerischer Literatur auf die Beine helfen zu wollen. Jetzt haben es französische Kampfgefährten, die über die Rabelaisschen Grobianismen – der Lude des Provinzpuffs ›Süße Pflaume‹ praktiziert Marxsche Profittheorie – aus dem Häuschen waren. Da die Pariser Auflage nicht mit Vergabe von Rechten (außer für Frankreich) verbunden ist, kannst du das Stück oder auch ein anderes nach wie vor haben, und zwar als ›Solidarbeitrag‹. Da du, wie du schreibst, kämpferische Publizistik unter die Leute bringen willst, warum nicht auch die von einem Wohlstandspuff? Die Gefechtsrapporte des ›Schlachtfeld Liebe‹ sind klassenkämpferische Radikalliteratur, Explosivstoff mit rauchender Lunte. Sei gegrüßt in alter Verbundenheit.«

Ich gestehe: Mundstocks Berichte vom »Schlachtfeld Liebe« verlegte ich nicht und räume auch ein, dass meine Hemmungen, in dieser Hinsicht die *spotless*-Leser zu verschrecken, vielleicht übertrieben waren. Mundstock schrieb dennoch vier Bücher in unserer Reihe, und das wohl wichtigste erschien nach der PDS-Wahlniederlage 2002 mit dem Titel: »Raus aus dem Dilemma!« und dürfte geholfen haben, Resignation zu vertreiben.

2005
Die Affäre »Knabe(lari)«

Überhaupt befassten sich die meisten Titel mit brandaktuellen Themen. 1994 waren wir die ersten, die mit »Überlebt Kuba?« die vielen aufgekommenen Fragen um die Zukunft der Insel zu beantworten versuchten. Ich war nach Havanna geflogen und hatte dort mit Otto Marquardt, einem ehemaligen Rundfunkkorrespondenten und wohl renommiertesten deutschen Kenner der dortigen Situation einen idealen Koautor gewonnen. Gemeinsam schrieben wir noch drei Kuba-Bücher, und 2004 rundete der langjährige Intendant des Berliner Ensembles, Manfred Wekwerth, »Mit Brecht in Havanna« das Thema ab.

2005 hatte sich der renommierte Dresdner Historiker Horst Schneider mit der sogenannten Gedenkstätte Hohenschönhausen befasst. Die frühere Untersuchungshaftanstalt des MfS war zu einem »Gruselkabinett« umgestaltet worden, das schon bald zum Pflichtbesuchsprogramm vor allem für Berlin besuchende Schüler gehörte. Als das Buch erschien, ahnte kaum jemand, wie viel Auflagen es erleben und wie viel Rechtsanwälte es beschäftigen würde.

Mit einigem Abstand zurückblickend und dabei die Frage aufwerfend, ob das Vorhaben den Ärger und auch einigen Geldverlust rechtfertigte, gelangten wir immer zu dem Schluss, dass Autor und Verleger morgen den gleichen Weg gehen würden. Die Vorgeschichte ist mit wenigen Sätzen erzählt. Die Kreuzritter des Kalten Krieges inszenierten in dem als Gedenkstätte getarnten Keller eine Horrorshow. Schneider hatte das Anti-DDR-Spektakel, ohne sich dabei zu ereifern, allein durch die Schilderung überzeugender Tatsachen in dem Taschenbuch »Das Gruselkabinett des Dr. Hubertus Knabe(lari)« entmythologisiert. Wir stellten es in einem überfüllten Saal, keinen Steinwurf von der »Gedenkstätte« entfernt, dem Publikum vor. Die Machtmedien fielen über uns her, und die Betroffenen glaub-

ten uns durch Prozessdrohungen mit Fabel-Strafsummen ein-
schüchtern und zwingen zu können, das Buch zurückzuziehen.
Die drei Organisationen, die uns in dieser Situation halfen, wo
es nur möglich war, sollen mit vollem Namen genannt werden:
GBM – Gesellschaft für Bürgerrechte und Menschenwürde
e. V., GRH – Gesellschaft zur Rechtlichen und Humanitären
Unterstützung e.V. und Isor e. V. – Initiativgemeinschaft zum
Schutz der sozialen Rechte ehemaliger Angehöriger bewaffneter
Organe und der Zollverwaltung der DDR.

Es begann damit, dass ich mich an einem Julimorgen 2005
riesengroß in der *B. Z.* – laut Eigenwerbung »Berlins größte Zeitung« – abgelichtet sah. Allerdings war ich auf dem Bild nur
mühsam zu erkennen, was daran lag, dass es mit einer versteck-
ten Kamera – die vorgeschriebene Fotozeile blieb anonym:
»Foto: Privat« – aufgenommen worden war. Das geschah an
dem Tag, an dem ich mich mit Ex-MfS-Offizieren zu einer
Führung durch besagte Gedenkstätte verabredet hatte. Schon
nach dem Erwerb der Eintrittskarten wurde allen Besuchern wie
immer mitgeteilt: »Bitte beachten Sie, dass die Besichtigung des
ehemaligen Stasi-Gefängnisses bislang nur im Rahmen einer
Führung möglich ist. Wir danken für Ihr Verständnis.«

Warum der Rundgang »nur im Rahmen einer Führung«
möglich war, wurde nirgends erklärt. Dass Mitglieder unserer
Gruppe vom Gedenkstättenvorstand erkannt worden waren,
führte zu hektischer Betriebsamkeit. Dann plötzlich die Mitteilung, der Beginn des Rundgangs verzögere sich »durch den Aus-
fall eines Führers«. Wir warteten eine knappe Viertelstunde. Auf
dem *BZ*-Foto hatte man ein nicht sehr billiges Tonbandgerät in
meiner Hand erkennen können, was ahnen ließ, dass ich die
Führung mitgeschnitten hatte.

Hier Ausschnitte der Erklärungen des »Honorarreferenten«
Mario Röllig: »Die Aufständischen des 17. Juni schilderten uns,
dass sie sich nach wenigen Tagen manchmal nicht mehr unterhalten konnten, […] weil der Sauerstoff langsam knapp wurde.
Es war so, dass nach anderthalb, zwei Wochen bei vielen die
Kleider und die Haare schimmelten, weil die Luftfeuchtigkeit
in einer Zelle, gerade im Winter, durch das feuchte Mauerwerk
und durch das Atmen so vieler Menschen in einer Zelle unerträglich wurde. […]

In den ersten Jahren [...] war es so, dass Gefangene eigene Kleidungsstücke zerreißen und als Toilettenpapier benutzen mussten. [...]

In dieser Zelle war [...] eine sogenannte [...] Wasserfolter eingebaut worden, [...] ein Gestell aus Holzbalken, an das der Gefangene in gebeugter Haltung gebunden wurde. Aus einer oberen Schüssel traf ihn ein Wassertropfen. Nach einer Zeit, also Stunden, wirkte der Tropfen wie ein Hammer, wie ein Ziegelstein, [...] der Gefangene verliert das Bewusstsein [...]

Möchte ich noch sagen, dass wir bis heute keinen Zeitzeugen gefunden haben, der daran gefoltert wurde [...] vielleicht – werten Sie das als meine persönliche Meinung – hat man diese martialische Folter nicht überlebt.«

Hier wäre einzufügen, dass die Details der »Tropfen-Folter« fast wörtlich einem Karl-May-Buch über indianische Foltern entlehnt waren und nach Mitteilungen der Gedenkstätten-Führer von einem Gefangenen überliefert worden sein sollen, der um 1947 von den Sowjets in Hohenschönhausen inhaftiert worden sei. Dass 1947 noch kein MfS existierte, wurde nie erwähnt.

Im November 2006 besichtigte sogar Bundespräsident Köhler das Gruselkabinett, legte einen Kranz nieder und schrieb ins Gästebuch: »Hier darf nichts vergessen werden und Gerechtigkeit zu schaffen, braucht einen langen Atem.«

Für den »langen Atem« wollte vor allem Gedenkstättenleiter Hubertus Knabe sorgen, weshalb er am 7. Oktober 2005 dem *spotless*-Verlag durch eine renommierte Rechtsanwaltskanzlei (fünf Anwälte in München und 33 Notare und Anwälte in Berlin) mitteilen ließ: »In Ihrem Verlag ist das Buch mit dem Titel ›Das Gruselkabinett des Dr. Hubertus Knabe(lari)‹ des Autors Horst Schneider erschienen. Hier werden über Herrn Dr. Knabe mehrere Falschbehauptungen verbreitet: So heißt es auf Seite 19: ›als Mitglied des *Veldensteiner Kreises* betätigt sich Hubertus Knabe aktiv im Sinne der sog. Totalitarismus-Forschung.‹ Herr Dr. Knabe ist nicht und war auch niemals Mitglied das ›Veldensteiner Kreises‹. [...] Auf Seite 70 heißt es über Herrn Dr. Knabe: ›So wirkte er als Pressesprecher der Grünen in Bremen, wurde Anfang der 90er Jahre Studienleiter an der Westberliner Evangelischen Akademie, die ihn nach 1990 als Lektor nach Ljubljana schickte.‹

Die Evangelische Akademie hat Herrn Dr. Knabe 1990 nicht als Lektor nach Ljubljana geschickt. Durch die Verbreitung unwahrer Tatsachenbehauptungen werden Persönlichkeitsrechte meines Mandanten verletzt. Ich habe Sie deshalb aufzufordern, bis zum 10. Oktober 2005, 18.00 Uhr [...] die anliegend beigegebene strafbewehrte Unterlassungs- und Verpflichtungserklärung abzugeben.« Viele rieten mir, durch ein Gerichtsverfahren die Fakten klären zu lassen, ich entschied mich, stattdessen die geforderten Anwaltskosten (756 Euro) widerspruchslos zu begleichen und folgende Erklärung abzugeben: »Hiermit verpflichtet sich der Verleger Klaus Huhn, handelnd unter der Firma *spotless*-Verlag, gegenüber Herrn Dr. Hubertus Knabe,

1. es bei Meidung einer für jeden Fall der Zuwiderhandlung verwirkten Vertragsstrafe in Höhe von Euro 5.100 zu unterlassen, über Herrn Dr. Knabe wörtlich oder sinngemäß die Behauptung aufzustellen und/oder zu verbreiten und/oder aufstellen und/oder verbreiten zu lassen

– Herr Dr. Hubertus Knabe sei Mitglied des *Veldensteiner Kreises*;

– die Westberliner Evangelische Akademie habe Herrn Dr. Knabe nach 1990 als Lektor nach Ljubljana geschickt,

2. Herrn Dr. Knabe die Kosten für die Inanspruchnahme der Rechtsanwälte [...] zu erstatten.«

Mein Motiv: Da Knabe nur diese angesichts der in dem Buch beschriebenen Fakten über die Fälschungen der Gedenkstätte belanglosen Einwände vortrug, hatte er faktisch alle anderen Feststellungen der Autoren anerkannt. Das schrieb ich in ein zusätzliches Vorwort, um dem Leser zu bekunden, dass er die damit auch von Knabe eingestandene Wahrheit schwarz auf weiß erworben hatte, und ließ weitere Auflagen drucken.

Knabe mobilisierte erneut Anwälte, die uns hindern wollten, die bereits gedruckten Bücher weiter zu verkaufen. Wir hatten aber die monierte Auflage längst verkauft.

Jacobus und Gauck

Weiter in der Liste unserer Autoren und Themen. Hans Jacobus schrieb seine bitteren Lebenserinnerungen in »Träume zu Asche«, und der Lyriker und Filmautor Günther Rücker pries das Buch in seiner *ND*-Rezension: »Der Gustav Kiepenheuer Verlag Weimar brachte Alexander Granachs Lebenserinnerungen im dritten Jahr nach dem Ende des Zweiten Weltkriegs heraus. Ich schob den Band auf die erste Stelle des Bücherbords. Da steht er heute noch. Die Reihe der Bücher vom Leben und Sterben der deutschen Juden ist lang geworden. Vor einigen Tagen fügte ich ein schmales Bändchen hinzu. Nicht mehr als 100 Seiten. ›Träume zu Asche‹ heißt es. Was ist in den zwanzig kurzen Kapiteln zu lesen?

Unfassbares, beschrieben wie das Alltäglichste, bescheiden, leise, wie man Familiäres erzählt. Jeder Leser wird etwas anderes als das Unglaublichste nennen. Für mich war's die Geschichte von dem deutschen 21-Jährigen, der in London im ersten Jahr des Friedens keinen anderen Wunsch im Herzen hat, als zurückzukehren nach Berlin, aus dem er emigrieren musste. […] Einen polnischen Jungen, den man aus einem Lager des Dritten Reichs gerettet hatte, lehrte dieser Mann mit Messer und Gabel umzugehen. Und zum Dank lehrt der polnische Junge dem emigrierten Deutschen das Lied vom Roten Wedding. Ein Deutscher hatte es ihm beigebracht in Auschwitz, während sie die Kleidungsstücke sortierten, die von den Frauen, Kindern und Männern stammten, welche im Gas umgebracht wurden.«

Als wir 1993 das Erscheinen des Titels »Neufünfland-Pitaval« angekündigt hatten, war das Echo ungewöhnlich. Es hatte sich schnell herumgesprochen, dass in dem Kapitel »Des Großinquisitors Akte« das Protokoll eines am 28. Juli 1988 geführten Gesprächs zwischen dem Chef der »Stasi«-Akten-Behörde Gauck und einem MfS-Hauptmann abgedruckt wurde. Aus dem Text: »[…] wurde […] Gauck gedankt für seine Initiativen für seine langfristige gute Zusammenarbeit und Durchführung des Kirchentages, ihm wurde auch gedankt für seinen hohen persönlichen Einsatz, und dieser Dank wurde vom Mitarbeiter nicht nur aus persönlichen Gründen vorgebracht sondern ihm wurde auch deutlich zu verstehen gegeben, dass dieser Dank seitens des MfS an Gauck ergeht […]

Gauck wurde durch den Mitarbeiter erklärt, dass der von ihm beantragten Einreise seiner in die BRD übergesiedelten Kinder durch die zuständigen staatlichen Organe zugestimmt wird und dass der Einreise seiner Kinder nichts mehr im Wege steht. Gauck zeigte sich bei dieser Äußerung des Mitarbeiters sehr bewegt und erklärte, dass er seit Jahren an der Übersiedlung seiner Kinder merklich zu leiden habe, dass ihn das stark belaste und letzten Endes auch er versagt hat und nicht alles dafür getan hat, dass seine Kinder in der DDR blieben.«

Das »Echo« der Ankündigung war beträchtlich. So rief mich der Chef des Berliner *Focus*-Büros, Klaus Müller, an. Wir kannten uns seit Jahren. Müller war lange *Bild*-Sportchef gewesen und danach als PR-Direktor zu adidas gewechselt, wo es zu seinen Obliegenheiten gehörte, bei den alljährlichen Sportjournalistenkongressen ein Essen für die Delegierten zu geben und sie im Namen des Sportschuhherstellers willkommen zu heißen.

Dieser Müller also war am Apparat und fragte – sich mühsam gelassen gebend –, ob »Neufünfland-Pitaval« bei *spotless* erscheine. Als ich bejahte, eröffnete er mir, dass meine »Stasi«-Akte vor ihm auf dem Schreibtisch läge. Ich schlug ihm vor, sie aufzuschlagen, den Vorgang über meinen Anwerbungsversuch des Bundesnachrichtendienstes 1956 während der Olympischen Spiele in Melbourne zu suchen und mir dann doch eine Kopie zu schicken. Diese Unterlage über meinen ersten Kontakt mit einem deutschen Geheimdienst, fehle mir noch in meinen Papieren. Ich hörte ihn blättern. Dann kam die Antwort: »Ist hier nicht!« Ich antwortete: »Wie schade für Sie und für mich.«

Er eröffnete mir, dass er in der nächsten *Focus*-Nummer über mich als Stasi-Spitzel schreiben müsse. Er sagte tatsächlich »müsse«, und ich antwortete gelassen: »Nur keine Hemmungen. Sie waren doch lange genug bei *Bild*.«

Er tat es und schrieb in der Ausgabe vom 6. November 1995: »Einer der einflussreichstens Journalisten der DDR diente der Stasi: Klaus Huhn, 67, Ex-Sportchef beim *Neuen Deutschland* und Vizepräsident des europäischen Sportjournalistenverbands (bis 1993) unterschrieb 1960 eine IM-Verpflichtungserklärung mit dem Decknamen Heinz Mohr.«

Tags darauf veröffentliche das *ND* eine als Zeitungsmeldung »getarnte« Anzeige: »Die Presseabteilung des *spotless*-Verlages teilt mit: Das Unbehagen der Gauck-Behörde über unsere Titel *Gauck-Opfer* – Autoren: Gisela Karau und Jens Vetter – und *Neufünfland-Pitaval*, das eine umfangreiche Akte des MfS über Gauck enthält, ist uns seit langem bekannt. Am Donnerstag

letzter Woche informierte uns der Berliner *Focus*-Chefkorres-
pondent Klaus Müller, dass ihm die Gauck-Behörde eine Akte
über den *spotless*-Verleger zugespielt habe. Das hinderte uns nicht
daran, die inzwischen ausgelieferte zweite Auflage von *Gauck-
Opfer* in den Handel zu bringen. Unsere nächsten Titel sind der
neue Günter-Görlich-Roman *Ein Anruf mit Folgen* und Karl
Graffs *Schüsse an einer anderen deutschen Grenze.*«

Wenige Tage später erschien eine Dame von dem für *spotless*
zuständigen Finanzamt und setzte uns davon in Kenntnis, dass
eine Überprüfung unserer Finanzen höheren Orts angewiesen
worden sei. Die Kontrolle sollte sechs Wochen dauern, doch
schon bald erwies sich, dass nicht die geringste Verfehlung
gefunden werden konnte.

Nach einem Jahr und drei Monaten riet mir der Steuerbera-
ter, das Abschlussprotokoll zu unterschreiben. Das Finanzamt
verzichte auf jegliche »Maßnahmen«.

Rendezvous mit der First Lady

Ich sah mich selbst in üblen Albträumen nie als Hauptfigur
absurder Situationen in der Öffentlichkeit. Auch nicht – zum
Beispiel – auf einem Titelfoto einer Illustrierten kopfstehend auf
dem Fernsehturm. Aber eines Tages war ich in der rauen Gegenwart nicht weit davon entfernt. Die Redaktion der *SUPERillu*
rief mich an und fragte, ob ich der neue »Lover« Margot
Honeckers sei? Im ersten Augenblick hielt ich das für den miss-
lungenen Spaß irgendeines Primitivlings, aber tags darauf sah
ich mich Hand in Hand mit der DDR-Volksbildungsministerin
auf dem *SUPERillu*-Titelfoto.

Es war das unerwartete Finale der Arbeit an einem *spotless*-
Buch. Gemeinsam mit meinem Bruder Werner, dem früheren
Staatssekretär Frank-Joachim Herrmann und Heinz Keßler
arbeitete ich an dem Titel »Auskünfte über Erich Honecker«.
Um in dem Buch Dokumente zu veröffentlichen, über die nur
Margot Honecker verfügte, war ich am 12. November 2001 mit
dem Iberia-Flug 6833 von Madrid nach Santiago de Chile geflogen. Jemand musste davon erfahren haben, denn noch bevor ich
zum Flughafen aufbrach, ließ man mich wissen, dass ich auf eine

stattliche Summe hoffen könnte, wenn ich der *SUPERillu* ein Margot-Honecker-Interview liefern würde. Ich winkte ab.

Am Morgen des 13. November traf ich in der chilenischen Metropole ein, fuhr mit einer Taxe direkt nach La Reina und bezog – wie zuvor verabredet – ein Gästezimmer in Margot Honeckers Haus. Sie hatte tausend Fragen, wir verplauderten den ganzen Tag und brachen am späten Nachmittag zu einem Einkaufsbummel auf. Als wir zurückkehrten, bremste ein Auto neben uns. Eine Chilenin sprang heraus und rief Margot aufgeregt zu, dass sich ein Ausländer im Laden nach ihr erkundigt hätte und sie seitdem mit der Kamera verfolge. Im gleichen Augenblick schrie jemand lauthals »Hallo!«, und als wir uns umwandten, drückte er wie wild auf den Auslöser seiner Kamera.

Er stand keine zwei Meter von uns entfernt, ein Blondschopf mit Oberlippenbart in einem auffallend flachen Gesicht. Als er die Kamera vom Auge nahm, giftete er triumphierend: »Wir finden euch überall!«

Am 22. November, 16.10 Uhr Berliner Zeit, rief mich die *SUPERillu* in meiner Wohnung an und eröffnete mir hämend, dass man über ein kompromittierendes Bild verfüge: »Margot und Sie!«

Ich erinnerte mich der Visage des Fotografen auf der Straße in Chile und legte auf.

Das Blatt brauchte ein paar Tage – es waren just die Tage, in denen das Honecker-Buch ausgeliefert wurde – und erschien dann mit dem Bild auf den Umschlag. Gleich neben Frank Schöbel schrie eine Zeile: »In Chile ertappt. Der neue Mann an Margots Seite.« Auf Seite 8 folgte der vierspaltige Titel: »Hallo, Frau Honecker! Wer ist der Mann an Ihrer Seite?«

Und dann: »Gemütlich schlendert Margot Honecker (74) auf der prächtigen Allee Carlos Silva Vildosala zu einem Einkaufsmarkt. Den Händlern ist Senora Margot vertraut. […] Doch diesmal ist ein Mann an Margots Seite. In seinem billigen Trainingsanzug passt er nicht so recht in das vornehme La Reina mit seinen Millionärs-Villen. Er heißt Klaus Huhn (73), ist zu Besuch aus Berlin bei Margot, wohnt bei ihr, […] war Sportchef des SED-Zentralorgans *Neues Deutschland* (Pseudonym: Klaus Ullrich) und hoher DDR-Sportfunktionär. Zum

Beispiel als Direktor der Friedensfahrt [...] spitzelte auch für die Stasi. [...] Heute ist er der engste Vertraute der Honecker-Witwe. [...]

Zarte Bande zwischen zwei Betonköpfen.«

Bild wurde tags drauf munter: »Herr Huhn, was war denn da mit Frau Honecker? Margot Honecker (74) [...] soll einen neuen Freund haben. [...] Es handelt sich dabei um Verleger Klaus Huhn (74, *spotless*-Verlag) [...] *Bild* fragte in Huhns Büro nach. Klare Antwort: ›Kompletter Unsinn.‹«

Dann folgte der für mich entscheidende Satz: »Und warum wurde Huhn in Santiago de Chile gesehen? Er hatte dort für das Buch ›Auskünfte über Erich Honecker‹ (erschien gestern) recherchiert, sich deshalb auch mit der Witwe getroffen.«

Warum entscheidend? Weil derlei millionenfache Werbung – Titel des Buches und der Erscheinungstag – für *spotless* unbezahlbar war!

Der *Berliner Kurier* eilte dreispaltig hinterher: »Margot Honecker hat einen Neuen«.

In der *jungen Welt* legte ich ein umfassendes Geständnis ab: »Ja, ich habe in Margot Honeckers Küche den bei jenem Einkaufsbummel erworbenen trockenen chilenischen Weißwein mit Anden-Mineralwasser zu einer Schorle vermixt. Sie trank Tee. Und dann haben wir gemeinsam im Fernsehen die Nachrichten eines von der Bundesregierung bezahlten Senders gesehen. (Sie waren entsprechend.) Das war gegen 20 Uhr. Ich bin auf ihrer Terrasse auch Luis Corvalan begegnet, dem ich die Geschichte mit dem Fotografen erzählte und der nicht glauben wollte, dass es in Deutschland Blätter wie die *SUPERillu* gibt. Ungläubig sagte er: ›Ein so gebildetes Volk.‹

Das war das Stichwort für mich, die ehemalige Volksbildungsministerin der DDR darüber zu informieren, dass man am heutigen BRD-Bildungssystem einiges ändern will. Es hieß, man habe damit angefangen, nach den Erziehungsplänen der DDR-Kindergärten zu kramen. Mehr habe ich nicht zu gestehen. Vielleicht sollte ich *SUPERillu* auf diesem noch Wege bitten, so wirksam wie *Bild* für die neue Honecker-Biografie zu werben und mir zu Weihnachten einen modischeren Trainingsanzug zu schenken. (Größe: XXXL).«

Die kleine Troika

Vor 700 Jahren schrieb einer der großen Dichter Italiens, Francesco Petrarca, in einem »Brief an die Nachwelt«: »Das ist das traurige Schicksal alternder Leute, dass sie so oft den Tod treuer Freunde zu beweinen haben.« Er hatte damit eine Binsenwahrheit zu Papier gebracht – das versichert einer, der zum Kreis der »Alternden« gehört, schon zwölf Jahre älter ist, als Petrarca wurde, und seine Worte nur nachdrücklich bestätigen kann.

Eines der Bücher, das ich diesem Thema widmete, trug den Titel »Die kleine Troika« und beschrieb die Jahrzehnte überdauernde Freundschaft dreier Familien. Auch ihr kann ich nur knappe Worte widmen. Begonnen hatte die Geschichte der »Troika« im Salon des Deutschen Theaters, wo 1962 vor überfüllter Runde über das Hacks-Stück »Die Sorgen und die Macht« heiß diskutiert wurde. Zu heiß von einigen, empfand ich, und um diese Dogmen-Prediger zu bremsen und dabei nicht noch mehr Öl ins Feuer zu gießen, schauspielerte ich selbst, gab mich als ein Ahnungsloser aus, der einzig vom Skispringen etwas verstünde. Das hätte mich bewogen, dem anwesenden Hacks für eine seiner Figuren die Schanzenweisheit zu empfehlen, nicht nur kühne Sprünge zu wagen, sondern auch auf die Haltung bei der Landung zu achten. Den Dogmen-Predigern blieb die Sprache weg, und Hacks, sichtlich amüsiert, fand das Argument der Rede wert. So endete die hitzige Debatte.

Als ich drei Wochen später von einer Maifeier im Bergmann-Borsig-Werk berichtete, sprach mich der das Programm mit einem begeisternden Mai-Song bereichernde Schauspieler Horst Drinda an und fragte mich schmunzelnd, ob ich nicht der »Skispringer« sei. Ich nickte, er lud meine Frau und mich zu sich nach Hause ein, und anschließend diskutierten wir bis zum Morgengrauen über die DDR, die Mauer und an die zwanzig Themen mehr, fanden Gefallen an dem Stil unseres Disputs und blieben Freunde, bis man den Schauspieler unweit der letzten Ruhestätte von Kurt Tucholsky zu Grabe trug. Drinda war einer der ganz Großen unter den deutschen Schauspielern, gab mit brillantem Können klassische und moderne Rollen, war der Star vieler DEFA-Filme und Fernsehabende und bereicherte manche Diskussion um die Aufgaben der Kunst in einer sozialistischen Gesellschaft. Als unsere Freundschaft wuchs, gesellte sich ein Dritter hinzu und ließ das Duo zur Troika werden: Werner Eberlein.

Werner Eberlein starb 2002, Horst Drinda 2005. Danach schrieb ich »Die kleine Troika«.

Es blieb ein Vorhaben, dessen Risiko ich ständig spürte: Ein »Hinterbliebener« schrieb über zwei Freunde, sah sich ihnen gegenüber in der Pflicht, im nachhinein ihre Ansichten zu respektieren, und hatte also Hinterlassenes zu zitieren. Werner Eberlein hatte schon 2000 seine Memoiren im Verlag Das Neue Berlin publiziert. Wer sie gelesen hatte – und das waren viele –, konnte in der »Troika« auf Bekanntes stoßen.

Horst Drinda hatte zu Lebzeiten über sein so erfolgreiches Leben nicht publizieren wollen. Er war eine ungewöhnliche Persönlichkeit. Einer – in dieser »Branche« selten –, der sich auf roten Teppichen nicht sonderlich wohlfühlte, es nicht einmal litt, wenn die Familie oder gute Freunde im Zuschauerraum saßen. Hatte ihn jemand zu Lebzeiten überreden wollen, seine Memoiren zu schreiben, hatte er mit Nachdruck abgelehnt. Also erhob sich für mich die Frage: Missbrauche ich seine Freundschaft, wenn ich nach seinem Tode diese Freundschaft skizziere? Nachdem ich lange darüber nachgedacht hatte, begann ich – siehe oben – zu schreiben und ging gegen Symptome schlechten Gewissens mit der in aller Welt gültigen Regel an, wonach Archive eines Tages geöffnet werden müssen.

Ich blätterte in Werner Eberleins Memoiren und meinen Erinnerungen. Die »Troika« hatte sich am 9. November 1989 unweit des Alexanderplatzes getroffen, um Werners 70. Geburtstag in gewohnter Runde zu begehen. Sie wartete vergeblich auf den, der gefeiert werden sollte, weil er in dieser kritischen Stunde mit ums Überleben der DDR kämpfte. Vergeblich, wie man weiß.

Danach geriet auch die »Troika« in raue See und einige Male gar in Seenot, aber sie zerschellte nicht. Einmal hörte ich jemanden sagen, dass die »Wende« – präziser formuliert war es ja eine »Rückwende« – zu einem »Charakterstriptease« geraten war. Freundschaften lösten sich über Nacht in pures Nichts auf, wüster Streit brach unter Menschen aus, die sich ein Leben lang prächtig verstanden zu haben schienen, auch Ehen zerbrachen.

Werner wurde mit einer schweren Lähmung in ein Krankenhaus eingeliefert, wo man ihn nicht behandeln wollte und erst nach Appellen, sich des Eids des Hippokrates zu erinnern, damit begann.

Horst musste sich über Nacht eine »Managerin« suchen, die ihm Rollen vermitteln sollte. Wenn er – wie bis dahin – nach den Rollenbüchern der Dramen oder Filme fragte, ließ man ihn wissen, dass die nicht so wichtig seien. Er solle zufrieden sein, wenn da überhaupt noch Jobs für ihn wären. Daran wollte er sich nicht gewöhnen, und so wurden seine Auftritte seltener. Wohlgemerkt: Nicht die Angebote, sondern seine Auftritte.

Als ich zu meinem 72. Geburtstag lud, entschuldigte sich Horst im Vorhinein. Er hatte ein Engagement an das Theater in Schleswig angenommen und spielte dort in Dürrenmatts »Meteor«. Als sich meine Gäste am Abend des 24. Februar in einem Lokal in der Sredzkistraße im Prenzlauer Berg versammelten, öffnete sich plötzlich die Tür, Drinda kam strahlend mit seiner Frau Inge herein und verkündete: »Ich habe einen Tag Urlaub genommen und mich auf den Weg gemacht, weil ich doch nicht fehlen wollte.«

Und auch sonst funktionierte die »Troika« wie immer reibungslos. Eines seiner letzten großen Engagements führte Horst Drinda nach Bern, wo er die Hauptrolle in dem Stück

Mit Bruder Werner Eberlein

»Am Ende der 80er Jahre«, geschrieben von einer russischen Dramatikerin, übernommen hatte. Er bezog ein Zimmer in der Schweizer Hauptstadt und begann mit den Proben. Schon beim ersten Studium des Textes erschien ihm manche Zeile der historischen Wahrheit nicht sehr nahe. So war von einer utopischen Zahl der Stalinopfer in Russland die Rede. Jedes Opfer Stalins war zu beklagen, doch wurde die Klage nicht dadurch wirkungsvoller, dass man die Zahlen verhundertfachte.

Horst nutzte das Wissen der »Troika«, rief Klaus an und bat ihn, eine verbürgte Zahl zu ermitteln. Der wandte sich an Werner, der – sein Vater war selbst eines der Opfer – die verlässliche Zahl herausfand. Klaus tätigte den Rückruf nach Bern. Dort raufte sich der Regisseur ob des Drinda-Einspruchs die Haare und war nicht bereit, die Zahl zu ändern, ohne die Autorin zu konsultieren.

Horst beharrte bei seinem Prinzip, nie von der Bühne herab oder vor einer Kamera Unwahrheiten zu verbreiten. Man rief den Intendanten zu Hilfe.

Der hörte sich alles an und sagte dann: »Immerhin kommt Herr Drinda von dort, wo man darüber besser Bescheid weiß als hierzulande.« Selbst der Verweis auf die Autorin stimmte ihn nicht um. Von diesem Tag an nahm man die Einwände Drindas in Bern ernst und akzeptierte sie. Der Regisseur wiederholte zwar seine Warnungen, dass ein Fiasko drohe, wenn die Autorin zur Premiere erschiene, aber das bewirkte nichts.

Als der Premierenabend begann, blieb ihr Logenstuhl leer.

Bald folgte der erste schwarze »Troika«-Tag. Für mich am späten Nachmittag, als ich in Duisburg aus einem Zug stieg und mir ein Freund, der mich dort erwartete, aufgeregt gestikulierend bedeutete, gar nicht erst auszusteigen.

Als ich es dennoch tat, sagte er tonlos: »Werner ist gestorben!«

Wir hatten noch am Tag meiner Abreise beisammen gesessen. Er arbeitete an einer Rede, die er im Rat der Alten der PDS halten wollte, wo sein Wort Gewicht hatte. Streit hatte sich in die Partei geschlichen, er wollte vor allem Zwist warnen. Tags darauf begann ein Parteitag in Gera, zu dem man ihn eingeladen hatte. »Ich werde nicht hinfahren«, sagte er, »es ist mir zu stressig, ich will ins Grüne, in die Ruhe.«

Als ich schon unterwegs war, hielt er seine Rede gegen den Zwist vor den »Alten«. Von dort war er zum Rahmersee gefahren, hatte den Rasenmäher aus dem Schuppen geholt – und war tot umgefallen. Der Parteitag wurde mit einem Nachruf auf Werner Eberlein eröffnet.

Horst schien um Jahre gealtert, als ich ihm danach wieder begegnete. Das war nach der Trauerfeier in der überfüllten Halle in Baumschulenweg, bei der ich die Rede gehalten hatte und auch gesagt hatte: »Den bitteren Wahlabend 2002 verbrachten wir zusammen, und die Erinnerung daran frischt das Andenken an den nie Resignierenden wieder auf. 72 Stunden später hielt er im Rat der Alten die letzte Rede seines Lebens. Schon der Titel ›In Sorge um die Politik der PDS‹ verriet, worum es ihm ging. Es waren unmissverständliche Worte, als er, an den Berliner Koalitionsvertrag erinnernd, warnte: ›Die PDS darf nicht ihr politisches Profil einbüßen, nicht ihr politisches Gesicht verlieren. Mit der Präambel, mit der darin enthaltenen Verpflichtung zum *bundesfreundlichen Verhalten* verzichtet die Partei auf ihre antikapitalistische Position. Und noch mahnender: ›Die Feststellung, dass der Kalte Krieg von beiden Seiten geführt wurde, aber allein die UdSSR und die DDR für dessen Folgen verantwortlich seien, kommt einer Totalabsage an den Sozialismus gleich.‹ Und endlich klipp und klar: ›Eine Revision der geltenden Programmgrundsätze brächte die Partei um ihre sozialistische Identität. Die Verfolgung des sozialistischen Ziels ist jedoch unser Motiv für die Mitgliedschaft in der PDS.‹

Nicht vergessen werden darf in dieser Stunde: Werners Güte und Lust an diesem Leben prägten viele gesellige Runden. Immer bereit, fröhliche Stimmung zu verbreiten, wurde er überall mit offenen Armen empfangen und hatte oft seine liebe Not, den Aufbruch nicht in Vergessenheit geraten zu lassen.«

Das hatte ich auch in Erinnerung an viele »Troika«-Nächte gesagt.

Mir drängte sich die Frage auf, ob man fortan überhaupt noch von der »Troika« reden konnte? Euripides' Worte kamen mir in den Sinn: »Freundschaft ist Gemeinsamkeit«, denn unsere Gemeinsamkeit endete nicht am Grab.

Aber schon bald geriet die »Troika« in neue Not.

Ein Jahr nach Werners Tod warfen Horst Drinda zwei Schlaganfälle nieder. Er verbrachte lange Monate in einem Pflegeheim, künstlich ernährt und fast unfähig zu kommunizieren. Hin und wieder brachte er mit zitternder Hand ein Wort aufs Papier, das ahnen ließ, wie das Gehirn in dem vergehenden Körper noch immer reagierte. Er, der ein Leben lang Glanzrollen gespielt hatte, war verstummt, genoss nur noch die Fürsorge der Familie, die es ihm ermöglichte, an Bord eines Hausboots den Tegeler See zu überqueren, die Weihnachtstage in heimischer Umgebung zu verbringen und im Fernsehen Sportübertragungen zu verfolgen, vornehmlich in der Sportart, die einst das Fundament für die »Troika« geliefert hatte: das kühne Springen von den Schanzen.

Am Mittag des 21. Februar 2005 schlief er ein.

Der letzte Mann der »Troika« hielt bekümmert wieder eine Grabrede. Und sagte auch: »Was immer er spielte, vorschlug oder anriet – Menschenpflicht und Wahrheitsliebe blieben bis zum Ende die Maximen dieses Komödianten. Das machte ihn zuweilen unbequem, vielleicht bei einigen gar unbeliebt. Er nahm es in Kauf, und es sollte heute nicht unterschlagen werden, denn auf den Bühnen wird bekanntlich um des Jubels willen manches in Kauf genommen.

Einige Nachrufautoren gerieten bei Horst Drindas politischer Einordnung in Notstand und fanden in der Hauptrolle des Axel-Caesar-Springer-Films so etwas wie einen Politstempel. Die Ahnungslosen wussten nicht, dass ihm dieser Springer eine Notiz des Lobes hinterlassen hatte, in der er seine Achtung vor der künstlerischen Leistung des Schauspielers bekundete und Auftrag gab, ihn das wissen zu lassen.

Heute endet hier die außergewöhnliche Laufbahn eines großartigen Schauspielers, der ein respektables Kapitel deutscher Theatergeschichte schrieb. Er hatte 1946 mit einer anonymen Rolle im Kreis der Damen und Herren des Hamlet-Hofes begonnen und feierte später unendlich viele Triumphe in den unterschiedlichsten Genres. Unvergessen die 700 überfüllten und umjubelten Aufführungen des von Besson so meisterhaft inszenierten ›Drachen‹ – man bedenke: Fast zwei Jahre seines Lebens stand er in dieser Rolle auf der Bühne! Es reicht nur zu einem kurzen Blick auf all die Rollen, die er an der Schumannstraße so meisterhaft gespielt hatte: den Chlestakow in Gogols ›Revisor‹, den Maske in Sternheims ›Snob‹, den Max Piccolomini im ›Wallenstein‹, den Dawidow in Scholochows ›Neuland unterm Pflug‹, den Pius XII. in Hochhuths ›Stellvertreter‹. Und dann die vielen unvergessenen Filme von ›Einmal ist keinmal‹ über den ›Traum des Hauptmann Loy‹ bis zu Falladas ›Kleiner Mann, was nun?‹ Und die unvergessenen Fernsehabende, an denen er den Kapitän in ›Zur See‹ gab, überzeugend den Scharnhorst spielte und den Dimitroff im ›Teufelskreis‹.

Er hatte den Memoirenflutmarkt der letzten Jahre gemieden. Nur für seine Kinder schrieb er Erinnerungen auf, in denen er aber nur in der dritten Person als ›unser Mann‹ erscheint.

Dass Horst Drinda zur Menschenpflicht auch die Solidarität rechnete, offenbarte die Freundschaft mit ›Cola‹, der tatsächlich Dr. Kolagbodi hieß, Nigerianer war und an der DDR-Gewerkschaftshochschule in Bernau studiert hatte. In den Erinnerungen für die Kinder schrieb Horst Drinda: ›Immer, wenn unseren Mann der Mut verließ, wenn er manchmal an den verknöcherten Strukturen seines europäischen Heimatlandes verzweifeln wollte, versuchte er, an den Optimismus seines Freundes in Nigeria zu denken, der seine Vision von einem freien Afrika nicht aufgab und dafür gelebt hat. Das half‹.«

Als wir den Friedhof verließen, war auch die »Troika« begraben! Aber ich fand, dass es vonnöten sei, eine Chronik dieser Familienfreundschaft zu Papier zu bringen, die in dem Land entstand, wuchs und blühte, in dem nach heutiger Weisheit alle in Nischen hockten.

Die Geschichte der Troika, der Freundschaft des Schauspielers mit dem Parteifunktionär und dem Sportjournalisten, wurde zu einem weiteren *spotless*-Buch.

2009
spotless schlingert und gewinnt wieder Fahrt

Es kamen die Tage, an denen ich spürte, dass ich müde wurde, mich die oft schwierigen Verhandlungen mit den Druckereien stressten und ich auch keine Lust mehr hatte, Rechnungen zu sammeln, zu sortieren und bei Finanzämtern einzureichen. Der 80. Geburtstag kam näher und ich hielt einen jungen, rührigen Verleger für *spotless*-reif. Er übernahm, mühte sich, die Tradition des inzwischen die 200-Bücher-Grenze überschreitenden Verlages fortzusetzen. Alles schien im Lot, als mich ein schockierender Anruf verstörte: Mein Nachfolger hatte eine Anzeige in der rechtesten aller rechten deutschen Zeitungen aufgegeben und einen Autor engagiert, der rechtes Denken niederschrieb. Ich musste die Reißleine ziehen und nach einer Notlösung suchen – oder *spotless* begraben.

Die Eulenspiegel Verlagsgruppe – der Name irritiert, da die in ihr vereinten Verlage wenig Eulenspiegelhaftes an sich haben – vergrößerte sein »Kombinat« um den *spotless*-Verlag und bot mir an, weiter als Autor tätig zu sein. Neben anderen Ideen wurde auch die des Buchklubs übernommen, allerdings hieß der fortan »Abonnement«.

Die neuen Chefs hatten manche gute Idee. So wurde einer meiner Erfolgstitel (»Die Wahrheit über Gorbatschow«) kostenlos vertrieben und damit weitere abonnierende Buchklubmitglieder geworben. Von meinen zahlreichen neuen Titeln schrieb ich einen mit Annelie Thorndike zusammen über den des Massenmords an den Bewohnern des Warschauer Ghettos überführten Reinefarth, der in der Bundesrepublik unbehelligt Bürgermeister von Sylt und später sogar Mitglied des Landtags von Schleswig-Holstein werden konnte und bis zu seinem Tode nie belangt wurde. Die Thorndikes hatten zu DDR-Zeiten einen

Film über ihn gedreht, und nun waren wir den Spuren der damaligen Recherchen gefolgt. Nur einen einzigen Hinweis darauf, welche Wirkungen unsere Bücher auslösten: Eine Hamburger Lehrerin schrieb uns, dass sie einer Gymnasiastin den Fall Reinefarth als Thema ihrer Abschlussarbeit übertragen hatte, und bat uns, der bei der Beschaffung des Thorndike-Films behilflich zu sein.

Der zweite rabenschwarze Tag

Ende Juni 2010 erlebte ich den zweiten rabenschwarzen Tag meines Lebens: den des Todes meiner Frau. Zwei Jahre lang hatte ich sie rund um die Uhr gepflegt, dann hatte sich ihre so tapfere Fähigkeit, Schmerzen, Luftnot und Angstattacken zu ertragen, erschöpft, und sie beendete ihr Leben.

Mir blieb nichts mehr, als ihr letzte Worte zu widmen.

»Da ich hier rede, breche ich ein Wort, das wir uns gegeben hatten. Ich tue es nach langem Zaudern, weil ich nicht wortlos von Dir Abschied nehmen will. Ich danke Dir für alles, was Du in unserem Leben für mich getan hast, für Deine Liebe, Deine Zuneigung, Deine Nachsicht, Deine Solidarität und auch für Deine bewundernswerte Energie, mit der Du Dich gegen die unerbittliche Krankheit gewehrt hast, bis Deine Kraft erschöpft war.

Dein Leben war oft hart: Der Vater in Stalingrad verschollen, die Mutter zog ihre fünf Kinder in freudloser Not auf und ließ euch alle ehrbare Berufe lernen. Als wir den *spotless*-Verlag gründeten, um Wahrheit zu verbreiten, warst Du sofort dabei, und der Erfolg unseres Projekts war in vielem Dein Verdienst.

Eberhard Panitz, von Deinem Tod ebenso erschüttert wie wir alle, rühmte Dich mit den Worten: ›Mich hat Bewunderung und große Achtung über die herzliche und immer verständnisvolle Art erfüllt, mit Schwierigkeiten und Problemen unter uns fertig zu werden. Mit einem Lächeln und ihrer Güte wusste sie manche Streiterei zu schlichten und nach stundenlangen Diskussionen und der Arbeit an Manuskripten, an denen sie teilnahm, auch noch eine wunderbare Gemüsesuppe auf den Tisch zu bringen – nachdem sie kurz zuvor noch das nächste *spotless*-

Buch in hunderten Tüten verpackt und mit ihrem Wägelchen zur Post gebracht hatten.‹

Wir haben so viele schöne Stunden erlebt, dass man verstehen kann, warum Du das peinvolle Leid zu Ende bringen wolltest, ein gegebenes Wort brachst und in den Tod sprangst! Du hast mir einen kleinen Zettel hinterlassen, genau 32 Worte, davon lese ich zehn hier vor: ›Wer mich ein bisschen lieb hatte, gönnt mir den Schritt.‹

Die Antwort lautet: ja!«

Den harten Tagen der Krankenpflege war ich mit der gleichen Therapie begegnet, die ich in den nun folgenden Tagen der Einsamkeit anwandte: Ich schrieb Bücher!

Als SPD und Grüne auf die gottlose Idee kamen, Pfarrer Gauck, jenen gnadenlosen Inquisitor und unbarmherzigen Jäger aller, die sich engagiert um die DDR bemüht hatten, für das Amt des Bundespräsidenten zu empfehlen, erinnerte ich mich der Berge von Akten, die ich über ihn schon gewälzt hatte, und schrieb in drei Tagen und drei Nächten »Der Inquisitor kandidiert«. Als ich das Buch beim *ND*-Pressefest 2010 vorstellte, formierte sich eine Schlange vor dem Buchstand, und ich hatte 144 Exemplare in zwei Stunden zu signieren.

Amtshilfe für den Papst

Wenn der Leser hier angelangt ist, wird er die Frage stellen, wie dieses Buch denn eigentlich zu seinem Titel kam? Die Frage soll ihm jetzt beantwortet werden.

1987 hatten die Leichtathletikweltmeisterschaften in Rom stattgefunden. Für den Nachmittag des einzigen Ruhetages hatte Johannes Paul II. Athleten und Tross der WM einschließlich der Journalisten in seinen Sommersitz nach Castelgandolfo geladen. Wir DDR-Journalisten waren uns einig, ungeachtet der brütenden Hitze der Einladung nicht in Shorts oder bunten T-Shirts zu folgen.

In dem langen Empfangssaal, dessen hintere Hälfte schon mit Touristen überfüllt war, als wir eintrafen, hatte man die vorderen Reihen für die Teilnehmer der Weltmeisterschaft reserviert. Wir nahmen in der achten oder neunten Reihe Platz. Der

Zeitpunkt, zu dem der Papst geladen hatte, rückte heran, aber er erschien nicht. Unruhe kam auf. Und dann tippte mir plötzlich ein Mann in grauem Nadelstreifentuch auf die Schulter und bat mich mit einer stummen Geste, mit ihm zur Tür zu kommen. Ahnungslos folgte ich ihm, und als er mich in eine Nische gebeten hatte, die von zwei grell uniformierten Schweizergardisten abgeriegelt war, eröffnete er mir ohne jede Umschweife sein Anliegen: die in bunten Hawai-Hemden die erste Reihe dominierenden US-Amerikaner wolle er durch Gäste in gesitteter Kleidung ersetzt. Ob wir bereit wären, vorzurücken.

Überrascht von dem Anliegen, antwortete ich ihm offenherzig: »Es wäre für Sie vielleicht nützlich zu wissen, dass wir vornehmlich Atheisten sind […]«

Er winkte ab: »Sie dürfen sicher sein, dass ich das bedacht habe. Ich weiß recht genau, wer Sie sind, und sogar ganz genau, woher Sie kommen. Lassen Sie mich Ihnen noch sagen, dass wir allein Ihre Kleidung als eine Geste werten, die für Ihr Land spricht.«

Ich gab noch zu bedenken, dass es doch wohl zu den Gepflogenheiten gehöre, vor dem Papst auf die Knie zu fallen …

Wieder winkte er ab: »Eine Verbeugung? Könnten wir uns darauf einigen?«

Wir einigten uns. Er ließ von ein paar Männern, die ebenso unauffällig gekleidet waren wie er, die erste Reihe zügig räumen. Ich setzte meine Kollegen ins Bild. Das DDR-Aufgebot rückte nach vorn, die US-Amerikaner verschwanden nach hinten.

Die Audienz begann. Johannes Paul II. trat direkt vor uns aus einer kleinen Tür, nickte uns freundlich zu und begab sich dann in den Saal. Als wir wieder ins Freie traten, spürte ich jemanden sanft an meinem Anzugärmel ziehen. Der Vatikanprotokollchef drückte mir die Hand. »Sie haben uns sehr geholfen. Ich werde es Ihnen nicht vergessen.«

Das kam mir in den Sinn, als ich meinen Strafrentenbescheid erhielt. Ob der mit einer Empfehlung des Vatikans zu verhindern gewesen wäre? Ich habe es nicht versucht, schon weil ich mich nie in meinem Leben bemüht habe, durch Gefälligkeiten voranzukommen.

Für die Zeit, die mir noch bleibt, werde ich diesem Grundsatz wohl treu bleiben und weiter auf die eigene Kraft setzen!

Inhalt

1928: Meine roten Eltern 6
1941: Der Tag auf dem Wannsee 11
1943: »Ladenschwengel« in Saalfeld 12
1944: Zigaretten von Gründgens 17
1945: Die Stunde der Entscheidung 19
1945: Mein Über-Nacht-Beginn 26
Der erste Prozess im Nachkriegs-Berlin 28
Im Tunnel und im Theater 31
1946: Debüt mit Hans Albers 33
Gogol und Agitprop 34
Wilhelm Pieck verlangt ein Radrennen 38
1946: Abschied von Gerhart Hauptmann 42
1947: Der Sachsenhausen-Prozess 46
Wieder eine MPi 48
1948: Mit Wilhelm Pieck am Ring 50
In München in der Ringecke 52
Mit Helmut Schön am Tisch der Gründer 55
Mein Bruder kehrt heim 60
Premiere bei der HO 63
1949: Doch Zimmer frei für zwei Mark in Oberhof 70
1949: Den Bruder gerettet 77
Debüt als Halbmarathon-Läufer 78
1950: Die FIS drahtete: »Mit allen Starts einverstanden« . 86
Einladung nach Warschau 87
1951: Paul Greifzus Triumph 96
1954: Mit Grünefeld »um die Welt« 98
1954: Juttas Turiner Umarmung 103
1956: Nach Cortina via Mon Repos 110
Der Attaché des Attachés 114
1958: Wie Täve Weltmeister wurde
und sich hinterher ärgerte 122
1958: Besuch bei Birger Ruud 124
1959: Ein schwarzer Tag in meinem Leben 127

1960: Ausgesperrt in Squaw Valley 129
1960: Mussolini, Nobile und Olympia 134
Entdeckungen eines Altgedienten 138
1961: »Gehen Sie in Deckung« 141
1962: Als dem Marquess der Kragen platzte 145
»Auch das ist Deutschland!« 148
1963: Ghostwriter für Brauchitsch 152
1964: Als ich die Olympia-Computer ausstach 154
1964: Dame mit schussbereiter Pistole 157
1964: Flaggenheld in Indien 163
2003: Kommentar zu »Sport II« 169
1965: Wie ich Traktorenschlosser wurde 172
1966: Hilfe vom Kronprinzen 175
1967: Lernen bei Siqueiros 177
1996: Als der Bürgermeister erschien 182
1968: Der Rodelkrimi 185
1968: An der Seite von Jesse Owens 190
Hymnenpoker, Boston und Carlos 192
2010: Wer war »die Partei«? 199
Meine Chefs 200
1970: Zu Gast bei Raymonde 207
1972: Zwonullzwo in Sapporo 210
1972: »Horch, was kommt von draußen rein« 214
Terror gegen Olympia 216
1976: Orden aus Wien 223
1976: Der Deal mit der *Montreal Gazette* 226
1978: AIPS und UEPS und wir 229
Ein großer Tag mit Ernst Busch 232
Renate Stecher gibt einen Empfang 233
Ehrenbürger in Mexiko 236
An der Seite von Fritz Walther 238
1978: Wieder mal Präsident 241
Ein Richter ist den Tränen nah 242
1978: Fast Untermieter beim Sheriff 248
1979: Die DDR mietet Scheunen 250
1980: Der Präsident sagt ab 253
1981: »Lehrer« in Afrika 258
1983: Rekord für die Ewigkeit 260
1984: Völkerfest in Sarajevo 261

1984: Wahrheiten über Los Angeles 264

1985: Die Kooperation Samaranch-Honecker 270

1985: Von Schwester Agnes geliehen 273

1986: Olympischer Rhythmus verkauft 276

Besuch bei Coubertin 280

1986: Frank Elstner als Rivale 282

1988: Indianer-Drohung gegen olympisches Feuer 284

Olympia mit Jurek Becker 286

1990: Debüt als Reiseführer 290

Ein »Altbesitzer« an der Tür 291

Des Ministerpräsidenten Rat und des Pfarrers Tat 294

Eine Ministerin greift ein 299

1991: Von Spotlight zu *spotless* 301

Geschichte einer Legende 302

Die Autoren der ersten Stunde 304

1993: Schütt riet zu Kamnitzer 308

Wutanfall auf der anderen Seite 311

2008: Kummer mit Kant 313

1993: Harry Thürk ist mit von der Partie 317

»Kooperation« mit Karl May 318

Die letzten Texte Köhlers 321

1995: Inge von Wangenheims Olympia-Plädoyer 323

Der unverkäufliche Klub 326

Der »Edel-Skandal« 328

Auf Geheim-Spuren 331

2001: Wer war auf dem Rasen? 335

2002: Rotkäppchen und der Bundestag 339

Der Appell des Trios 341

Gerhard Bengsch vs. Kurt Biedenkopf 342

Mundstock und seine Puff-Story 344

2005: Die Affäre »Knabe(lari)« 346

Jacobus und Gauck 349

Rendezvous mit der First Lady 352

Die kleine Troika 355

2009: *spotless* schlingert und gewinnt wieder Fahrt 362

Der zweite rabenschwarze Tag 363

Amtshilfe für den Papst 364